AMRA

MICHAEL E. SALLA

ANTARKTIS

DIE VERBOTENE WAHRHEIT

Schaltstelle Geheimer Weltraumprogramme
Zentrale für interplanetaren Sklavenhandel
Landeplatz außerirdischer Flüchtlinge

Aus dem Amerikanischen von
Dr. Baal Müller

AMRA

Besuchen Sie unseren Shop:
www.AmraVerlag.de

Ihre 80-Minuten-Gratis-CD erwartet Sie.
Unser Geschenk an Sie … einfach anfordern!

Amerikanische Originalausgabe:
Antarctica's Hidden History. Corporate Foundations of Secret Space Programs

Deutscher Erstdruck im AMRA Verlag
Auf der Reitbahn 8, D-63452 Hanau
Telefon: + 49 (0) 61 81 – 18 93 92
Kontakt: Info@AmraVerlag.de

Herausgeber & Lektor	Michael Nagula
Einbandgestaltung	Guter Punkt
Covermotiv	Rene McCann
Layout & Satz	Birgit Letsch
Druck	Tschechien

ISBN Printausgabe 978-3-95447-395-3
ISBN eBook 978-3-95447-396-0

Diese Enthüllungs-Buchreihe umfasst bisher folgende Titel:
1. Geheime Weltraumprogramme & Allianzen mit Außerirdischen • 2. Das Geheime Weltraumprogramm der U.S. Navy & Die Allianz mit den Nordischen • 3. Antarktis – Die verbotene Wahrheit • 4. Die Geheime Geschichte der U.S. Space Force • 5. Der Aufstieg des Roten Drachen • 6. Space Force. Unsere Star Trek Zukunft • 7. Galaktische Föderationen, Kosmische Räte & Geheime Weltraumprogramme

ws Ticker +++ News Ticker +++ News Ticker +++ News Ticker +++ News Ticker +++ News Ti

Am Freitag, den 20. Dezember 2019, unterzeichnete Präsident Donald Trump das Genehmigungsgesetz zur nationalen Verteidigung für 2020, in dem es erstmals auch um eine Weltraumarmee geht. Auf einem Festakt in der Joint Base Andrews, einem Militärflugplatz der U.S. Air Force im Südosten von Washington, erklärte er dazu:

» Im Weltall wird ziemlich viel passieren. Es ist der neueste Kriegsschauplatz der Welt. Bei all den ernsten Bedrohungen unserer nationalen Sicherheit ist die US-Überlegenheit im All absolut unerlässlich. Und wir liegen vorne. Wir liegen aber noch nicht weit genug vorne. In Kürze werden wir ganz weit vorne liegen. Die Space Force wird helfen, Aggression abzuschrecken und die ultimative Überlegenheit zu sichern. «

General Jay Raymond wird offiziell der erste Befehlshaber der U.S. Space Force. Sie soll zunächst aus zweihundert Personen bestehen und ein Budget von vierzig Millionen Dollar im Jahr haben.

Hier erfahren Sie, warum diese Gründung erforderlich war ...

Inhalt

KAPITEL 4

KAPITEL 5

KAPITEL 6

Einleitung
von Michael E. Salla

Durch die Enthüllungen von William Tompkins, einem brillanten jungen Navy-Rekruten, der eine Karriere als Luft- und Raumfahrt-Ingenieur einschlug, wurde ein Licht auf zahlreiche zuvor unbekannte geschichtliche Ereignisse geworfen. Zu der bemerkenswerten Reihe seiner Offenlegungen gehört diejenige, dass die Navy von 1942 bis 1946 ein geheimes Spionageprogramm unterhalten hat, das rund dreißig Spione umfasste, die in führende Luft- und Raumfahrtanlagen NS-Deutschlands eingegliedert waren. Weiterhin berichtete er, dass Nazi-Deutschland insgeheim bis zu dreißig Raumschiff-Prototypen entwickelt hatte, die Antigravitations- und andere exotische Antriebssysteme verwendeten. Als jemand, der in seiner Eigenschaft als »Verteiler von Informationen und Forschungen der Navy« bei den Anhörungen der Spione anwesend war, bestätigte Tompkins, dass viele dieser Prototypen außerirdischen Ursprungs waren und die technologisch am höchsten entwickelten heimlich auf verborgenen Stützpunkten in der Antarktis entwickelt worden waren. Darüber hinaus behauptete er, dass die Nazis von zwei verschiedenen Gruppen von Außerirdischen dabei unterstützt wurden, erstaunliche technologische Durchbrüche in ihrer sich entwickelnden Aerospace-Industrie zu erzielen, die sie schon frühzeitig in die Antarktis verlegt hatten.

Eine bislang ungeschriebene Geschichte entfaltet sich durch die in diesem Buch vorgenommenen Untersuchungen der Rolle deutscher Firmen und ihrer amerikanischen Partner bei der Finanzierung und Entwicklung von Antigravitationsraumschiffen in NS-Deutschland. Dies betrifft einige der größten Firmen in Deutschland ebenso wie große US-Konzerne, die entscheidende finanzielle Dienste und technologische Unterstützung leisteten. Manche Verantwortliche der US-Konzerne, die unmittelbar in die Finanzierung und technologische Entwicklung in Deutschland einbezogen waren, stiegen nach dem Zweiten Weltkrieg in sehr hohe Positionen innerhalb des politischen Systems der USA auf. Dazu zählen Allan Dulles, der später CIA-Direktor wurde (von 1953 bis 1961), John Foster Dulles, der es bis zum Außenminister brachte (1953 bis 1959), und Prescott Bush, der als US-Senator bekannt wurde (1952 bis 1963) sowie allgemein als Vater beziehungsweise Großvater zweier späterer US-Präsidenten in Erinnerung ist, die das Erbe von Prescotts Politik enthusiastisch weiterführen sollten. Schließlich haben wir noch die Rockefeller-Brüder, die NS-Deutschland bedeutsame Unterstützung durch Konzerne verschafften und durch Nelson Aldrich Rockefeller, der verschiedene Führungspositionen innehatte [von 1974 bis 1977 wirkte der New Yorker Gouverneur sogar als Vizepräsident unter Präsident Gerald Ford], zu einem herausragenden Teil der Eisenhower-Administration wurden.

Diese Männer waren, zusammen mit anderen führenden Vertretern von US-Konzernen oder der Regierung, unmittelbar daran beteiligt, den Erfolg bestimmter deutscher Firmen sowohl vor als auch nach dem Zweiten Weltkrieg zu fördern und ihnen die Finanzmittel sowie die Unterstützung durch Konzerne zu verschaffen, die sie brauchten, um ein Geheimes Weltraumprogramm in der Antarktis aufzubauen. Am meisten alarmierend ist vielleicht, dass diese prominenten Funktionsträger nach dem Krieg den Abschluss eines Vertrags zwischen der Eisenhower-Administration und einer deutschen Exilgemeinde in der Antarktis ermöglichten, der es gelang, die Vision eines Vierten Reiches zu begründen; ihre Macht und ihr Einfluss bestehen bis zum heutigen Tage.

All jene Ressourcen und menschliche Arbeitskraft des Militärisch-Industriellen Komplexes der USA wurden also für eine signifikante Expansion des deutschen Weltraumprogramms zugänglich gemacht, wodurch es zu einer interplanetarischen Kolonialmacht werden konnte, die imstande war, bedeutsame militärische Mittel außerhalb unseres Sonnensystems einzusetzen, um seine außerirdischen Verbündeten zu unterstützen. Darüber hinaus ermöglichte es die Entwicklung eines transnationalen konzerngesteuerten Weltraumprogramms, dessen Macht und Einfluss die von Navy und Air Force beziehungsweise innerhalb der USA gegründeten militärischen Weltraumprogramme überstiegen.

In den folgenden Kapiteln werde ich detailliert beschreiben und darlegen, wie deutsche Geheimgesellschaften und Firmen beim Bau ihrer ersten Raumschiff-Prototypen zusammenarbeiteten und wie diese auf die voll funktionsfähigen und bewaffneten Raumschiffe in der Antarktis hinführten. Zu den Schlüsselelementen dieser Geschichte gehören die *Kapitalflucht* der Nazis, die diese geheimen technologischen Entwicklungen auch nach dem Zusammenbruch von Hitlers Drittem Reich weiter am Laufen hielt, außerdem die Art und Weise, wie die Raumschiffe aus der Antarktis erstmals die Expedition der U.S. Navy zurückschlug, die 1946/47 ausgesandt worden war, um die deutschen Antarktisbasen aufzufinden und zu zerstören, und später dann die atemberaubende Machtdemonstration durch einen Flug über Washington, DC, im Juli 1952, um die Truman-Administration durch diese Einschüchterung zu Geheimverhandlungen zu veranlassen. Ein zentraler Augenblick in der Geschichte ereignete sich durch die Übereinkunft zwischen der anschließenden Eisenhower-Administration und den Deutschen in der Antarktis, welche somit das Erscheinen des Vierten Reiches als einer neuen globalen Supermacht ankündigte, die der Mehrheit der Weltbevölkerung jedoch unbekannt bleiben sollte.

Sodann zeichne ich den aufschlussreichen Weg der exzessiven Nutzung von Sklavenarbeit nach, der zunächst von den politischen Führern und den Konzernen eingeschlagen wurde, die während des Zweiten Weltkriegs in Deutschland das Weltraumprogramm aufbauten, das anscheinend in der Antarktis weitergeführt wurde. Diese ungeheuerliche Praxis wurde sodann von US-Firmen übernommen, die mit den Deutschen in der Antarktis zusammenarbeiteten, um weiter fortgeschrittene Raumschiffe zu entwickeln, die wiederum verwendet werden sollten, um Einsätze im offenen Weltraum durchzuführen und sogar um Kolonien innerhalb des Sonnensystems einzurichten.

Die faszinierende Verbindung zwischen dem Phänomen der »Space Brothers« und dem deutschen Weltraumprogramm in der Antarktis wird in Kapitel 7 behandelt. Es ist bemerkenswert, dass Präsident John

F. Kennedy vom Vertrag der USA mit der deutschen Weltraumkolonie in der Antarktis wusste. Sein Versuch, als Präsident unmittelbare Kontrolle über diese geheimen Abmachungen sowie über die Technologien, die diese betrafen, zu erlangen, führte geradewegs zu seiner Ermordung, wie in Kapitel 8 detailliert enthüllt wird.

Unter den vielen deutschen Firmen, die dazu beitrugen, die Geheimen Weltraumprogramme NS-Deutschlands aufzubauen, ragt Siemens als bedeutendste heraus, wie wir in Kapitel 9 darlegen werden. Sie war innerhalb eines breiten Spektrums von Forschungs- und Entwicklungsprojekten, die mit zahlreichen Komponenten von Antigravitationsraumschiffen und Maschinenprototypen in Beziehung stehen, die bei weitem erfolgreichste deutsche Firma. Diese Raumschiff-Prototypen wurden schließlich in die Antarktis verlegt, zusammen mit Technologien von Siemens-Tochtergesellschaften und anderen deutschen Firmen, die mit Erfolg Schlüsselkomponenten für Weltraumflugmaschinen gebaut hatten. Auf der Grundlage des umfassenden Erfolgs bei ihren Bemühungen, Durchbrüche bei der weiteren Entwicklung zu erzielen, strategische Geschäftspartnerschaften aufzubauen und üppige Finanzquellen zu erschließen, war Siemens in der Lage, eine führende Rolle dabei zu spielen, die Konstruktion vielfältiger Raumschiffe in der Antarktis durch deutsche Konzerne zu koordinieren.

Siemens war außerdem in das Management der Bereiche der Sklavenarbeit des deutschen Antarktis-Programms verwickelt, wobei die Firma die Konzernpolitik fortsetzte, die sie in NS-Deutschland unter Förderung durch das Nazi-Regime begründet hat. Dies ging noch Jahrzehnte nach dem Ende des Zweiten Weltkriegs so weiter und führte dazu, dass Siemens in den 1980er Jahren heimlich Milliarden von RFID-Trackingchips herstellte, vermutlich um die Sklavenarbeiter zu überwachen, die in ihrem privatwirtschaftlichen deutsch-amerikanischen Weltraumprogramm Verwendung gefunden hatten, das seitdem großangelegte Einsätze in der Antarktis und auch auf dem Mond, dem Mars und an anderen Orten im Sonnensystem durchgeführt hat. Darüber hinaus stehen Siemens und weitere Konzerne, die innerhalb des konzerngeführten deutsch-amerikanischen Weltraumprogramms (des Interplanetarischen Mischkonzerns oder »Interplanetary Corporate

Conglomerate«) zusammenarbeiten, mit der Entführung von Menschen in Verbindung, die für den galaktischen Sklavenhandel mit außerirdischen Zivilisationen verwendet wurden. Abgelegen und dank ihrer gefahrvollen Lebensbedingungen wuchs die Antarktis zu einem wichtigen Außenposten dieses wachsenden Sklavenhandels heran.

Kapitel 10 stellt heraus, wie das ursprüngliche deutsche Weltraumprogramm und das von ihm hervorgebrachte transnationale Konzern-Weltraumprogramm auf sichere Weise in den Tiefen des antarktischen Eises geheim gehalten wurde und unbemerkt blieb. Wenige Wissenschaftler und Besucher der Antarktis haben jemals irgendetwas bemerkt, das bei ihnen einen Verdacht hätte erregen können, was wirklich unter der gewaltigen gefrorenen Masse vor sich geht. Diejenigen, die wie Brian, ein Navy-Flugingenieur im Ruhestand, anormale Ereignisse bezeugen, wurden angewiesen, niemals mitzuteilen, was sie gesehen haben. Jene, die mutig genug waren, solche Warnungen zu ignorieren und als Whistleblower aufzutreten, wie es Brian tat, wurden später von Fremden bedroht, damit sie ihr Schweigen wahren.

Zusätzlich zu den Antarktis-Enthüllungen von William Tompkins haben wir noch das Zeugnis von Corey Goode, der angibt, einen »Zwanzig Jahre und zurück«-Dienst in einem Geheimen Weltraumprogramm der U.S. Navy, Solar Warden, absolviert zu haben. Seine Behauptungen, bei Solar Warden gedient und ausgiebigen Kontakt zu vielfältigen Gruppen von Außerirdischen gehabt zu haben, werden im ersten Band meiner Reihe über Geheime Weltraumprogramme umfassend überprüft.[1] Um den Leser dabei zu unterstützen, die verschiedenen Weltraumprogramme zu verstehen, die laut Goode angeblich entwickelt wurden, habe ich ein Beziehungsdiagramm in dieses Buch aufgenommen, das der Luft- und Raumfahrt-Ingenieur und frühere NASA-Mitarbeiter Thomas L. Keller entworfen hat und Goodes Zeugnisse zusammenfasst. Ich empfehle den Lesern, auf dieses Diagramm zurückzugreifen, um die im Weiteren mitgeteilten Informationen bei der Behandlung verschiedener Weltraumprogramme besser nachvollziehen zu können.

Goode sagt, dass er zwischen Januar 2016 und Anfang 2017 zwei Mal in die Antarktis gebracht wurde – und zwar von einer Gruppie-

Die Geheime
von Menschen un

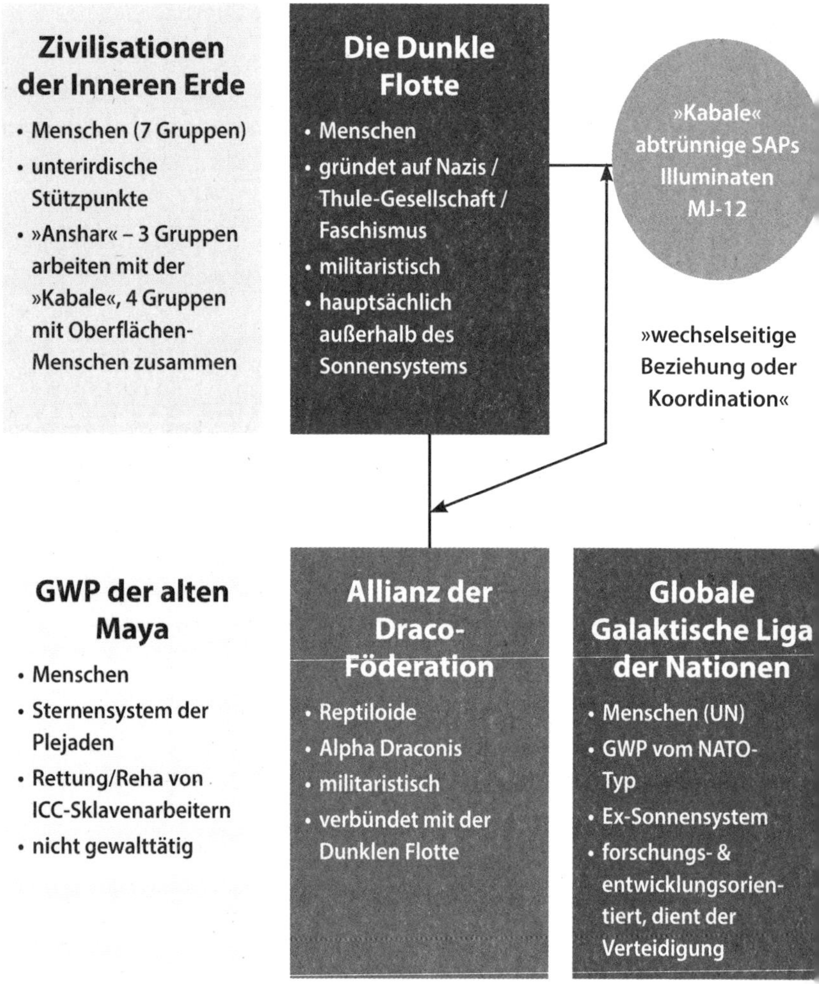

Diagramm von T. L. Keller (6/8/2017). Nach den Aussagen von Corey Goode und Michael E. Salla erstellt und auf den neuesten Stand gebracht.

Abb. 1: Diagramm mit den verschiedene

Weltraumprogramme
Außerirdischen (Goode-Modell)

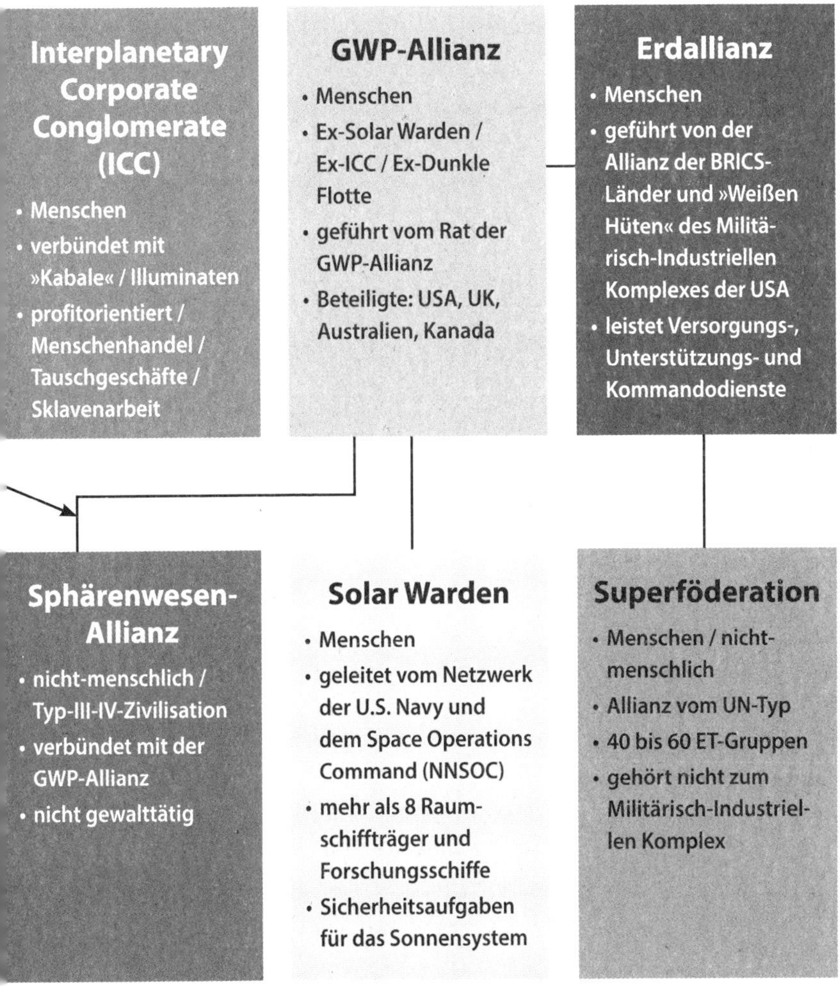

Aus : T. L Keller, *The Total Novice's Guide To The Secret Space Program*, 2FS Publishing, Sacramento/California, Buch und eBook 2017 ff.

rung der Inneren Erde, die er als die Anshar bezeichnet. Er hat eine Fülle von Zeugnissen darüber mitgeteilt, was er an großen Industrieanlagen sah, die sich tief unter den Eisschelfen verbergen, wo gewaltige Flotten von Raumschiffen stationiert und versammelt sind. Wenn Goodes Zeugnis zuverlässig ist, wie zahlreiche Beweisquellen andeuten, haben wir in ihnen den ersten Augenzeugenbericht über das transnationale Weltraumprogramm der Konzerne, das gegenwärtig in der Antarktis tätig ist.

Weiterhin teilt Goode mit, dass er die Überreste einer antiken Zivilisation sehen konnte, die insgeheim aus dem antarktischen Eis ausgegraben wird. Seine Beschreibung der dort entdeckten »Prä-Adamiten« und ihrer hoch entwickelten technologischen Gesellschaft ist im Hinblick auf ihre Konsequenzen für das Verständnis unserer antiken menschlichen Geschichte atemberaubend. Kapitel 12 behandelt außerdem wissenschaftliche Daten, die belegen, dass die antarktischen Vulkane wieder aktiv werden und das Potenzial haben, dadurch die Eisschelfe zu schmelzen und das zu enthüllen, was unter ihnen verborgen liegt. Die Verbindungen der Prä-Adamiten zu verschiedenen historischen Epochen in unserem Sonnensystem und die Rolle, welche die Antarktis als ein Refugium für entflohene Marsianer und die Bewohner einer früheren Supererde aus dem Asteroidengürtel spielte, werden in Kapitel 13 dargelegt und überprüft.

Anschließend geht es um die Beziehung zwischen der Antarktis und den im *Buch Henoch* beschriebenen Gefallenen Engeln. Sie wird in Kapitel 14 analysiert. Es wird gezeigt, inwiefern dieses apokryphe Buch auf die Antarktis als Ort ihrer Gefangenschaft verweist. Schier unglaublich ist in diesem Zusammenhang Goodes Behauptung, dass einige dieser Prä-Adamiten in Aufbewahrungskammern noch immer lebendig sind und die Abkömmlinge ihrer Blutlinie nicht nur die Absicht haben, sie wiederzuerwecken, sondern auch in ihre früheren Machtpositionen und Befugnisse wiedereinzusetzen wünschen. Wenn nur ein Teil von Goodes Aussagen zutrifft, stellen sich viele alarmierende Fragen.

Sodann überprüft Kapitel 15 geheime militärische Forschungen und Entwicklungen, die in der Antarktis vorgenommen und trotz des Antarktisvertrags von 1961, der solche Aktivitäten verbietet, weiter betrieben wurden. Folglich ist die Antarktis, die angeblich nach Maßgabe des Antarktisvertrags als demilitarisierte Zone ausschließlich der wissenschaftlichen Forschung zum Nutzen der gesamten Menschheit dienen soll, in Wahrheit ein stark militarisiertes Territorium, in dem zahlreiche illegale Forschungen und Entwicklungsprogramme auch an gefangen gehaltenen Menschen durchgeführt werden.

Dieses Buch legt dar, wie menschliche Sklaverei in der Antarktis sowie in außerhalb unseres Planeten eingerichteten Kolonien, die vom Vierten Reich und transnationalen Konzernen als dessen Partnern geleitet werden, weiterhin blüht und gedeiht. Wenn man das nicht bekämpft, wird sich dieser Nexus von Herrschaft und Sklaverei wie ein Virus über den Rest unseres Planeten ausbreiten – mit vorhersagbaren Folgen. Es ist die Aufgabe aller, die menschliche Freiheit und Kreativität hochschätzen, sich zu erheben, dem abscheulichen Handeln ein Ende zu setzen und der globalen Elite, die dies stillschweigend ermöglicht, die Maske vom Gesicht zu reißen. Nur die völlige Aufdeckung der unterdrückten Geschichte der Antarktis und der gegenwärtig dort stattfindenden Ereignisse wird sicherstellen, dass die gesamte Menschheit von den hoch entwickelten Technologien profitiert, die dort insgeheim entwickelt und angewandt worden sind.

Eine Enthüllung wird außerdem dazu beitragen, die Menschheit auf große geologische Ereignisse vorzubereiten, denen wir entgegensehen, wenn die westantarktischen Eisschelfe weiterhin aufgrund gesteigerter vulkanischer Aktivität abschmelzen. Die Möglichkeit, dass dies nicht nur einen dramatischen Anstieg des Meeresspiegels, sondern auch einen geografischen Polwechsel bewirkt, ist äußerst bedenkenswert. Wenn wir den Mut haben, die Wahrheit hinsichtlich dessen, was in der Antarktis geschehen ist und gegenwärtig noch immer geschieht, anzunehmen, dann wird uns eine globale Transformation erwarten.

Anmerkungen

1 Michael E. Salla, *Insiders Reveal Secret Space Programs and Extraterrestrial Alliances* (Exopolitics Insitute, 2015). – Dt. Ausgabe: *Geheime Weltraumprogramme & Allianzen mit Außerirdischen*, Amra Verlag, Hanau 2018.

1 Die geheimnisvolle Thule-Gesellschaft: Antigravitation, Hitler und die deutsche Marine

Die Thule-Gesellschaft fördert Forschung & Entwicklung bei Antigravitationsraumschiffen

Die historischen Wurzeln des ersten Geheimen Weltraumprogramms und seiner Entstehung können bis in die frühen Jahre der Weimarer Republik zurückverfolgt werden. Nach dem Ende des Ersten Weltkriegs 1919 begann eine Reihe von deutschen Geheimgesellschaften bei der Entwicklung von Prototypen Fliegender Untertassen zusammenzuarbeiten; die Grundlagen bildeten Entwürfe, die einem ungewöhnlich schönen und hochqualifizierten übersinnlichen Medium, Maria Oršić, durch telepathische Kommunikation mitgeteilt worden sind. Wenn sie in völlige Trance versunken war, befand sie sich, wie sie behauptete, im Austausch mit einer Anzahl überirdischer Wesenheiten. Darunter war auch eine Gruppe »arischer« beziehungsweise nordisch aussehender Außerirdischer vom Sternsystem des Aldebaran, die der Menschheit dabei behilflich sein wollte, Raumschiffe zu entwickeln, mit denen interstellare Flüge möglich sind. Oršić berichtete, es sei deren Anliegen gewesen, auf diese Weise das menschliche Bewusstsein zu steigern und die Evolution der Menschheit als Spezies innerhalb der galaktischen Gemeinschaft voranzubringen.

Durch die Methode des automatischen Schreibens füllte Oršić zahlreiche Seiten mit Texten, welche sich als technische Informationen in zwei Fremdsprachen herausstellten, die sie beide nicht verstand. Ein anderes prominentes Medium, »Sigrun«, war ihr dabei behilflich, den Inhalt des Geschriebenen zu verstehen, indem sie eindeutige mentale Bilder einer Fliegenden Untertasse erfasste. Oršić und Sigrun schlossen daraus, dass die Informationen enthüllten, wie ein Raumschiff gebaut werden könne.

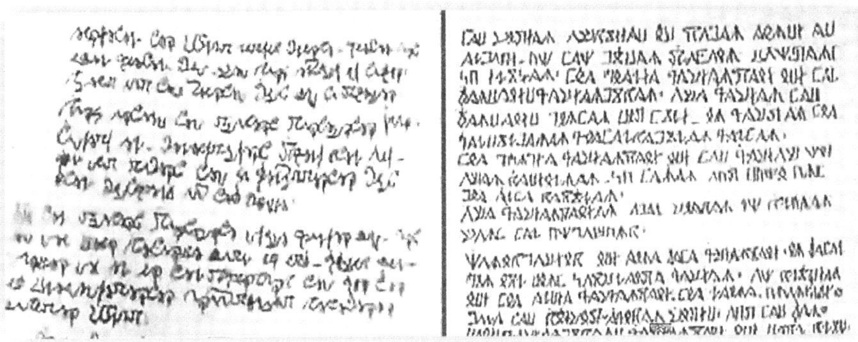

Abb. 2: Medial empfangene Niederschriften von Maria Oršić in den Sprachen der Sumerer sowie der Templer (automatisches Schreiben)

Wenig später trafen sich Oršić und Sigrun mit Mitgliedern der Thule-Gesellschaft, die nach dem Ersten Weltkrieg zu Deutschlands mächtigster Geheimgesellschaft geworden war und zu der insbesondere Aristokraten und führende Okkultisten der damaligen Zeit gehörten.[1] Sie waren in der Lage, die zweite unbekannte Sprache der automatisch verfassten Texte als antikes Sumerisch zu identifizieren. Man beauftragte Experten damit, Oršićs Texte zu übersetzen. Die Übertragung bestätigte Sigruns mentale Bilder – es handelte sich in der Tat um technische Anleitungen für den Bau eines revolutionären Maschinentyps, der ein Raumschiff antreiben könnte.[2] Oršić und Mitglieder der Thule-Gesellschaft, die sie förderten, ermöglichten es verschiedenen Forschern, die übersetzten Informationen einzusehen, um festzustellen, ob sie wissenschaftlich umsetzbar seien.

Oršić wurde von der Thule-Gesellschaft mit Begeisterung unterstützt, da deren Mitglieder an die Existenz einer früher weit im Norden gelegenen (heute unterirdischen) Zivilisation glaubten, die in griechischen und römischen Sagen als Hyperborea beschrieben wurde und deren antike Hauptstadt »Ultima Thule« war. In einem erhaltenen Fragment des griechischen Historikers Diodorus Siculus (1. Jahrhundert v. Chr.) schreibt dieser über jene antike Zivilisation:

> »Da wir es für angemessen erachten, hier die nördlichen Gegenden Asiens zu beschreiben, halten wir es für unser Anliegen nicht für unpassend, die fabelhaften Erzählungen von den Hyperboreern zu behandeln. Von jenen, die über die alten Sagen geschrieben haben, sagen Hekatäus und gewisse andere Autoren, dass sich in den Gegenden hinter dem Lande der Kelten eine Insel im Ozean befindet, die nicht kleiner als Sizilien ist. Diese Insel liegt, wie weiter berichtet wird, im Norden und wird von den Hyperboreern bewohnt, die so genannt werden, weil ihre Heimat jenseits des Ortes liegt, von wo der Nordwind (Boreas) bläst; und diese Insel ist sowohl fruchtbar als auch reich an jeglichem Getreide, und aufgrund ihres ungewöhnlichen Klimas bringt sie zwei Mal im Jahr eine Ernte hervor … Und die Könige jener Stadt, die zugleich Aufseher des heiligen Hains sind, heißen Boreaden, da sie Nachkommen des Boreas sind, und die Nachfolge dieser Ränge wird stets innerhalb ihrer Familie gewahrt.«[3]

Von den Boreaden wird behauptet, dass sie Gigantenkönige mit einer Größe gewesen seien, die laut den klassischen Gelehrten rund zehn Fuß betrug, also dreieinhalb Meter.[4] Mitglieder der Thule-Gesellschaft glaubten, dass die Hyperboreer die Vorfahren der arischen/germanischen Rasse gewesen seien und dass sie bis zum heutigen Tag, verborgen im Erdinneren, existieren würden.

James und Suzanne Pool, die Autoren von *Hitlers Wegbereiter zur Macht: Die geheimen deutschen und internationalen Geldquellen, die Hitlers Aufstieg zur Macht ermöglichten*, beschreiben die mächtigen aristokratischen Mitglieder, von denen die Thule-Gesellschaft finanziert wurde und die ihr angehörten:

> »Äußerlich ging diese mysteriöse Gruppe als literarischer Verein durch, der sich altgermanischer Geschichte und Sitte widmete … Der Münchner Zweig war während des Krieges von einem Baron Rudolf von Sebot-

tendorff finanziert worden, einem undurchsichtigen Individuum, das über 250 Mitglieder in der Stadt und 1.500 in ganz Bayern auflistete. Die Bedeutung der Mitgliedschaft lag allerdings nicht in ihrer Quantität, sondern in ihrer Qualität. Zu den Mitgliedern der Gruppierung gehörten Juristen, Richter, Universitätsprofessoren, Polizeibeamte, aristokratische Persönlichkeiten aus dem königlichen Umfeld der Wittelsbacher, führende Industrielle, Chirurgen, Physiker, Wissenschaftler ebenso wie reiche Geschäftsleute wie der Eigentümer des eleganten Hotels *Vier Jahreszeiten* in München, wo die Gesellschaft ihren Hauptsitz hatte.«[5]

Es wird behauptet, dass sich Oršić bereits 1917 mit Sebottendorf und drei weiteren Mitgliedern der Thule-Gesellschaft getroffen habe, um okkulte Themen im Zusammenhang mit ihren telepathischen Kommunikationen zu diskutieren.[6] Aufgrund der begeisterten Unterstützung, die sie erhielt, zog Oršić anschließend im Jahre 1919 nach München, um mit Sebottendorf und der Thule-Gesellschaft zusammenzuarbeiten.

Die Führer der Thule-Gesellschaft glaubten, dass Oršić sowie weitere Personen ihrer Art bedeutende Aspekte zum Verständnis einer geheimnisvollen Kraft, genannt »Vril«, liefern würden, einer Kraft, die von Persönlichkeiten mit hinreichend entwickelten mentalen und psychischen Fähigkeiten genutzt werden könnte. Solche Vorstellungen waren auch in anderen Nationen unter okkulten Gruppen und Geheimgesellschaften weit verbreitet, wie Edward Bulwer-Lyttons Buch *Vril oder eine Menschheit der Zukunft* [alternativ: *Das kommende Geschlecht*] exemplarisch belegt, das im englischen Original 1871 erschienen war.

»Der Roman stellt einen jungen, unabhängigen Reisenden (den Erzähler) in den Mittelpunkt, der zufällig einen Weg in eine unterirdische Welt findet, die von Wesen bewohnt wird, die scheinbar Engeln gleichen und sich selbst Vril-ya nennen. Bald entdeckt der Held, dass die Vril-ya Abkömmlinge einer vorsintflutlichen Zivilisation sind, die in Netzwerken unterirdischer, durch Tunnel verbundener Höhlen leben. Es ist ein technologisch fundiertes Utopia, unter dessen Mitteln ein

›alles durchdringendes Fluidum‹, genannt ›Vril‹, an der Spitze steht, eine latente Quelle von Energie, deren spirituell erhobene Träger in der Lage sind, durch entsprechende Übungen ihren Willen bis zu einem von ihrer ererbten Konstitution abhängigen Grade zu beherrschen, wodurch sie Zugang zu einer außerordentlichen Macht erlangen, die willentlich gesteuert werden kann. Zu den Kräften des Willens gehören die Fähigkeit, Wesen und Gegenstände zu heilen, zu verwandeln und zu zerstören; vor allem die destruktiven Kräfte sind enorm machtvoll und erlauben einigen kleinen Kindern der Vril-ya, ganze Städte, wenn nötig, auszulöschen. Weiterhin wird angedeutet, dass die Vril-ya vollständig über Telepathie verfügen.«[7]

Bemerkenswerterweise schrieb Lytton den Vril-ya auch »Luftboote« zu, die die Vril-Kraft als zerstörerische Energie über eine Entfernung von sechshundert Meilen, also fast eintausend Kilometern, ausstrahlen können.

»Ich sollte freilich berichten, dass diese Leute gewisse Röhren entwickelt haben, durch die das Vril-Fluidum zu dem Objekt, das zerstört werden soll, geleitet werden kann, auch über eine beinahe unbegrenzte Entfernung; nach einer vorsichtigen Schätzung kann man mindestens von 500 bis 600 Meilen ausgehen. Und ihre solchen Zwecken dienende mathematische Wissenschaft ist so wunderbar genau, dass jedes Mitglied der Vril-Abteilung anhand des Berichts eines Beobachters in einem Luftboot die Natur störender Hindernisse unfehlbar einschätzen kann, ebenso die Höhe, zu der das Abschussgerät angehoben werden sollte, und das Maß, bis zu dem es geladen werden kann, um eine Metropole, doppelt so groß wie London, in einem Zeitraum, der so kurz ist, dass ich nicht wagen kann, ihn zu benennen, in Asche zu verwandeln.«[8]

Das, worauf sich Bulwer-Lytton hier bezieht, scheint in modernen Begriffen ein mit einer Laser- oder Teilchenstrahlenwaffe ausgestattetes Flugzeug zu sein, dessen Zerstörungskapazität diejenige der auf Hiroshima und Nagasaki abgeworfenen Atombomben zusammengenommen noch übersteigt!

Unheilvollerweise enthielt Lyttons Buch die Warnung, dass die überschüssige Bevölkerung der unterirdischen Vril-ya-Zivilisation dazu bestimmt war, an die Oberfläche der Erde zu gelangen. Dank ihrer hoch entwickelten psychischen Kräfte und Technologien würden sie unreife oder barbarische Rassen ausrotten, um brauchbare Territorien zu erobern. Jene Rassen, die sich ausreichend entwickeln würden, um ihre angeborenen psychischen Fähigkeiten und Technologien zu entfalten, bekämen passende Partner für die sich ausbreitenden Vril-ya, die unweigerlich eine weltweite Herrschaft errichten würden.

Obwohl Lyttons Buch als fiktionales Werk publiziert worden war, sahen viele Okkultisten es als weitgehend faktenbasiert und von antiken Texten abgeleitet an, die eine oder mehrere verborgene vorsintflutliche Zivilisationen beschreiben. Zweifellos hatte auch Lyttons Status als prominentes Mitglied der Rosenkreuzergesellschaft, die im Geheimen antike Texte erforschte und ihre Mitglieder dazu ermutigte, ein höheres Bewusstsein und okkulte Fähigkeiten zu entwickeln, Einfluss auf den weitverbreiteten Glauben an die Faktentreue von *Vril oder eine Menschheit der Zukunft*.

Diejenigen, die solche angeborenen psychischen Fähigkeiten entwickelt hatten, sollten nicht nur über große Macht verfügen und in Führungspositionen aufsteigen, sondern auch in der Lage sein, unglaublich fortgeschrittene Technologien zu entdecken und zu nutzen, die auf dem gesamten Planeten verborgen sind. Einige dieser versteckten Technologien umfassten detaillierte Baupläne für Fluggeräte, die für Weltraumflüge geeignet sind und von denen die Mitglieder der Thule-Gesellschaft glaubten, dass sie zuerst von der antiken Hyperboreer-Zivilisation entwickelt worden waren. Es ist bedeutsam, dass diese Technologien von den im Erdinneren verborgenen Zivilisationen genutzt wurden, die dazu bestimmt waren, sich eines Tages an die Oberfläche des Planeten zu begeben.

Um die Rolle der Thule-Gesellschaft bei der Gründung und Entwicklung der Nazi-Partei zu verstehen, ist es hilfreich, das Buch *Aufbruch ins dritte Jahrtausend* der französischen Autoren Louis Pauwels und Jacques Bergier heranzuziehen. Sie stellen gleich zu Beginn klar, die Mitglieder der Thule-Gesellschaft hätten geglaubt, dass

»… nicht alle Geheimnisse Thules untergegangen sind. Wesenheiten, die Zwischenglieder waren zwischen Menschen und anderen intelligenten Wesen aus dem Jenseits, würden den Eingeweihten ein Reservoir an Kräften zur Verfügung stellen, die verwendet werden können, um Deutschland zu ermächtigen, die Welt erneut zu beherrschen und zur Wiege einer Rasse von Übermenschen zu sein, die Mutationen der menschlichen Spezies entstammen würden. Eines Tages würden ihre Legionen aufbrechen, um alles auszulöschen, was dem spirituellen Schicksal der Erde im Weg stünde, und seine Führer würden allwissende Männer sein, deren Stärke sich vom eigentlichen Urgrund der Energie herleitet und die von den Großen der antiken Welt angeführt werden.«[9]

Infolgedessen hielten die Mitglieder der Thule-Gesellschaft es für entscheidend, ein Bündnis mit den Wesen der Inneren Erde (den Hyperboreern) zustande zu bringen, die dazu bestimmt sind, auf der Oberfläche des Planeten machtvoll in Erscheinung zu treten:

»Allianzen könnten mit dem Herrn der Welt oder dem König der Angst geschmiedet werden, der über eine irgendwo im Osten verborgene Stadt herrscht. Jene, die einen Pakt schließen, werden die Oberfläche der Erde verwandeln und das Abenteuer der Menschheit auf viele Jahrtausende hinaus mit einem neuen Sinn beschenken … Die Welt wird sich verändern: Die Herren werden aus dem Mittelpunkt der Erde kommen. Solange wir mit ihnen kein Bündnis geschmiedet haben und nicht selbst zu Herren geworden sind, werden wir uns unter den Sklaven wiederfinden, auf dem Misthaufen, der die Wurzeln der Neuen Städte nährt, die sich erheben werden.«[10]

Dies führt zu Pauwels und Bergiers entscheidender Schlussfolgerung, dass die Thule-Gesellschaft »ihren wahren Charakter als eine Gesellschaft von Eingeweihten in der Gemeinschaft mit den *Unsichtbaren* annahm und das magische Zentrum der NS-Bewegung wurde«.[11] Kurz gesagt, betrachteten sie die Thule-Gesellschaft als das »geheime Führungsorgan des Dritten Reiches«.[12]

Die Thule-Gesellschaft förderte mit Enthusiasmus Oršić und die Gruppe junger, ebenfalls mit übersinnlichen Gaben ausgestatteter Damen, die diese in München um sich versammelt hatte. Es war die Zeit, in der Oršić die »Alldeutsche Gesellschaft für Metaphysik« gründete, die später in »Vril-Gesellschaft« (»Gesellschaft für Vril-Frauen«) umbenannt wurde.[13] Zu einem weiteren Namenswechsel kam es offenbar 1941, als Hitler Geheimgesellschaften verbot. Oršić ließ die Gesellschaft unter dem Namen »Antriebstechnische Werkstätten« (Vril-Antriebswerkstätten) als Firma registrieren.[14] Diese medial begabten Frauen widmeten sich der Aufgabe, Techniken für die Kommunikation mit jenseitigen Wesen zu entwickeln und zu erfahren, wie die Vril-Kraft für übersinnliche Zwecke und zum Weltraumflug genutzt werden könne. Oršić selbst war ihrem Anliegen zutiefst verpflichtet, dem latenten spirituellen Potenzial und den kosmischen Verbindungen der Menschheit eine größere Bewusstheit zu verschaffen.

James und Suzanne Pool beschreiben, wie wichtig es den Mitgliedern der Thule-Gesellschaft gewesen ist, rein germanische Blutlinien zu bewahren, denn ihr Hauptziel war es, die Ruhmestaten der von ihren fernen Ahnen errichteten hyperboreischen Zivilisation wiederzuentdecken:

> »Nur wer seine rassische Reinheit mindestens über drei Generationen zurückverfolgen konnte, durfte dieser Organisation beitreten, deren Motto lautete: Denke daran, dass du ein Deutscher bist! Halte dein Blut rein! ... Wie bei vielen anderen Völkischen (den rassischen und nationalistischen Bewegungen in Deutschland) war das vordergründige Ziel der Thule-Gesellschaft die Errichtung eines pangermanischen Staates von einzigartiger Macht und Herrlichkeit.«[15]

Andere deutsche Geheimgesellschaften wie »Die Herren vom Schwarzen Stein« teilten ähnliche esoterische Glaubensvorstellungen und unterstützten daher Oršićs exotisches Raumschiff-Entwicklungsprogramm. In der Folge kamen auch die notwendigen Geldmittel und die wissenschaftliche Fachkompetenz zusammen, um die ersten funktionierenden Prototypen auf der Grundlage der von Oršić empfangenen Entwürfe zu bauen.

Ein Mitglied der Thule-Gesellschaft war Professor Winfried Schumann, der Direktor des Elektrophysikalischen Laboratoriums der Technischen Universität München (1924-1961); er wurde damit beauftragt, Oršićs erste Maschine zu bauen.[16] Schumann war ein Experte für Hochenergieplasma und Hochspannungselektrostatik, die Schlüsselfaktoren bei der Entwicklung exotischer Antriebssysteme für das geplante Raumschiff darstellten.

Es ist dokumentiert, dass Schumann das Freie-Energie-Gerät des deutschen Erfinders Hans Coler (oder Köhler) untersuchte. Der Apparat sollte schließlich ausreichend Energie erzeugen, um ein U-Boot und später ein Raumschiff anzutreiben. Während der 1920er Jahre arbeitete die deutsche Marine intensiv an der Erforschung neuer Antriebssysteme für ihre zukünftige Generation von U-Booten, die außerhalb Deutschlands insgeheim konstruiert wurden. 1925 sorgte die deutsche Marine dafür, dass Schumann das »Coler-Gerät« überprüfen konnte, obwohl das deutsche Patentamt Colers Patentantrag zurückwies. Ein Bericht eines britischen Geheimdienst-Unterausschusses zitiert Schumanns begeisterte Worte, mit denen er das Coler-Gerät als effektives Mittel, eine »neue Energiequelle« zu erschließen, lobt:

> »Nach der ersten Prüfung, die so sorgfältig wie möglich durchgeführt wurde, muss ich annehmen, dass wir der Erschließung einer <u>neuen Energiequelle</u> [*Unterstreichung im Original*] entgegensehen müssen, deren weitere Entwicklungen von außerordentlicher Bedeutung sein können. Der Apparat war in allen seinen wesentlichen Teilen sichtbar und zugänglich. Der Erfinder stimmte jedem Versuch völlig bereitwillig zu, sofern die Arbeitsweise des Gerätes dabei, wie er anmerkte, nicht beeinträchtigt würde. An eine Täuschung glaube ich nicht. Ich halte es für zweckmäßig, den Apparat noch einem weiteren Test zu unterziehen, und glaube, dass eine weitere Entwicklung des Gerätes sowie eine Unterstützung des Erfinders sich als gerechtfertigt und von großer Bedeutung erweisen wird.«[17]

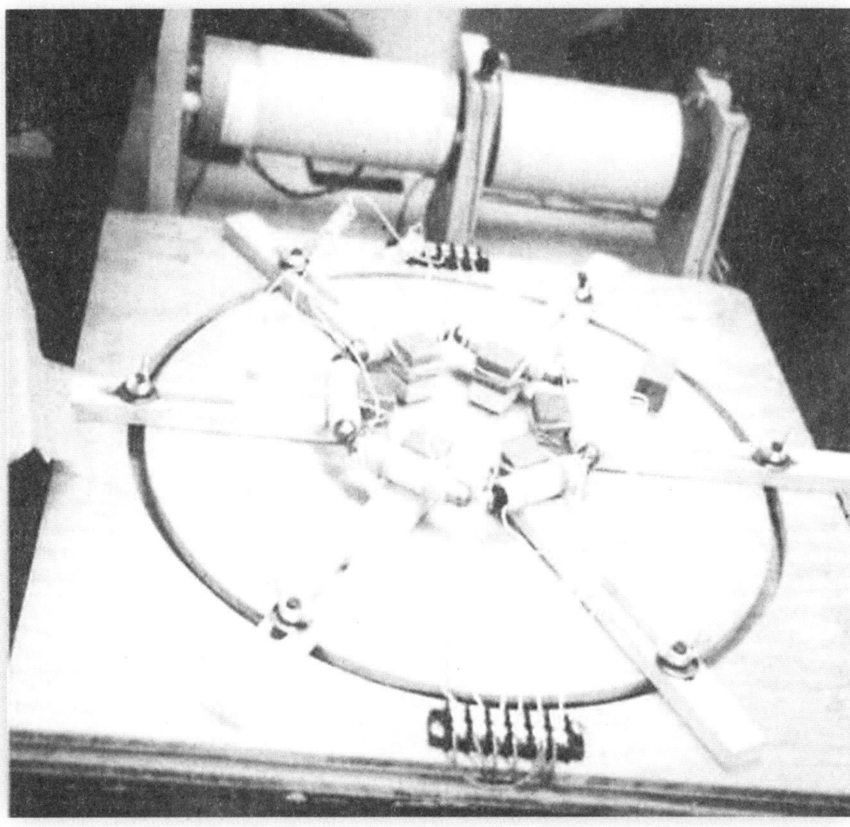

Abb. 3: Das Freie-Energie-Gerät von Hans Coler

Es ist erwähnenswert, dass der amerikanische Erfinder Thomas Townsend Brown, drei Jahre nachdem Schumann das Coler-Gerät getestet hatte, ein britisches Patent für einen Elektrogravitationsapparat erhielt, von dem behauptet wurde, dass er eine neue Art von Antriebskraft erzeuge.[18] In einer danach verfassten Schrift beschrieb Brown, wie ihn Albert Einsteins Bestrebungen, eine Einheitliche Feldtheorie zu entwickeln, dazu inspiriert hätten, einen fundamentalen Zusammenhang zwischen Materie, Gravitation und Elektrizität zu entdecken.

»Es gibt eine entschiedene Tendenz in den physikalischen Wissenschaften, die großen, grundlegenden Gesetze zu vereinheitlichen und solche eigentümlichen Phänomene wie Gravitation, Elektrodynamik und sogar die Materie selbst zueinander in Beziehung zu setzen. Man hat herausgefunden, dass Materie und Elektrizität strukturell sehr eng miteinander verbunden sind. In einer abschließenden Analyse verliert die Materie ihre traditionelle Besonderheit und wird bloß noch zu einem ›elektrischen Zustand‹. Tatsächlich kann gesagt werden, dass der gegenständliche Körper des Universums nichts weiter darstellt als ein Zusammenwirken von Energien, die, für sich selbst genommen, immateriell sind. Es leuchtet natürlich von selbst ein, dass die Materie mit der Gravitation verbunden ist, und daraus folgt logisch, dass die Elektrizität eine ähnliche Verbindung aufweist. Diese Beziehungen existieren im Reich reiner Energie und sind dementsprechend von sehr grundlegender Natur. In jeder Realität *bilden sie das eigentliche Rückgrat des Universums*. Es ist überflüssig zu sagen, dass diese Beziehungen nicht einfach sind und ein volles Verständnis ihrer Begriffe durch den außerordentlichen Mangel an Informationen sowie fehlende Erforschung der realen Natur der Gravitation erschwert wird.«[19]

Zweifellos hat Schumann von Townsend Browns Gerät gewusst und die radikal neuen Theorien gekannt, die es bestärkten. Durch eine Kombination der wissenschaftlichen Durchbrüche hinter dem Coler-Apparat und dem Elektrogravitationsgerät von Townsend Brown verfügte Schumann über die wissenschaftlichen Mittel, um die Energie- und Antriebssysteme für künftige deutsche U-Boote und, noch bemerkenswerter, für Raumschiffe zu bauen.

Entsprechendes Beweismaterial, das Schumanns Beteiligung an der deutschen Erforschung und Entwicklung exotischer Antriebssysteme darüber hinaus noch bezeugt, findet sich in einem Dokument der U.S. Army Air Force von 1946. Dort steht Schumann auf einer Liste deutscher Wissenschaftler, die im Rahmen von *Operation Paperclip* für die Arbeit in Wright Field angefragt wurden.

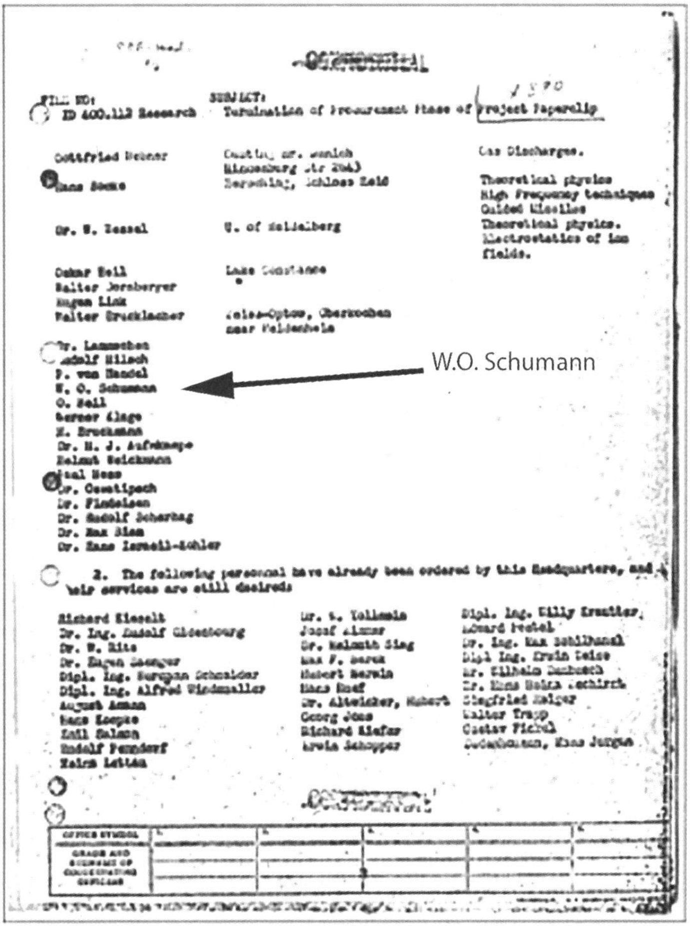

Zweite Seite eines geheimen dreiseitigen Memorandums von *Operation Paperclip*, datiert auf den 6. Juni 1947. Es handelt sich um eine Liste deutscher Wissenschaftler, die von der Air Force der U.S. Army für geheime Forschungen an ihren Anlagen in Dayton, Ohio, angefordert wurden. Die Nennung von Schumanns Namen ist ein Beleg dafür, dass man nach seinem Verhör im Nachkriegsdeutschland seine Fachkompetenz für die als geheim eingestufte Erforschung ausländischer Technologie als maßgeblich betrachtete. Quelle: Richard Sauder, *Hidden in Plain Sight* (2011)

Abb. 4: Professor Schumann erweist sich als Teil von Operation Paperclip.

Die Thule-Gesellschaft wählt Hitler aus, um eine pangermanische Arbeiterbewegung zu leiten

Der Aufstieg Adolf Hitlers wurde möglich gemacht durch die Thule-Gesellschaft, die ihn im Geheimen unterstützte. Prominente Mitglieder dieser Gesellschaft hatten die Gründung der Deutschen Arbeiter-Partei, die nationalistische Ideen verbreitete, finanziell gefördert, um zu verhindern, dass die Arbeiterklasse dem Einfluss der schnell wachsenden kommunistischen Bewegung anheimfällt.

> »Anders als die meisten anderen konservativen Nationalisten war sich die Thule-Gesellschaft der Gefahren bewusst, die die Vertiefung der Kluft zwischen der Offiziersklasse und der Arbeiterschaft mit sich brachte. Es wurde zu einem der vorrangigsten Ziele der Gesellschaft, den arbeitenden Mann in das nationale Lager zurückzubringen … Angesichts der weitverbreiteten klassenfeindlichen Stimmungen würde das Thule-Programm von den Massen automatisch abgelehnt werden, wenn es ein Angehöriger einer privilegierten Klasse vorschlüge.«[20]

Die Gründung der Deutschen Arbeiter-Partei fand am 5. Januar 1919 statt, und die Thule-Gesellschaft unterstützte anfangs Anton Drexler, der sie als Aushängeschild führen sollte, das sie benutzen und insgeheim kontrollieren würden, um die pangermanische, antisemitische und metaphysische Agenda der Gesellschaft zu verfolgen.[21]

Drexler fehlten allerdings die organisatorischen, rhetorischen und charismatischen Fähigkeiten, um die Mitgliederschaft einer großen Arbeiterpartei, die eine pangermanische Zielsetzung vertritt, aufzubauen. Schicksalhafterweise fand sich der erforderliche Führer, als ein junger Spion der deutschen Reichswehr eine der Versammlungen der Deutschen Arbeiter-Partei besuchte, wie der verstorbene Jim Marrs in seinem Buch *Der Aufstieg des Vierten Reiches: Geheime Gesellschaften übernehmen die Macht in den USA* schreibt:

»Es war in dieser Situation, dass Hitler, ein neunundzwanzigjähriger Kriegsveteran, in Kontakt mit Mitgliedern der ›Thule-Gesellschaft‹ kam, scheinbar einem unschuldigen Lektürekreis, der sich dem Studium und der Verbreitung altgermanischer Literatur widmete. Aber die Gesellschaft, die größtenteils aus wohlhabenden Konservativen, glühenden Nationalisten und Antisemiten bestand, erforschte in Wahrheit radikale Politik, Rassenmystizismus und das Okkulte, das sich hinter ihrem Symbol, einer Swastika mit einem darübergelegten Schwert, verbarg. Außerdem diente die Gesellschaft als Fassade des sogar noch geheimeren Germanen-Ordens, einer Wiederbelebung der alten Deutschen Ordensritter, die nach dem Muster von Freimaurerlogen in ganz Deutschland verzweigt war. Man nimmt an, dass diese Logen die Agenda der illegalen bayerischen Illuminaten mit ihrer grundlegenden Maxime, dass ›der Zweck die Mittel heiligt‹, weiterführten.«[22]

Es ist wichtig, Marrs' Ansicht, dass die Thule-Gesellschaft eine Neuauflage der verbotenen bayerischen Illuminaten war, im Gedächtnis zu behalten, wenn man ihre Rolle hinter den Kulissen bedenkt, die sie bei Hitlers Aufstieg zur Macht und der Entstehung des Dritten Reiches spielte.

James und Suzanne Pool bestätigen, dass Hitler bald von der Finanzierung der Deutschen Arbeiter-Partei durch die Thule-Gesellschaft erfahren hat und einverstanden war, mit prominenten Thule-Mitgliedern dabei zusammenzuarbeiten, ihre weithin übereinstimmenden pangermanischen, antisemitischen und metaphysischen Glaubensvorstellungen umzusetzen:

»Wusste Hitler zu der Zeit, als er dort eintrat, dass die Deutsche Arbeiter-Partei von der Thule-Gesellschaft unterstützt wurde? … Bedenkt man Hitlers Stellung als Armee-Spion und sein Interesse an nationalistischer, antisemitischer Politik, dann erscheint es wahrscheinlich, dass ihm bekannt war, dass die Gesellschaft diese neue kleine Bewegung namens Deutsche Arbeiter-Partei förderte. Wenn Hitler über eine solche Information verfügte, würde das erklären, warum er diese kleine Partei unter vielen anderen nationalistischen Gruppen, die damals existierten, auswählte.«[23]

So begann die Thule-Gesellschaft also, die Deutsche Arbeiter-Partei zu unterstützen, die ihren Namen Anfang 1920, auf Hitlers Anraten, in »Nationalsozialistische Deutsche Arbeiter-Partei« oder NSDAP änderte.[24] Die Thule-Gesellschaft sorgte dafür, dass der *Völkische Beobachter*, ihre Zeitung mit Sitz in München, »das führende extrem rechte, antisemitische Blatt in Bayern«, die Agenda der neuen Partei vorantrieb.[25] Bald wurde die Zeitung der Nazipartei übergeben, die merkwürdigerweise die Mittel aufgebracht hatte, sie zu erwerben, und sofort wurde sie zum offiziellen Sprachrohr der NSDAP. Dies war der entscheidende Schritt, um die frischgebackene Nazipartei in eine Massenbewegung zu verwandeln und um Hitler ein nationales Publikum zu verschaffen. All dies wurde mit Hilfe einer Zeitung erreicht, die anfänglich von prominenten Mitgliedern der Thule-Gesellschaft gegründet und im Verborgenen kontrolliert worden war:

> »Als die Thule-Gesellschaft den *Völkischen Beobachter* der Nazipartei übergab, muss bei diesem Geschäft darauf bestanden worden sein, dass ein Thule-Mitglied (Amann) Verwalter des Zeitungskapitals bleiben sollte und darüber hinaus sogar zum ›Parteigeschäftsführer‹ ernannt wurde, mit der Aufsicht über das gesamte Parteivermögen … Mit Amann als Parteigeschäftsführer, Eckart als Herausgeber der Parteizeitung und Rosenberg als Redaktionsassistenten war die Mitwirkung der Thule-Gesellschaft bei den Nazis stärker als je zuvor. Da die grundlegende Ideologie der Thule-Gesellschaft sowie die der Nazipartei freilich dieselbe war, konnten diese Männer sowohl loyale Nazis als auch Mitglieder der Gesellschaft sein.«[26]

Es war nicht nur die entscheidende organisatorische Hilfe der Mitglieder der Thule-Gesellschaft, die sich für Hitlers Aufstieg zur Macht als besonders wichtig erwies. Es waren auch die Ideen und Motive der Thule-Gesellschaft, die Hitler nutzte, um eine breite pangermanische Basis anzusprechen, wie die Pools darlegen:

> »Das Symbol der Thule-Gesellschaft war die Swastika. Ihre Briefköpfe und ihre Veröffentlichungen zeigten dieses Zeichen, und große Swastika-Flaggen zierten ihre luxuriösen Versammlungsräume und Büros.

Viele Themen und Slogans der Gruppe wurden von Hitler später fast wörtlich wiederholt.«[27]

Symbol der Thule-Gesellschaft

Die von der Nationalsozialistischen Deutschen Arbeiter-Partei (NSDAP) verwendete Swastika

Abb. 5: Die Verwendung der Swastika durch die Thule-Gesellschaft wurde von der NSDAP für ihre Zwecke angepasst.

Die Swastika repräsentierte die heiß begehrte Vril-Kraft und war daher ein zentraler Aspekt dessen, was nach dem Glauben der Thule-Gesellschaft alle Deutschen reinen Blutes zu erlernen und zu beherrschen hatten. Hitlers Übernahme vieler Ideen und Motive der Thule-Gesellschaft ist ein Beleg dafür, dass er selbst ein Okkultist und sogar ein Thule-Mitglied war, wie von Geschichtsforschern wie Trevor Ravenscroft behauptet wird, dem Autor von *Die heilige Lanze: Die okkulte Macht einer Reliquie, mit deren Hilfe Hitler die Welt erobern wollte.*[28]

Außerdem ließen Mitglieder der Thule-Gesellschaft Hitler unverzichtbare Unterstützung angesichts der polizeilichen Verfolgung aufgrund seiner unverblümten nationalistischen Ansichten zukommen. Die Pools schreiben dazu:

»Die wichtigste Unterstützung, die er einstweilen von der Thule-Gesellschaft, dank Thule-Mitgliedern in der bayerischen Regierung, bekommen sollte, war der Schutz vor Strafverfolgung.«[29]

Laut den Pools sollte Hitlers junge Nazipartei schließlich die Thule-Gesellschaft als ihre Mentorin überflügeln:

> »Als die Deutsche Arbeiter-Partei unter Hitlers Führung zu wachsen und sich zu entwickeln begann, sollten fähige und intelligente Mitglieder und Sympathisanten von Thule in sie eintreten und einen außerordentlichen Wert für Hitler darstellen. Das Kind der Massen sollte schließlich über seine geheimgesellschaftliche Mutter hinauswachsen.«[30]

Die Historiker stimmen weitgehend darin überein, dass die Thule-Gesellschaft Hitler bei seinem Aufstieg zur Macht unterstützte, blenden aber, wie die Pools, deren langfristige Bedeutung aus, wenn sie von ihrer angeblichen Auflösung 1925 ausgehen – demselben Jahr, in dem wohlgemerkt mit Unterstützung der Thule-Gesellschaft Hitlers Autobiografie *Mein Kampf* veröffentlicht wurde. Auch Nicholas Goodrick-Clarke, der Autor des Buches *Die okkulten Wurzeln des Nationalsozialismus*, schreibt kurz und knapp: »Die Thule-Gesellschaft wurde um 1925 aufgelöst, als ihre Unterstützung geschwunden war.«[31]

An diesem Punkt lassen die Pools und Goodrick-Clarke eine Betrachtung der Rolle der Thule-Gesellschaft *hinter den Kulissen*, als okkulte Gruppierung und nicht als politische Lobbygruppe, vermissen. Sie hat sich nicht aus der nationalen Szene zurückgezogen, weil die wachsende Nazipartei deren Mitglieder geschluckt hatte. Vielmehr war die Thule-Gesellschaft sehr erfolgreich darin gewesen, Hitlers Nazipartei zu unterwandern und prominente Mitglieder in Schlüsselpositionen zu bringen, um ihre langfristigen Ziele zu erreichen. Wie bereits zitiert, betrachteten Pauwels und Bergier die Thule-Gesellschaft als das »magische Zentrum der NS-Bewegung«.[32] Und viele weitere Quellen verweisen auf ihre fortdauernde Existenz hinter den Kulissen als im Untergrund tätige, aber äußerst machtvolle Organisation, die noch lange nach ihrer scheinbaren öffentlichen Auflösung 1925 mit Hitler im Stillen zusammenarbeitete und ihn manipulierte.[33]

Als moderne Inkarnation der verbotenen bayerischen Illuminaten waren es die Mitglieder der Thule-Gesellschaft mehr als gewohnt,

Einfluss aus dem Verborgenen auszuüben, um niemanden durch ihre Machenschaften hinter den Kulissen zu verschrecken. Immerhin waren die bayerischen Illuminaten schon einmal aufgrund des Aufschreis einer alarmierten Öffentlichkeit verboten worden, was zum Einzug ihres Besitzes und Vermögens durch die bayerische Regierung geführt hatte. Hitler teilte die pangermanischen, antisemitischen und metaphysischen Ziele der Thule-Gesellschaft – warum sollte er sie also gefährden, indem er die wahre Rolle der Thule-Gesellschaft hinter den Kulissen aufdeckte? Außerdem war Hitler schließlich eifrig darauf bedacht, seine Unabhängigkeit zu betonen und sich nicht als praktizierenden Okkultisten oder Anhänger einer aristokratisch geführten Gruppierung wie der Thule-Gesellschaft zu präsentieren.

Laut Ian Kershaw, dem Autor der zusammen mehr als 2.000 Seiten umfassenden und auch auf Deutsch vorliegenden Bücher *Hitler: 1889-1936* und *Hitler: 1936-1945* »liest sich die Mitgliederliste der Thule-Gesellschaft … wie ein Who's Who früher Nazi-Sympathisanten und führender Gestalten in München«, darunter Rudolf Hess, Alfred Rosenberg, Hans Frank, Julius Lehmann, Gottfried Feder, Dietrich Eckart und Karl Harrer.[34] Eine sogar noch umfangreichere Liste wurde von den Autoren Dietrich Bronder (*Bevor Hitler kam*) und E. R. Carmin (*»Guru« Hitler*) vorgelegt, die ebenfalls viele Mitglieder der Thule-Gesellschaft aufzählten, von denen einige zu machtvollen Positionen innerhalb der NS-Regierung aufstiegen:

- Baron Rudolf von Sebottendorf, Großmeister des Ordens
- Guido von List, Meister des Ordens
- Jörg Lanz von Liebenfels, Meister des Ordens
- Adolf Hitler, »Führer«, deutscher Kanzler und oberster Befehlshaber der SS
- Rudolf Hess, Stellvertreter des Führers, SS-Obergruppenführer
- Hermann Goering, Reichsmarschall und SS-Obergruppenführer
- Heinrich Himmler, Reichsführer SS und Reichsminister
- Alfred Rosenberg, Reichsminister und NS-Reichsleiter
- Hans Franck, Dr. Dr. h.c., NS-Reichsleiter und Generalgouverneur von Polen

- Julius Streicher, SA-Obergruppenführer und Gauleiter von Franken
- Karl Haushofer, Prof. Dr., Generalmajor d. R.
- Gottfried Feder, Prof. Dr., Staatssekretär a.D.
- Dietrich Eckart, Chefredakteur des *Völkischen Beobachters*
- Bernhard Stempfle, Beichtvater und Vertrauter Hitlers
- Franz Gurtner, Münchner Polizeipräsident
- Rudolf Steiner, Begründer der anthroposophischen Lehre
- W. O. Schumann, Prof. Dr. an der Technischen Universität München
- Ignaz Trebitsch-Lincoln, Okkultist und Himalaya-Reisender
- Haila, gen. Hella Gräfin von Westarp
- und viele andere ...[35]

Unter den Mitgliedern der Thule-Gesellschaft war Dietrich Eckart für Hitler von erheblicher Bedeutung für dessen frühe Karriere, indem er ihm Zugang zu mächtigen Persönlichkeiten verschaffte, die bereit waren, die Nazi-Partei finanziell zu unterstützen.

Die Pools schreiben dazu:

> »Im Lichte seines Erfolgs traten weitere bedeutende Mitglieder der Thule-Gesellschaft in die Deutsche Arbeiter-Partei ein ... Eines von ihnen, Dietrich Eckart, sollte schließlich einen gewaltigen persönlichen Einfluss auf Hitler ausüben ... Er führte Hitler erstmals in die bessere Gesellschaft ein sowie, was noch wichtiger war, bei Personen, die finanzielle Förderer der Thule-Gesellschaft waren.«[36]

Es war Eckart, der es der Nazi-Partei ermöglichte, sich die notwendigen Mittel zu beschaffen, um den *Völkischen Beobachter* zu erwerben, und er wurde Chefredakteur dieser Zeitschrift bis zu seinem Tod 1923.[37] Hitler widmete Eckart den zweiten Band von *Mein Kampf* und verdeutlichte damit den mächtigen Einfluss, den dieses führende Mitglied der Thule-Gesellschaft auf ihn hatte.

Ebenfalls großen Einfluss auf Hitler hatte der General im Ruhestand und anschließende Münchner Universitätsprofessor Karl Haushofer. Seine wissenschaftliche Pionierarbeit in Asien und besonders in Japan führte zu vielen Einsichten in die antike Geschichte, die Rolle der »arischen Rasse« und zu einem Verständnis der geheimnisvollen Vril-Kraft. Haushofer war ebenfalls Mitglied der Thule-Gesellschaft und gab seine Lehren an einen enthusiastischen Studenten, Rudolf Hess, weiter, der ebenfalls Thule-Mitglied war und Hitlers rechte Hand werden sollte.

Hess war Hitler bei der Niederschrift von *Mein Kampf* behilflich, das viele von Haushofers wegweisenden Ideen enthielt.[38] 1945, nach der Niederlage NS-Deutschlands, erklärte Haushofer seinen Vernehmungsoffizieren der US-Armee: »Ich war nur durch Hess in der Lage, [Hitler] zu beeinflussen.«[39] Dies war ein sehr vielsagendes Eingeständnis. Hess war tatsächlich Hitlers Betreuer im Auftrag der Thule-Gesellschaft – eine Rolle, die er dauerhaft bis 1941 spielen sollte, als er während seiner gescheiterten Friedensmission in Schottland gefangengenommen wurde. Hess war Teil eines orchestrierten Bestrebens, eine Friedensabmachung mit einer prodeutschen Fraktion innerhalb der britischen Aristokratie zu erreichen, zu der auch prominente Angehörige der königlichen Familie zählten – viele von ihnen hatten enge Verbindungen zu Regierungsmitgliedern, die der Thule- und anderen Geheimgesellschaften angehörten.

Geheimdienstliche Unterstützung der Thule-Gesellschaft und Hitlers durch den deutschen Marinegeheimdienst

Die Thule-Gesellschaft hatte bei der Verfolgung ihrer pangermanischen, antisemitischen und metaphysischen Agenda in den Jahren der Weimarer Republik einen bedeutsamen institutionellen Verbündeten – die deutsche Marine (die während des Zweiten Weltkriegs in »Kriegsmarine« umbenannte Reichsmarine). Seit ihrem Beginn war die Thule-Gesellschaft von der deutschen Marine aufgrund ihres strikten Widerstandes gegen den Vertrag von Versailles, ihrer Verteidigung der nationalen Einheit Deutschlands und ihres Eintritts für eine schnelle Wiederbewaffnung unterstützt worden. Die deutsche Marine und andere deutsche nationalistische Organisationen vertraten die Auffassung, dass der Versailler Vertrag aufgrund der Härten, die er Deutschland auferlegte, sezessionistische Bewegungen begünstigte, und das sorgte für die Ausbreitung der Sichtweise, dass abgespaltene Staaten von dessen ungünstigen Vorgaben ausgenommen seien. Ein Zusammenbruch Deutschlands würde dieses Land als potenziellen geopolitischen Rivalen Großbritanniens und Frankreichs auf Jahrzehnte hinaus beseitigen und einen ökonomischen Wiederaufstieg weitaus schwieriger machen.

Gegen Ende des Ersten Weltkriegs gab es in Bayern eine starke Unabhängigkeitsbestrebung, die von der kommunistischen Bewegung unterstützt wurde. Vom 6. April bis zum 3. Mai 1919 war kurzzeitig eine bayerische Räterepublik an der Macht, aber nach der Hinrichtung von acht aristokratischen Mitgliedern der Thule-Gesellschaft wurde die Republik gewaltsam niedergeschlagen. Die Thule-Gesellschaft und die deutsche Marine traten dem bayerischen Separatismus energisch entgegen. Eine Zusammenarbeit zwischen diesen Organisationen war daher natürlich und unumgänglich und etablierte sich zügig, nachdem die Thule-Gesellschaft Anfang 1919 gegründet worden war. Der erste Beleg dafür zeigt sich schon darin, dass die Marine, wie die Pools bemerken, der Thule-Gesellschaft Raum für Versammlungen zur Verfügung stellten:

> »Bevor die Thule-Gesellschaft ihre eigenen Büros im Hotel *Vier Jahreszeiten* mietete, hielt sie ihre Versammlungen in den Räumlichkeiten des Marine-Offiziersclubs in demselben Hotel ab. Die Thule-Gesellschaft unterstützte und beschützte später viele Offiziere und Mannschaften der Brigade Ehrhardt, einer Marine-Einheit, nachdem der Kapp-Putsch gescheitert war.«[40]

Ein weiterer gewichtiger Grund für die Unterstützung der Thule-Gesellschaft durch die deutsche Marine ergibt sich aus dem Vertrag von Versailles, der die Anzahl der Schiffe, die die Marine besitzen durfte, streng begrenzte und ganze Flottenkategorien wie U-Boote aufhob. Artikel 181 des Vertrags schrieb vor:

> »Nach Ablauf eines Zeitraums von zwei Monaten seit Inkrafttreten dieses Vertrags dürfen die deutschen Marine-Streitkräfte nicht mehr als sechs Schlachtschiffe vom Typ ›Deutschland‹ oder ›Lothringen‹, sechs Leichte Kreuzer, zwölf Zerstörer und zwölf Torpedoboote oder dieselbe Anzahl von Schiffen, die dazu gebaut wurden, um diese gemäß Artikel 190 zu ersetzen, in Betrieb nehmen.
>
> U-Boote sind dabei ausgeschlossen.
>
> Alle anderen Kriegsschiffe müssen, sofern sich keine anderslautende Bestimmung aus diesem Vertrag ergibt, außer Verkehr genommen oder kommerziellen Zwecken zugeführt werden.«[41]

Um die Beschränkungen des Vertrags zu umgehen, hatte der Marine-Geheimdienst zusammen mit großen deutschen Firmen dafür gesorgt, dass Marinegüter in anderen Ländern geheim gefertigt wurden, bis die Restriktionen wieder gelockert würden und die Wiederbewaffnung offen erfolgen konnte. Zu diesem Zweck nutzte der deutsche Marine-Geheimdienst die Thule-Gesellschaft, um Hitler finanzielle Unterstützung zufließen zu lassen, und war ein wichtiger verdeckter Unterstützer der Nazis bei ihrem Aufstieg zur politischen Macht.

> »Abgesehen von den Aristokraten, Geschäftsleuten und weißen [zaristischen] Russen gab es noch eine weitere Gruppe, von der Hitler Geld erhielt: den Marine-Geheimdienst … An dieser Sache war ein Mann beteiligt, der später als ein Haupt des deutschen Widerstandes gegen Hitler (dann als Admiral) bekannt werden sollte: Wilhelm Canaris. Da Geheimdienste darauf spezialisiert sind, sämtliche Spuren ihrer Aktivitäten zu verwischen, sind die verbliebenen Hinweise ziemlich spärlich. Gleichwohl genügen sie, um Hitler, die Organisation Konsul (eine rechtsgerichtete terroristische Vereinigung früherer Marine-Offiziere) sowie Geldmittel des Marine-Geheimdienstes miteinander in Zusammenhang zu bringen.«[42]

Wilhelm Canaris, der vielleicht kein offizielles Mitglied war, aber doch viele Ideen der Thule-Gesellschaft teilte, half nicht nur dabei, Hitler insgeheim mit Mitteln des Marine-Geheimdienstes zu finanzieren, er wirkte auch an der Organisation der paramilitärischen Einheiten der Nazis mit, die im Straßenkampf gegen Kommunisten und andere linksradikale Gruppen verwendet wurden.[43] Canaris' Hilfestellungen bei der Finanzierung und Organisation der NS-Bewegung wurden später von Hitler dadurch belohnt, dass er ihn von 1935 bis 1944 zum Leiter der Abwehr, des militärischen Geheimdienstes der Wehrmacht, ernannte.

Bald nach dem Ende der Kampfhandlungen des Ersten Weltkriegs begann der deutsche Marine-Geheimdienst mit großen Stahlfirmen wie Thyssen, Flick, Krupp sowie dem gigantischen Chemiekonzern I.G. Farben (gegründet 1925) zusammenzuarbeiten, um finanzielle Mittel heimlich dorthin zu leiten, wo sie für das verdeckte Wiederbewaffnungsprogramm der Marine gebraucht wurden. Länder wie Spanien und Holland wurden wichtige Vermittler beim Bau von U-Booten, die schließlich in Deutschland fertiggestellt werden sollten. Ian Colvin, der Autor einer amerikanischen Biografie über Canaris, schreibt dazu:

> »Die deutsche Marine wurde vergrößert, die U-Boote, die bis dahin mit Canaris' Hilfe insgeheim in Spanien und Holland auf Stapel gelegt waren, wurden in Hamburg, Bremen und in den Ostseehäfen zusammengebaut, nachdem sie in binnenländischen Fabriken vorgefertigt worden waren.«[44]

Später werde ich ausführlich behandeln, wie sich das Wissen und die Beziehungen, die Canaris beim verdeckten Bau von U-Boot-Komponenten und weiteren militärischen Gütern in anderen Ländern, die in den Jahren der Weimarer Republik (1919-1933) deutsche Firmen und ihre internationalen Partner und Tochtergesellschaften nutzten, erworben hatte, über ein Jahrzehnt später als äußerst wertvoll erweisen sollte, als nach der ersten NS-Expedition in die Antarktis Anfang 1939 dort der Bau von Stützpunkten vorgesehen wurde.

Nachdem er 1935 der Leiter des militärischen Geheimdienstes NS-Deutschlands geworden war, begann Canaris bald, ein verdecktes Bewaffnungsprogramm außerhalb Deutschlands zu organisieren, wobei er einmal mehr führende deutsche Firmen und ihre ausländischen Partner nutzte. Jetzt sollte das futuristische Projekt allerdings auch den Bau von Flotten von Antigravitationsraumschiffen einschließen, wobei fortgeschrittene Technologien Anwendung fanden, die von Thule-/NS-Forschern auf der ganzen Welt entwickelt wurden, außerdem paranormale Kommunikation stattfand und es später sogar zu tatsächlichem Kontakt mit verschiedenen außerirdischen Rassen kam.

Und es sticht noch ein weiterer entscheidender Aspekt bei dem geheimen, von der deutschen Marine lancierten Wiederbewaffnungsprogramm heraus, der uns zur Epoche unmittelbar nach dem Ersten Weltkrieg zurückführt: nämlich ausländische Banken. Diese Institutionen konnten militärische Fertigungsanstrengungen außerhalb Deutschlands finanzieren, ohne dass es irgendeinen Verdacht hinsichtlich der finalen Ziele der produzierten waffenfähigen Güter geben würde.

August Thyssen, der mit der 1891 gegründeten Thyssen AG eine der größten Stahlfirmen Deutschlands besaß, hatte eine Reihe von Banken eröffnet, um seine Geschäftsinteressen und Verträge mit dem deutschen Militär zu begünstigen – darunter auch ausländische Banken. Thyssens ausländische Banken sollten als Vermittlungsinstanz eine Schlüsselrolle bei der Bezahlung internationaler Zulieferer für das verdeckte Wiederbewaffnungsprogramm der deutschen Marine spielen. Es kann gar nicht deutlich genug hervorgehoben werden, dass es amerikanische Banken und Konzerne waren, die bedeutsame Rollen dabei spielten, August Thyssens Banken Finanzmittel und dem deutschen Marine-Geheimdienst Schmiergeldfonds, mit denen sie in Verbindung standen, zu verschaffen.

Anmerkungen

1 Siehe James Pool und Suzanne Pool, *Who Financed Hitler?: The Secret Funding of Hitler's Rise to Power 1919-1933* (The Dial Press, 1978); p. 7. – Erschien auf Deutsch als *Hitlers Wegbereiter zur Macht* in mehreren Ausgaben, Scherz 1979, Moewig 1982 und 1990.

2 Eine Zusammenfassung dieser Ereignisse liefert Peter Moon in *The Black Sun: Montauk's Nazi-Tibetan Connection* (Skybooks, 1997); p. 172ff. – Dt. Ausgabe: *Die Schwarze Sonne*, Edition Montauk Band 5, Michaels Verlag, Peiting 1998.

3 Diodorus Siculus, *Library of History*, Buch II; p. 38-41. Online zugänglich unter http://penelope.uchicago.edu/Thayer/E/Roman/Texts/Diodorus_Siculus/2B*.html#note36

4 »Hyboreans«, Wikipedia; https://en.wikipedia.org/wiki/Hyperborea (aufgerufen am 2.6.2017)

5 James Pool und Suzanne Pool, *Who Financed Hitler?*; p. 7. – Erschien auf Deutsch als *Hitlers Wegbereiter zur Macht* in mehreren Ausgaben, Scherz 1979, Moewig 1982 und 1990.

6 »Maria Orsic«; http://1stmuse.com/maria_orsitsch/ (aufgerufen am 6.6.2015)

7 »Vril«, Wikipedia; http://en.wikipedia.org/wiki/Vril (aufgerufen am 5.6.2015)

8 Edward Bulwer-Lytton, *Vril: The Coming Race*, Kapitel 16, online zugänglich unter http://www.sacred-texts.com/atl/vril/vrl15.htm (aufgerufen am 28.5.2017). – Zahlreiche deutsche Ausgaben.

9 Louis Pauwels und Jacques Bergier, *The Morning of the Magicians* (Destiny Books, 2009 [1960]) p. 254. – Zahlreiche deutsche Ausgaben seit 1962 als *Aufbruch ins dritte Jahrtausend.*

10 Zitiert nach Nicholas Goodrick-Clarke, *The Occult Roots of Nazism: Secret Aryan Cults and their Influence on Nazi Ideology* (Tauris Parke Paperbacks, 2004); p. 219. – Dt. Ausgaben: *Die okkulten Wurzeln des Nationalsozialismus*, Stocker Verlag, Stuttgart 1997, und Marix Verlag, Wiesbaden 2012.

11 Louis Pauwels und Jacques Bergier, *The Morning of the Magicians*; p. 256. – Zahlreiche deutsche Ausgaben seit 1962 als *Aufbruch ins dritte Jahrtausend.*

12 So fasst Goodrick-Clarke die Perspektive von Pauwels und Bergier zusammen, einen Standpunkt, den er mit Nachdruck als »Trugschluss« rügt; zitiert nach Goodrick-Clarke, *The Occult Roots of Nazism*; p. 219. – Dt. Ausgaben: *Die okkulten Wurzeln des Nationalsozialismus*, Stocker Verlag, Stuttgart 1997, und Marix Verlag, Wiesbaden 2012.

13 »Maria Orsic«; http://1stmuse.com/maria_orsitsch/ (aufgerufen am 6.6.2015)

14 Ebd.

15 James Pool und Suzanne Pool, *Who Financed Hitler?*; p. 8. – Erschien auf Deutsch als *Hitlers Wegbereiter zur Macht* in mehreren Ausgaben, Scherz 1979, Moewig 1982 und 1990.

16 Siehe Michael E. Salla, *Insiders Reveal Secret Space Programs and Extraterrestrial Alliances.* – Dt. Ausgabe: *Geheime Weltraumprogramme & Allianzen mit Außerirdischen*, Amra Verlag, Hanau 2018.

17 »British Intelligence Objectives Sub-Committee: Final Report #1043«; http://tinyurl.com/yd2h6nhh (aufgerufen am 10.8.2017)

18 Paul A. LaViolette, *Secrets of Antigravity Propulsion: Tesla, UFOs and Classified Aerospace Technology* (Bear and Co., 2008); p. 9. – Dt. Ausgabe: *Verschlusssache Antigravitationsantrieb*, Kopp Verlag, Rottenburg 2010.

19 T. T. Brown, »How I Control Gravitation«, in *Science & Invention* (August 1929)/*Psychic Observer* 37 (1); http://www.rexresearch.com/gravitor/gravitor.htm (aufgerufen am 10.6.2015)

20 James Pool und Suzanne Pool, *Who Financed Hitler?*; p. 9. – Erschien auf Deutsch als *Hitlers Wegbereiter zur Macht* in mehreren Ausgaben, Scherz 1979, Moewig 1982 und 1990.

21 Ebd.

22 Jim Marrs, *The Rise of the Fourth Reich*; p. 19. – Dt. Ausgabe: *Der Aufstieg des Vierten Reiches*, Kopp Verlag, Rottenburg 2009.

23 James Pool und Suzanne Pool, *Who Financed Hitler?*; p. 9/10. – Erschien auf Deutsch als *Hitlers Wegbereiter zur Macht* in mehreren Ausgaben, Scherz 1979, Moewig 1982 und 1990.

24 Ebd.; p. 27.

25 Ebd.; p. 32.

26 Ebd.; p. 35.

27 Ebd.; p. 9.

28 Siehe Jan van Helsing, *Secret Societies and Their Power*; online zugänglich unter http://tinyurl.com/ybmezltc. – Dt. Buchausgabe: *Geheimgesellschaften und ihre Macht im 20. Jahrhundert*, Ewert Verlag, Lingen 1994.

29 James Pool und Suzanne Pool, *Who Financed Hitler?*; p. 11. – Erschien auf Deutsch als *Hitlers Wegbereiter zur Macht* in mehreren Ausgaben, Scherz 1979, Moewig 1982 und 1990.

30 Ebd.

31 Nicholas Goodrick-Clarke, *The Occult Roots of Nazism*; p. 221. – Dt. Ausgaben: *Die okkulten Wurzeln des Nationalsozialismus*, Stocker Verlag, Stuttgart 1997, und Marix Verlag, Wiesbaden 2012.

32 Zitiert nach Nicholas Goodrick-Clarke, *The Occult Roots of Nazism*; p. 219. – Dt. Ausgaben: *Die okkulten Wurzeln des Nationalsozialismus*, Stocker Verlag, Stuttgart 1997, und Marix Verlag, Wiesbaden 2012.

33 Nicholas Goodrick-Clarke bespricht viele Quellen, die von der Fortdauer der Thule-Gesellschaft ausgehen, in *The Occult Roots of Nazism*, p. 221/222. – Dt. Ausgaben: *Die okkulten Wurzeln des Nationalsozialismus*, Stocker Verlag, Stuttgart 1997, und Marix Verlag, Wiesbaden 2012.

34 Ian Kershaw, *Hitler: 1889-1936 Hubris* (W. W. Norton & Company, 2000); p. 138f. – Dt. Ausgabe: *Hitler 1889-1936 Band 1*, Pantheon Verlag, München 2013; der Folgeband erschien gleichzeitig und deckt die Jahre 1936 bis 1945 ab.

35 Zitiert nach Jan van Helsing, *Secret Societies and Their Power*; online zugänglich unter http://tinyurl.com/ybmezltc; umfangreiche erschöpfende Listen wie diese werden von Nicholas Goodrick-Clarke stark angezweifelt, siehe *The Occult Roots of Nazism*; p. 221. – Dt. Ausgaben: *Die okkulten Wurzeln des Nationalsozialismus*, Stocker Verlag, Stuttgart 1997, und Marix Verlag, Wiesbaden 2012.

36 James Pool und Suzanne Pool, *Who Financed Hitler?*; p. 19/21. – Erschien auf Deutsch *Hitlers Wegbereiter zur als Macht* in mehreren Ausgaben, Scherz 1979, Moewig 1982 und 1990.

37 Ebd.; pp. 32-35.

38 Zur Diskussion des Einflusses von Haushofer auf Hitler siehe Jim Marrs, *The Rise of the Fourth Reich*; p. 37. – Dt. Ausgabe: *Der Aufstieg des Vierten Reiches*, Kopp Verlag, Rottenburg 2009.

39 Jim Marrs, *The Rise of the Fourth Reich*; p. 37. – Dt. Ausgabe: *Der Aufstieg des Vierten Reiches*, Kopp Verlag, Rottenburg 2009.

40 James Pool und Suzanne Pool, *Who Financed Hitler?*; p. 37. – Erschien auf Deutsch als *Hitlers Wegbereiter zur* Macht in mehreren Ausgaben, Scherz 1979, Moewig 1982 und 1990.

41 »Peace Treaty of Versailles«; http://net.lib.byu.edu/~rdh7/wwi/versa/versa4.html

42 James Pool und Suzanne Pool, *Who Financed Hitler?*; p. 73. – Erschien auf Deutsch als *Hitlers Wegbereiter zur Macht* in mehreren Ausgaben, Scherz 1979, Moewig 1982 und 1990.

43 Ebd.; p. 73f.

44 Ian Colvin, *Master Spy: The Incredible Story of Admiral Wilhelm Canaris, Who, While Hitler's Chief of Intelligence, Was a Secret Ally of the British* (Uncommon Valor Press, 2014); Kindle Edition, 300-302.

2 Die Rolle von US-Konzernen im Nazi-Deutschland

US-Konzerne unterstützen die geheime Wiederbewaffnung der deutschen Marine sowie die NSDAP

Als der Erste Weltkrieg sich 1918 einem tumulthaften Ende zuneigte, eröffnete August Thyssen die Bank Voor Handel en Scheepvaart, N.V. in Rotterdam in den Niederlanden.[1] Sie war eine Tochtergesellschaft seiner deutschen August-Thyssen-Bank mit Sitz in Berlin, und sie war als sein eigenes persönliches Bankunternehmen gegründet worden. Die niederländische Bank sollte für Thyssen und seine beiden Söhne klugerweise als Absicherung dienen, um jederzeit, abhängig vom Ergebnis des Ersten Weltkriegs, erhebliche Geldmittel transferieren zu können. Besonders bedeutsam wurde dies, als Deutschland auf den letzten Etappen des Krieges in eine chaotische Phase hineintaumelte, die am 11. November 1918 zu einem Waffenstillstand führte, der die Feindseligkeiten beendete. Der Vertrag von Versailles wurde von den besiegten Deutschen mehr als sieben Monate später am 28. Juni 1919 unterzeichnet, und es herrschte große Not, als die deutsche Industrie versuchte, sich inmitten drückender Reparationszahlungen, die kaum noch Raum für Regierungsaufträge ließen, wieder zu erholen.

Durch die Verlagerung von Finanzmitteln auf ihre niederländische Bank war Thyssens Firma in der Lage, ihre verbliebenen Vermögenswerte zu schützen, sich von den verheerenden Kriegsverlusten zu erholen, ihr Stahlgeschäft wieder aufzubauen, antikommunistische nationalistische Bewegungen zu unterstützen und schließlich eine

Schlüsselrolle bei der geheimen Wiederbewaffnung des deutschen Militärs, vor allem der Marine, zu spielen. Rückhaltlos unterstützte die Familie Thyssen die Thule-Gesellschaft und die Bemühungen der deutschen Marine, eine starke nationalistische Bewegung zu fördern. Hitlers aufkommende Nazi-Partei war die vielversprechendste unter allen nationalistischen Parteien, und die Thyssens sahen eine Chance in ihrer finanziellen Unterstützung.

Die beiden Söhne August Thyssens sollten nun diametral entgegengesetzte politische Rollen für die Familie spielen, um sich in Zukunft gegen die Art von Verlusten, wie man sie durch den Ersten Weltkrieg erfahren hatte, abzusichern.

John Loftus, ein früherer NS-Kriegsverbrecherankläger des amerikanischen Justizministeriums, schreibt dazu:

> »Nach dem Ersten Weltkrieg war August Thyssen gewaltig ausgebrannt durch seine Vermögensverluste infolge der brutalen Bedingungen des Versailler Vertrags. Er war entschlossen, dass dies nicht noch einmal geschehen dürfe. Einer seiner Söhne sollte die Nazis unterstützen, der andere würde neutral bleiben. Gleichgültig, wer den nächsten Krieg gewann, die Familie Thyssen würde ihn mit ihrem Industrie-Imperium unversehrt überstehen. Fritz Thyssen entschied sich 1923 für die Nazis, sein jüngerer Bruder heiratete in den ungarischen Adel ein und änderte seinen Namen zu Baron Thyssen-Bornemisza. Später beanspruchte der Baron die ungarische ebenso wie die niederländische Staatsbürgerschaft. In der Öffentlichkeit gab er vor, seinen Nazi-Bruder zu hassen, aber privat trafen sie sich bei geheimen Vorstandssitzungen in Deutschland, um ihre Tätigkeiten aufeinander abzustimmen. Drohten dem einem Eigentumsverluste, würde er seine Anteile auf den anderen übertragen.«[2]

Fritz Thyssen ist als »der Mann im Gedächtnis geblieben, der Hitler mehr Geld gab als jeder andere«.[3] Seine erste Spende von 100.000 Goldmark (rund 25.000 Dollar) ließ er der Nazi-Partei zukommen, nachdem er Hitler im Jahre 1923 zum ersten Mal reden gehört hatte.[4] Thyssen hat genau beschrieben, wie Erich Ludendorff, ein General des

Ersten Weltkriegs und früherer Generalquartiermeister, seinerzeit der zweithöchste militärische Rang in ganz Deutschland, ihn dazu überredete, die Hitler-Rede zu besuchen:

> »›Es gibt nur eine Hoffnung‹, sagte Ludendorff zu mir, ›und diese Hoffnung wird von den nationalen Gruppierungen verkörpert, die unsere Wiederherstellung wünschen.‹ Er empfahl mir insbesondere das Freikorps Oberland und vor allem die nationalsozialistische Partei Adolf Hitlers. Ludendorff bewunderte Hitler sehr. ›Er ist der einzige Mann‹, sagte er, ›der über politisches Gespür verfügt. Gehen Sie einmal hin und hören Sie ihm zu.‹ Ich folgte seinem Rat. Ich besuchte mehrere öffentliche Veranstaltungen, die von Hitler organisiert wurden. Dabei bemerkte ich seine rhetorische Begabung und seine Fähigkeit, die Massen zu führen. Was mich aber am meisten beeindruckte, war die Ordnung, die seine Versammlungen beherrschte, die beinahe militärische Disziplin seiner Anhänger.«[5]

Ludendorff erkannte die bedeutende Rolle, die nationalistische Bewegungen für Deutschlands getarntes Wiederbewaffnungsprogramm und die Überwindung des Versailler Vertrags spielen könnten.

Man brauchte internationale Investoren, um Gelder für die verschiedenen Projekte der Familie Thyssen zu sammeln, zu denen schließlich auch die verdeckte Finanzierung von Hitlers Nazi-Partei gehörte. Als der US-Banker Averell Harriman 1922 nach Deutschland reiste und sich mit der Familie Thyssen traf, wurde die Abmachung getroffen, dass Investitionsmöglichkeiten am besten durch die gemeinsame Schaffung einer privaten Bank in New York zu realisieren sind: die Union Banking Corporation, die 1924 gegründet wurde. Harrimans Partner, George Herbert Walker (der Großvater des Präsidenten George Herbert Walker Bush), wurde Präsident der neuen Bank. 1926 ernannte er seinen Schwiegersohn Prescott Bush zum Vizepräsidenten der Union Banking Corporation. Die neu gegründete Bank »machte es den Thyssens einfach, Vermögen zu transferieren, Geld zu waschen, Gewinne zu verstecken und Steuern zu vermeiden«.[6] Umgekehrt half die Union Banking Corporation Prescott Bush dabei, ein Vermögen anzuhäufen, das er wirkungsvoll für seinen Wahlkampf nutzte, um in den US-Senat gewählt zu werden, und sein Reichtum ermöglichte es ihm auch, eine politische Dynastie zu begründen und seinem Sohn (George H. W. Bush) sowie seinem Enkel (George W. Bush) den Weg zu ebnen, zukünftige US-Präsidenten zu werden.

Obwohl die Union Banking Corporation amerikanische Direktoren hatte, stellte die Familie Thyssen über ihre niederländische Tochterbank die Haupteigentümer, wie eine Überprüfung der Union Banking Corporation vom 16. August 1941 bestätigte:

> »Die Union Banking Corporation, gegründet am 24. August 1924, befindet sich vollständig im Besitz der Bank voor Handel en Scheepvaart N.V. in Rotterdam, Niederlande. Meine Untersuchung hat keine andere Eigentümerschaft als die der holländischen Bank ergeben. Mr. Cornelis [sic] Lievense, der Präsident der UBC, gibt an, von keinem Eigentümer als allein der Bank voor Handel zu wissen, hält es aber für möglich, dass Baron Heinrich Thyssen, der Bruder von Fritz Thyssen, eine erhebliche Beteiligung halten könnte.«[7]

Die Ermittler stellten außerdem fest, dass »die Union Banking Corporation seit ihrer Gründung Vermögenswerte verwaltete, die ihr vor allem über die holländische Bank aufgrund der Anteile der Thyssens an amerikanischen Investitionen zur Verfügung gestellt wurden«.[8] Webster Tarpley, der Autor von *George Bush: The Unauthorized Biography* (»George Bush: die nicht autorisierte Biografie«, nicht auf Deutsch erschienen), schrieb:

> »Aufgrund des persönlichen Vertrags zwischen Averell Harriman und Fritz Thyssen von 1922 sollte W. A. Harriman & Co. (beziehungsweise die Union Banking Corporation) Gelder zwischen New York und den ›Thyssen-Anteilen‹ in Deutschland hin und her transferieren. Mit einer Einlage von rund 400.000 Dollar wurde Harrimans Organisation Anteilseigner und Manager von Thyssens Bankgeschäften außerhalb Deutschlands ...«[9]

Im Jahr 1926 übernahm Fritz Thyssen die Stahlfirma seines Vaters und bildete zwei Jahre später einen Konzern, die Vereinigten Stahlwerke AG, der mehr als 75 Prozent der deutschen Eisenerz-Reserven kontrollierte. Thyssens Konzern, zu dem auch die kürzlich umbenannte Firma seines Vaters, August Thyssen-Hütte AG, gehörte, wurde bis zum Zweiten Weltkrieg und währenddessen unentbehrlich für die Stahlproduktion NS-Deutschlands sowie für dessen getarntes Wiederbewaffnungsprogramm mit Hilfe ausländischer Banken und Tochtergesellschaften in den Niederlanden, den USA und anderswo in der Welt.

Weitere deutsche Industrielle kollaborierten mit den Thyssens bei der Nutzung ausländischer Tochterunternehmen und Banken, um Geldmittel zu transferieren und sich am verdeckten Wiederbewaffnungsprogramm zu beteiligen, das von der deutschen Marine eingeführt wurde. Zu diesen zählte Friedrich Flick, der mit Thyssen bei der Gründung der Vereinigten Stahlwerke zusammenarbeitete und mit Hilfe der Union Banking Company tätig war, wie Webster Tarpley beschreibt:

> »Friedrich Flick war zusammen mit Fritz Thyssen der größte Miteigentümer des deutschen Stahlkonzerns, Thyssens langjähriger Mitarbeiter und gelegentlicher Konkurrent ... Die Flick-Harriman-Partnerschaft stand unter direkter Aufsicht von Prescott Bush, Präsident Bushs Vater, und von George Walker, Präsident Bushs Großvater.«[10]

Ebenfalls 1926 trat Allen Dulles, der spätere Direktor der CIA, bei seinem Bruder John Foster Dulles, dem zukünftigen Außenminister unter Präsident Eisenhower, in die renommierte Anwaltskanzlei Sullivan & Cromwell ein, die John Foster zu jener Zeit leitete. James Srode, der Autor einer US-Biografie über Allen Dulles, schilderte den damaligen Einfluss der Firma folgendermaßen:

> »Sie war bei Foster Dulles' Eintritt als geschäftsführender Partner die größte, mächtigste und angesehenste Anwaltskanzlei in der Welt. Ihre Klienten waren nationale Regierungen, große Firmen und sogar ganze Industrien.«[11]

Unter den zahlreichen Klienten der Brüder Dulles findet sich auch diejenige Bank, die der Familie Thyssen gehörte, die Bank voor Handel en Scheepvaart N.V. in Rotterdam. Darüber hinaus vertraten die Dulles-Brüder noch eine Reihe anderer deutscher Firmen, darunter den gewaltigen Chemiekonzern I.G. Farben, der zusammen mit Thyssens und Flicks Vereinigten Stahlwerken eine wesentliche Rolle bei der Wiederbewaffnung Deutschlands und der Entwicklung seiner heranreifenden Geheimen Weltraumprogramme spielen sollte, von denen eines in der Antarktis aufgebaut werden würde.

Amerikanische Konzerne und Hitlers Aufstieg zur Macht

Hitler war dazu ausersehen, das charismatische Aushängeschild einer pangermanischen nationalistischen Bewegung auf der Grundlage der Ideen territorialer Ausdehnung und rassischer Überlegenheit zu werden, wie er sie in seinem Buch *Mein Kampf* von 1925 deutlich ausformuliert hatte. Diesen pangermanischen Ansichten lag der Glauben der Thule-Gesellschaft zugrunde, dass die germanische Rasse unmittelbar von den Hyberboreern und deren großer Zivilisation abstamme und daher mit höchster Wahrscheinlichkeit Erfolg bei der Auffindung und Entwicklung der verborgenen antiken Technologien der letzteren haben werde, die die von der Swastika symbolisierte Vril-Kraft nutze.

Die Nazi-Partei war dezidiert antikommunistisch ausgerichtet, jüdischem Einfluss gegenüber feindlich eingestellt und bekämpfte die wachsende Macht der Arbeiterbewegung. Hitlers nationalsozialistische Partei, die jetzt vollkommen von Mitgliedern der Thule-Gesellschaft unterwandert war, strebte eine enge Zusammenarbeit mit deutschen Industriellen unter Führung der Familie Thyssen an, die das deutsche Produktionspotenzial mit Hilfe einer wohlwollenden Regierungspolitik wieder herzustellen wünschten. 1933 initiierte Thyssen einen offenen Brief von neununddreißig deutschen Industriellen, darunter so berühmte Namen aus der Geschäftswelt wie Krupp, Siemens und Bosch, um den greisen Präsidenten Paul von Hindenburg dazu aufzurufen, Hitler zum deutschen Reichskanzler

Abb. 6: Die deutsche »Arbeiter-Illustrierte-Zeitschrift« (A-I-Z), im Prager Exil erschienen, hat 1933 als Aufmacher Fritz Thyssens Einfluss auf Hitler.

zu ernennen (ein Amt, das dem des Premierministers im Regierungssystem von Westminster vergleichbar ist).[12] Daraus ergab sich ein

Treffen am 4. Januar 1933, bei dem zwischen Hindenburg und einer Gruppe deutscher Aristokraten, Industrieller und Offiziere der Armee eine Abmachung getroffen wurde.[13]

Am 30. Januar 1933 wurde Hitler Kanzler, wenngleich nur mit Unterstützung einer Minderheit des Reichstags. Unverzüglich setzte er mit dem Ziel, die Anzahl der NSDAP-Abgeordneten im Reichstag (zu diesem Zeitpunkt nur 196 von insgesamt 647) zu erhöhen, Neuwahlen für den 5. März 1933 an, was für seine Pläne, seine Macht als Reichskanzler zu erweitern, ausschlaggebend war. Wiederum wirkte Thyssen entscheidend daran mit, Hitler zu unterstützen, und veranlasste, dass der Reichsverband der Deutschen Industrie der NSDAP drei Millionen Reichsmark für die März-Wahlen spendete.

Hitler gelang es, die Anzahl der NSDAP-Abgeordneten von 196 auf 288 zu steigern. Zusammen mit den zweiundfünfzig Sitzen ihres Koalitionspartners, der Deutschnationalen Volkspartei (DNVP), erreichten die Nazis eine stabile Mehrheit im Reichstag. Dies ebnete Hitler den Weg, seine Macht als Kanzler zu erweitern. Zum Dank arrangierte es Hitler, dass Thyssen als NSDAP-Vertreter in den Reichstag gewählt wurde, und ernannte ihn zum Mitglied des Preußischen Staatsrates; beide Positionen stellten Ehrenämter dar. Thyssens Einfluss und die Rolle, die er dabei spielte, Hitler an die Macht zu bringen, wurden auf dem Cover der deutschen Zeitschrift A-I-Z (Ausgabe vom August 1933) verewigt, auf dem gezeigt wird, wie Thyssen im Namen der deutschen Industrie an Hitlers Fäden zieht. Der Titel des Bildes ist unmissverständlich: »Werkzeug in Gottes Hand? Spielzeug in Thyssens Hand!«

Nachdem Hitler seine Macht gefestigt hatte, begann er schnell, sehr hart gegen Kommunisten, die Arbeiterbewegung und die jüdische Bevölkerung vorzugehen. Strategien wurden entwickelt, die es deutschen Konzernen erlaubten, die gut ausgebildete Bevölkerung Deutschlands mit Dumpinglöhnen auszubeuten. Die deutsche Industrie legte mit einem Übermaß an billiger Arbeit los, wobei die Regierung die Arbeiter von jedem Versuch abhielt, ihre Arbeitsbedingungen durch Streiks gegen ihre Konzernherren zu verbessern. Thyssen und andere große deutsche Industrielle wurden für ihre Unterstützung von Hitlers Aufstieg zur Macht großzügig belohnt. Und was am wichtigsten ist: Hitlers Regierung war sehr wohlwollend gegenüber internationalen Konzernen, die mit deutschen Firmen beim Bau großer Fabriken zusammenarbeiten wollten, in denen Deutschlands billige Arbeitskraft genutzt wurde. Um es noch einmal zu sagen, Thyssen spielte bei diesem Prozess eine Schlüsselrolle.

Laut dem Autor und politischen Schriftsteller Eustace Mullens besuchten Allen und John Foster Dulles am 4. Januar 1933 gemeinsam ein Treffen zwischen Hindenburg und deutschen Industriellen, die Hitler ihre Unterstützung zusicherten, da er versprochen hatte, die Macht der Gewerkschaftsbewegung zu brechen, sobald er Kanzler geworden war.[14] Die meisten Historiker bestreiten die Anwesenheit der Brüder Dulles bei diesem Treffen. Ungeachtet dieser Streitfrage ist jedoch bekannt, dass sich beide mit Hitler in den Monaten April und Mai 1933 trafen und dass deutsche Firmen, die die Brüder über Sullivan & Cromwell vertraten, unter der Gruppe von Industriellen waren, die Hitler an die Macht brachte.

James Srodes, einer der Biografen von Allen Dulles, bestätigt, dass sich Dulles im April 1933 mit Hitler traf, nur einen Monat nach den Wahlen, die seine Macht im Reichstag zementierten.[15] Und John Foster Dulles nahm ebenfalls an dem Treffen mit Hitler teil, das zu einer Reihe von Verhandlungen gehörte, die in die im Mai 1933 erreichten Abmachungen zwischen ihrer Anwaltskanzlei Sullivan & Cromwell und Dutzenden von deutschen Firmen und NS-Klienten mündeten, wie Webster Tarpley erläutert:

> »Im Mai 1933, kurz nachdem das Hitler-Regime errichtet war, wurde in Berlin eine Regelung für die Koordination des gesamten Handels des Dritten Reiches mit den USA beschlossen. Harriman International Co., unter der Leitung von Averell Harrimans Cousin ersten Grades Oliver, sollte ein Syndikat von 150 Firmen und Privatleuten führen, um *sämtliche Exporte Hitlerdeutschlands in die USA zu organisieren*.
>
> Dieser Vertrag war in Berlin zwischen Hitlers Wirtschaftsminister Hjalmar Schacht und John Foster Dulles, dem internationalen Bevollmächtigten von Dutzenden Nazi-Unternehmen, beraten von Max Warburg und Kurt von Schröder, ausgehandelt worden.

> Während der 1930er Jahre erreichte John Foster Dulles Umschuldungen für deutsche Firmen gemäß einer Reihe von Erlassen Adolf Hitlers. Bei diesen Abmachungen gelang es ihm, die Zinsansprüche ausgewählter, größerer Investoren und die Bedürfnisse des wachsenden Kriegsapparates der Nazis nach der Produktion von Panzern, Giftgas und so weiter ins Gleichgewicht zu bringen.«[16]

Ob die Dulles-Brüder nun das geheime Treffen zwischen dem Reichspräsidenten Hindenburg und deutschen Industriellen besuchten oder nicht – sicher ist, dass sie von ihm erfahren und es sogar unterstützt haben, um die Stabilität der deutschen Wirtschaft zu fördern. Srodes schreibt:

> »[Allen Dulles] bemerkte, dass Sullivan & Cromwell ein eigennütziges Interesse daran hatten, die Stabilität der deutschen Wirtschaft zu erhalten, unabhängig davon, wer gerade an der Macht war; ein ganzes Drittel sämtlicher Fremdwährungsanleihen, die bei ihren amerikanischen Investoren während der Depression nicht bedient worden waren, bildeten Darlehen deutscher Regierungsämter und Unternehmen; Anlagen, bei denen die Firma – und er und Foster persönlich – große Möglichkeiten der Begünstigung hatte.«[17]

Wenn Hitler gut für deutsche Unternehmen war, dann war Hitler auch gut für die Dulles-Brüder und die Investitionen von amerikanischen Konzernen wie Prescott Bushs Union Banking Corporation in Deutschland.

Zu den großen US-Konzernen, die umfangreich in NS-Deutschland investierten, gehörte auch die Ford Motor Company. Tatsächlich wurde Henry Ford von Adolf Hitler in *Mein Kampf* zu dem Thema der »Jüdischen Frage« zitiert:

> »Jedes Jahr werden sie mehr zu den Kontrollmeistern der Produzenten in einem Volk von 120 Millionen: nur ein einziger großer Mann – Ford – behält ihrem Zorn zum Trotz volle Unabhängigkeit.«[18]

Im Jahr 1920 hatte Ford in der Zeitung *Dearborn Independent*, die ihm gehörte, einundneunzig Beiträge über die »Jüdische Bedrohung« erscheinen lassen, die später auch in einer Ausgabe von vier Bänden unter dem Titel *The International Jew* publiziert und verbreitet wurden.[19] Es ist allgemein bekannt, dass Hitler in einem Interview mit einem Reporter der *Detroit News* 1931 sagte, »er betrachte Ford als seine ›Inspiration‹, womit er den Grund erläuterte, warum er Fords lebensgroßes Porträt neben seinem Schreibtisch hängen habe«.[20] Jim Marrs erklärt, inwiefern Hitlers Bewunderung für Ford vollkommen vergolten wurde:

> »Ford wurde ein Bewunderer Hitlers, förderte die Nazis finanziell und wurde 1938 der erste Amerikaner, der die größte Ehrung erhielt, die einem Nichtdeutschen möglich war: das Großkreuz des Deutschen Adlerordens.«[21]

Auch der von der Familie Rockefeller geführte Ölgigant Standard Oil investierte über seine Partnerschaft mit dem Konzern I.G. Farben stark in Deutschland:

> »1934 produzierte Deutschland nur 300.000 Tonnen natürliche Petroleumprodukte und synthetisches Benzin. 1944 lag die Produktion, dank der Übernahme der Hydrogenierungstechnologie von Standard Oil in New Jersey durch die I.G. Farben, bei 6.500.000 Tonnen Öl, von denen 85 Prozent synthetisch hergestellt waren.«[22]

Es ist bemerkenswert, dass – laut Paul Manning, einem Korrespondenten von *CBS News* während des Zweiten Weltkriegs – Hermann Schmitz, der Präsident von I.G. Farben, damals ebenso viele Anteile an Standard Oil in New Jersey hielt wie die Rockefellers.[23]

Auch andere führende US-Konzerne wie General Motors, International Business Machines (IBM) und International Telephone and Telegraph Corporation (ITT) gründeten Tochterfirmen in NS-Deutschland. US-Banken wie J. P. Morgans First National Bank in New York, die Chase National Bank der Rockefellers und die New

Yorker National Citi Bank förderten die Investitionen amerikanischer Konzerne in Deutschland und spielten eine Hauptrolle beim schnellen Wachstum der deutschen produzierenden Industrie sowie der militärischen Wiederbewaffnung Deutschlands.[24]

Charles Higham, der Autor von *Trading with the Enemy* (»Handel treiben mit dem Feind«, nicht auf Deutsch erschienen), beschreibt, wie eine weitere bekannte US-Bank, die NS-Deutschland unmittelbar unterstützte, die Brüder Dulles einbezog. Allen Dulles gehörte sogar zu ihrem Vorstand:

> »1936 ging die J. Henry Schroeder Bank in New York eine Geschäftsbeziehung mit den Rockefellers ein. Unter dem Namen Schroeder, Rockefeller & Company, Investment Bankers, wurde die Firma das, was das *Time Magazine* den ökonomischen Verstärker der ›Achse Berlin-Rom‹ nannte. ›Avery Rockefeller besitzt 42 Prozent von Schroeder‹, berichtete Higham. ›Ihre Anwälte waren John Foster Dulles und Allen Dulles von Sullivan & Cromwell. Allen Dulles (später beim Office of Strategic Services) war im Vorstand von Schroeder.«[25]

1937 erklärte der amerikanische Botschafter in Deutschland William E. Dodd, wie außerordentlich nahe die Wirtschaftselite der USA Nazi-Deutschland stand:

> »Eine Clique von US-Industriellen ist wild entschlossen, unsere demokratische Regierung von einem faschistischen Staat verdrängen zu lassen, und sie arbeitet eng mit den faschistischen Regimen in Deutschland und Italien zusammen. Ich hatte in meiner Position in Berlin reichlich Gelegenheit zu beobachten, wie nahe einige unserer führenden amerikanischen Familien dem Nazi-Regime stehen.«[26]

Higham beschreibt diese transnationale Clique von Industriellen und nationalen Eliten, die faschistische/nationalsozialistische Ideale teilten, als »Die Bruderschaft«.[27] Zur Bruderschaft gehörten Geheimgesellschaften, die nationale Zugehörigkeiten überschreitende Glaubenssysteme vertraten. Die Ideen der Thule-Gesellschaft von einer antiken Hyperboreer-Rasse, von der die arische Rasse abstamme, sowie von der Wichtigkeit, rassische Reinheit zu bewahren und die Vril-Kraft zu beherrschen, wurden von der Bruderschaft geteilt, die gegenwärtig mit anderen Namen bezeichnet wird, darunter »die Kabale«, »die Illuminaten«, die »dreizehn herrschenden Blutlinien-Familien« und dergleichen mehr.

Industrielle und andere Eliten stimmten ihre Interessen über zwischenstaatliche Grenzen hinweg ab und ignorierten dabei demokratische Ideale und von repräsentativen Demokratien verabschiedete Gesetze. Sogar während der Kriegszeit führte die Bruderschaft ihren einvernehmlichen Handel trotz entgegenstehender Gesetze fort, hielt nationale Parlamente zum Narren und spottete Gesetzen wie dem *Trading with the Enemy Act*, der 1917 in den USA verabschiedet wurde. Trotz ähnlicher Gesetzgebungen in anderen Ländern konnte die Bruderschaft Gewinne über die Grenzen verschieben, um ihre Einnahmen auf beiden Seiten zu maximieren, und ihre Investitionen durch nationale Bestimmungen schützen.[28] Amerikanische Firmen waren in der Lage, dies legal aufgrund einer wenig bekannten, von Präsident Roosevelt autorisierten Bewilligung zu tun, die Firmen vom US-Finanzministerium gewährt werden konnte und ihnen damit erlaubte, den *Trading with the Enemy Act* zu umgehen.

Higham schildert das Ausmaß, in dem US-Konzerne mit ihren deutschen Partnern aufgrund der ihnen bewilligten Genehmigungen nicht nur bis zum Zweiten Weltkrieg, sondern ebenso skrupellos auch währenddessen zusammenarbeiteten:

> »Bis zum heutigen Tage verdächtigt der Großteil der Amerikaner die Bruderschaft nicht. Die Regierung vertuschte alles, während und sogar nach dem Krieg, was unentschuldbar ist. Was würde passieren, wenn Millionen Amerikaner und Briten, die mit Rationierungsmarken und Warteschlangen an Tankstellen kämpfen, erführen, dass Manager von Standard Oil in New Jersey 1942 das feindliche Benzin durch die neutrale Schweiz versandten und der Feind alliiertes Benzin verschiffte? Angenommen, die Öffentlichkeit hätte bemerkt, dass die Chase Bank im von den Nazis besetzten Paris nach Pearl Harbor Millionengeschäfte mit dem

> Feind macht, und dies mit vollständigem Wissen des Hauptsitzes in Manhattan? Oder dass Ford-Lastwagen für die deutschen Besatzungsarmeen in Frankreich mit Genehmigung aus Dearborn in Michigan gebaut wurden? Oder dass Colonel Sosthenes Behn, der Chef des internationalen amerikanischen Telefonkonzerns ITT, während des Krieges von New York über Madrid nach Bern flog, um bei der Verbesserung von Hitlers Nachrichtensystemen sowie der automatischen Bomben, die London verwüsteten, mitzuhelfen? Oder dass ITT die Focke-Wulfs baute, die Bomben auf britische und amerikanische Truppen abwarfen? Oder dass wichtige Kugellager an mit den Nazis verbündete Kunden in Lateinamerika unter Absprache mit dem Vizevorsitzenden des U.S. War Production Board, in Zusammenarbeit mit Goerings Vetter in Philadelphia, verschifft wurden, als amerikanische Streitkräfte diese dringend benötigt hätten? Oder dass man von solchen Abmachungen in Washington wusste und sie entweder genehmigte oder bewusst ignorierte?«[29]

Roosevelt hatte als Präsident seine Verordnung, die Lizenzen zur Umgehung des *Trading with the Enemy Act* genehmigte, nur sechs Tage nach dem Angriff auf Pearl Harbor am 7. Dezember 1941 erlassen.[30]

Roosevelts Erlass diente laut Higham dazu, die Interessen der Bruderschaft zu fördern, und hatte keinen wirklichen Zweck unter dem Gesichtspunkt der nationalen Sicherheit. Gleichwohl gibt es noch eine weitere plausible Erklärung, warum solche Genehmigungen gewährt wurden. Sie hatten den unschätzbaren Nutzen, Spionen der U.S. Navy sowie der Armee die Unterwanderung wichtiger transnationaler Konzerne in NS-Deutschland zu ermöglichen, um geheimdienstliche Informationen über dessen hochmoderne Technologieprogramme zu erhalten, wie William Tompkins bezüglich des Geheimdienstprogramms sagt, an dem er selbst in der Naval Air Station in San Diego von 1942 bis 1946 beteiligt war. In einem persönlichen Interview bestätigte Tompkins, dass US-Firmen tatsächlich als Mittel genutzt wurden, um in die Luft- und Raumfahrt-Industrie der Nazis einzudringen.[31]

Im Fall des Konzerns International Telegraph and Telephone (ITT), der eng mit dem amerikanischen Militärgeheimdienst zusammenarbeitete, ist festzustellen, dass er zu den US-Firmen gehörte, denen Lizenzen erteilt worden waren, ihre Arbeit mit den Achsenmächten bis 1945 fortzusetzen, wie Higham schreibt:

> »ITT hatte die Erlaubnis, seine Beziehungen mit der Achse und Japan bis 1945 fortwährend zu unterhalten, obwohl dieser Mischkonzern sogar als ein offizielles Instrument amerikanischer Geheimdienste angesehen wurde ... Im Fall von ITT, dem vielleicht schamlosesten Konzern aufgrund seiner unverhohlenen Geschäfte mit dem Feind, strebten Hitler und sein Reichspostminister, der geschätzte Wilhelm Ohnesorge, danach, die deutsche Seite des Geschäftes zu pfänden. Aber sogar sie waren in einer solchen Situation machtlos: Der Leiter der Spionageabwehr der Gestapo, Walter Schellenberg, war durch eine Vereinbarung mit New York ein prominenter Direktor und Aktionär der ITT – und sogar Hitler wagte es nicht, der Gestapo in die Quere zu kommen.«[32]

Zu den Betätigungsfeldern der ITT in NS-Deutschland gehörten zahllose Bereiche der Luftfahrtindustrie, wodurch Navy-Spionen eine Fülle von Möglichkeiten gegeben war, um die deutsche Industrie zu infiltrieren, wie es laut Tompkins' Zeugnis geschehen ist:

> »Der ITT gehörten über ihre Tochtergesellschaft C. Lorenz AG 25 Prozent von Focke-Wulf, dem deutschen Flugzeugbauer und Hersteller einiger der erfolgreichsten Kampfflugzeuge der Luftwaffe. In den 1960er Jahren erhielt die ITT Corporation 27 Millionen Dollar als Ausgleich für den Schaden, den sie durch alliiertes Bombardement im Zweiten Weltkrieg an ihrem Anteil an der Anlage von Focke-Wulf erlitt. Zusätzlich besaß ITT, wie Suttons Buch aufdeckt, Anteile an der Signalbau AG Dr. Erich F. Huth (Signalbau Huth), die für die Deutsche Wehrmacht Radarzubehör und Sende-Empfangsgeräte in Berlin, Hannover (die spätere Fabrik Telefunken) und an anderen Orten produzierte.«[33]

Während des Zweiten Weltkriegs musste Focke-Wulf wie viele andere Luftfahrtunternehmen seine Produktionsanlagen unter die Erde verlegen, um den alliierten Bombenangriffen zu entgehen. In dieser entscheidenden Epoche wurde Focke-Wulf, ein Pionier der Luftfahrtbranche, zu einer derjenigen deutschen Firmen, die Anlagen und Personal in die Antarktis umsiedelte. Focke-Wulf entwickelte die ersten Hubschrauber für Kriegszwecke, was sie zu einer der führenden deutschen Firmen im Bereich der Konstruktion zukünftiger Raumschiffe machte, die fortgeschrittene Antriebstechnologien verwendeten.

Auch lange nach dem Ende des Zweiten Weltkriegs entwickelte sich Focke-Wulf zu einem bedeutenden Luftfahrt-Unternehmen in Europa weiter und spielte eine wesentliche Rolle bei der Entstehung des europäischen Raumfahrt-Giganten Airbus. Während dieser ganzen Zeit arbeitete Focke-Wulf eng mit ITT zusammen, das zu einem wichtigen amerikanischen Kollaborateur bei der Entwicklung Geheimer Weltraumprogramme in der Antarktis wurde.

In der Tat zählte ITT, wie wir in Kapitel 14 behandeln werden, zu den ersten amerikanischen Verteidigungsvertragspartnern, die in der Antarktis tätig waren – wenn es nicht *der* Erste war. Dies ist nicht gänzlich überraschend, da ITT nach Tompkins eine »Reptiloidenfirma« war und Hitler geheime Abmachungen mit den Reptiloiden getroffen hat, um deutsche Ressourcen in die Antarktis zu verlegen, wie in Kapitel 4 dargestellt wird.[34] ITT war ein Schlüsselunternehmen innerhalb der von Higham beschriebenen weltweiten Bruderschaft, in der Loyalitätsbeziehungen nationale Bindungen überschritten, um die Agenda einer globalen Elite voranzutreiben.[35]

Im Vorfeld des Zweiten Weltkriegs, als sich amerikanische Industrien und Banker in NS-Deutschland die Klinke in die Hand gaben, um Fusionen zu unterzeichnen, Tochterunternehmen zu gründen und gewaltige neue Fabriken zu bauen, erfuhr Hitler von den Raumschiff-Prototypen, die von der Thule-Gesellschaft und anderen deutschen Geheimgesellschaften finanziert worden waren. Die deutsche Marine wusste aufgrund ihrer Zusammenarbeit mit Vertretern der Thule-Gesellschaft von deren Erforschung und der Entwicklung vielversprechender Raumschiff-Technologien, die vielerlei Ähnlichkeiten mit U-Boot-Konstruktionen aufwiesen. Die schwarze Kasse, die von Wilhelm Canaris für den geheimen U-Boot-Bau eingerichtet worden war, wurde auch für solche exotischen Forschungen genutzt, zumal die deutsche Marine für deren geheime Finanzierung und Entwicklung die

GENERAL LICENSE UNDER SECTION 3(a)
OF THE TRADING WITH THE ENEMY ACT

By virtue of and pursuant to the authority vested in me by sections 3 and 5 of The Trading with the Enemy Act as amended, and by virtue of all other authority vested in me, I, Franklin D. Roosevelt, President of the United States of America, do prescribe the following:

A general license is hereby granted, licensing any transaction or act proscribed by section 3(a) of The Trading with the Enemy Act, as amended, provided, however, that such transaction or act is authorized by the Secretary of the Treasury by means of regulations, rulings, instructions, licenses or otherwise, pursuant to the Executive Order No. 8389, as amended.

FRANKLIN D. ROOSEVELT

THE WHITE HOUSE,
December 13, 1941

H. MORGENTHAU, JR.
Secretary of the Treasury

FRANCIS BIDDLE
Attorney General of the United States

Abb. 7: Firmen, die während des Zweiten Weltkriegs mit Nazi-Deutschland in Geschäftsbeziehung standen, konnten eine generelle Freigabe für den Handel mit dem Feind erhalten.

besten Voraussetzungen mitbrachte. Wie in Kapitel 1 erwähnt, war es die deutsche Marine gewesen, die es Wissenschaftlern wie Professor Schumann ermöglicht hatte, das von Hans Coler konstruierte Freie-Energie-Gerät zu testen und heimlich funktionierende Prototypen für den U-Boot-Bau zu entwickeln.

Dieselben Geheimgesellschaften, die Hitlers Aufstieg zur Macht finanziell unterstützt hatten, wollten ihn nun dazu bewegen, ihren Bestrebungen staatliche Unterstützung zu verschaffen, ein Geheimes Weltraumprogramm, mit dem man die Sterne erreichen kann, aufzubauen. Hitler war nur zu bereit dazu und sicherte insgeheim die Mittel des NS-Staates für die Erforschung und Entwicklung solcher exotischen Technologien zu. Seine Ziele waren klar. Wenn man Technologien entwickeln könnte, mit denen der Flug zu den Sternen möglich war, dann könnten sie auch dazu genutzt werden, die Herrschaft über den Planeten Erde zu erlangen.

Führende deutsche Industrielle und Nazi-Ideologen stimmten der Idee zu, Prototypen von *Vril*-Raumschiffen zu entwickeln. Die von Heinrich Himmler geführte SS sollte das Bestreben vorantreiben, diese fortgeschrittenen Technologien für die Erfordernisse des nächsten Krieges waffentauglich zu machen. Gleichzeitig würde Hitler jedwede technische und wissenschaftliche Unterstützung zur Verfügung stellen, die die deutschen Geheimgesellschaften benötigten, um ihre interplanetarischen und interstellaren Weltraumflotten zu bauen.[36]

Entscheidend für das Verständnis des Aufbaus von Raumschiff-Entwicklungsprogrammen in der Weimarer Republik und in Hitler-Deutschland ist die jeweilige Rolle von führenden deutschen Firmen, der deutschen Marine und von Geheimgesellschaften bei der Mitwirkung an der Finanzierung und dem Aufbau dieser Flotten. Durch den Aufstieg der NS-Regierung genossen die Thule-Gesellschaft sowie andere deutsche Geheimgesellschaften nun die uneingeschränkte Förderung des Staates, um sich beste wissenschaftliche Fachkenntnisse und eine großangelegte Finanzierung in Verbindung mit der Unterstützung durch führende deutsche Unternehmen zunutze zu machen. Es ist wichtig, im Gedächtnis zu behalten, dass die enge Beziehung zwischen deutschen und amerikanischen Firmen in dieser Zeit bedeutete, dass auch »Die Bruderschaft« sehr wahrscheinlich entweder an diesen Ereignissen teilhatte oder darüber informiert war. Und es ist sehr wahrscheinlich, dass US-Firmen wie ITT schon während der Jahre der Weimarer Republik anfingen, mit der Bruderschaft bei der Entwicklung von Raumschiffen zusammenzuarbeiten!

Anfang 1939 entschlossen sich die deutschen Geheimgesellschaften, ihr Weltraumprogramm in die Antarktis zu verlagern, deren Abgelegenheit und tiefe, nur mit U-Booten zugängliche Höhlensysteme unter drei Kilometer dicken Eisschichten das nötige Umfeld bieten würde, um ein solches Programm ohne mögliche Störungen durch den drohenden Krieg aufzubauen. Die Rolle amerikanischer Unternehmen muss als bedeutender Faktor inmitten dieser geheimen Bestrebungen, zwei deutsche Weltraumprogramme zu entwickeln, angesehen werden – das Rüstungsprogramm in NS-Deutschland und das interplanetarische/interstellare Programm in der Antarktis. Wie bereits erwähnt, öffnete die Beteiligung amerikanischer Konzerne an Deutschlands expandierenden Luftfahrt-Programmen Spionen der U.S. Navy eine wichtige Tür, um diese streng geheimen Operationen zu unterwandern und in der Naval Air Station San Diego darüber zu berichten, was in NS-Deutschland und der Antarktis wirklich vor sich ging.

Anmerkungen

1 »Who Financed Adolf Hitler?«; http://reformation.org/wall-st-ch7.html. – Von einem anderen Jahr, 1916, wird ausgegangen in John Loftus, »How The Bush Family Made Its Fortune From The Nazis: The Dutch Connection«; http://www.rense.com/general26/dutch.htm.

2 John Loftus, »How The Bush Family Made Its Fortune From The Nazis: The Dutch Connection«; http://www.rense.com/general26/dutch.htm.

3 James Pool und Suzanne Pool, *Who Financed Hitler?*; p. 107. – Erschien auf Deutsch als *Hitlers Wegbereiter zur Macht* in mehreren Ausgaben, Scherz 1979, Moewig 1982 und 1990.

4 William Shirer, *The Rise and Fall of the Third Reich: A History of Nazi Germany* (Simon & Schuster, 2011); p. 144. – Dt. Ausgabe: *Aufstieg und Fall des Dritten Reiches*, Komet MA-Service, Frechen 2000.

5 Fritz Thyssen, online zitiert auf http://spartacuseducational.com/GERthyssen.htm.

6 Mehr über Allen Dulles, die Nazis und die CIA erfahren Sie auf http://www.panshin.com/trogholm/secret/rightroots/dulles.html.

7 Ben Aris und Duncan Campbell, »How Bush's grandfather helped Hitler's rise to power«; https://www.theguardian.com/world/2004/sep/25/usa.secondworldwar

8 Webster Tarply, *George Bush: The Unauthorized Biography*, Kapitel 2 online zugänglich unter http://tarpley.net/online-books/george-bush-theunauthorized-biography/chapter-2-the-hitler-project/

9 Ben Aris und Duncan Campbell, »How Bush's grandfather helped Hitler's rise to power«; https://www.theguardian.com/world/2004/sep/25/usa.secondworldwar

10 Webster Tarply, *George Bush: The Unauthorized Biography*, Kapitel 2 online zugänglich unter http://tarpley.net/online-books/george-bush-theunauthorized-biography/chapter-2-the-hitler-project/

11 James Srodes, *Allen Dulles: Master of Spies* (Regnery Publishing Inc., 1999); p. 142.

12 Die Unterzeichner dieser Petition benennt Jim Marrs in *The Rise of the Fourth Reich*; p. 21. – Dt. Ausgabe: *Der Aufstieg des Vierten Reiches*, Kopp Verlag, Rottenburg 2009.

13 Ebd.
14 Ebd.
15 Über Allen Dulles' Treffen mit Hitler siehe James Srodes, *Allen Dulles: Master of Spies*; p. 163.
16 Webster Tarpley, *George Bush: The Unauthorized Biography*, Kapitel 2 online zugänglich unter http://tarpley.net/online-books/george-bush-the-unauthorizedbiography/chapter-2-the-hitler-project/
17 James Srodes, *Allen Dulles: Master of Spies*; p. 164.
18 »Henry Ford – The Dearborn Independent and Anti-Semitism«; http://www.liquisearch.com/henry_ford/the_dearborn_independent_and_antisemitism
19 Zur Diskussion von Henry Fords Antisemitismus siehe Neil Baldwin, *Henry Ford and the Jews: The Mass Production of Hate* (Public Affairs, 2002).
20 »Henry Ford – The Dearborn Independent and Anti-Semitism«; http://www.liquisearch.com/henry_ford/the_dearborn_independent_and_antisemitism
21 Jim Marrs, *The Rise of the Fourth Reich*; p. 31. – Dt. Ausgabe: *Der Aufstieg des Vierten Reiches*, Kopp Verlag, Rottenburg 2009.
22 Ebd.; p. 23.
23 Ebd.; p. 25.
24 Eine ausführliche Behandlung der Investitionen amerikanischer Banken in NS-Deutschland liefert Jim Marrs, *The Rise of the Fourth Reich*; p. 29f. – Dt. Ausgabe: *Der Aufstieg des Vierten Reiches*, Kopp Verlag, Rottenburg 2009.
25 Zitiert nach Jim Marrs, *The Rise of the Fourth Reich*; p. 34f. – Dt. Ausgabe: *Der Aufstieg des Vierten Reiches*, Kopp Verlag, Rottenburg 2009.
26 Ebd.; p. 34.
27 Charles Higham, *Trading with the Enemy: The Nazi-American Money Plot 1933-1949* (Barnes and Noble, 1983); p. XV.
28 Zur Beschreibung verschiedener nationaler Spielarten des »Trading with the Enemy Act« siehe Wikipedia; https://en.wikipedia.org/wiki/Trading_with_the_Enemy_Act
29 Charles Higham, *Trading with the Enemy*, SV.
30 Ebd.
31 Privates Interview mit William Tompkins am 30. Juli 2017.
32 Charles Higham, *Trading with the Enemy*, XV.
33 »ITT Corporation«, Wikipedia; https://en.wikipedia.org/wiki/ITT_Corporation#German_subsidiaries_in_the_Nazi_period (aufgerufen am 6.6.2017)
34 Privates Interview mit William Tompkins am 30. Juli 2017.
35 Eine weitere Quelle, die die unterschiedlichen Loyalitäten von ITT beschreibt, ist Anthony C. Sutton. Kapitel 5 seines Buchs *Wall Street and the Rise of Hitler* (2000) trägt den Titel »I.T.T. Works Both Sides of the War« (ITT arbeitet mit beiden Kriegsparteien zusammen); online zugänglich unter http://www.bibliotecapleyades.net/sociopolitica/wall_street/chapter_05.htm. – Dt. Buchausgabe: *Wall Street und der Aufstieg Hitlers*, Perseus Verlag, Basel 2018.(aufgerufen am 15.11.2017)
36 Das *Vril*-Raumschiff behandelt Michael E. Salla ausführlich in *Insiders Reveal Secret Space Programs and Extraterrestrial Alliances*; pp. 65-68. – Dt. Ausgabe: *Geheime Weltraumprogramme & Allianzen mit Außerirdischen*, Amra Verlag, Hanau 2018, S. 77-87.

3 Deutsche Unternehmen starten ihre Tätigkeit in der Antarktis

Auf dem unwirtlichen Kontinent entstehen deutsche Stützpunkte

Kapitän Alfred Ritscher hat im Namen der Nazi-Regierung 1938/39, während der ersten NS-Expedition in die Antarktis, auf ausgedehnte Teile der Antarktis Anspruch erhoben. Während dieser Mission entsandte der Flugzeugträger *Schwabenland* Flugzeuge, um die neu beanspruchte Region, die man »Neuschwabenland« nannte, ausgiebig aus der Luft zu überwachen.[1] Zu den Zielen der Neuschwabenland-Expedition gehörte die Einrichtung mehrerer Stützpunkte in der Antarktis. William Tompkins sagte, dass amerikanische Navy-Spione bei den Nachbesprechungen ihrer Einsätze berichteten, die Nazis hätten auf die Unterstützung von Außerirdischen zurückgreifen können, welche sie zu großen antarktischen Höhlensystemen geführt und ihnen insbesondere gezeigt hätten, wo Stützpunkte in einer günstigen Umgebung angelegt werden könnten:

> »Große Mengen an Ausrüstungsgegenständen wurden dort hinuntergebracht. Und gleich daneben gab es drei Höhlen von gewaltiger Größe, die von den Reptiloiden in Beschlag genommen waren. Es handelte sich nicht um Greys, sondern um Reptiloide. Deutschland bekam zwei weitere Höhlen, die ungefähr ein Zehntel der größten Reptiloidenhöhle maßen. Sie waren imstande, dorthin zu fahren … gewöhnlich mit U-Booten. Sie bauten diese flachen U-Boote der Standardklasse, so dass sie das ganze Material nach unten schaffen konnten.«[2]

In einem persönlichen Interview fügte Tompkins noch hinzu:

> »Die Reptiloiden wussten bereits, wo sich all diese Höhlen und Tunnel befanden. Okay? Das war also nichts Neues für die Reptiloiden, sie gaben den Deutschen Anweisungen, und wenig später zeigte sich dann auch, wo unter der Wasseroberfläche die guten Höhlen lagen, die zu Tunneln führten, weil sich ja alles unter dem Meeresspiegel befand. All das wurde ihnen einfach übergeben. Sie brauchten nicht selbst zu forschen.«[3]

Corey Goode, der von sich behauptet, einen »20 Jahre und zurück«-Dienst in einem Geheimen Weltraumprogramm abgeleistet zu haben, sagt, dass er eine digitale Version der Einsatzdokumente gelesen habe, die Tompkins anhand der Berichte der Spione ausgearbeitet hat. Man bedenke, dass dies vier Jahrzehnte später stattfand, als Goode die Archive auf einem Glaspad des GWP durchsuchte. Goode erinnert sich: Die Dokumente beschrieben ausdrücklich »drei bekannte antarktische (Städte/Basen) und einige geheime unterirdische Stützpunkte in Argentinien«, die von den Nazis eingerichtet worden waren.[4]

Kürzlich, im Jahre 2017, entdeckten australische und neuseeländische Wissenschaftler *offiziell* große natürliche Höhlen in der Antarktis, die von nahegelegenen Vulkanen thermisch beheizt werden. Man stellte fest, dass die Temperatur in den Höhlen milde 25 Grad Celsius erreicht und eine Anzahl von Lebensformen ermöglichte!

Chris Pash, ein Reporter des *Business Insider Australia*, schrieb über die Entdeckungen der Wissenschaftler:

> »In der Umgebung des Mount Erebus, eines aktiven Vulkans auf Ross Island in der Antarktis, hat der Wasserdampf ausgedehnte Höhlensysteme geschaffen. Dr. Ceridwen Fraser von der Fenner School of Environment and Society der ANU [Australian National University] sagt, dass forensische Analysen von Bodenproben aus diesen Höhlen verblüffende DNA-Spuren von Algen, Mosen und kleinen Tieren enthüllt haben. ›Es kann in den Höhlen wirklich warm werden, in manchen sogar bis zu 25 Grad Celsius‹, so Fraser. (…)

›Die Ergebnisse dieser Studie verschaffen uns einen reizvollen Blick auf das, was unter dem Eis der Antarktis leben könnte – es könnte dort sogar neue Arten von Tieren und Pflanzen geben‹, sagt sie. (…)

Dr. Charles Lee, ein Forschungskollege von der University of Wakaito, weist darauf hin, dass es viele andere Vulkane in der Antarktis gibt, weshalb subglaziale Höhlensysteme unter dem eisigen Kontinent verbreitet sein könnten.

›Wir wissen noch nicht einmal, wie viele Höhlensysteme im Umfeld der antarktischen Vulkane existieren oder inwieweit diese subglazialen Umwelten miteinander verbunden sein könnten. Es ist wirklich schwierig, sie zu identifizieren, zu ihnen zu gelangen und sie zu erforschen‹, sagt Dr. Lee.«[5]

Die Existenz von ausgedehnten Netzwerken geheimnisvoller unterirdischer Höhlen, die durch nahegelegene Vulkane erwärmt werden, wird noch durch weitere jüngste wissenschaftliche Entdeckungen plausibel gemacht. Im August 2017 veröffentlichten Forscher eine Studie, welche die Entdeckung von einundneunzig neuen Vulkanen, zusätzlich zu den einundvierzig zuvor gefundenen, enthüllte und dadurch ein neues Wissen von dieser aktivsten vulkanischen Region der Wel, tief unter den Eisschilden der Antarktis begründete.

Robert McKie, ein Reporter der Zeitung *Guardian*, schrieb dazu:

»Wissenschaftler haben die größte vulkanische Region auf der Erde ausfindig gemacht – zwei Kilometer unter der Oberfläche der riesigen Eisdecke, die die westliche Antarktis bedeckt.

Das Projekt von Forschern der Universität Edinburgh hat fast einhundert Vulkane erschlossen – von denen der höchste so groß wie der Eiger ist, der mit beinahe 4.000 Metern Höhe in der Schweiz steht. (…)

Nachdem das Team die Ergebnisse zusammengetragen und verglichen hat, meldete es die atemberaubende Zahl von einundneunzig zuvor unbekannten Vulkanen, zusätzlich zu siebenundvierzig anderen, die während des vergangenen Jahrhunderts der Erforschung dieser Region entdeckt worden sind. Diese jüngst bekannt gewordenen Vulkane variieren in der Höhe zwischen 100 und 3.850 Metern.

Alle sind mit Eis bedeckt, das manchmal Schichten bildet, die in dieser Gegend über vier Kilometer dick sind. Diese aktiven Gipfel konzentrieren sich in einer Region, die als das Westantarktische Riftsystem bekannt ist, das sich über 3.500 Kilometer vom Eisschelf der Ross-Insel bis zur Antarktischen Halbinsel erstreckt.

Geologen meinen, dass diese gewaltige Region die des ostafrikanischen Vulkanrückens, der man gegenwärtig die dichteste Konzentration von Vulkanen auf der Welt zumisst, wahrscheinlich in den Schatten stellt.«[6]

Diese jüngsten wissenschaftlichen Entdeckungen unterstützen Tompkins' und Goodes Behauptungen, dass die Deutschen ein natürliches Höhlensystem tief unter dem antarktischen Eis gefunden haben – oder

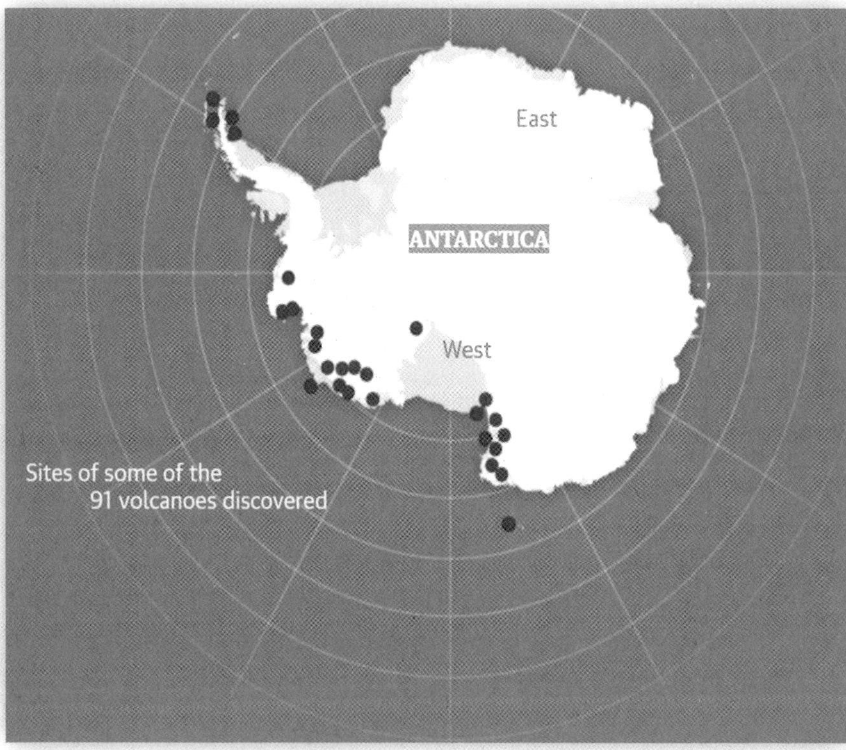

Abb. 8: Neu entdeckte verborgene Vulkane in der Antarktis

dorthin geführt worden sind –, welches eine gemäßigte klimatische Umgebung für die Betreibung einer großen Station (oder mehrerer Stationen) gebildet haben könnte.

Goode berichtet außerdem, dass er auf eine geheime Reise zu mehreren natürlichen Höhlen mitgenommen wurde, die Anfang 2016 unter dem Eisschelf der Antarktis gefunden wurden. Er erläutert, dass man eine thermisch beheizte Höhle zu einem großen Industrie-Areal ausgebaut hat.

Weiterhin liefert Goode eine künstlerische Darstellung des von ihm Gesehenen (siehe Abb. 9). Wir werden weitere Einzelheiten dieser von ihm geschilderten Reise in Kapitel 11 prüfen. Es ist äußerst bedeutsam, dass die eben behandelten wissenschaftlichen Entdeckungen publiziert wurden, *nachdem* Goode mit seinem Bericht über riesige Höhlen, die so groß wie Städte sind und durch vulkanische Aktivität auf natürliche Weise beheizt werden, an die Öffentlichkeit gegangen ist. Diese jüngsten Funde liefern folglich eine solide unabhängige wissenschaftliche Unterstützung für Goodes vorherige Äußerungen. All jene Bau- und Entwicklungstätigkeit, die unter dem Eis stattfindet, ist das unmittelbare Ergebnis der Tatsache, dass die Deutschen vor Beginn des Zweiten Weltkriegs zu einer von mehreren dieser ausgedehnten unterirdischen Höhlensysteme geführt worden sind.

Damals in den 1930er Jahren bot die Gründung antarktischer Stützpunkte durch die Nazis für Präsident Roosevelt ernsthaft Anlass zur Sorge. Er gab den Befehl, eine militärische Expedition auszusenden, um sich der wachsenden Präsenz der Nazis in Regionen der Antarktis zu stellen, die als Teil der westlichen Hemisphäre angesehen wurden.

Die *New York Times* berichtete am 7. Juli 1939:

»Präsident Roosevelt ergriff heute Maßnahmen, um eine mögliche Ausweitung von Deutschlands Ansprüchen auf antarktische Gebiete in die westliche Hemisphäre zu verhindern, indem er Rear Admiral Richard E. Byrd beauftragte, sich im Oktober in ein Territorium innerhalb des Einflussgebiets der Monroe-Doktrin zu begeben … Es ist offenkundig, dass diese Regierung darauf vorbereitet ist, die Position einzunehmen, dass jegliche Versuche fremder Mächte, Stützpunkte westlich des

Abb. 9: Illustration nach Corey Goodes Beschreibung eines Geheimen Weltraumhafens unter der Antarktis. Mit freundlicher Genehmigung von www.Gaia.com

> 180. Längengrades in der Antarktis einzurichten, als feindlicher Akt anzusehen sind ...«[7]

Während des Zweiten Weltkriegs zeigten ausgiebige U-Boot-Aktivitäten in der Region der Antarktis an, dass die Nazis weitere Basen bauten, zusätzlich zu der, die Kapitän Ritscher auf seiner Expedition eingerichtet hatte. Spione der U.S. Navy berichteten, dass große deutsche Firmen, die zum Militärisch-Industriellen Komplex der Nazis gehörten, unmittelbar nachdem dies möglich geworden war, damit begannen, Ausrüstung, Ressourcen und Personal hinunter in die Antarktis zu verschiffen, wobei sie sich, laut William Tompkins, der großen U-Boot-Flotte NS-Deutschlands bedienten. Firmen wie I.G. Farben, Krupp, Siemens, Messerschmidt und die Vereinigten Stahlwerke waren nur einige von vielen, die an den Operationen in der Antarktis beteiligt waren, an die sich Tompkins insbesondere aufgrund der Navy-Geheimdienstberichte erinnert.[8]

Corey Goode ist, nachdem er von 1987 bis 2007 Zugang zu genau denselben Informationen hatte, in der Lage, aufgrund seiner Lektüre von Datenträgern Dinge zu bestätigen, die den in Tompkins' Zeugnis zum Ausdruck gebrachten Punkten entsprechen. Goode bestätigt, dass die deutschen Geheimgesellschaften für die Operationen in der Antarktis verantwortlich waren, nicht Hitlers NS-Regierung, wobei führende Konzerne an den dortigen Bautätigkeiten beteiligt waren – unter Verwendung von Sklavenarbeit.[9]

Die großen Einsätze in der Antarktis wurden von Admiral Wilhelm Canaris, dem Chef des deutschen Militärgeheimdienstes (1935-1944), orchestriert, der dabei auf seine früheren Erfahrungen beim verdeckten Wiederaufbau von Deutschlands U-Boot-Flotten nach dem Ersten Weltkrieg zurückgriff, um etwas sehr Ähnliches in der Antarktis zu tun. Dieses Mal sollten es Raumschiffe, nicht bloß U-Boote, sein, die unter Canaris' organisatorischer Leitung mit Hilfe eines internationalen Netzwerkes von deutschen Firmen und Banken zusammen mit ihren ausländischen Partnern gebaut würden. Wie bereits erwähnt, arbeitete Canaris eng mit der Thule-Gesellschaft zusammen, um ihre langfristigen Ziele zu verwirklichen, wobei lediglich noch strittig ist, ob er ein ordentliches Mitglied war oder nicht.

Rudolf Hess, ein weiterer wohlbekannter Mitstreiter aus der Thule-Gesellschaft, der in die NSDAP eingesickert war, arbeitete bei der Verschiffung substanzieller Ressourcen in die Antarktis eng mit Canaris zusammen. Die deutsche Marine war zu jener Zeit ein entscheidendes Instrument, da nur sie die großen Transport-U-Boote vom Typ X (XB) liefern konnte, die von einem Krupp-Tochterunternehmen in Kiel gebaut wurden, um alles Nötige hinunter in die Antarktis zu schaffen. Und was noch wichtiger war: Die inhärenten Gemeinsamkeiten zwischen U-Boot- und Raumschiff-Konstruktionen sowie die übereinstimmenden Ausbildungsmethoden für Einsätze beider Fahrzeugtypen machten die deutsche Marine zu *dem* militärischen Dienst, der für die Leitung antarktischer Operationen am geeignetsten war.

Die Ziele der Thule-Gesellschaft, der Nazis und der deutschen Marine waren hinsichtlich der Antarktis von dreifacher Art. Das erste Ziel bestand darin, große, tief unter dem antarktischen Eis gefundene

Höhlen zu lokalisieren und in vollständig ausgerüstete Stützpunkte zu verwandeln, die eine große Zahl von Personal und Ausrüstungsgegenständen beherbergen konnten. Zweitens sollten große Produktionswerke in der Antarktis errichtet werden, um Raumschiff-Flotten zu bauen, die für den interplanetarischen und eventuell sogar interstellaren Flug geeignet waren. Und das letzte Ziel bestand schließlich darin, die Antarktis zu einem sicheren Rückzugsort vor den Wirren eines neuen europäischen Krieges zu machen.

Hitler war vorsichtig zu dem Glauben geführt worden, dass die unüberwindliche Bastion, die in der Antarktis gebaut wurde, sein persönliches zukünftiges Wohlergehen sicherstellen würde. Gewiss hat Admiral Karl Dönitz sich genau darauf bezogen, als er bei drei verschiedenen Gelegenheiten von der abgelegenen (antarktischen) Station und dem sicheren Hafen prahlte, den sie Hitler böte, auch wenn er ihn niemals bräuchte.

Seine erste Äußerung dazu soll Dönitz, wie berichtet wird, 1943 gemacht haben:

> »Die deutsche U-Boot-Flotte ist stolz darauf, dem Führer in einem anderen Teil der Welt ein Shangri-La zu Lande, eine uneinnehmbare Festung, gebaut zu haben.«[10]

Die zweite Gelegenheit war 1944, als er aufdeckte, dass Pläne vorlagen, Hitler woandershin zu bringen, damit er einen neuen Versuch zur Gründung seines tausendjährigen Reichs unternehmen könnte:

> »Die deutsche Marine wird in der Zukunft eine große Herausforderung zu meistern haben. [Sie] kennt alle Schlupfwinkel in den Weltmeeren, und es wird daher ein Leichtes sein, sollte die Notwendigkeit aufkommen, den Führer an einen sicheren Ort zu bringen, an dem er die Gelegenheit haben wird, seine letzten Pläne auszuarbeiten.«[11]

Dönitz' Bezug zum Wissen der deutschen Marine von »allen Schlupfwinkeln in den Weltmeeren« zeigt einmal mehr, wie wichtig die Marine für die gesamte Antarktis-Operation war.

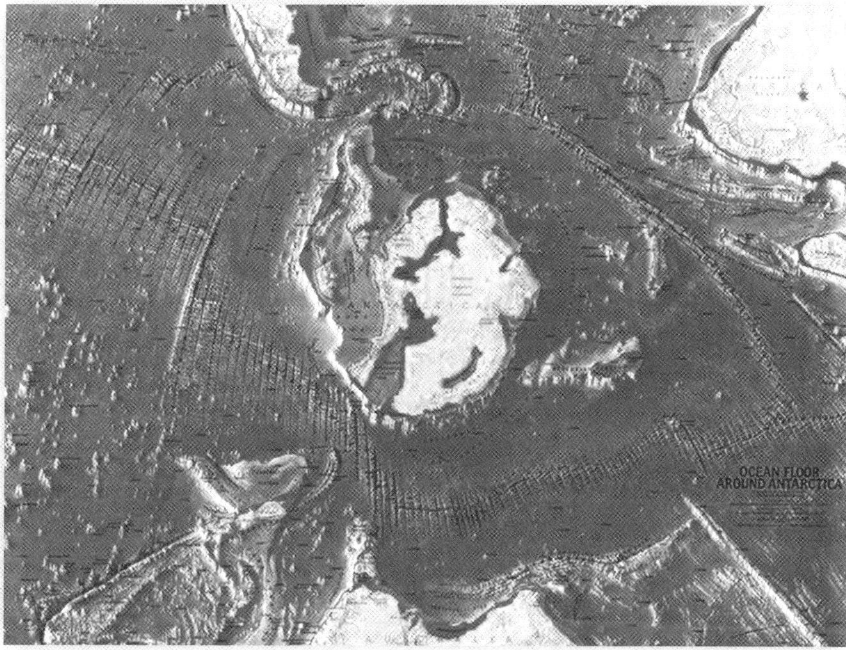

Abb. 10: Heinrich Beranns Illustration der Antarktis ohne Eisdecke

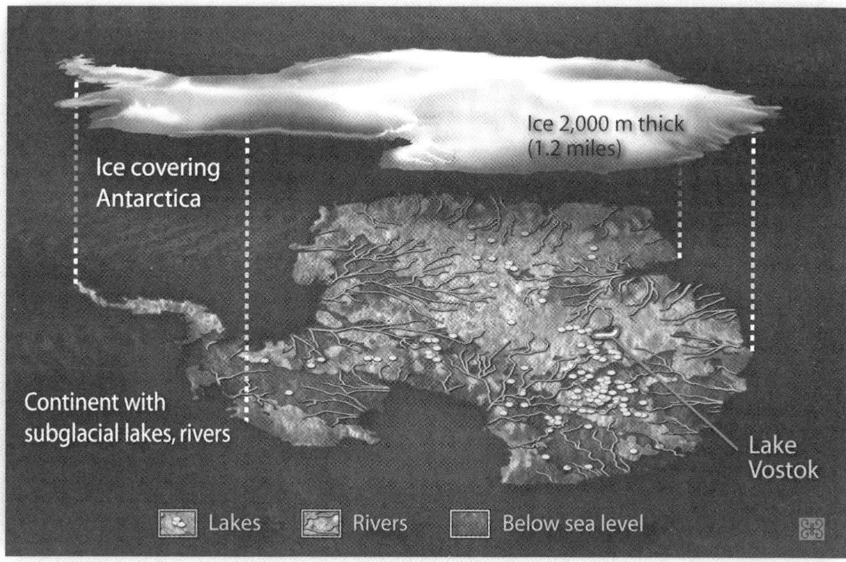

Abb. 11: Mit freundlicher Genehmigung der U.S. National Science Foundation

Schließlich identifizieren Dönitz' Ausführungen bei seinem Kriegsverbrecherprozess in Nürnberg die Antarktis eindeutig als den Ort, wohin die am weitesten fortgeschrittenen Technologien Deutschlands durch die große U-Boot-Flotte seiner Marine im Geheimen verlagert worden waren. Während der Gerichtsverhandlung prahlte er sogar von einer »uneinnehmbaren Festung, einer paradiesartigen Oase mitten im ewigen Eis«.[12]

Ein weltberühmter österreichischer Kartograf und Künstler, Professor Heinrich C. Berann, liefert einen aufregenden Nachweis, dass Dönitz' Äußerungen vollkommen plausibel sind. Berann arbeitete seit 1966 für die National Geographic Society, später für die Colombia University und die U.S. Navy und erstellte Karten vom Meeresboden. 1972 arbeitete er eine Karte der Antarktis ohne ihren Eismantel aus, die bemerkenswerterweise den gesamten Kontinent durchziehende Unterwasserpassagen zeigte.[13] Diese Karte beglaubigt die von Natur aus existierenden Routen, auf denen U-Boote unter dem Eis beträchtliche Distanzen bis zu der »uneinnehmbaren Festung« NS-Deutschlands überwinden könnten, durch ein natürliches Höhlensystem, das mancherorts unter fast drei Kilometer dickem Eis verborgen liegt.

Eine neuere detaillierte Karte dessen, was unter der Eisdecke der Antarktis liegt, wurde 2013 von der amerikanischen National Science Foundation vorgelegt.[14] Man fand ausgedehnte Flusssysteme und Seen unter den Eisschilden, die sich ein weiteres Mal als praktikable Navigationsmittel unter der Antarktis erweisen, genauso wie es Tompkins und Goode beschrieben haben (siehe Abb. 11).

Admiral Dönitz' Behauptungen werden weiterhin von Dokumenten unterstützt, die ein angebliches U-Boot-Besatzungsmitglied nach dem Krieg zur Verfügung gestellt hat. Sie geben U-Boot-Kapitänen ausführliche Anweisungen, wie die antarktischen Stützpunkte durch die verborgenen Durchgänge zu erreichen sind. Abb. 12 zeigt das Foto eines solchen Dokuments mit den entsprechenden Instruktionen.[15]

Bei der Versorgung und dem geheimen Bau der antarktischen Stützpunkte durch die U-Boot-Flotte der Kriegsmarine arbeitete Admiral Dönitz eng mit Admiral Canaris zusammen. Als Hitler im März 1944 Canaris seiner Position als Leiter des deutschen Militärgeheim-

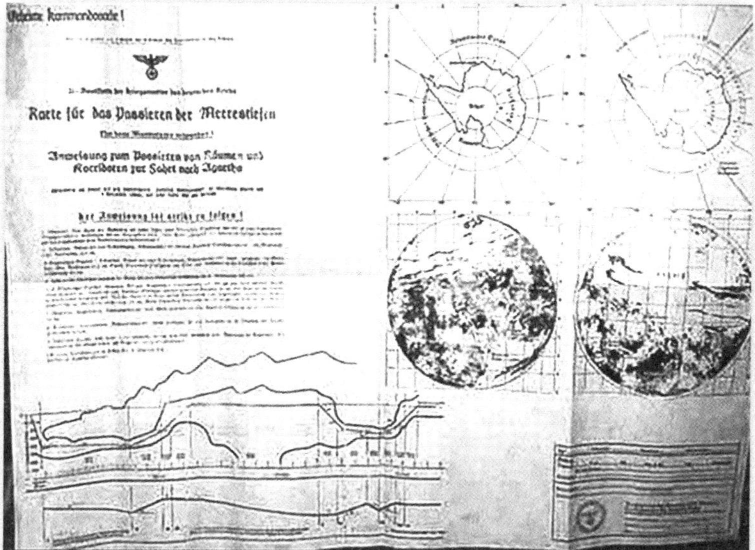

Decent at the point with the coordinates: Exact Intersection: 64° southern latitude and 1° eastern longitude, to a depth of 400 meter.

<u>The instruction have to be strictly followed!</u>

1. Decent, from the point of decent with half speed, a starboard declination of 10° with a bow-heaviness declination angle of 5°. Distance 188 sm. Given depth – 500 meter. (Because of the moving inside the corridor the pressure on the ship body when maneuvering is insignificant)
2. Ascent, Full load with a stern trim, Ascent angle 23° with a port declination of 22°. 190 meter upwards. Distance 75.5 sm.
3. Difficult maneuver! Ascent full speed with a stern trim, Ascent angle 41°. Proceed straight ahaead. 110 meter upwards, distance 21.5 sm. Afterwards starboard declination of 8° until ascent to the surface in a distance of 81sm.
4. Proceed on the surface within the grotto with a starboard declination of 8°. Distance 286 sm.
5. 6. Schwieriges maneuver! Descent. With a bow-heaviness declination 45° to a depth of 240 meter, Distance 60 sm. Afterwards with a port declination of 20°, at which the descent to 310 meter to the entrance to the corridor continues. After the 310 meter mark the bow heavy descent need to be continued. Descent angle 7° until 360 meter, distance 70 sm. Futher starboard declination of 31°to a depth of 380 meter.
7. Descent, Bow heavy, ascent angle 22°, 100 meter upwards with a port declination of 26°. Distnace 43 sm.
8. Ascent. Stern trim, Ascent angle 45°, straight ahead until reaching the surface of Agartha. Distance 70 sm.
9. Proceed to Agartha. Full Speed. Proceed straight ahead, until the new light can be seen. Change of magnetic poles. The changes of the compass needle and instruments are to be disregarded.

(Further instructions in package Nr. 3 only when arrived in Agartha to be opened)

Abb. 12: Wegbeschreibungen zu den Stützpunkten in der Antarktis

dienstes, der Abwehr, enthob und sie der Kontrolle von Himmlers SS unterstellte, wies Dönitz Canaris sofort wieder eine Spezialaufgabe in der Marine zu.[16] Canaris sollte sich nun um die Unterstützung der gesamten Verlagerung von Ressourcen und Personal in die antarktischen Anlagen kümmern.

Am 1. Juli 1944 wurde Canaris von Hitler zum Chef des OKW-Sonderstabs für Handelskrieg und wirtschaftliche Kampfmaßnahmen ernannt, wo er sich auf die *Aktion Adlerflug* konzentrierte, den Transfer von Industrieanlagen und NS-Kapital an neutrale Orte und in die Antarktis.[17]

Laut Michael Müller, dem Autor einer maßgeblichen Biographie über Canaris, war dieser nach dem gescheiterten Attentat auf Hitler am 20. Juli 1944 als »geistiger Wegbereiter in die Widerstandsbewegung« verwickelt.[18] Drei Tage danach wurde er festgenommen und nachdem seine persönlichen Tagebücher Anfang April 1945 gefunden waren standrechtlich verurteilt und am 7. April im Konzentrationslager Flossenbürg sogleich hingerichtet.[19]

William Tompkins widerspricht diesem Szenario jedoch und sagt, dass die Spione der U.S. Navy das alles nur für Schein hielten – Canaris war insgeheim in die Antarktis gebracht worden, um eine führende Rolle bei der Leitung künftiger antarktischer Operationen zu spielen. Wenn Canaris' Inhaftierung, Verurteilung und Hinrichtung tatsächlich nur vorgetäuscht waren, dann war dies ein brillanter Trick zur Ablenkung der alliierten Aufmerksamkeit von seiner entscheidenden Rolle bei der Einrichtung, Versorgung, Finanzierung und späteren Führung der von deutschen Geheimgesellschaften gegründeten Stützpunkten in der Antarktis.

Deutsche Unternehmen beginnen mit der Produktion Fliegender Untertassen

NS-Deutschland hat zwei simultane Programme Fliegender Untertassen entwickelt, eines im besetzten Europa und das andere in der Antarktis. Diese Programme wurden während der Entwicklungs- und Konstruktionsphase des Baus von dreißig Prototypen von Antigravitationsraumschiffen koordiniert, von denen die Navy-Spione in ihren Einsatz-Nachbesprechungen zu berichten wussten. Tompkins erinnert sich:

> »Sie bauten die Prototypen in Deutschland. Sie bauten Vorprototypen, etwas, was für die Produktion fertig ist, in der Antarktis. Sie ließen diese Sachen in den Ländern, die Deutschland in Europa besetzt hatte, produzieren und setzten den Bau ähnlicher Maschinen dann in der Antarktis fort.«[20]

Es gibt eine Reihe von Autoren, die die Berichte über Fliegende Untertassen aus Nazi-Deutschland und die Entwicklung dieser Flugmaschinen in geheimen Fabriken untersucht haben. Henry Stevens' Buch *Hitler's Flying Saucers* (2013; »Hitlers Fliegende Untertassen«, nicht auf Deutsch erschienen) liefert den umfassendsten Überblick über die zahlreichen Zeitungsberichte und offiziellen Dokumente, die erschienen oder aufgetaucht sind.[21] Stevens und andere Autoren haben auch wichtige Interviews mit Wissenschaftlern wie Giuseppe Belluzo und Rudolf Schriever geführt, die beide fast zeitgleich im März 1950 mit ihrer Teilnahme an deutschen Programmen Fliegender Untertassen an die Öffentlichkeit gingen.[22]

Außerdem hat Stevens eindeutige Beweisdokumente des FBI analysiert, die Interviews mit glaubwürdigen Augenzeugen solcher Fluggeräte enthalten und die These erhärten, dass die Deutschen in der Tat untertassenförmige Fluggeräte bauten und testeten.[23] Unter diesen Beweisunterlagen finden sich auch einige, die von einem in Texas lebenden polnischen Einwanderer handeln, der seine Erlebnisse aus der Kriegszeit schildert, in der er deutsche Fliegende Untertassen in einer gesicherten Anlage 1944 gesehen hat, während er als Kriegsgefangener in Deutschland interniert war. Ein Fernschreiben des FBI vom 7. November 1957 gibt folgende Zusammenfassung des Interviews:

> »... beim Interview angegeben, dass er als deutscher Kriegsgefangener 1944 ein als rund beschriebenes, sieben bis neun Meter breites und etwa vier Meter hohes Fluggerät gesehen hat. Die Maschine wurde dabei beob-

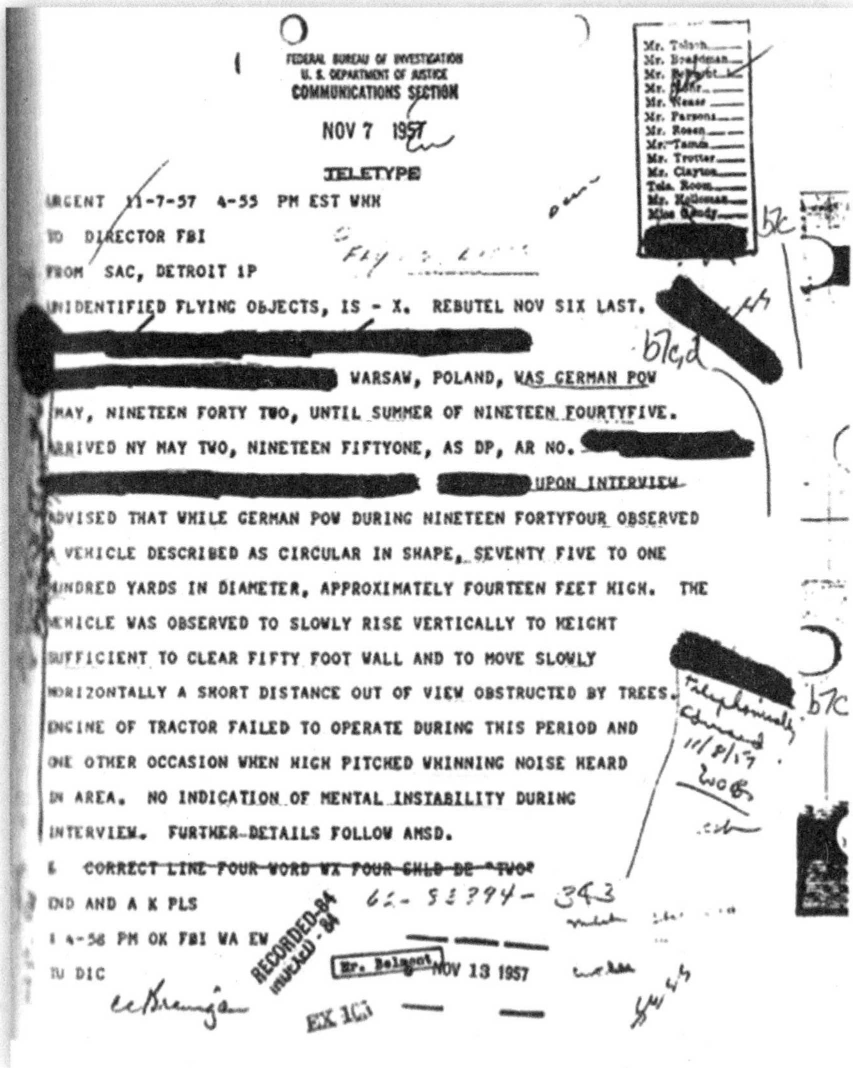

FEDERAL BUREAU OF INVESTIGATION
U. S. DEPARTMENT OF JUSTICE
COMMUNICATIONS SECTION

NOV 7 1957

TELETYPE

URGENT 11-7-57 4-55 PM EST WHH

TO DIRECTOR FBI

FROM SAC, DETROIT 1P

UNIDENTIFIED FLYING OBJECTS, IS - X. REBUTEL NOV SIX LAST.

[redacted] WARSAW, POLAND, WAS GERMAN POW MAY, NINETEEN FORTY TWO, UNTIL SUMMER OF NINETEEN FOURTYFIVE. ARRIVED NY MAY TWO, NINETEEN FIFTYONE, AS DP, AR NO. [redacted] UPON INTERVIEW ADVISED THAT WHILE GERMAN POW DURING NINETEEN FORTYFOUR OBSERVED A VEHICLE DESCRIBED AS CIRCULAR IN SHAPE, SEVENTY FIVE TO ONE HUNDRED YARDS IN DIAMETER, APPROXIMATELY FOURTEEN FEET HIGH. THE VEHICLE WAS OBSERVED TO SLOWLY RISE VERTICALLY TO HEIGHT SUFFICIENT TO CLEAR FIFTY FOOT WALL AND TO MOVE SLOWLY HORIZONTALLY A SHORT DISTANCE OUT OF VIEW OBSTRUCTED BY TREES. ENGINE OF TRACTOR FAILED TO OPERATE DURING THIS PERIOD AND ONE OTHER OCCASION WHEN HIGH PITCHED WHINNING NOISE HEARD IN AREA. NO INDICATION OF MENTAL INSTABILITY DURING INTERVIEW. FURTHER DETAILS FOLLOW AMSD.

~~CORRECT LINE FOUR WORD WX FOUR SHLD BE "TWO"~~

END AND A K PLS

4-56 PM OK FBI WA EW

TU DIC

62-83894-343

RECORDED-84 INDEXED-84

Mr. Belmont NOV 13 1957

EX 103

Abb. 13: FBI-Fernschreiben über einen ehemaligen polnischen Kriegsgefangenen, der eine deutsche Fliegende Untertasse beobachtete

achtet, wie sie langsam senkrecht zu einer Höhe aufstieg, die ausreichte, um eine zwei Meter hohe Mauer zu überwinden und sich langsam horizontal in kurzer Entfernung außer Sichtweite zu bewegen …«[24]

Zusätzlich hat die CIA ein reges Interesse an ausländischen Zeitungsberichten über Sichtungen Fliegender Untertassen und vor allem auch an der Entwicklung solcher Flugzeuge in NS-Deutschland gehabt. Ein auf den 12. Januar 1954 datiertes CIA-Dokument enthält eine Zusammenfassung des Überblicks des berühmten deutschen Ingenieurs Georg Klein über die verschiedenen Projekte mit Fliegenden Untertassen in Nazi-Deutschland, an denen er gearbeitet hat:

> »Eine deutsche Zeitung [nicht weiter identifiziert] veröffentlichte kürzlich ein Interview mit Georg Klein, einem berühmten deutschen Ingenieur und Flugzeugexperten, in dem er die experimentell von 1941 bis 1945 von ihm durchgeführte Konstruktion ›Fliegender Untertassen‹ beschreibt. Klein behauptete, dass er 1945 anwesend war, als die erste gesteuerte ›Fliegende Untertasse‹ abhob und innerhalb von drei Minuten eine Geschwindigkeit von über 2.000 Stundenkilometern erreichte. Die Experimente führten zu drei Entwürfen: Einer, den Miethe ausgearbeitet hat, stellte ein scheibenförmiges Flugzeug mit einem Durchmesser von mehr als vierzig Metern dar, das sich nicht drehte; ein zweiter, von Habermohl und Schriever entwickelt, bestand aus einem großen rotierenden Ring, in dessen Zentrum sich eine runde, stationäre Kabine für die Mannschaft befand.«[25]

Was diese FBI-Dokumente und Zeitungsberichte eindeutig belegen, ist, dass die Deutschen im Rahmen ihrer Kriegsanstrengungen verschiedene Fliegende Untertassen entwickelten. Die Quellen liefern zahlreiche Informationen über die Entwicklung und Erprobung von Prototypen, sagen aber wenig über den Erfolg eines dieser Programme aus. Tatsächlich lautet die Schlussfolgerung anhand offizieller Dokumente und Zeitungsberichte insgesamt, dass die Deutschen daran gescheitert waren, irgendwelche Prototypen Fliegender Untertassen zu konstruieren, die erfolgreich hätten eingesetzt werden könnten, ganz zu schweigen von einem Nutzen für Kriegszwecke.

Die Informationen über das gesamte Ausmaß deutscher Untertassen-Programme und die Firmen, die an irgendwelchen erfolgreichen Produktionsmodellen beteiligt waren, haben sich als trügerisch erwie-

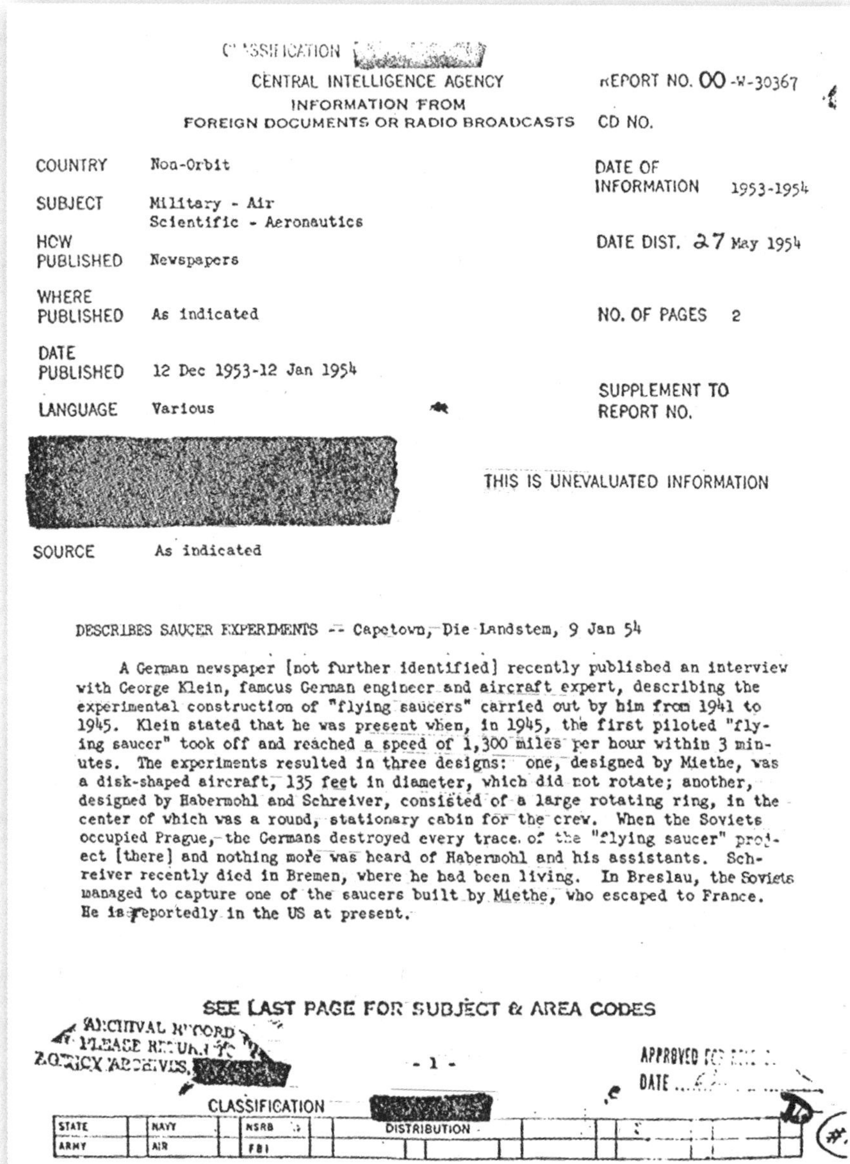

CLASSIFICATION [redacted]

CENTRAL INTELLIGENCE AGENCY
INFORMATION FROM
FOREIGN DOCUMENTS OR RADIO BROADCASTS

REPORT NO. 00-W-30367

CD NO.

COUNTRY Non-Orbit

SUBJECT Military - Air
Scientific - Aeronautics

HOW PUBLISHED Newspapers

WHERE PUBLISHED As indicated

DATE PUBLISHED 12 Dec 1953-12 Jan 1954

LANGUAGE Various

DATE OF INFORMATION 1953-1954

DATE DIST. 27 May 1954

NO. OF PAGES 2

SUPPLEMENT TO REPORT NO.

THIS IS UNEVALUATED INFORMATION

SOURCE As indicated

DESCRIBES SAUCER EXPERIMENTS -- Capetown, Die Landstem, 9 Jan 54

A German newspaper [not further identified] recently published an interview with George Klein, famous German engineer and aircraft expert, describing the experimental construction of "flying saucers" carried out by him from 1941 to 1945. Klein stated that he was present when, in 1945, the first piloted "flying saucer" took off and reached a speed of 1,300 miles per hour within 3 minutes. The experiments resulted in three designs: one, designed by Miethe, was a disk-shaped aircraft, 135 feet in diameter, which did not rotate; another, designed by Habermohl and Schreiver, consisted of a large rotating ring, in the center of which was a round, stationary cabin for the crew. When the Soviets occupied Prague, the Germans destroyed every trace of the "flying saucer" project [there] and nothing more was heard of Habermohl and his assistants. Schreiver recently died in Bremen, where he had been living. In Breslau, the Soviets managed to capture one of the saucers built by Miethe, who escaped to France. He is reportedly in the US at present.

SEE LAST PAGE FOR SUBJECT & AREA CODES

ARCHIVAL RECORD
PLEASE RETURN TO
AGENCY ARCHIVES,

- 1 -

APPROVED FOR ...
DATE ...

CLASSIFICATION [redacted]

STATE	NAVY	NSRB	DISTRIBUTION			
ARMY	AIR	FBI				

Abb. 14: CIA-Dokument, das sich auf das Interview mit Georg Klein bezieht

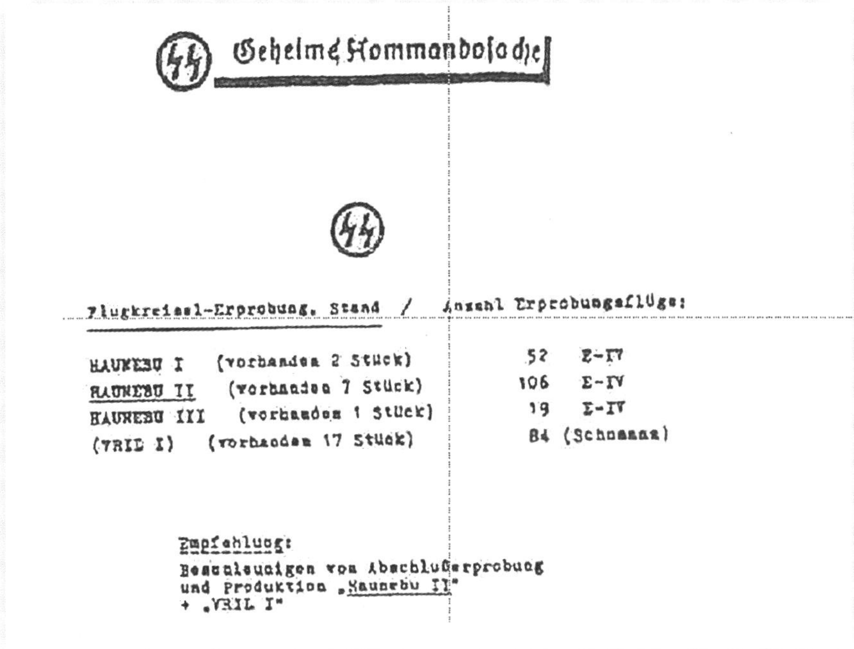

Geheime Kommandosache

Flugkreisel-Erprobung. Stand / Anzahl Erprobungsflüge:

HAUNEBU I	(vorhanden 2 Stück)	52	E-IV
HAUNEBU II	(vorhanden 7 Stück)	106	E-IV
HAUNEBU III	(vorhanden 1 Stück)	19	E-IV
(VRIL I)	(vorhanden 17 Stück)	84	(Schumann)

Empfehlung:
Beschleunigen von Abschlußerprobung
und Produktion „Haunebu II"
+ „VRIL I"

Abb. 15: Produktionsstatistiken deutscher Fliegender Untertassen

sen. Dafür verantwortlich sind Geheimdienste von NATO- wie auch früheren Ländern des Warschauer Paktes, die offizielle Dokumente mit etwaigen Erfolgen der Deutschen möglichst zurückhalten. Diese Situation änderte sich dramatisch durch eine Reihe von Ereignissen, die zum offiziellen Ende des Warschauer Paktes am 25. Februar 1991 führten. Geheimdienstliche Akten wurden von früheren Geheimagenten, die sich in dem Chaos, das auf den Kollaps des kommunistischen Systems folgte, finanziell über Wasser halten mussten, geleakt und an den Meistbietenden verkauft.

Einer der früheren Mitgliedstaaten des Warschauer Paktes ist Bulgarien. Mitglieder seiner Akademie der Wissenschaften wurden von Geheimdienstagenten mit dem eifrigen Willen kontaktiert, jegliche wissenschaftsbezogenen Akten in ihrem Besitz zu veräußern.

Vladimir Terziski, ein ausgebildeter Ingenieur und Physiker, war Mitglied der Bulgarischen Akademie der Wissenschaften, bis er 1984

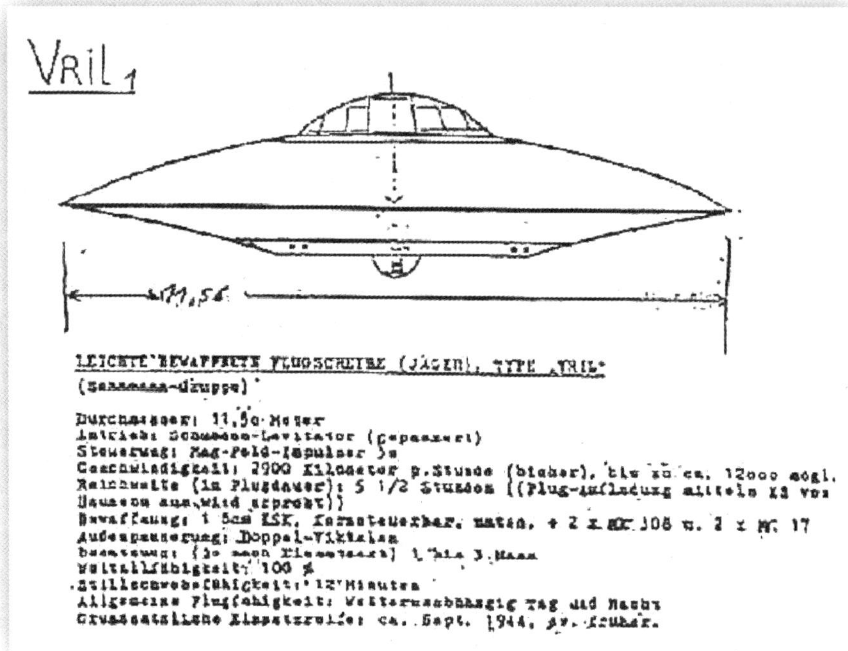

Abb. 16: Detaillierte Angaben zur Vril 1

in die USA emigrierte.[26] Im Jahr 1991 sagte er, dass er im Besitz eines geleakten Dokumentarfilms aus den Archiven der SS sei, der verschiedene Typen in Deutschland gebauter Fliegender Untertassen offenlegt.[27] Auf der Grundlage von Terziskis Film, den er seit 1992 auf öffentlichen Seminaren zeigte, begannen Beschreibungen zu zirkulieren, die sich mit der Produktion und Erprobung erfolgreicher Prototypen Fliegender Untertassen in NS-Deutschland befassen.

Ein Dokument nennt die Anzahl verschiedener *Haunebu-* und *Vril*-Flugzeuge, die zu Kriegszwecken gebaut wurden, die genaue Zahl der Testflüge und die damals verfügbaren Antriebssysteme (siehe Abb. 15). Alle Fluggeräte wurden an einem abgelegenen deutschen Ort montiert, der als »Hauneburg« bezeichnet wird, was später zu *Haunebu* abgekürzt wird, woher auch die Bezeichnungen der erfolgreichen Prototypen stammen. Nach dem Historiker Rob Arndt, der sich mit NS-UFOs beschäftigt, war der Ort Hauneburg 1935 von der Thule-Gesellschaft ausgewählt worden. Aufgrund der sich verändernden Situation im Krieg gab man ihn allerdings 1942 wieder auf.[28] Da die *Vril 1* das Erste in NS-Deutschland entwickelte Fluggerät von der Art einer Fliegenden Untertasse war, ist es naheliegend, diesen Überblick über die siebzehn in dem Dokument erwähnten Maschinen mit ihr zu beginnen, zumal es mit ihr über achtzig Testflüge gab.

In seinen Vorträgen behandelt Terziski die Test- und Einsatz-Performance der *Vril 1* anhand von konkreten Details, die eines der SS-Dokumente schildert:

> »Die erste reine *Vril*-Scheibe – der *Vril-1*-Jäger – wurde 1941 konstruiert und flog erstmals 1942. Sie maß elfeinhalb Meter im Durchmesser, war für einen Piloten vorgesehen und konnte 2.900 bis 12.000 Stundenkilometer erreichen. Sie flog anfangs mit einer Schnappscheibe, aber nachfolgende Testversionen hatten eine schwer verstärkte Glaskuppel und konnten zwei Mann Besatzung aufnehmen. Die Flugdauer betrug fünfeinhalb Stunden. Es war geplant, diese Flugmaschine mit zwei MK-108-Geschützen sowie zwei MG-17-Maschinengewehren zu bewaffnen. Siebzehn dieser Maschinen wurden von 1942 bis 1944 gebaut und in 84 Testflügen erprobt.«[29]

Als Nächstes teilt das SS-Dokument mit, dass zwei Fliegende Untertassen namens *Haunebu I* gebaut und in 52 Flügen getestet worden sind. Laut Terziskis Angaben begannen die Tests der *Haunebu I* im Jahr 1939, was Rob Arndt weiter erläutert:

> »Das frühe Fluggerät *Haunebu I*, von dem zwei Prototypen gebaut wurden, hatte einen Durchmesser von fünfundzwanzig Metern, nahm eine Crew von acht Mann auf und konnte die unglaubliche Anfangsgeschwindigkeit von 4.800 Stundenkilometern erreichen, kam aber nur auf eine geringe Flughöhe. Eine spätere Verbesserung erlaubte der Maschine, 17.000 Stundenkilometer zu erzielen. Die Flugdauer lag bei achtzehn Stunden. Um den unglaublichen Temperaturen bei solchen Geschwindigkeiten standzuhalten, wurde von SS-Metallurgen eine besondere Armierung, genannt ›Victalen‹, speziell für die *Haunebu*- und *Vril*-Serien

der Flugscheibe erfunden. Die *Haunebu I* hatte eine doppelte Hülle aus Victalen. Bei den frühen Modellen versuchte man auch, eine ziemlich große, experimentelle Geschützvorrichtung zu testen – die doppelte 60-mm-KraftStrahlKanone (KSK), die ihre Energie aus dem Triebwerk bezog. Es wurde vermutet, dass es sich bei dieser Waffe um einen Laserstrahler gehandelt hat, aber das war nicht der Fall.«[30]

Bisher habe ich noch keine weiteren Informationen über eine Metalllegierung namens »Victalen« finden können, die einzigen Quellen gehen auf Terziski zurück. Henry Stevens recherchierte allerdings Behauptungen über hochentwickelte Metalllegierungen, die in Deutschlands fortgeschrittenen Luftfahrtprojekten produziert wurden. Er fand substanzielle Beweise dafür, dass esoterische metallische Legierungen wie »Impervium« und »Lubricium« tatsächlich hergestellt und einige von ihnen zum Zweck der Weiterentwicklung in geheime Anlagen in den USA gebracht wurden.[31] Stevens zitiert einen Metallurgen der früheren Luft- und Raumfahrtfirma TRW, die jetzt Teil von Northrup Grumann ist. Er antwortete auf die Frage, ob solche »Supermetalle« in NS-Deutschland geschaffen wurden:

»Es ist wahr. Die Deutschen entwickelten während des Krieges alle möglichen Legierungen. Nach dem Krieg übernahmen wir sie – einige von ihnen waren großartig –, wir übernahmen eine, gaben ihr eine TRW-Nummer und vermarkten sie noch heute – wir wollten den Deutschen das Verdienst allerdings nicht zugestehen.«[32]

Es sollte nicht unerwähnt bleiben, dass Tompkins, der von 1967 bis 1971 bei TRW gearbeitet hat, sagt, dass den Deutschen von reptiloiden Außerirdischen bei hochmodernen Luft- und Raumfahrtprojekten, einschließlich der Metallurgie, geholfen wurde. Dementsprechend waren große deutsche Stahlfirmen wie die Thyssen AG und Krupp sehr wahrscheinlich stark an der Entwicklung einzigartiger Metalllegierungen für die Programme Fliegender Untertassen beteiligt. Wenn dies stimmt, ist es bis heute ein geheimes oder klassifiziertes Geschäft geblieben, wie der Metallurg von TRW verdeutlicht.

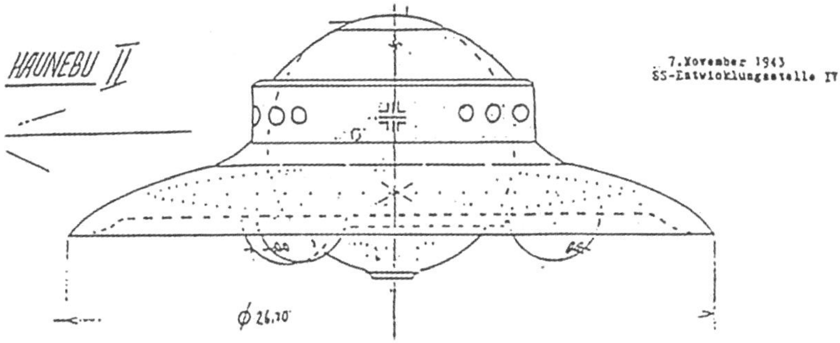

MITTELSCHWERER BEWAFFNETER FLUGKREISEL, TYPE „HAUNEBU II"

Durchmesser: 26,3 Meter
Antrieb: „Thule"-Tachyonator 7c (gepanzert; Ø TY.-Scheibe: 23,1 Meter)
Steuerung: Mag-Feld-Impulser 4a
Geschwindigkeit: 6000 Kilometer p.Stunde (rechnerisch bis ca. 21000 möglich)
Reichweite (in Flugdauer): ca. 55 Stunden
Bewaffnung: 6 8 cm KSK in drei Drehtürmen, unten, eine 11 cm KSK in einem Drehturm, oben
Außenpanzerung: Dreischott-„Victalen"
Besatzung: 9 Mann (erg. Transportverm. bis zu 20 Mann)
Weltallfähigkeit: 100 %
Stillschwebefähigkeit: 19 Minuten
Allgemeines Flugvermögen: Tag und Nacht. Wetterunabhängig
Grundsätzliche Einsatztauglichkeit (T7): 85 %.

Verfügbarkeit „Haunebu II" (bei weiter gutem Erprobungsverlauf wie T7) ab Oktober. Dann Serienherstellung ab Jahreswende 1943/44, jedoch noch ohne verbesserte Kraftstrahlkanone „Donar-Kek XIIV", deren Frontreife nicht vor Frühsommer 1944 angenommen werden kann.
Vom Führer verlangte hundertprozentige Einsatzreife rundum kann allerdings nicht vor Ende nächsten Jahres erwartet werden. Erst ab etwa Serie 9.

Bemerkung zuständige SS-Entwicklungsstelle IV: Die neue deutsche Technik – und damit vor allem Flugkreisel und KSKs – wird wegen der noch zeitraubenden Herstel-

Abb. 17: Originaldokument der SS mit den technischen Angaben zur Haunebu II

In diesem Zusammenhang ist es bedeutsam, dass Thyssen und Krupp 1999 fusionierten, um einen der weltgrößten Stahlproduzenten zu bilden. Die Thyssen-Krupp AG spielt mit größter Sicherheit auch heute noch eine Schlüsselrolle bei der Produktion für das Geheime Weltraumprogramm, das die Deutschen in der Antarktis gestartet haben.

Es lohnt sich, die Höchstgeschwindigkeit der erfolgreichen *Haunebu I* (4.800 bis 17.000 Stundenkilometer) mit der des Modells zu vergleichen, dessen Test Georg Klein 1945 beobachtete (2.200 Stundenkilometer). Offenbar gibt es einen großen Unterschied in der Performance zwischen den erfolgreichen und den erfolglosen Prototypen Fliegender Untertassen im Forschungs- und Entwicklungsprozess.

Laut Terziskis Dokument über die Produktion von SS-Untertassen wurden sieben *Haunebu II* gebaut und bei 106 Flügen getestet. Er liefert noch weitere Details zu ihrer Leistungsfähigkeit, wie der UFO-Forscher Rob Arndt deutlich macht:

»1942 war die vergrößerte *Haunebu II* mit sechsundzwanzig Metern Durchmesser reif für den Testflug. Diese Scheibe nahm eine Crew von neun Mann auf und konnte auch Überschallflüge zwischen 6.000 und 21.000 Stundenkilometern mit einer Flugdauer von fünfundfünfzig Stunden bewältigen. Sie besaß ebenso wie das weiterentwickelte Do-Stra [Dornier-Stratosphärenflugzeug] mit zweiunddreißig Metern Durchmesser eine Hitze-Abschirmung aus zwei Schichten Victalen. Sieben dieser Flugmaschinen wurden von 1943 bis 1944 getestet. Das Flugzeug absolvierte 106 Testflüge.«[33]

Bezeichnenderweise hat Terziski die Dornier-Flugzeugwerke als den deutschen Konzern identifiziert, der für den erfolgreichen *Haunebu-II*-Prototypen verantwortlich zeichnete.

»Bis 1944 war das perfektionierte Kriegsmodell, das *Haunebu-II*-Do-Stra [Dornier-Stratosphärenflugzeug], getestet. Zwei Prototypen waren gebaut. Diese mächtigen Maschinen, mehrere Stockwerke hoch, nahmen eine Crew von zwanzig Mann auf. Sie konnten auch eine Überschallgeschwindigkeit von mehr als 21.000 Stundenkilometern erreichen. Die SS hatte tatsächlich vorgehabt, die Maschinen mit Ausschreibungen sowohl für Junkers als auch für Dornier produzieren zu lassen, aber Ende 1944/Anfang 1945 war die Entscheidung zugunsten von Dornier gefallen.«[34]

Dornier war als privat geführtes Unternehmen von 1914 bis 1996 tätig, als es von der Firma Fairchild Aircraft erworben wurde und schließlich in Airbus aufging.[35] Terziskis Dokument deckt auf, dass das erfolgreiche Modell von Dornier in Produktion genommen wurde.

Als Nächstes haben wir die *Haunebu III*, von der Terziskis Dokument behauptet, dass lediglich ein Prototyp gebaut und neunzehn Mal getestet wurde.

Arndt fasst Terziskis Angaben wie folgt zusammen:

Mittelschwerer bewaffneter Flugkreisel, Typ »Haunebu II«
Durchmesser: 26,3 Meter
Antrieb: Thule-Tachyonator 7c (gepanzert: Ø TT-Scheibe: 23,1 Meter)
Steuerung: Mag-Feld-Impulser 4a
Geschwindigkeit: 6.000 Kilometer pro Stunde
(rechnerisch bis 21.000 möglich)
Reichweite (in Flugdauer): ca. 55 Stunden
Bewaffnung: 6 x 8 mm KSK in drei Drehtürmen,
eine 11 cm KSK in einem Drehturm
Außenpanzerung: Dreischott-»Victalen«
Besatzung: 9 Mann (erg. Transportversion bis zu 20 Mann)
Weltallfähigkeit: 100 %
Stillschwebefähigkeit: 19 Minuten
Allgemeines Flugvermögen: Tag und Nacht, wetterunabhängig
Grundsätzliche Einsatztauglichkeit (T?): 85 %
Verfügbarkeit *Haunebu II* (bei weiter gutem Erprobungsverlauf wie T?)
ab Oktober.
Serienherstellung ab Jahresende 1943/44, jedoch noch ohne
verbesserte Kraftstrahlkanone »Dosar-Tek IIIV«, deren Frostreife
nicht vor Frühsommer 1944 angenommen werden kann.
Vom Führer verlangte hundertprozentige Einsatzreife rundum kann
allerdings nicht vor Ende nächsten Jahres erwartet werden.
Erst ab etwa Serie 9.

Abb. 18: Eine Zusammenfassung der unter der Schemazeichnung aufgeführten Angaben zur Haunebu II

»Sogar noch größer war die *Haunebu III* mit einundsiebzig Metern Durchmesser. Bis zum Kriegsende wurde nur ein einziger Prototyp gebaut. Sie war mit zweiunddreißig Personen bemannt und konnte Geschwindigkeiten zwischen 7.000 und 40.000 Stundenkilometern erreichen. Sie hatte eine dreifache Victalen-Hülle. Von ihr wird behauptet, dass sie eine Flugdauer zwischen sieben und acht Wochen bewältigen konnte! Das Flugzeug absolvierte neunzehn Testflüge. Diese Maschine wurde bei Thule- und Vril-Evakuierungsarbeiten im März 1945 eingesetzt.«[36]

Es ist wichtig festzuhalten, dass die Fluchtgeschwindigkeit von der Erde bei 40.270 Stundenkilometern liegt; das heißt, dass die *Haunebu*

III in der Lage war, den Erdorbit zu verlassen. Sie ist damit das erste Raumschiff der Welt.[37]

Terziski erklärt, dass die *Vril-* und *Haunebu*-Modelle ein Elektrogravitationsantriebssystem besaßen, das Thule-Tachyonator-Antrieb genannt wurde. Er wurde erstmals 1939 von der Entwicklungseinheit E-IV der SS gebaut, die laut dem Forscher Rob Arndt zum »Orden der Schwarzen Sonne« gehörte:

> »Diese Gruppe entwickelte bis 1939 einen revolutionären elektromagnetischen Gravitationsantrieb, der Hans Colers Freie-Energie-Maschine zu einem Energie-Konverter verbesserte, verbunden mit einem Van-de-Graaff-Bandgenerator und einem Marconi-Vortex-Dynamo [einem kugelförmigen Quecksilbertank], um kraftvolle rotierende elektromagnetische Felder zu erzeugen, die die Schwerkraft beeinflussten und die Masse reduzierten. Er wurde als Thule-Triebwerk [Thrustwork oder Tachyonator-7-Antrieb] bezeichnet und sollte in einer von der Thule-Gesellschaft entwickelten Flugscheibe verbaut werden.«[38]

Terziski gibt an, dass die deutschen Firmen Siemens und AEG noch bis ins Jahr 1943 hinein Fließbänder für die Massenproduktion der Thule-Tachyonator-Triebwerke gebaut hatten, von denen die *Vril-* und *Haunebu*-Untertassen angetrieben wurden, bis sie bald darauf in die Antarktis gebracht wurden.

Siemens spielte eine entscheidende Rolle beim Bau des Freie-Energie-Gerätes nach Hans Coler, das nicht nur die am weitesten fortgeschrittenen U-Boote der deutschen Marine antrieb, sondern auch deren geheime Flotte Fliegender Untertassen. In *Hitler's Suppressed and Still-Secret Weapons, Science and Technology* (»Hitlers unterdrückte und noch immer geheime Waffen, Wissenschaft und Technologie«, nicht auf Deutsch erschienen) schreibt Henry Stevens dazu:

> »Der Magnetstromapparat wurde bis 1933 mit Hilfe von Unruh und Franz Haid von Siemens-Schuckert vollständig entwickelt und fertiggestellt. Das bedeutet, dass die Firma Siemens trotz ihrer späteren Leugnungen (oder ihres Gedächtnisverlustes) seit den frühen 1930ern von

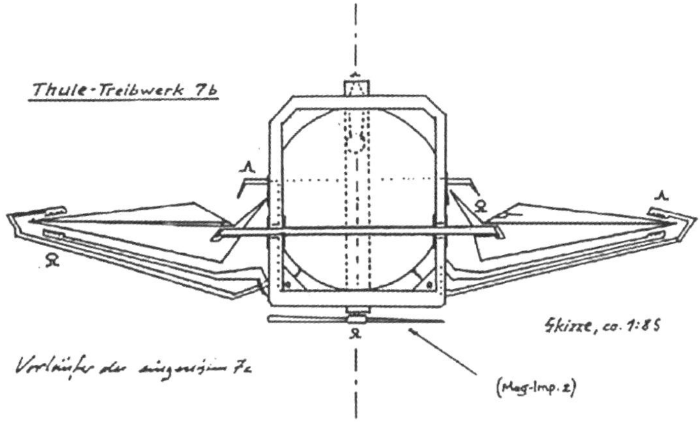

Abb. 19: Thule-Tachyonator-Antrieb

> freier Energie und insbesondere von Hans Colers Gerät gewusst hat … 1943 landeten Coler sowie seine Arbeit schließlich beim OKM, dem Oberkommando der deutschen Marine.«[39]

Letztlich spielte, wenn es um fortgeschrittene Waffensysteme, Energieproduktion und Weltraum-Medizin ging, der industrielle Mischkonzern I.G. Farben die entscheidende Rolle bei der Beaufsichtigung dieser Gebiete für die beiden deutschen Weltraumprogramme. Die I.G. Farben war eine Vorreiterin auf vielen hochentwickelten Forschungsgebieten und zählte zu den ersten Firmen, die Laserwaffen entwickelten, mit denen die erfolgreichen Prototypen Fliegender Untertassen ausgestattet wurden, die schließlich hinunter in die Antarktis geschickt wurden. Henry Stevens' aufgedeckte Dokumente zeigen, dass die alliierten Mächte von der Beteiligung der Forscher der I.G. Farben an der Entwicklung und Erprobung von Laserwaffen, die verheerende Wirkungen auslösten, erfahren hatten:

> »Es ist auch interessant hervorzuheben, dass den Alliierten eine Liste von Wissenschaftlern übergeben worden war, die an den Laser-Experimenten der I.G. Farben beteiligt waren … Neben den Details des Ent-

> wurfes ist es besonders eindrucksvoll zu bemerken, dass die Körper der Testziele dieser Waffe – Ratten –, wenn sie von dem Strahl getroffen wurden, für den Bruchteil einer Sekunde aufglühten, bevor sie vollständig zu Staub zerfielen.«[40]

Diese Laserwaffen mit ihrer zerstörerischen Gewalt wurden (wie in Kapitel 4 gezeigt wird) in den Jahren 1946/47 gegen die von der U.S. Navy geführte *Operation Highjump* eingesetzt.

Zusätzlich waren die I.G. Farben international bekannt für ihre Pionierarbeit in der medizinischen Forschung, die unerlässlich war, um deutsche Astronauten zu befähigen, sicher in den Weltraum zu fliegen.[41] Bemerkenswerterweise behauptet Tompkins, dass die Reptiloiden die Deutschen mit Wissen über fortgeschrittene medizinische Bereiche wie das Klonen und die Verjüngung versorgten und dass die Nazis signifikante Mittel investierten, um sie zu Kriegszwecken zu entwickeln.[42] Die mit dem Nobelpreis ausgezeichneten Wissenschaftler der I.G. Farben haben sicher zu jenen gehört, die den Auftrag hatten, die Erforschung und Entwicklung dieser und anderer esoterischer medizinischer Gebiete anzustoßen. Als die Kriegsbemühungen ins Schwanken gerieten, gehörte die I.G. Farben daher zu den Firmen, die angewiesen waren, Ressourcen aus Deutschland wegzuschaffen, und auch ihre Forscher waren unter denjenigen, die insgeheim in die Antarktis verschifft wurden.

Die Thule-Gesellschaft und mit ihr verbundene Geheimgesellschaften hatten die NS-Regierung gründlich unterwandert und sie waren es, die eigentlich die Antarktis-Einsätze leiteten, während sie außerdem die Kontrolle über die deutschen Firmen behielt, die die Prototypen der Antigravitationsraumschiffe bauten. Der entscheidende NS-Vertreter, der die gesamte Antarktis-Operation von ihren Anfängen in den Jahren 1938/39 an beaufsichtigte, war Admiral Canaris. Seine prinzipielle Loyalität galt allerdings niemals Hitler, sondern der nationalistischen Agenda, die vom deutschen Marine-Geheimdienst und der Thule-Gesellschaft unterstützt wurde, und sie gerieten zunehmend in einen Konflikt mit Hitlers unverantwortlicher militaristischer Politik, die in den Zweiten Weltkrieg mündete.

Das ist der Grund, warum führende Industrielle wie Fritz Thyssen gegen Hitlers Entscheidung, in Polen einzumarschieren und den Zweiten Weltkrieg zu beginnen, opponierten und warum Canaris sich hinter den Kulissen bemühte, Hitler während der Sudetenkrise 1938 abzusetzen. Obwohl die Thule-Gesellschaft und der deutsche Marinegeheimdienst Hitlers Aufstieg zur Macht unterstützten und seine Politik in eine nationalistische Richtung lenken konnten, waren sie doch nicht mehr imstande, ihn vollständig zu kontrollieren, als es um die großen Fragen von Krieg und Frieden ging. Ihre beste Option in dieser schwierigen Situation war, unabhängig die Operationen in der Antarktis auszuführen und Hitler sowie seine SS-Schergen von der Kontrolle dieser Operationen auszuschließen.

Als sich das Blatt im Zweiten Weltkrieg wendete, verzweifelte Hitler und verlangte, dass die »Wunderwaffen«, die in der Antarktis entwickelt worden waren, zu Kriegszwecken genutzt werden. Nach Corey Goode lehnten die deutschen Geheimgesellschaften dies ab:

> »Ich denke, es waren bereits einige Technologien erworben und in ihr geheimes Weltraumprogramm im Exil, das sie gerade entwickelten, integriert. Aber sie betrieben sie, wenn es darauf ankam, für ihre eigenen Zwecke; sie kümmerten sich nicht darum, ob Deutschland den Zweiten Weltkrieg gewinnt, weder um das Vaterland noch darum, diese Technologie einzusetzen, um die Vereinigten Staaten und die übrigen Feinde, mit denen sie Krieg führten, zu besiegen.«[43]

Als Hitler durch seine SS-Untergebenen erfuhr, dass die Antarktis-Operationen auf abtrünnige Wege führten und ihm keine fortschrittlichen Waffensysteme für Kriegszwecke liefern würden, wurde er fuchsteufelswild. Im Februar 1944 enthob er Canaris seines Amtes und der deutsche Militärgeheimdienst, einfach Abwehr genannt, wurde kurz darauf in Himmlers SS überführt.

Gleichwohl war die Thule-Gesellschaft dabei erfolgreich, die Antarktis zu einer machtvollen, befestigten Basis außerhalb Hitlers Kontrolle umzurüsten, da ihre fähigen Macher sicherstellten, dass er ihre Pläne, dort Antigravitationsraumschiffe, die für interplanetarische und interstellare Einsätze geeignet sind, herzustellen, nicht durchkreuzen würde. Der erste Bevollmächtigte Hitlers bis 1941 war der Stellvertreter des Führers Rudolf Hess. Hess' Karriere kam, wie oben dargestellt, zu einem Ende, als er versuchte, durch Geheimverhandlungen mit der britischen Aristokratie den Krieg zu beenden, dabei aber festgenommen wurde, als die Churchill-Fraktion von seiner Friedensmission erfuhr.[44]

Hitlers zweiter Assistent war Hess' Ersatzmann Martin Bormann, der sämtliche Funktionen des Stellvertreters des Führers übernahm, wodurch er in die Rolle eines Leiters des neugeschaffenen Amtes der Parteikanzlei versetzt wurde. Bormann arbeitete auch eng mit der Thule-Gesellschaft und deutschen Industriellen zusammen, die sehr gut begriffen, dass Hitlers Extremismus Deutschland in den militärischen und finanziellen Ruin führte. Bormann war der zentrale NS-Vertreter, der den deutschen Industriellen bei einem gründlich ausgearbeiteten »Plan zur Kapitalflucht« assistierte, um sicherzustellen, dass aus der Asche des Zweiten Weltkriegs ein Viertes Reich auferstünde.

Finanzielle Grundlagen für ein Viertes Reich und der Ausbau der Antarktis

Nach anfänglichem militärischem Erfolg mussten die Nazis zunehmend große Rückschläge im Krieg gegen die Sowjetunion hinnehmen. Die Niederlage in Stalingrad im Februar 1943, bei der die gesamte 6. Armee vernichtet wurde, zeigte, dass sich das Blatt entscheidend gewendet hatte und die Sowjetunion dabei war, im Krieg die Oberhand zu gewinnen. Deutsche Industrielle erkannten das Menetekel und trafen Vorbereitungen für die Verlagerung großer finanzieller Ressourcen an sichere Orte in verschiedenen neutralen Ländern, in Südamerika und der Antarktis.

Curt Riess, während des Zweiten Weltkriegs ein äußerst bekannter Nachrichtenkorrespondent, beschreibt das erste von Industriellen abgehaltene Treffen, bei dem es darum ging, sich auf die wahrscheinliche Niederlage vorzubereiten:

> »Im Mai 1943, in der Folge der Niederlage von Stalingrad, trafen sich, wie Riess berichtete, deutsche Industrielle in der Villa Hügel, dem Anwesen der Krupps, und besprachen die Lage ihrer Nation. Ihre Entscheidung lautete, die deutsche Wirtschaft vom NS-Regime unabhängig zu machen, schrieb Riess und fügte hinzu: ›Alle bei dem Treffen diskutierten künftigen Änderungen konzentrierten sich auf die Idee, die deutsche Industrie so weit wie möglich vom Nationalsozialismus als solchem abzukoppeln. Krupp [von Bohlen und Halbach] und [der Direktor der I.G. Farben Georg von] Schnitzler erklärten, es würde ihre Arbeit nach dem Krieg sehr erleichtern, wenn die Welt sicher wäre, dass die deutsche Industrie nicht den Nazis gehört hätte und von diesen geleitet worden wäre. Er sagte, dass Göring ebenso wie viele andere einflussreiche Männer in der Partei dies genauso sehen und jeder Abmachung zustimmen würden, die das Ansehen der Partei nicht beschädige.«[45]

Admiral Canaris unterstützte die besorgten Industriellen, mit der Hilfe Bormanns, bei ihren Kapitalflucht-Plänen. Canaris war ein erfahrener Mann, wenn es um die Bewegung großer Mengen Kapitals um die Welt ging, und Bormann lernte schnell, was zu tun war.

Nachdem die alliierten Mächte am 6. Juni 1944 erfolgreich in der Normandie gelandet waren und den seit langem erwarteten Brückenkopf für die Westfront errichtet hatten, verzweifelten Bormann und führende Industrielle fast an ihrer Aufgabe, Kapital und Ressourcen schnell genug aus Deutschland hinaus an neutrale internationale Orte und in die Antarktis zu schaffen. Am 10. August 1944 berief Bormann ein geheimes Treffen führender deutscher Industrieller ein und beauftragte schließlich seinen Gesandten, den SS-Obergruppenführer Dr. Scheid, ihnen auszurichten, dass der Krieg verloren sei.

Eine Akte des amerikanischen Militärgeheimdienstes, genannt »Red House Report«, enthält wichtige Details über die deutschen Firmen, die mit Bormann bei dem Kapitalflucht-Plan der Nazis zusammenarbeiteten. Dieses Dokument, datiert auf den 7. November 1944, beschreibt, wie deutsche Industrielle aufgefordert wurden, alle verfügbaren Vermögenswerte mit Hilfe Hunderter von Briefkastenfirmen, die eingerichtet wurden, um den starken Abfluss von

NS-Kapital und industriellen Ressourcen zu tarnen, in neutrale Länder zu überführen.[46]

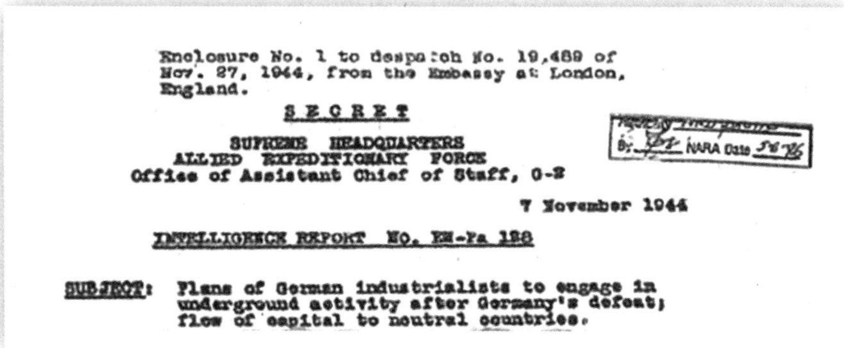

Enclosure No. 1 to despatch No. 19,489 of Nov. 27, 1944, from the Embassy at London, England.

SECRET

SUPREME HEADQUARTERS
ALLIED EXPEDITIONARY FORCE
Office of Assistant Chief of Staff, G-2

7 November 1944

INTELLIGENCE REPORT NO. EW-Pa 128

SUBJECT: Plans of German industrialists to engage in underground activity after Germany's defeat; flow of capital to neutral countries.

Abb. 20: »Red House Report«

Die Quelle geheimer Befehle, die die Flucht von NS-Kapital billigte, war, laut Paul Manning, dem Autor des Buches *Martin Bormann: Nazi in Exile* (»Martin Bormann: Nazi im Exil«, nicht auf Deutsch erschienen), letztlich Bormann, dessen Einfluss in der NSDAP in dem Maße anwuchs, in dem Hitler angesichts der drohenden militärischen Niederlage verzweifelte.[47] Diese Tatsache wird auch durch die Einbeziehung der SS in Gestalt von Scheid deutlich, die zeigt, dass auch Himmler wusste, dass Bormann die Zügel der Herrschaft in der Hand hielt, um eine solche Initiative zu starten, und dass die SS Bormann dabei unterstützen würde.

Bormann äußerte sich in seinen Anweisungen völlig unzweideutig darüber, wie Finanzgüter aus Deutschland fortgeschafft werden müssen, und sein Plan wurde von Scheid weitergegeben:

> »Von jetzt an muss die deutsche Industrie begreifen, dass der Krieg nicht gewonnen werden kann und dass sie Schritte zu unternehmen hat, um für eine wirtschaftliche Kampagne nach dem Krieg gerüstet zu sein. Jeder Industrielle soll Verträge und Bündnisse mit ausländischen Firmen schließen, aber dies muss individuell geschehen und ohne irgendeinen Verdacht zu erregen. Darüber hinaus müssen die Grundlagen für ein finanzi-

elles Niveau geschaffen werden, auf dem nach dem Krieg beträchtliche Summen von anderen Ländern geliehen werden können.«[48]

Das größere Ziel von Bormanns Plan lag darin, durch verdeckte ökonomische Mittel die Entstehung eines neuen Deutschen Reiches, eines Vierten Reiches, wie es ebenfalls in dem Bericht beschrieben wird, zu ermöglichen und sicherzustellen:

»Es wurde festgestellt, dass die Nazi-Partei die Industriellen darüber in Kenntnis gesetzt hat, dass der Krieg praktisch verloren ist, aber so lange fortgesetzt wird, bis eine Garantie der Einheit Deutschlands erlangt werden kann. Die deutschen Industriellen müssen, wie gesagt wurde, durch ihre Exporte Deutschlands Stärke fördern. Weiterhin müssen sie sich darauf vorbereiten, die Nazi-Partei zu finanzieren, die gezwungen sein wird, in Gebirgsverteidigungsstellen in den Untergrund zu gehen. Von nun an würde die Regierung den Industriellen große Summen zuteilen, damit jeder einen sicheren Grundstock für die Nachkriegszeit im Ausland anlegen kann. Bestehende finanzielle Reserven in anderen Ländern müssen der Partei zur Verfügung gestellt werden, damit nach der Niederlage ein starkes Deutsches Reich geschaffen werden kann.«[49]

Bormann bereitete die Gründung von sage und schreibe 750 Tarnfirmen für den Fluchtplan von NS-Kapital mit dem Namen *Operation Adler* vor. Sowohl Fritz Thyssen als auch der I.G. Farben-Konzern waren für diese Operation ausschlaggebend:

»Im Rahmen dieses Plans schuf Bormann, unterstützt von der schwarz uniformierten SS, der führenden Deutschen Bank, dem Stahlimperium von Fritz Thyssen und dem machtvollen I.G. Farben-Kombinat, 750 ausländische Tarnfirmen – 58 in Portugal, 112 in Spanien, 233 in Schweden, 214 in der Schweiz, 35 in der Türkei und 98 in Argentinien.«[50]

Der gigantische Chemiekonzern I.G. Farben, der für sich selbst geradezu einen Staat im Staate bildete, hatte weitverzweigte internationale Partner, die für den Kapitalflucht-Plan genutzt wurden:

»Amerikanische Finanzuntersuchungen deckten Dokumente der I.G. Farben auf, die zeigten, dass die Firma Anteile an mehr als 700 Unternehmen weltweit besaß. Diese Anzahl schließt weder die normale Unternehmensstruktur der I.G. Farben ein, die 93 Länder umfasste, noch die im Rahmen von Bormanns Kapitalverschiebungsprogramm gegründeten 750 Firmen. Die I.G. Farben stand also im Zentrum der Transfers von Geld aus Deutschland. Sogar bereits vor Kriegsende verwalteten beispielsweise ›alle lateinamerikanischen Firmen der I.G. Farben in ihren Büchern nicht verzeichnete, geheime Bankkonten im Namen ihrer obersten Chefs‹, so Manning. Diese wurden verwendet, um vertrauliche Zahlungen zu erhalten und zu leisten; Firmen, die mit der I.G. Farben handelten, wollten diese Geschäfte so abwickeln, aber sie wollten ganz sicher nicht, dass britische und US-amerikanische Wirtschaftsbehörden davon erfahren.«[51]

Ein Bericht der US-Armee, der für die Anklage von Managern der I.G. Farben beim Kriegsverbrechertribunal in Nürnberg ausgearbeitet wurde, beschreibt, welches Geschick die I.G. Farben bei der Tarnung ihrer internationalen Beteiligungen und der Ausübung von Kontrolle durch eine Vielzahl ökonomischer Werkzeuge entwickelte:

»Die Firma verschleierte ihre direkten und indirekten Eigentumsverhältnisse und Verfügungsgewalten über Hunderte ihrer ausländischen Tochterunternehmen mit Hilfe aller nur denkbaren Mittel, die dem legalen und ›außerrechtlichen‹ Denken bekannt sind, darunter der Einsatz von Strohmännern, Optionsverträge, erfundene oder zwischengeschaltete Transfers, Kartell-Absprachen, Übertragungen von Treuhand-Verwaltungen, Pfande, Lombardkredite, Vorkaufsrechte, Management- und Dienstleistungsverträge, Patentvereinbarungen, Kartelle und zurückgehaltenes Know-how. Geheimrat Hermann Schmitz, der Präsident der I.G. Farben, war in der gesamten industriellen Welt als ›Meister der finanziellen Verschleierung‹ bekannt.«[52]

Es ist erwähnenswert, dass die Brüder Dulles über ihre legale Firma Sullivan & Cromwell der I.G. Farben vor dem Zweiten Weltkrieg halfen, ihr internationales Schattenfinanznetzwerk aufzubauen.

Fritz Thyssen war, obwohl er im Nationalsozialismus wegen seiner Gegnerschaft zu Hitlers Kriegspolitik unter Hausarrest stand, intensiv an der *Aktion Adlerflug* beteiligt.[53] Die Mithilfe seiner alten Partner und Teilhaber in den USA war unverzichtbar, wenn es darum ging, dass das Nazi-Kapital sichere Orte erreichte:

> »Bormanns *Aktion Adlerflug* wurde durch die engen Beziehungen zu ausländischen Banken und Unternehmen, die schon lange vor dem Krieg angeknüpft worden waren, wesentlich unterstützt. Nach John Loftus, dem früheren Ankläger des amerikanischen Justizministeriums wegen NS-Kriegsverbrechen, wurde ein Großteil des Vermögens von dem deutschen Bankier Fritz Thyssen aus Deutschland über dessen holländische Bank transferiert, der wiederum die Union Banking Corporation (UBC) in New York City gehörte.«[54]

Thyssen nutzte seine holländische Bank, um mit der Hilfe seiner New Yorker Teilhaber, darunter Prescott Bush, NS-Kapital zu transferieren:

> »Thyssen brauchte keine ausländischen Bankkonten, weil seine Familie im Geheimen eine ganze Bankenkette besaß. Er musste seine NS-Anteile am Ende des Zweiten Weltkriegs nicht transferieren; alles, was er zu tun hatte, war, die Eigentumsdokumente – Aktien, Anleihen, Urkunden und Fonds – von seiner Bank in Berlin über seine holländische Bank seinen amerikanischen Freunden in New York City zu übertragen: Prescott Bush und Herbert Walker. Thyssens kriminelle Komplizen waren der Vater und der Schwiegervater eines künftigen Präsidenten der Vereinigten Staaten.«[55]

Der Erfolg des Programms der NS-Kapitalflucht wird in Paul Mannings Beschreibung seines Einflusses auf die gegenwärtige Epoche erschreckend offensichtlich:

> »Die 750, durch Bormanns Programm gegründeten, neuen Firmen verschafften sich selbst die absolute Kontrolle über ein ökonomisches Nachkriegsnetzwerk von leistungsfähigen, prosperierenden Unterneh-

> men, das sich von der Ruhr über die ›neutralen Staaten‹ Europas bis zu den Ländern Südamerikas erstreckte; eine Kontrolle, die bis heute andauert und durch die Inhaberbonds und Aktien leicht aufrecht erhalten wird, die von diesen Firmen ausgegeben werden, um die wirklichen Eigentumsverhältnisse zu verschleiern.«[56]

Nach Manning drückten die alliierten Regierungen angesichts der Verschiebung von NS-Kapital ein Auge zu, da sie mit bedeutenden finanziellen Vorteilen für große amerikanische und britische Konzerne verbunden war:

> »Sie hatten nachvollziehbare Gründe, wenn man von der Moral einmal absieht: Die finanziellen Vorteile einer Kooperation (›Kollaboration‹ war als Begriff jetzt veraltet, weil der Krieg ihn diskreditiert hatte) waren sehr verlockend und hingen von der Bedeutung und Fähigkeit von jemandem ab, für die Organisation und die 750 Firmen, die sie im Geheimen manipulierten, von Nutzen zu sein; ganz zu schweigen von den bekannten multinationalen Konzernen wie I.G. Farben, der Thyssen AG und Siemens.«[57]

Ein weiterer Schlüsselfaktor, den man im Kopf behalten muss, ist der, dass Allen Dulles, der den Schweizer Hauptsitz des Office of Strategic Services (des Vorläufers der CIA) leitete, mit NS-Behörden geheime Deals abwickelte, um beachtliche militärische Ressourcen in amerikanische statt in sowjetische Hände fallen zu lassen. In der Tat war die Erbeutung des U-Boots 234, das angereichertes Uran transportierte, wahrscheinlich Teil eines Geschäftes, bei dem den USA bei der Entwicklung von Atombomben geholfen wurde – um als Gegenleistung bei der *Aktion Adlerflug* nicht einzugreifen und prominenten Nazis wie Hitler und Bormann die Flucht zu erlauben.[58]

Martin Bormann war nach dem Ende der kriegerischen Auseinandersetzungen in Europa im Mai 1945 in der Lage, nach Argentinien zu fliehen, wie von vielen Forschern, darunter dem Historiker Paul Manning, dokumentiert wurde.[59] Neben Bormann floh auch Adolf Hitler nach Argentinien und verlebte seine Exiljahre, laut einer Anzahl

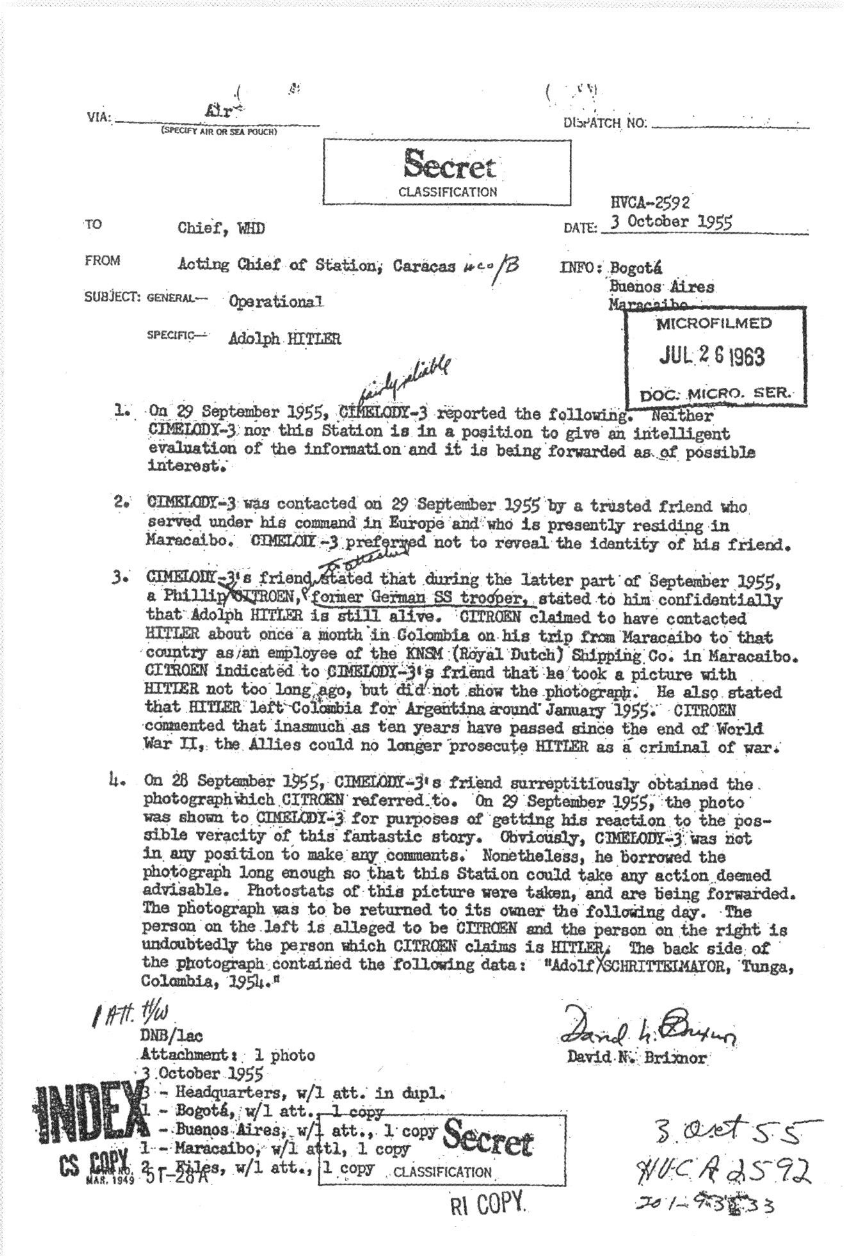

VIA: Air (SPECIFY AIR OR SEA POUCH)

DISPATCH NO:

Secret
CLASSIFICATION

HVCA-2592

TO: Chief, WHD

DATE: 3 October 1955

FROM: Acting Chief of Station, Caracas

INFO: Bogotá, Buenos Aires, Maracaibo

SUBJECT: GENERAL— Operational

SPECIFIC— Adolph HITLER

MICROFILMED
JUL 26 1963
DOC. MICRO. SER.

1. On 29 September 1955, CIMELODY-3 reported the following. Neither CIMELODY-3 nor this Station is in a position to give an intelligent evaluation of the information and it is being forwarded as of possible interest.

2. CIMELODY-3 was contacted on 29 September 1955 by a trusted friend who served under his command in Europe and who is presently residing in Maracaibo. CIMELODY-3 preferred not to reveal the identity of his friend.

3. CIMELODY-3's friend stated that during the latter part of September 1955, a Phillip CITROEN, former German SS trooper, stated to him confidentially that Adolph HITLER is still alive. CITROEN claimed to have contacted HITLER about once a month in Colombia on his trip from Maracaibo to that country as an employee of the KNSM (Royal Dutch) Shipping Co. in Maracaibo. CITROEN indicated to CIMELODY-3's friend that he took a picture with HITLER not too long ago, but did not show the photograph. He also stated that HITLER left Colombia for Argentina around January 1955. CITROEN commented that inasmuch as ten years have passed since the end of World War II, the Allies could no longer prosecute HITLER as a criminal of war.

4. On 28 September 1955, CIMELODY-3's friend surreptitiously obtained the photograph which CITROEN referred to. On 29 September 1955, the photo was shown to CIMELODY-3 for purposes of getting his reaction to the possible veracity of this fantastic story. Obviously, CIMELODY-3 was not in any position to make any comments. Nonetheless, he borrowed the photograph long enough so that this Station could take any action deemed advisable. Photostats of this picture were taken, and are being forwarded. The photograph was to be returned to its owner the following day. The person on the left is alleged to be CITROEN and the person on the right is undoubtedly the person which CITROEN claims is HITLER. The back side of the photograph contained the following data: "Adolf SCHRITTELMAYOR, Tunga, Colombia, 1954."

David N. Brixnor

DNB/lac
Attachment: 1 photo
3 October 1955
3 - Headquarters, w/1 att. in dupl.
1 - Bogotá, w/1 att., 1 copy
1 - Buenos Aires, w/1 att., 1 copy
1 - Maracaibo, w/1 att., 1 copy
2 - Files, w/1 att., 1 copy

INDEX

CS COPY

Secret
CLASSIFICATION

RI COPY

Abb. 21: Der Bericht darüber, dass Hitler in Kolumbien gesehen wurde

offizieller Regierungsdokumente und von Historikern wie Harry Cooper gesammelten Augenzeugenberichte, in verhältnismäßigem Komfort in Bariloche.[60] Im Oktober 2017 neu freigegebene CIA-Akten enthielten einen Stapel von Dokumenten zu Kennedys Ermordung, zu dem bemerkenswerterweise auch Berichte über Besuche Hitlers in Kolumbien und Argentinien gehörten!

In einem Dokument berichtet ein früherer SS-Sturmbannführer, Phillip Citroen, dass er sich 1955 mit Hitler getroffen habe, als dieser Kolumbien besuchte. Er erläutert ein Foto, das von Hitler, der damals ein Pseudonym verwendete, in Kolumbien gemacht wurde. Es ist das einzige bekannte Foto Hitlers, das nach dem Ende des Zweiten Weltkriegs aufgenommen wurde und belegt, dass er sowohl überlebte als auch im Exil in Südamerika lebte. In dem Dokument gibt eine CIA-Quelle mit dem Decknamen CIMELODY-3 an, was er oder sie von einem zuverlässigen Freund erfuhr:

> »CIMELODY-3's Freund erklärte, dass ihm in den letzten Tagen des September 1955 ein Phillip CITROEN, ein früherer SS-Sturmbannführer, vertraulich mitteilte, dass Adolf HITLER noch am Leben ist. CITROIN behauptet, etwa einmal im Monat mit HITLER in Kolumbien Kontakt gehabt zu haben, als er sich, als Angestellter der KNSM (Royal Dutch) Shipping Co. in Maracaibo, auf einer Reise von Maracaibo in dieses Land befand. CITROEN deutete gegenüber CIMELODY-3's Freund an, dass er vor nicht allzu langer Zeit ein Foto mit Hitler aufnahm, aber er zeigte ihm die Fotografie nicht. Weiterhin behauptete er, dass HITLER etwa im Januar 1955 Kolumbien in Richtung Argentinien verließ. CITROEN bemerkte dazu, dass die Alliierten HITLER, nachdem nun schon zehn Jahre seit dem Ende des Zweiten Weltkriegs vergangen waren, nicht mehr als Kriegsverbrecher verklagen könnten.«[61]

Es ist wichtig, im Gedächtnis zu behalten, dass die CIA diese Unterlagen über fünfzig Jahre, seit der Ermordung Kennedys, aus Gründen der nationalen Sicherheit vor der Öffentlichkeit verborgen hat. Es ist plausibel anzunehmen, dass ihre Veröffentlichung als gefährlich angesehen wurde, da sie eine mögliche Verbindung zwischen dem von

Gerüchten umrankten Vierten Reich und dem Mord an Kennedy, der in Kapitel 7 weiter erläutert wird, aufgezeigt hätten.

Abb. 22: Das angebliche Foto von Adolf Hitler in Kolumbien (1955)

Anmerkungen

1 Siehe »Antarctic Enigma«; http://www.bibliotecapleyades.net/tierra_hueca/esp_tierra_hueca_6c.htm (aufgerufen am 7.8.2015)

2 Interview mit William Tompkins am 25. Februar 2016. Das Transkript ist verfügbar unter http://exopolitics.org/interview-transcript-reptilian-aliens-helped-germansestablish-space-program-in-antarctica/.

3 Privates Interview mit William Tompkins am 30. April 2017.

4 Interview mit Corey Goode am 19. Mai 2014; »Corporate bases on Mars and Nazi infiltration of US Secret Space Program«; http://exopolitics.org/corporatebases-on-mars-and-nazi-infiltration-of-us-secret-space-program/ (aufgerufen am 30.6.2015)

5 Chris Pash, »Scientists are closing in on warm caves under Antarctica which could support secret life«; https://www.businessinsider.com.au/scientists-are-closing-in-on-warm-cavesunder-antarctica-which-could-support-secret-life-2017-9 (aufgerufen am 8.11.2017)

6 Robert McKie, »Scientists discover 91 volcanoes below Antarctic ice sheet«; https://www.theguardian.com/world/2017/aug/12/scientists-discover-91-volcanos-antarctica

7 Zitiert nach »Admiral Byrd's 1939 Antartic And … The Mysterious Snow Cruiser« (aufgerufen am 7.8.2015); http://www.bibliotecapleyades.net/tierra_hueca/esp_tierra_hueca_18.htm

8 Privates Interview mit William Tompkins am 30. April 2017.

9 Ich behandle Goodes Ansichten über deutsche Geheimgesellschaften und deren Rolle für die Entwicklung Geheimer Weltraumprogramme in *Insiders Reveal Secret Space Programs and Extraterrestrial Alliances* (Exopolitics Institute, 2015), S. 75-78. – Dt. Ausgabe: *Geheime Weltraumprogramme & Allianzen mit Außerirdischen*, Amra Verlag, Hanau 2018, S. 87-93.

10 »Antarctic Enigma«; http://www.bibliotecapleyades.net/tierra_hueca/esp_tierra_hueca_6c.htm (aufgerufen am 29.10.2016)

11 »The Antarctic Survival Myth«; http://www.bibliotecapleyades.net/antarctica/antartica22.htm

12 Ebd.

13 »Ancient Antarctica Was As Warm As Today's California«; http://atlanteangardens.blogspot.com/2014/04/ancient-antarctica-was-as-warmas.html. Siehe auch »The world of H. C. Berann«; http://www.berann.com/panorama/index.html (aufgerufen am 16.1.2018)

14 »In a Scientific and Engineering Breakthrough, NSF-funded Team Samples Antarctic Lake Beneath the Ice Sheet«; https://www.nsf.gov/news/news_images.jsp?org=NSF&cntn_id=126697 (aufgerufen am 17.10.2017)

15 »Ancient Antarctica Was As Warm As Today's California«; http://atlanteangardens.blogspot.com/2014/04/ancient-antarctica-was-as-warmas.html

16 Michael Mueller, *Canaris: The Life and Death of Hitler's Spymaster* (Naval Institute Press, 2007); p. 242. – Dt. Ausgabe: *Canaris: Hitlers Abwehrchef*, Propyläen Verlag, Berlin 2006; ein Jahr später als List-Taschenbuch nachgedruckt.

17 Michael Mueller beschreibt Canaris' neue Position in *Canaris: The Life and Death of Hitler's Spymaster*; p. 242. – Dt. Ausgabe: *Canaris: Hitlers Abwehrchef*, Propyläen Verlag, Berlin 2006; ein Jahr später als List-Taschenbuch nachgedruckt.

18 Ebd.; p. 244.

19 Die näheren Umstände von Canaris' Verhaftung, Verurteilung und Hinrichtung schildert Michael Mueller in *Canaris: The Life and Death of Hitler's Spymaster*; p. 251-258. – Dt. Ausgabe: *Canaris: Hitlers Abwehrchef*, Propyläen Verlag, Berlin 2006; ein Jahr später als List-Taschenbuch nachgedruckt.

20 William Tompkins, »Interview Transcript – Reptilian Aliens Helped Germans Establish Space Program in Antarctica«; http://exopolitics.org/interview-transcript-reptilian-aliens-helped-germansestablish-space-program-in-antarctica/

21 Henry Stevens, *Hitler's Flying Saucers: A Guide to German Flying Disks of the Second World War* (Adventures Unlimited Press, 2003).

22 Ebd.; pp. 55-68.

23 Ebd.; pp. 144-165.

24 Das Dokument wird wiedergegeben in Henry Stevens, *Hitler's Flying Saucers* (Adventures Unlimited Press, 2007); p. 151; online zugänglich unter http://p3.pstatp.com/large/363900043f7594da86eb (aufgerufen am 14.11.2017)

25 Das CIA-Dokument ist online zugänglich unter http://alien-uforesearch.com/

documents/cia/german-nazi-ufo-flying-saucer-examined-bycia.php (aufgerufen am 14.11.2017)

26 Eine kurze Biografie von Vladimir Terziski findet sich online auf http://www.whale.to/b/terziski_h.html (aufgerufen am 14.11.2017)

27 Vladimir Terziski stellte seine Entdeckungen 1992 in einem Workshop vor, der online zugänglich ist unter https://youtu.be/MPBvHjuJtB8.

28 Rob Arndt, »Haunebu (H-Gerät, Hauneburg Device) (1939-1945)«; http://discaircraft.greyfalcon.us/HAUNEBU.htm (aufgerufen am 13.11.2017)

29 Rob Arndt; http://www.bibliotecapleyades.net/ufo_aleman/esp_ufoaleman_6.htm (aufgerufen am 13.11.2017)

30 Rob Arndt, »Haunebu (H-Gerät, Hauneburg Device) (1939-1945)«; http://discaircraft.greyfalcon.us/HAUNEBU.htm (aufgerufen am 13.11.2017)

31 Henry Stevens, *Hitler's Suppressed and Still-Secret Weapons, Science and Technology* (Adventures Unlimited Press, 2007); pp. 122-130.

32 Henry Stevens, *Hitler's Suppressed and Still-Secret Weapons, Science and Technology* (Adventures Unlimited Press, 2007); p. 126.

33 Rob Arndt, »Haunebu (H-Gerät, Hauneburg Device) (1939-1945)«; http://discaircraft.greyfalcon.us/HAUNEBU.htm (aufgerufen am 13.11.2017)

34 Ebd.

35 »Dornier Flugzeugwerke«, Wikipedia; https://en.wikipedia.org/wiki/Dornier_Flugzeugwerke (aufgerufen am 13.11.2017)

36 Rob Arndt, »Haunebu (H-Gerät, Hauneburg Device) (1939-1945)«; http://discaircraft.greyfalcon.us/HAUNEBU.htm (aufgerufen am 13.11.2017).

37 In den technischen Angaben zur *Haunebu II* (Abb. 17 und Abb. 18) wird bereits für diesen »Flugkreisel« eine Weltallfähigkeit von 100 Prozent festgehalten. Wenn die *Haunebu II* nicht aus eigener Kraft den Erdorbit erreichen konnte, war sie wohl zumindest für ein entsprechendes Transportraumschiff vorgesehen. – *Der Verlag*

38 Rob Arndt, »Haunebu (H-Gerät, Hauneburg Device) (1939-1945)«; http://discaircraft.greyfalcon.us/HAUNEBU.htm (aufgerufen am 3.7.2017)

39 Henry Stevens, *Hitler's Suppressed and Still-Secret Weapons, Science and Technology* (Adventures Unlimited Press, 2007); p. 61.

40 Ebd.; p. 207.

41 Zur Diskussion der Geschichte der I.G. Farben und ihrer Pionierleistungen in der medizinischen Forschung siehe Diarmuid Jeffreys, *Hell's Cartel: IG Farben and the Making of Hitler's War Machine* (Metropolitan Books, 2010). – Dt. Ausgabe: *Weltkonzern und Kriegskartell. Das zerstörerische Werk der IG Farben*, Blessing Verlag, München 2011.

42 »Cosmic Disclosure: SSP Testimonials with William Tompkins«; https://spherebeingalliance.com/blog/transcript-cosmic-disclosure-ssptestimonials-with-william-tompkins.html (aufgerufen am 15.11.2017)

43 Transkript des Interviews in *Cosmic Disclosure*, Season 2, Episode 5; http://www.stillnessinthestorm.com/2015/10/cosmic-disclosure-season-2-episode-5.html

44 Rudolf Hess' Friedensmission nach Groß-Britannien behandelt Jim Marrs in *The Rise of the Fourth Reich*; pp. 36-49. – Dt. Ausgabe: *Der Aufstieg des Vierten Reiches*, Kopp Verlag, Rottenburg 2009.

45 Jim Marrs, *The Rise of the Fourth Reich*; p. 108. – Dt. Ausgabe: *Der Aufstieg des Vierten Reiches*, Kopp Verlag, Rottenburg 2009.

46 Der vollständige Titel des *Red House Report* lautet »US Military Intelligence Report

EW-Pa 128« und er ist online zugänglich unter https://glwdocuments.wordpress.com/1944/11/27/the-red-house-report-07-nov-1944/

47 Paul Manning, *Martin Bormann: Nazi in Exile* (Lyle Stuart, 1980)

48 »US Military Intelligence Report EW-Pa 128«; https://glwdocuments.wordpress.com/1944/11/27/the-red-house-report-07-nov-1944

49 Ebd.

50 Jim Marrs, *The Rise of the Fourth Reich*; p. 111. – Dt. Ausgabe: *Der Aufstieg des Vierten Reiches*, Kopp Verlag, Rottenburg 2009.

51 Ebd.; p. 113.

52 War Department, »Elimination of German Resources for War: I.G. Farben Material Submitted by the War Department« (Dezember 1945); online zugänglich unter http://www.profit-overlife.org/books/books.php?book=30&pageID=13&expand=no&addPage=0 (aufgerufen am 8.11.2017)

53 Paul Manning, *Martin Bormann: Nazi in Exile* (Kindle Edition, 1723)

54 Jim Marrs, *The Rise of the Fourth Reich*; p. 116. – Dt. Ausgabe: *Der Aufstieg des Vierten Reiches*, Kopp Verlag, Rottenburg 2009.

55 Ebd.; p. 117.

56 Paul Manning, *Martin Bormann: Nazi in Exile* (Kindle Edition, 1718-1720)

57 Paul Manning, *Martin Bormann: Nazi in Exile* (Kindle Edition, 2065-2067)

58 Siehe Joseph Farrell, *Nazi International: The Nazis' Postwar Plan to Control Finance, Conflict, Physics and Space* (Adventures Unlimited Press, 2008); Kindle Edition, 2672 und 7218.

59 Paul Manning, *Martin Bormann: Nazi in Exile* (CreateSpace, 1981)

60 Harry Cooper, *Hitler in Argentina: The Documented Truth of Hitler's Escape from Berlin* (CreateSpace, 2014)

61 Das Dokument ist auf der Webseite der CIA verfügbar, siehe https://www.cia.gov/library/readingroom/docs/HITLER%2C%20ADOLF_0003.pdf (aufgerufen am 9.11.2017)

4 Der Rückzug der Nazis in die Antarktis und nach Südamerika

Der Exodus in die Antarktis

Die offizielle Niederlage NS-Deutschlands im Mai 1945 war in Wahrheit nur ein taktischer Sieg, der eine große strategische Niederlage verschleierte, der die »siegreichen Alliierten« widerstanden hatten. Dieses potenziell verheerende Geheimnis wurde in den darauffolgenden Jahrzehnten vor der breiten Öffentlichkeit zurückgehalten. Die Alliierten wollten nicht zugeben, dass bedeutende Teile der politischen Elite NS-Deutschlands, deren am weitesten fortgeschrittene Technologien und voll einsatzfähige Fliegende Untertassen ihren Besatzungstruppen entkommen waren.[1] Tompkins zufolge entdeckten die Spione der U.S. Navy diesen Nazi-Exodus und berichteten über ihn in ihren Einsatzbesprechungen in der Naval Air Station San Diego spätestens Anfang 1946.

In einem privaten Interview fragte ich Tompkins, ob die Nazis zu einem bestimmten Zeitpunkt vor Kriegsende alles in die Antarktis gebracht hatten. Er antwortete:

> »Ja. Und dazu gehörte auch alles Medizinische. Verstehen Sie? Alles, was sich in einem Krankenhaus befindet. Alles an Forschungseinrichtungen. Sämtliche Medikamente. Das alles wanderte dorthin in die Antarktis. Und somit bekamen wir, als der Krieg endete und [*Operation*] *Paperclip* durchgeführt wurde, nur einen Bruchteil dessen, was ein Jahr zuvor in Deutschland am Laufen gewesen war … Spione nannten sogar ein paar bestimmte Deutsche, die Programme geleitet hatten. Sie haben die Namen einfach aus dem Hauptbuch gestrichen [sic!]. Es war unglaublich.

Bei verschiedenen Programmen, sogar im Bereich der medizinischen Recherche. Einiges ging nach Russland, etwa im Verhältnis eins zu zwanzig. Wir bekamen ganz Gute, aber die Besten gingen in die Antarktis und unterstützten weiter die Programme.«[2]

Corey Goode bestätigt diese von Tompkins enthüllten Ereignisse aufgrund eigener Einsichtnahme in Dokumente, die den deutschen Exodus in die Antarktis beschreiben, eines digitalen GWP-Archivs. Goode schließt daraus nun, dass die Dokumente, die er während seines »20 Jahre und zurück«-Dienstes las, auf Tompkins' älteren Briefing-Unterlagen beruhen:

»Ich fange allmählich an zu glauben, dass viel von diesen Briefings aus jener Zeit – 1942 – das gewesen ist, was in die Datensätze einging, die ich, wie Sie ja wissen, vor rund 30 [40] Jahren auf den [Intelligenten] Glaspads las … Wir haben alte Schriftsatz-Dokumente gesehen.«[3]

Weitere Bestätigungen für Tompkins' und Goodes Äußerungen über Dokumente des Navy-Geheimdienstes, die detailliert schildern, was am Ende des Zweiten Weltkriegs wirklich geschah, stammen aus einer Reihe von Quellen. Richard Wilson und Sylvan Burns behaupten, dass sie klassifizierte Dokumente einsahen, während sie für ihr Buch *Secret Treaty: The United States Government and Extraterrestrial Entities* (»Geheimvertrag: Die US-Regierung und außerirdische Wesenheiten«, nicht auf Deutsch erschienen) recherchierten. Laut ihrer Aussage fanden sie über NS-Deutschland Folgendes heraus:

»Die Deutschen innerhalb der wissenschaftlichen Gemeinschaft wussten schon 1942, dass der Krieg verloren ist. Sie beschlossen, trotz des Krieges einen Plan für die Fortsetzung des Traums vom Dritten Reich auszuarbeiten. Sie beschlossen, dass die Antwort in der Gründung einer separaten Gesellschaft bestehen müsse, die auf den Nazi-Prinzipien von genetischer Reinheit beruht. Die Entwicklung von Gravitationstechnologie half bei diesem Plan. Am 23. Februar 1945 wurden die neuesten Kugelblitz-Motoren getestet und sodann aus dem Gefährt entfernt. Der

Kugelblitz wurde von dem SS-Personal und den Forschern gesprengt und die Pläne sowie die Triebwerke wurden aus Deutschland in Gegenden um den Südpol verschifft, wo die Deutschen bereits seit 1941 unterirdische Bautätigkeiten betrieben. Zwei Tage später, am 25. Februar 1945, wurden die unterirdischen Fabrikanlagen in Khala geschlossen und sämtliche Arbeiter nach Buchenwald geschickt und vergast. Außerdem entsandten die Deutschen die Kinder ihrer »arischen Elite« und andere gesellschaftliche Gruppierungen zu dem unterirdischen Stützpunkt. General Hans Kammler, der im April 1945 verschwand, war ebenso wie General Nebe entscheidend an den Evakuierungseinsätzen beteiligt. Dort richteten die Deutschen eine eugenische Gesellschaft ein, die offenkundig auf eine bestimmte Anzahl von Menschen begrenzt ist. Es gibt sie dort noch immer. Anscheinend unterhalten sie auch technische Kolonien in Südamerika.«[4]

Eine zweite überzeugende Quelle, die Tompkins' und Goodes Behauptungen bestärkt, ist der anonyme CIA-Agent, der als Kewper bekannt ist und aufgedeckt hat, dass die am höchsten entwickelten Untertassen-Programme NS-Deutschlands vor dem Ausbruch des Zweiten Weltkriegs nach Südamerika und in die Antarktis verlagert wurden.

»Die Briten hatten in den 1930ern Fotos einer Fliegenden Untertasse vorgelegt, und daher wussten wir, dass Deutschland Untertassen mit aufmontierten ›Laserkanonen‹ besaß. Hitler schickte tatsächlich alle Maschinen, die sie hatten, nach Argentinien und in die Antarktis, da er offenbar sicherstellen wollte, dass bei Ausbruch des Zweiten Weltkriegs keine von ihnen erbeutet würde.«[5]

In einem Interview mit Linda Moulton Howe beschrieb »Kewper« einige der NS-Maschinen, die von Peenemünde nach Südamerika verlagert worden waren:

»Howe: Sie hatten ein Foto, das belegt, dass die Deutschen noch immer mit einigen ihrer Maschinen aus Peenemünde in Südamerika herumflogen?

Kewper: O ja! Die Maschinen mit einer Höhe von rund dreieinhalb Metern in der Mitte – sie sahen alle wie die *Haunebu II* aus, obwohl es sich auch um außerirdische Geräte gehandelt haben könnte. Wir ordneten die Maschinen auf solchen Fotos aber als deutsche Fluggeräte aus Argentinien ein. Auf dem Radar sahen wir allerdings gewöhnlich einige *echte* außerirdische Flugmaschinen aus dem offenen Weltraum kommen, die genau in die Region Argentiniens flogen. Wir hatten auch aus dem Weltraum in die Antarktis fliegende Maschinen auf dem Radar, das wir uns mit den Briten unten auf den Falkland-Inseln östlich von Argentinien im Südatlantik teilten ... Von 1959 bis 1960 unterschied unsere Einheit außerirdische Fluggefährte von den bekannten deutschen Maschinen anhand ihres Aussehens. Wir bemerkten stets, dass die deutschen Flugmaschinen weitaus langsamer waren als die außerirdischen. Einige außerirdische Maschinen wurden dabei beobachtet, wie sie mit Geschwindigkeiten von rund 48.000 Stundenkilometern aus dem Weltraum kamen!«[6]

Was von den hochmodernen Waffenprogrammen NS-Deutschlands übrig blieb, war beunruhigend genug im Hinblick auf die gesamten technologischen Errungenschaften, die die Nazis auf vielen Gebieten der Waffenproduktion erreicht hatten.[7] Die Entdeckung, dass die Deutschen ihre am weitesten fortgeschrittenen Geheimnisse, ihre Technologie und ihr Personal während des Anlaufs zur finalen Niederwerfung NS-Deutschlands beiseite geschafft hatten, muss ein gewaltiger Schock für die alliierten Führer gewesen sein, nachdem sie einmal begriffen hatten, was geschehen war.[8] Die letzten Monate des Zweiten Weltkriegs waren weniger das verzweifelte finale Spiel einer größenwahnsinnigen Nazi-Führung, die ihre unausweichliche Niederlage nicht akzeptieren konnte, sondern in Wahrheit eine Verzögerungsstrategie für eine methodisch wohlgeplante Verlegung der für die Nazis wertvollsten Ressourcen und Personalkräfte an sorgsam vorbereitete, abgelegene Orte in der Antarktis und in Südamerika. Kammlers erfolgreiche Verhandlungen mit den alliierten Streitkräften betrafen lediglich den *zweitrangigen* Teil der fortgeschrittenen, vom NS-Regime entwickelten Technologien.

Die Nazis hatten aufgrund ihrer weitverzweigten Geschäftsbeziehungen, Tarnfirmen und Verbindungen zu südamerikanischen Regierungen und Firmen ausreichend Zeit und Ressourcen, um sich auf einen solchen Exodus vorzubereiten.

Die »Bruderschaft« war, wie schon früher dargestellt, eine transnationale Gruppe von Industriellen und nationalen Eliten, die über weitreichende geschäftliche Verbindungen verfügte und für die der Zweite Weltkrieg kaum mehr als eine kleine Störung ihrer lukrativen Geschäftsbeziehungen war. Die wohlausgerüsteten NS-Expeditionen der Vorkriegszeit in die Antarktis erlaubten den Deutschen, sich an die Umgebung zu gewöhnen, und legte die Grundlagen für jede nach dem Krieg zu spielende Rolle in dieser Gegend.

Nach Deutschlands bedingungsloser Kapitulation am 8. Mai 1945 setzten sich die U-Boot-Aktivitäten der Nazis in der antarktischen Region fort, wie durch den folgenden, von der Agence France Press vorgelegten Bericht vom 25. September 1946 bezeugt wird:

> »Die anhaltenden Gerüchte über deutsche U-Boot-Aktivitäten in der Region von Tierra del Fuego [Feuerland] zwischen dem südlichsten Zipfel Lateinamerikas und dem antarktischen Kontinent beruhen auf wahren Begebenheiten.«[9]

Was sich in der alliierten Wahrnehmung des Antarktis-Exodus der NS-Elite zusammenfügte, war der Beweis, dass die Vril-Gesellschaft durchaus Erfolg dabei hatte, außerirdische Rassen und fortgeschrittene Zivilisationen mit Zentren im Erdinneren zu kontaktieren. Die NS-Kooperation mit außerirdischem Leben und/oder vorgeschichtlichen Zivilisationen im Inneren der Erde sollte nun einen surrealen Faktor bei der alliierten Verfolgung und Ausrottung der Überreste NS-Deutschlands darstellen, die sich in weit entfernte Länder zurückgezogen hatten.

Das Untertassen-Programm der Vril-Gesellschaft war bereits vor der Niederlage der Nazis mit seinen Einsätzen erfolgreich gewesen. Das Medium Maria Oršić hatte dafür gesorgt, dass das Programm der Vril-Gesellschaft nicht unmittelbar mit den Kriegsbemühungen verbunden war, was ihr ermöglichte, den Großteil ihrer Technologien, Infrastruktur und ihres Personals an sichere Orte in der Antarktis und in Südamerika zu bringen. In einem privaten Interview schilderte Tompkins, wie Oršićs Untertassen-Programm die Genehmigung erhielt, sich in die Antarktis zu verlagern, und warum es vom Programm der SS getrennt gehalten wurde:

»Sie [die Oršić] hatte noch zwei andere Mädchen, die sie tatsächlich bereits seit ihrer Kindheit kannte. Die drei waren gewissermaßen Wegbereiter all dieser Bemühungen um den Aufbau [des zivilen Weltraumprogramms], an dem 1.442 oder so Menschen beteiligt waren. Diese glichen den Hunderten und Aberhunderten Leuten, die später aufgenommen wurden und alles entwickelten, aber soweit ich weiß ging niemand von ihnen in die Antarktis, wie diese schönen Mädchen es taten. Tja, das sind schon gewaltig viele Informationen. Weltraumtransporte, verschiedene Programme. Ihre [Oršićs] Verbindung zur SS, Michael … Sie fing ja mit alledem an, weil die Nordischen ihr die Informationen ursprünglich übermittelt hatten, und das war ungefähr ein Jahr, bevor alles durch die SS eingesammelt wurde. Es waren zwei verschiedene Programme am Laufen, ihres und das der SS. Und als dann die SS von ihr und allem erfuhr, was bei ihr durchkam und was sie machte, beschlagnahmten sie alles, was sie hatte, und zogen sämtliche Menschen, die für sie und mit ihr arbeiteten, zu sich hinüber.

Und dann fand sich jemand auf der SS-Seite besonders schlau und sagte: ›He, da gibt's doch noch eine zweite Gruppe von Außerirdischen, nicht nur die Nordischen, auch die Reptiloiden, die uns helfen, aber wir haben außerdem noch Nordische.‹ Also gaben sie ihr alles wieder zurück, klar? Ihr wurde erlaubt, Michael, zu … Sie wollte keine militärische Sache daraus machen. Aber das Einzige, was die SS im Sinn hatte, das Dritte Reich, nun ja, das war durch und durch militärisch, aber hier sind zwei getrennte Bereiche zu finden.«[10]

Es ist wichtig, Oršićs Geringschätzung der SS im Hinterkopf zu behalten sowie die Bestrebungen der SS, Weltraum-Technologien, bei deren anfänglicher Entwicklung sie eine Schlüsselrolle gespielt hatte, militärisch zu nutzen. Sie hing einer friedfertigen deutschen Weltanschauung an, die eine kosmische Philosophie und Frieden auf der Basis der *richtigen* Anwendung der Vril-Kraft befürwortete. Oršićs Geschick, ihr eigenes Vril-Weltraumprogramm in der Antarktis zu betreiben, sollte sich später als entscheidend für die Ausbildung der gesellschaftlichen und philosophischen Bewegung der Space Brothers erweisen, die in den 1950er Jahren aufkam.

Zu der großangelegten Verlegung von Himmlers SS-Personal und der Ressourcen in die Antarktis kam es erst sehr spät im Krieg. Die hochmodernen Waffenprojekte der SS unter Kammlers Aufsicht waren mit ihren allerletzten Bemühungen, rechtzeitig Fliegende Untertassen zu bewaffnen, um den Ausgang des Krieges doch noch zu wenden, gescheitert. Kammler ließ alles, was für ihn an Infrastruktur und einsatzfähigen Fliegenden Untertassen greifbar war, verschwinden, bevor die vorrückenden alliierten Armeen die streng geheimen Produktionsanlagen in Pilsen in der Tschechoslowakei und anderswo erreichten. Folgendermaßen beschreibt der Autor und Forscher W. A. Harbinson anhand der Dokumente, die er eingesehen hat, den SS-Rückzug in die Antarktis:

> »Im März 1945, kurz vor Kriegsende, wurden zwei Reserve-U-Boote, die U-530 und die U-977, von einem Hafen in der Ostsee losgeschickt. Den Berichten zufolge hatten sie Mitglieder des Teams zur Erforschung Fliegender Untertassen an Bord, die letzten der entscheidenden Untertassen-Komponenten, die Aufzeichnungen und Skizzen für die Untertassen sowie die Entwürfe für die gewaltigen unterirdischen Anlagen und Wohnquartiere nach dem Vorbild der bemerkenswerten unterirdischen Fabriken in Nordhausen im Harz. Die beiden U-Boote erreichten planmäßig Neuschwabenland, besser bekannt als Queen Maud Land, wo sie ihre Ladung löschten.«[11]

In seiner Antwort auf eine Frage nach der Rolle der Oršić und der Vril-Gesellschaft in den NS-Bastionen der Nachkriegszeit erklärt Goode:

> »Sie hatte es offensichtlich zu den antarktischen Stützpunkten/Städten geschafft … Ich weiß, dass diese ›Gesellschaften‹ in hohem Maße das

Rückgrat dessen bildeten, was den Krieg überlebt hatte, und gemeinsam mit der Gruppe, die sie für außerirdisch hielten, die Kontrolle über die Anlagen innehatten, ebenso wie die [reptiloide] Draco-Föderation, mit der sie sich verbündeten.«[12]

Das ist eine sehr aufschlussreiche Aussage. Die Vril-Gesellschaft und ihre Alliierten in der Thule- sowie der Gesellschaft der Schwarzen Sonne, hatten nicht nur ihre Unabhängigkeit von Himmlers SS erfolgreich behauptet, sondern nahmen jetzt auch noch eine Führungsposition in den antarktischen Anlagen ein. Die Niederlage der Nazis hatte somit zur Eingliederung der verbliebenen Teile von Kammlers bewaffnetem Programm Fliegender Untertassen in das von Vril-, Thule- und Schwarze-Sonne-Gesellschaft entwickelte, einsatzfähige Geheime Weltraumprogramm geführt, das den Zweiten Weltkrieg unentdeckt und unversehrt überstanden hatte.

Die Verbindung des deutschen Bündnisses mit draconischen Außerirdischen führte laut dem, was Tompkins bei den Besprechungen mit den Navy-Spionen angeblich gehört hatte, schließlich zur Zusammenarbeit mit den Reptiloiden, die den Nazis dabei halfen, ihre antarktischen Bastionen einzurichten:

»… die Tatsache, dass die Deutschen diese Informationen von den Reptiloiden erhielten. Sie starteten das Programm, sie entwickelten das Programm, um Deutschland zu unterstützen, und sie gaben Deutschland die UFOs … Jetzt hatten die Nazis noch dazu ›Berater‹, wenn man sie so nennen will, reptiloide Berater, die ihnen bei all den verschiedenen Dingen, die man braucht, um diese Raumschiff-Träger und Antriebssysteme zu entwerfen und zu bauen, behilflich waren. Das ist also ein ausgesprochen gut entwickeltes Programm und wie verrückt dokumentiert. Kopien der Dokumente zu bekommen, war schwierig für sie, schwierig für unsere Spione. Es war ein offenes Programm auf höherer Ebene in der SS.«[13]

Der Erfolg der Vril-Gesellschaft bei der Aufrechterhaltung ihrer Unabhängigkeit von der SS und sogar bei der Einnahme einer führenden Position in der Exilgemeinschaft zeigt, wie mächtig die Vril-,

Thule- und Schwarze-Sonne-Führer in Hitlers totalitärer Gesellschaft geworden waren. In ihren antarktischen und argentinischen Stützpunkten hatten die mittlerweile vereinigten Weltraumprogramme von SS und deutschen Geheimgesellschaften vollständig einsetzbare »Untertassen-Schiffe«, die sich um den Planeten bewegen und sogar zu einer geheimen Mondstation fliegen konnten. Laut den Berichten einer Reihe von Militärpersonen, die von dem fortgeschrittenen Entwicklungszustand der NS-Technologie wussten, waren viele der in der unmittelbaren Nachkriegszeit gesichteten UFOs voll funktionsfähige deutsche Raumschiffe.[14]

Operation Highjump trifft auf Nazis und deren außerirdische Verbündete

Mit der militärischen Expedition der Navy unter der Führung von Rear Admiral Richard Byrd wurde 1946/47 ein amerikanischer Versuch unternommen, die antarktischen Bastionen der Nazis zu übernehmen und/oder zu zerstören. Byrds Militärexpedition in die Antarktis wurde *Operation Highjump* genannt und umfasste »4700 Personen militärischen Personals, sechs Hubschrauber, sechs Flugboote vom Typ Martin PBM, zwei Flugzeugmutterschiffe, fünfzehn weitere Schiffe, dreizehn Navy-Tender und einen Flugzeugträger, die U.S.S. *Philippine Sea*.«[15] Byrd erhielt sowohl geheime als auch unklassifizierte Befehle, was bei Navy-Kommandanten nicht ungewöhnlich ist. Der allgemeinen Öffentlichkeit wurde freilich nur der unklassifizierte Grund der Expedition mitgeteilt, wobei man als Ziele im Großen und Ganzen wissenschaftliche Forschung und Vermessung sowie die Suche nach geeigneten Orten für zukünftige US-Stationen angab.

Zu den unklassifizierten Befehlen, die Admiral Byrd vom Commander der U.S. Navy, Admiral Chester Nimitz, erhielt, zählten:

a) Ausbildung von Personal sowie Materialtests in eisigen Zonen
b) Festigung und Ausdehnung der amerikanischen Hoheit über das größte geeignete Gebiet des antarktischen Kontinents

c) die Bestimmung, inwieweit die Einrichtung und Behauptung von Stützpunkten in der Antarktis durchführbar ist, des Weiteren die Untersuchung möglicher Orte für solche
d) die Entwicklung von Techniken für die Einrichtung und Aufrechterhaltung von Luftstützpunkten auf dem Eis (mit besonderer Aufmerksamkeit auf die spätere Übertragbarkeit solcher Techniken auf Grönland)
e) und die Erweiterung des bestehenden Wissens über die hydrografischen, geografischen, geologischen, meteorologischen und elektromagnetischen Bedingungen in diesem Gebiet.[16]

Diese frei zugänglichen wissenschaftlichen Gründe für die Expedition waren eine strategische Tarnung ihrer eigentlichen geheimen Zwecke. Wie ihre Größe eindeutig bezeugt, führte Byrds Marine-Armada keine wissenschaftliche Mission durch, sondern vielmehr eine militärische Expedition gegen einen vor der Öffentlichkeit verborgen gehaltenen, geheimen Feind.

Ein Jahr zuvor, während des antarktischen Sommers 1945/46, hatte Admiral Byrd laut Tompkins bereits eine geheime Mission in die Antarktis geleitet, um mit den Führern der dort gegründeten deutschen Kolonie zu verhandeln. Die Mission war allerdings erfolglos geblieben und Byrd war mit leeren Händen zurückgekehrt. In einem privaten Interview führte Tompkins über dieses Ereignis aus:

»Salla: Sie haben vorhin darüber gesprochen, dass Admiral Byrd 1945/46 (im Jahr vor *Operation Highjump*) privat in die Antarktis gebracht wurde, wo er versuchte, mit den Nazis dort zu verhandeln. Können Sie erläutern, was geschah und warum die Verhandlungen scheiterten?

Tompkins: Okay. Im Grunde ist das ziemlich einfach. Er hatte nichts, um damit zu schachern. Verstehen Sie? Als sie dort waren, als er versuchte zu verhandeln, wenn man das so nennen will, wissen Sie, da kam er mit leeren Händen. Und er besaß nicht die geringste Macht. Deshalb war es nicht mehr als ein Versuch von etwas, von dem man eigentlich schon vorher weiß, dass es nicht funktioniert. Er hatte nicht die geringste Verhandlungsbasis.«[17]

Das Zeugnis von Navy-Commander Graham Bethune, der angibt, dass er der Pilot des Flugzeugs gewesen ist, das Byrd in die Antarktis brachte, unterstützt Tompkins' Aussagen. Bethune erzählte Lieutenant Colonel Donald Ware (USAF, im Ruhestand) von seiner geheimen Mission, die eine von vielen war, die er mit klassifizierten UFOs/Antigravitationsmaschinen durchführte. Ware nennt die folgenden Details aus ihrem persönlichen Gespräch:

> »Graham Bethune war ein Freund von mir ... Er war der Pilot, der Admiral Byrd 1945 in die Antarktis geflogen hatte. Byrd war dorthin gesandt worden, um herauszufinden, was da vor sich ging. Er wurde früh nach Hause geschickt. Aber ich denke, es gelang Byrd, die Vereinbarung zu treffen, dass amerikanische Wissenschaftler sich den deutschen Forschern anschlossen, die in ihrer unterirdischen Station an fortgeschrittener Technologie arbeiteten.«[18]

Die Information, die Bethune hier mitteilt, dient als Vorbote jener engen Zusammenarbeit, die sich bald zwischen US-amerikanischen und deutschen Wissenschaftlern sowie der amerikanischen Luft- und Raumfahrt-Industrie und ihren deutschen Partnern entwickeln sollte. All das begann, nachdem von den politischen Führern ein schicksalhaftes Abkommen erzielt worden war.

Aufgrund der strengen Witterungsbedingungen nach der gescheiterten Mission von 1945/46 stellte der nächste antarktische Sommer die erste durchführbare Gelegenheit dar, eine dermaßen große militärische Entsendung in die eisigen Regionen der Antarktis auf die Beine zu stellen. Trotzdem ist es so kurz nach dem Ende des Zweiten Weltkriegs überraschend, dass eine derart ansehnliche Armada in einer Zeit wachsender Spannungen des beginnenden Kalten Krieges, zu denen noch die Ausmusterung von Schiffen und Navy-Personal kommt, in die Antarktis fährt; es sei denn, die Expedition wurde entsandt, um auf militärische Weise mit einigen ungelösten Problemen umzugehen, die der Krieg hinterlassen hat: genauer gesagt, um mit den Überresten der NS-Elite zu verhandeln, die sich in einer oder mehreren unterirdischen Stützpunkten, die in der Vorkriegszeit eingerichtet worden waren, versteckt hielten. Byrds geheime Mission war also äußerst entscheidend in ihrer Zielsetzung, denn es ging darum, die antarktischen Basen der Nazis zu lokalisieren, zu übernehmen und/oder zu zerstören.

Ironischerweise war Admiral Byrd, bevor Kapitän Ritschers Schwabenland-Expedition am 17. Dezember 1938 in Richtung Antarktis aufbrach, als Ehrengast zur Eröffnungszeremonie eingeladen worden.

> »Im Jahr 1939, vor der deutschen Expedition, war die einzige bislang in der Antarktis aufgenommene Luft-Fotografie diejenige des hoch berühmten amerikanischen Expeditionsleiters Richard E. Byrd von 1933. Byrd hat die deutsche Expedition in Hamburg auf Einladung der Deutschen Gesellschaft für Polarforschung besucht, die die Aufgabe hatte, die Expeditionsmannschaft zusammenzustellen und auszubilden. Die Gesellschaft lud Byrd ein, an der Expedition teilzunehmen, er traf die Mannschaft und wurde über die Vorbereitungen unterrichtet. Allerdings lehnte er die Einladung ab, kehrte in die USA zurück und übernahm auf Wunsch von Präsident Roosevelt das Kommando des U.S. Antarctic Service, bis diese Position in ihrem ersten Jahr aufgrund des heraufziehenden Zweiten Weltkriegs abgeschafft wurde.«[19]

Wie oben bereits erwähnt, erhielt Admiral Byrd am 8. Juli 1939 erstmals Anweisungen von Präsident Roosevelt, jegliche antarktische NS-Stützpunkte, die in die amerikanische Einflusssphäre fallen, zu lokalisieren und herauszufordern.[20] Die Befehle wurden jedoch weder damals noch während des Eintritts der USA in den Krieg ausgeführt. Erst 1947 führte Byrd eine amerikanische Marine-Expedition an, um mit den Stützpunkten effektiv zu verhandeln, von denen man festgestellt hat, dass sie während und/oder nach der *Schwabenland*-Expedition von 1938 gegründet oder »entdeckt« worden waren. Unter Umständen hatten die antarktischen NS-Bastionen also neun Jahre ununterbrochen Zeit gehabt, sich auf die heraufziehende Konfrontation mit der U.S. Navy vorzubereiten.

Die Byrd-Mission war auf eine Dauer von sechs Monaten angelegt, endete aber schon nach acht Wochen, da sie, laut erster chilenischer Presseberichte, »in Schwierigkeiten geraten« war und es »viele Todes-

EL MERCURIO. — Santiago de Chile, miércoles 5 de marzo de 1947

El almirante Richard E. Byrd se refiere a la importancia estratégica de los polos

(Por Lee Van Atta, para "El Mercurio")

A BORDO DEL MOUNT OLYMPUS, EN ALTA MAR, 4 — (ESPECIAL). — El almirante Richard E. Byrd advirtió hoy que es preciso que los Estados Unidos adopten medidas de protección contra la posibilidad de una invasión del país por aviones hostiles procedentes de las regiones polares.

El almirante dijo: "no intento asustar a nadie, pero la amarga realidad es que, de ocurrir una nueva guerra, los Estados Unidos serán atacados por aviones que volarán sobre uno o ambos polos". Esta declaración fué hecha a manera de recapitulación de la ejecutoria del propio Byrd, como explorador polar, en una entrevista exclusiva para International News Service. A propósito de la expedición recién terminada, Byrd dijo que el resultado más importante de las observaciones y descubrimientos hechos es el efecto, actual y potencial, que tendrán éstos en relación con la seguridad de los Estados Unidos. "La fantástica premura con que el mundo se está encogiendo — declaró el almirante — es una de las lecciones objetivas aprendidas durante la exploración antártica que acabamos de efectuar. No puedo menos que hacer una fuerte advertencia a mis compatriotas en el sentido de que ha pasado ya el tiempo en que podíamos refugiarnos en un completo aislamiento y descansar en la confianza de que las distancias, los océanos y los polos constituyen una garantía de seguridad".

A continuación observó que si él ha hecho éxito, otras personas podrían igualmente dirigir una nueva expedición de 4 mil jóvenes norteamericanos, con la ayuda exclusiva de un puñado de exploradores experimentados. El almirante encareció la necesidad de permanecer "en estado de alerta y vigilancia a lo largo de las últimas barreras de aislamiento" y agregó que los polos constituyen los últimos reductos de defensa contra una invasión.

"Yo puedo darme cuenta quizás mejor que cualquier otra persona, de lo que significa el uso de los conocimientos científicos en estas exploraciones, porque puedo hacer comparaciones. Hace 20 años realicé mi primera expedición antártica con menos de ciento cincuenta hombres, dos buques y diez aviones. Entonces la exploración era arriesgada y peligrosa y constituía una singular experiencia. Pero ahora, poco menos de veinte años más tarde, una expedición quince veces mayor que aquélla en todos los respectos, recorre el antártico, completa su misión en menos de dos meses y abandona la región después de haber hecho importantes descubrimientos geográficos. La moraleja que se deriva de esta comparación es clara: puesto que la velocidad y el progreso al parecer no reconocen horizontes, es preciso que aceleremos la pauta de nuestro pensamiento, de nuestros proyectos y de nuestras acciones, y la expansión de nuestros propios horizontes. Pero es preciso que hagamos esto ahora, ya, porque tanto la supervivencia del mundo como la ciencia militar, se hallan actualmente en una etapa vital de su desarrollo".

El almirante declaró que en su opinión la expedición ha sentado un precedente sin igual en cuanto se refiere a la rápida sucesión en que se verificaron los descubrimientos geográficos. Y concluyó encomiando la labor de los aviadores y fotógrafos del servicio de cartografía aérea de la expedición, quienes desempeñaron el papel más importante en la exploración de las desconocidas regiones del antártico. — (I. N. S.).

Lee Van Atta.

Abb. 23: Lee van Attas Artikel über Operation Highjump

fälle« gab.[21] Wenn das eigentliche Ziel der Mission in der Lokalisierung und Vernichtung von NS-Stützpunkten bestanden hatte, deuten die Medienberichte sowie das frühe Ende der Mission auf ein jämmerliches Versagen und böses Erwachen der U.S. Navy hin.

Will man die Wahrheit hinter dem frühen Ende der *Operation Highjump* erfahren, dann ist die üblicherweise zitierte Quelle ein Interview, das Admiral Byrd einem Journalisten, Lee van Atta, in Santiago de Chile gab, während er sich Anfang März 1947 auf der Rückreise in die USA befand. Van Attas Artikel enthält viele wichtige direkte Zitate Byrds, die seinen Willen, die Wahrheit zu enthüllen, durchscheinen lassen; daher scheint es, dass er nach seiner Rückkehr nach Washington, DC, einen Maulkorb erhielt.[22] Der Artikel verdient eine genaue Überprüfung der Schlüsselpassagen, in denen van Atta Byrd zitiert, denn diese liefern die zutreffendste und ehrlichste Beurteilung dessen, was wirklich in der Antarktis passiert war.

Der Artikel erschien erstmals in der Ausgabe vom 5. März 1947 von *El Mercurio* und trug den Titel »Admiral Richard E. Byrd benennt die strategische Wichtigkeit der Pole« (siehe Abb. 23). Es folgen übersetzte Abschnitte der ursprünglich auf Spanisch erschienenen Publikation:

> »Admiral Richard E. Byrd ermahnte heute die Vereinigten Staaten, vorbeugende Maßnahmen gegen die Möglichkeit einer Invasion des Landes durch feindliche Fluggeräte zu ergreifen, die aus den Polarregionen aufsteigen könnten. Der Admiral sagte: ›Ich will niemanden ängstigen, aber es ist die bittere Wahrheit, dass die USA im Falle eines neuen Krieges von Fluggeräten angegriffen werden, die von einem der Pole oder beiden heranfliegen.«[23]

Dieser spezielle Abschnitt ist die Quelle der ursprünglichen Theorie, dass Nord- und Südpol die Orte sind, an denen ein neuer Feind existiert, der in der Lage ist, einen »neuen Krieg« gegen die USA vom Zaun zu brechen. Der Hinweis auf einen »neuen Krieg« zeigt deutlich, dass die beteiligte Entität sowohl feindlich gesinnt als auch sehr mächtig ist, wenn sie den amerikanischen Kontinent direkt vom Südpol aus bedrohen kann. Van Atta fährt fort:

»Über das Thema der jüngst beendeten Expedition sagte Byrd, dass ›die wichtigsten Beobachtungen und Entdeckungen … die gegenwärtige potenzielle Situation betreffen, insoweit sie sich auf die Sicherheit der Vereinigten Staaten bezieht … Ich kann nicht mehr tun, als meine Landsleute sehr ernsthaft darauf aufmerksam zu machen, dass die Zeit vorbei ist, in der wir in völliger Abgeschiedenheit Zuflucht nehmen und ruhig auf die Geborgenheit vertrauen können, die uns die Entfernung, die Ozeane und die Pole bieten.«[24]

Byrd deutet hier an, dass der neue Feind über fortgeschrittene Fluggeräte verfügt, deren Geschwindigkeit und Reichweite den Schutz auslöscht, den die USA zuvor genossen haben, da die großen Ozeane ihren Kontinent von Europa und Asien trennen.

Nach dem Zusammenbruch der Sowjetunion 1991 verbreitete der KGB zuvor klassifizierte Akten, die ein Licht auf die mysteriöse, von Byrd geführte Antarktis-Expedition werfen. Die Veröffentlichung umfasste auch eine russische Dokumentation von 2006, die erstmals einen sowjetischen Geheimdienstbericht von 1947 publik machte, der von Josef Stalin über die Antarktis-Mission der *Task Force 68* [so die offizielle Bezeichnung von *Operation Highjump*] in Auftrag gegeben worden war.[25] Der von sowjetischen Spionen, die in die USA eingesickert waren, erbeutete Geheimdienstbericht deckte auf, dass die U.S. Navy die Militärexpedition ausgesandt hatte, um eine oder mehrere versteckte Nazi-Stützpunkte zu finden und zu vernichten. Dabei begegneten sie einer geheimnisvollen UFO-Streitkraft, die die militärische Expedition angriff und einige Schiffe sowie eine bedeutende Anzahl von Flugzeugen zerstörte. In der Tat hat *Operation Highjump* also »viele Opfer« gefordert, wie in dem ersten Pressebericht aus Chile beschrieben. Obwohl es die Möglichkeit gibt, dass dieser Bericht auf amerikanische Desinformation zurückgeht, die einen sowjetischen Maulwurf, von dem man Kenntnis hatte, füttern sollte, lautet die wahrscheinlichere Erklärung, dass der Bericht von dem ersten bekannten historischen Ereignis handelt, das eine Schlacht zwischen amerikanischen Marine-Streitkräften und einer unbekannten, in oder nahe bei der Antarktis stationierten UFO-Streitmacht umfasst.

Der sowjetische Geheimdienstbericht hatte niemals zuvor bekannt gemachte Zeugnisse von zwei Soldaten der U.S. Navy enthüllt, die an *Operation Highjump* beteiligt gewesen sind. Ein Artikel von Frank Joseph in *New Dawn* liefert eine detaillierte Analyse der beiden Augenzeugenberichte, wobei übrigens nur letzterer in der russischen Dokumentation von 2006 zitiert wird. John P. Szehwach, ein auf der U.S.S. *Brownson* stationierter Funker, bezeugte, wie plötzlich mehrere UFOs schreckenerregend aus den Tiefen des Ozeans auftauchten. Am 17. Januar 1947 geschah, wie Szehwach berichtet, das Folgende:

> »Meine Mannschaftskameraden und ich beobachten für einige Minuten im Ruderhaus backbord die strahlenden Lichter, die in einem Winkel von rund 45 Grad sehr schnell aufstiegen … Wir konnten die Lichter nicht identifizieren, da unser Radar auf 400 Kilometer in gerader Linie begrenzt war.«[26]

Während der nächsten Wochen überflogen die UFOs, laut dem sowjetischen Bericht, die Navy-Flottille sehr dicht, die auf sie feuerte, was sie wiederum mit todbringender Wirkung erwiderten. Der andere Augenzeuge, Lieutenant John Sayerson, ein Flugbootpilot, berichtet:

> »Das Ding schoss, wie vom Teufel gejagt, unfassbar schnell aus dem Wasser und flog mit einer derart hohen Geschwindigkeit zwischen die Masten [des Schiffes], dass die Radioantenne in dieser Turbulenz hin und her schwang. Ein Flugzeug [ein Martin-Flugboot] von der *Currituck*, das nur wenige Augenblicke später abhob, wurde von einer unbekannten Art Strahl, der von dem Objekt ausging, getroffen und stürzte fast sofort in der Nähe unseres Schiffes ins Meer … Etwa sechzehn Kilometer entfernt ging das Torpedoboot *Maddox* in Flammen auf und begann zu sinken … Als jemand, der diesen Angriff des Objektes, das aus dem Meer emporflog, persönlich beobachtet hat, kann ich nur sagen, dass es entsetzlich war.«[27]

Es gibt allerdings ein großes Problem bei Sayersons Zitat. In der U.S. Navy existierte kein Torpedoboot mit dem Namen *Maddox*.[28] In dem russischen Dokument bezieht sich das von Sayerson (fälschlich »Sireson« geschrieben) geschilderte Ereignis stattdessen auf den Zerstörer *Murdoch*. Jedoch war auch kein Zerstörer namens *Murdoch* 1947 in der amerikanischen Flotte im Einsatz. Es gab zwar tatsächlich einen Zerstörer mit Namen *Maddox* (DD-731), aber er war nicht Teil von *Operation Highjump*. In Wahrheit war die U.S.S. *Maddox* der Zerstörer, auf den bei dem Zwischenfall im Golf von Tonkin 1964 geschossen wurde.[29]

Nach Frank Joseph war die U.S.S. *Maddox* »entweder ein Torpedoboot oder ein Torpedos tragender Zerstörer«. Er erklärt außerdem, was mit der in dem sowjetischen Bericht erwähnten *Maddox* geschehen sein könnte:

> »In der Tat wurde eine U.S.S. *Maddox* durch Feindeinwirkung versenkt, aber fünf Jahre früher durch einen deutschen Sturzkampfbomber während der alliierten Invasion auf Sizilien. Allerdings gab es mindestens drei amerikanische Zerstörer, die alle zur selben Zeit unter diesem Namen bekannt waren (DD-168, DD-622 und DD-731). Die U.S. Navy war lange dafür berüchtigt, die Identität ihrer Schiffe zu fälschen und ihre Geschichten umzuschreiben, wenn diese die offizielle Politik in Verlegenheit brachten … Auch die von der sowjetischen Spionage genannte *Maddox* war wohl in ähnlicher Weise einer offiziellen Gedächtnislücke übergeben worden.«[30]

Wenn Joseph recht hat, ist es gut möglich, dass eine U.S.S. *Maddox* während *Operation Highjump* zerstört wurde und die U.S. Navy offizielle Aufzeichnungen dazu änderte, um diese Tatsache zu verschleiern. Eine alternative Erklärung lautet, dass der sowjetische Bericht aus dem Jahr 1947 von den USA gesteuerte Desinformationen enthält, die den sowjetischen Behörden von einem sowjetischen Maulwurf übermittelt wurden, der den amerikanischen Geheimdiensten bekannt war und geschickt benutzt wurde. Allerdings ist diese Erklärung eher unwahrscheinlich, wenn man bedenkt, dass die USA und die UdSSR zur Zeit von *Operation Highjump* noch Alliierte waren und ein gemeinsames Interesse daran hatten, jegliche verborgene NS-Bastion(en) im Südatlantik zu finden und zu zerstören.

Es ist klar, dass selbst das Beste, was die U.S. Navy aufbieten konnte, der kleinen, aber hervorragend bewaffneten deutschen Elite, die an ihrem abgelegenen Ort in der Antarktis überlebt hatte, nicht das Wasser reichen konnte. Die Möglichkeit, dass die Deutschen von einem technologisch fortgeschrittenen Verbündeten bei der Zurückweisung des amerikanischen Angriffs Unterstützung erhalten haben, kann nicht außer Acht gelassen werden. Die Anwesenheit von Oršić und anderen Mitgliedern der Vril-Gesellschaft deutet darauf hin, dass die Nazis über ein esoterisches Mittel der Kommunikation mit diesen Verbündeten verfügten, die außerirdischen Ursprungs waren und/oder einer hoch entwickelten unterirdischen Zivilisation angehörten.[31]

Dieses Szenario wird durch das Zeugnis von Kewper gestützt, der angab, über das Schicksal von *Operation Highjump* Dokumente eingesehen und Briefings erhalten zu haben:

> »1946/47 führten die USA eine Forschungsreise unter Admiral Byrd zur Antarktis durch, und wir hatten dort eine militärische Begegnung mit Fremden und deren Untertassen-Fluggeräten, ähnlich einem kleinen Krieg. Wir verloren dabei alle unsere Flugzeuge.«[32]

Anschließende Berichte über extensive UFO-Aktivitäten in der antarktischen Region bestätigen weiterhin, dass diese als Basis für Einsätze einer neuen feindlichen Bedrohung genutzt wurde – eines Feindes, der Admiral Byrd entmutigt hatte und laut seinem Zitat in dem chilenischen Pressebericht »von Pol zu Pol« fliegen konnte.[33]

Corey Goode bekräftigt, dass die Nazis bei der Gründung und dem Schutz dreier antarktischer Stützpunkte Hilfe erhielten:

> »Es gab Hilfe sowohl von der Draco-Föderation als auch von einer Gruppe, die von den Nazis ebenfalls für Außerirdische gehalten wurden (und auf die man sich als ›Arianni‹ oder ›Arier‹ bezog, manchmal auch ›Nordische‹ genannt), die tatsächlich aber eine antike Exilzivilisation irdischer Menschen war, die ein Weltraumprogramm (bezeichnet als ›Die Silberflotte‹) entwickelt und unter dem Gebirge des Himalaya sowie in einigen

anderen Gegenden große Stützpunkte geschaffen hatte (das größte, die sogenannte Anlage von Agartha, lag in Tibet).«[34]

Goode bezieht sich hier auf dieselben »Arianni«, über die Admiral Byrd in seinen posthum veröffentlichten Tagebüchern schrieb, deren Echtheit noch umstritten ist. Diese angeblichen Tagebücher enthalten Byrds Bericht über das, was ihm begegnete, als sein Flugzeug während einer Kartierungsexpedition über der Südpol-Region für einige Stunden verschollen war (ein gut dokumentiertes Ereignis).

Es lohnt sich vor dem Hintergrund von Goodes Informationen, Byrds Beschreibung eines Treffens mit einer Person, die er als einen »Meister« bezeichnet, vollständig zu zitieren:

»Meine Gedanken werden von einer melodischen Stimme auf höfliche Weise unterbrochen: ›Ich heiße Sie in unserem Gebiet willkommen, Admiral.‹

Ich sehe einen Mann mit feinen Zügen und einem Gesicht, in dem die Jahre ihre Spuren hinterlassen haben. Er sitzt an einem langen Tisch. Er gibt mir ein Zeichen, mich auf einen der freien Stühle zu setzen. Nachdem ich mich gesetzt habe, legt er seine Fingerspitzen zusammen und lächelt. Er spricht wiederum sanft und teilt mir das Folgende mit:

›Wir haben Sie hier eintreten lassen, da Sie von noblem Charakter und auf der oberirdischen Welt wohlbekannt sind, Admiral.‹

Oberirdische Welt – ich muss beinahe um Atem ringen!

›Ja‹, erwiderte der Meister mit einem Lächeln. ›Sie befinden sich im Herrschaftsbereich der Arianni, in der Inneren Welt der Erde. Wir werden Ihre Mission nicht lange verzögern und Sie werden sicher wieder zurück zur Oberfläche und sodann noch eine Wegstrecke geleitet werden. Aber nun, Admiral, sollte ich Ihnen erzählen, warum Sie hierher beordert worden sind. Unser Interesse begann aus guten Gründen genau an dem Tag, als Ihre Rasse die ersten Atombomben in Japan abgeworfen hat, über Hiroshima und Nagasaki. In dieser alarmierenden Zeit schickten wir unsere Flugmaschinen, die ›Flügelräder‹, in Ihre oberirdische Welt, um herauszufinden, was Ihre Rasse getan hat. Das ist jetzt natürlich schon Geschichte, mein lieber Admiral, aber ich muss fortfahren.

Sie sehen, wir haben niemals zuvor in die Kriege und Unmenschlichkeiten Ihrer Rasse eingegriffen, aber nun müssen wir dies tun, da Sie gelernt haben, mit einer gewissen Macht zu hantieren, die der Menschheit nicht zukommt, nämlich mit der Atomenergie. Unsere Gesandten haben den Mächten Ihrer Welt bereits Botschaften übermittelt, aber sie haben sie bislang nicht befolgt. Jetzt sind Sie auserwählt worden, um ein Zeuge dafür zu sein, dass unsere Welt existiert.

Sie sehen, Admiral, dass unsere Kultur und Wissenschaft Ihrer Rasse um viele Jahrtausende voraus ist.‹

Ich unterbrach ihn: ›Aber was hat das mit mir zu tun, Sir?‹ Die Augen des Meisters schienen mir tief in meinen Geist einzudringen, und nachdem er mich für eine Weile betrachtet hat, antwortete er:

›Ihre Rasse hat nun den Punkt erreicht, an dem es kein Zurück mehr gibt, da einige unter Ihnen existieren, die eher Ihre gesamte Welt zerstören als auf ihre Macht, so wie sie sie kennen, verzichten würden …‹

Ich nickte, und der Meister fuhr fort:

›Im Jahre 1945 und danach versuchten wir, mit Ihrer Rasse Kontakt aufzunehmen, aber unsere Bemühungen wurden mit Feindseligkeiten beantwortet; auf unsere Flügelräder wurde geschossen. Ja, sie wurden von Ihren Kampfflugzeugen sogar mit Bosheit und Heimtücke verfolgt. Ich sage Ihnen daher, mein Sohn, dass in Ihrer Welt nun ein gewaltiger Sturm aufzieht, eine schwarze Furie, die sich auf viele Jahre hinaus nicht selbst verzehren wird. Ihre Waffen werden Ihnen keine Antworten geben, und Ihre Wissenschaft wird Ihnen keine Sicherheit bringen.

Sie wird wüten, bis jede Blüte Ihrer Kultur zertreten ist und alle menschlichen Dinge weithin im Chaos versunken sind. Ihr letzter Krieg war nur ein Vorspiel dafür, was noch auf Ihre Rasse zukommen wird. Wir sehen es hier mit jeder Stunde klarer … Meinen Sie, dass ich falsch liege?‹

›Nein‹, gab ich zur Antwort, ›es geschah früher schon einmal; das dunkle Zeitalter kam und dauerte mehr als fünfhundert Jahre.‹

›Ja, mein Sohn‹, entgegnete der Meister, ›das dunkle Zeitalter, das nun über Ihre Rasse hereinbricht, wird die Erde wie ein Leichentuch bedecken, aber ich glaube, dass einige aus Ihrer Rasse den Sturm überleben werden; darüber hinaus vermag ich nichts zu sagen.

Wir sehen in großer Entfernung, wie sich eine neue Welt aus den Ruinen Ihrer Rasse emporwindet, ihre verlorenen, legendären Schätze sucht, und sie werden hier sein, mein Sohn, sicher in unserer Obhut. Wenn jene Zeit sich nähert, werden wir wieder hervortreten, um Ihnen zu helfen, Ihre Kultur und Rasse wiederzubeleben.

Vielleicht werden Sie bis dahin die Sinnlosigkeit des Krieges und seiner Zerrissenheit erkannt haben … und nach jener Zeit werden Sie sicher sein, dass Ihre Kultur und Wissenschaft wiederkehren, um Ihrer Rasse einen neuen Anfang zu bescheren.

Ihre Aufgabe, mein Sohn, ist es nun, mit dieser Botschaft wieder an die oberirdische Welt zurückzukehren …‹«[35]

Angesichts des obigen, angeblich von Admiral Byrd niedergeschriebenen Dialogs sollte es offenkundig erscheinen, dass die deutschen Geheimgesellschaften die Erlaubnis erhielten, die Antarktis als Rückzugsraum zu benutzen, vielleicht weil sie dem Krieg in Europa entflohen sind und Anhänger der Arianni waren – der Überreste der sagenumwobenen hyperboreischen Zivilisation, die das Herzstück der Glaubensvorstellungen der Thule-Gesellschaft repräsentierte. Es ist daher möglich, dass die Arianni den deutschen Flotten Fliegender Untertassen halfen, sich gegen die *Operation Highjump* der U.S. Navy zu verteidigen, genau wie Goode behauptet.

Operation Paperclip ermöglicht Geheimverhandlungen mit der antarktischen Kolonie

Operation Paperclip war ein als streng geheim klassifiziertes militärisches Programm mit dem Ziel, die am weitesten fortgeschrittenen der von den Nazis entwickelten Technologien, zusammen mit den begabtesten deutschen Wissenschaftlern, ausfindig zu machen und diese Ressourcen sodann in die USA zu bringen, um deren eigene fortgeschrittene Luft- und Raumfahrt- sowie die Raketenindustrie anzukurbeln. *Paperclip* wurde von der Joint Intelligence Objectives

Agency (JIOA) überwacht, einer viele Behörden umfassenden, vornehmlich von der U.S. Army und der U.S. Navy geleiteten Organisation. Zuvor hatte Navy-Minister James Forrestal Präsident Roosevelt gebeten, die JIOA aufgrund geheimdienstlicher Erkenntnisse der Navy über die Existenz der fortgeschrittenen technologischen NS-Programme ins Leben zu rufen. Diese Information wurde aus mehreren Quellen gewonnen, darunter von Admiral Rico Bottas Spionen, die von der Naval Air Station in San Diego aus tätig waren. Tompkins beschreibt die Zielsetzung Forrestals und der Navy für *Operation Paperclip* folgendermaßen:

> »Am Ende des Zweiten Weltkriegs unterwanderten Spione des Nacy Geheimdienstes beinahe alles, was mit deutschen Geheimwaffen, fortgeschrittenen Systemen, Raketen, Flugzeugen, UFOs und Schwerwasserprojekten in dem Land zu tun hatte. Sie machten die entsprechenden Personen in diesen Fabriken ausfindig und merkten sie vor. Als die Feindseligkeiten endeten, kamen Offiziere des Navy-Geheimdienstes und weiterer Dienste schnurstracks an diese Orte und entfernten dort nicht nur die Wissenschaftler, sondern auch ihre Dokumente und so viel von den Waffensystemen, wie sie nur konnten. Sie wurden alle im Rahmen dessen, was man als *Project Paperclip* bezeichnete, in die USA gebracht.«[36]

Im Juli und August 1945 begab sich Forrestal in das besetzte Deutschland, um aus erster Hand zu sehen, wie *Operation Paperclip* voranschritt; dazu besuchte er Marine- und Armeeanlagen, um einige der vom amerikanischen Militär erbeuteten fortgeschrittenen Nazi-Technologien zu besichtigen. Forrestal hat sicherlich durch die erfolgreichen Verhandlungen Kammlers mit Allen Dulles und dem Office of Strategic Services von diesen NS-Technologien erfahren. Daher war Forrestal der U.S. Navy wahrscheinlich bei der Entscheidung behilflich, welche der erbeuteten NS-Technologien auf lohnende Weise einer zukünftigen Verwendung zugeführt werden könnte.

Von besonderem Interesse für die U.S. Navy war die Entwicklung fortgeschrittener U-Boote der Nazis, da diese Schiffe einige der Konstruktionstechniken aufwiesen, die auch beim Bau Fliegender Untertassen sowie der großen, zigarrenförmigen Raumschiffe, die zu Reisen in den Erdorbit und darüber hinaus geeignet sind, angewendet werden. Jahre später wurden umgerüstete Atom-U-Boote laut Tompkins zu den ersten von der Navy entwickelten Antigravitationsraumschiffen, die bei Missionen im offenen Weltraum zum Einsatz kamen.[37] Während seiner Zeit bei Advanced Design, dem Think Tank der Douglas Aircraft Company, arbeitete Tompkins, wie er sagt, an diesem Umbau:

> »Und bei Douglas, in der geheimen Denkfabrik, sahen wir uns jede Art von Raumfahrzeugen an, die wir brauchen würden, um hinaus in die Galaxis zu fliegen, damals in unserer Navy. Folglich kamen wir auf U-Boote zu sprechen, und wir diskutierten darüber. Wir sagten: ›Das ist die einfachste Sache, der schnellste Weg, wir können hier weitermachen. Wir werden einfach ein normales U-Boot der Navy nehmen, das ganze Nuklearsystem entfernen, das Antigravitationssystem einbauen, und wir können es auf der Stelle verwenden.‹«[38]

Nach dem Scheitern von *Operation Highjump* nahm die Rolle der deutschen Wissenschaftler, die für *Operation Paperclip* rekrutiert worden waren, eine zusätzliche Dimension an. Sie unterstützten amerikanische Forscher nicht nur dabei, die von NS-Deutschland eingesetzte fortgeschrittene Raketentechnik zu verstehen, sondern wurden auch bei Geheimverhandlungen mit der deutschen Antarktiskolonie als Vermittler eingesetzt. Die amerikanischen Behörden wollten wissen, wie erfolgreich die NS-Forschung beim Verständnis der außerirdischen Technologien war, da ernsthafte amerikanische Forschungen jetzt erst begannen. Corey Goode schreibt über dieses Thema:

> »Nach der gescheiterten Mission von *Operation Highjump* wurden die Wissenschaftler von *Operation Paperclip* aufgefordert, Treffen auszuhandeln. Die NS-Exilgruppe wusste, dass die Amerikaner abgestürzte Flugschiffe mehrerer unterschiedlicher Arten außerirdischer Besucher entdeckt hatten, die so hoch entwickelt waren, dass sie mit der Erforschung ihrer Technologie zu keinem Ergebnis kamen.«[39]

Die außerordentliche Wichtigkeit, an den Wissensschatz der deutschen Antarktiskolonie zu gelangen, lag darin, dass die deutschen *Paperclip*-Forscher aufgrund ihrer Fähigkeiten während geheimer Verhandlungen gebraucht wurden, die das Tor zu diesen Technologien öffneten. Daher wurden viele von ihnen, die zuvor als glühende Nazis klassifiziert worden waren, nun schamlos umklassifiziert, so dass sie sowohl in die USA einreisen als auch eine Arbeit in sicherheitspolitisch sensiblen US-Firmen aufnehmen konnten. Jim Marrs schreibt dazu:

> »Offiziere der Joint Intelligence Objectives Agency (JIOA), die *Project Paperclip* leiteten, erhielten bald Sicherheitsgutachten … bezüglich der Deutschen, die in das Programm aufgenommen worden waren. In allen Gutachten über diese Männer änderte man die Charakterisierung von ›glühender Nazi‹ zu ›kein glühender Nazi‹ … sogar Wernher von Braun, der 1947 von der Militärregierung als ›eine potenzielle Sicherheitsbedrohung‹ eingestuft worden war, wurde nur wenige Monate später in einem Gutachten neu eingeschätzt, in dem es nun hieß, ›er dürfte keine Sicherheitsbedrohung für die USA darstellen‹. Ebenso wurde von Brauns Bruder Magnus, der von Offizieren der Spionageabwehr als ›gefährlicher deutscher Nazi‹ bezeichnet worden war, nach Amerika geholt und seine Pro-NS-Akte gelöscht. ›Gravierende Anschuldigungen von Verbrechen wurden nicht nur aus den Akten gestrichen, sondern es gab dazu nicht einmal mehr Untersuchungen.‹«[40]

Wissenschaftlern von *Operation Paperclip* wurden Sicherheitsfreigaben leichter als ihren amerikanischen Kollegen gewährt, was ihnen deutliche Vorteile verschaffte, wenn sie sich um Stellen bewarben, die von führenden Luft- und Raumfahrt-Unternehmen angeboten wurden, wie Marrs ausführlich erläutert:

> »Deutsche Wissenschaftler konnten notwendige Sicherheitsfreigaben leichter erhalten als amerikanische Forscher. Verteidigungspartnerfirmen, die nach neuen Mitarbeitern Ausschau hielten, die an klassifizierten Projekten arbeiten sollten, fanden diesen Aspekt des nationalen Interesses besonders vorteilhaft. Bis 1957 standen mehr als sechzig Firmen

auf den Listen der JIOA, darunter Lockheed, W.R. Grace & Company, CBS, Laboratories und Martin Marietta.«[41]

William Tompkins hat den hohen Grad an Unterwanderung bezeugt, den die Deutschen, die über *Operation Paperclip* in die amerikanische Aerospace-Industrie eindrangen, erreicht haben.

Er sagt, dass die Douglas Aircraft Company zu den wenigen gehörte, die nicht übernommen wurde, da sie mit Dr. Wolfgang Klemperer ihren eigenen deutschen Spitzenforscher hatte, der schon vor Beginn des Zweiten Weltkriegs an Bord kam:

»Douglas wurde nicht wirklich übernommen, wie die drei anderen Flugzeugunternehmen, weil Douglas einen deutschen Typen hatte [Klemperer], einen deutschen Wissenschaftler/Ingenieur, der dort, wie ich glaube, schon seit 1934 arbeitete.

Er war also herübergekommen, kein Mitglied der Nazipartei und hatte nichts mit diesem ganzen politischen Kram am Hut, aber er war ein brillanter Wissenschaftler.

Und so bekam er auch seine Päckchen [Tompkins Päckchen mit Einsatzberichten von der Naval Air Station San Diego], aber er war nicht so ein Geheimniskrämer wie alle anderen.«[42]

Es sollte auch nicht unerwähnt bleiben, dass *Operation Paperclip* offiziell bis 1990 andauerte und die Rekrutierungsmaßnahmen für die amerikanische Aerospace-Industrie bisweilen sogar noch ausgedehnt wurden, um die begabtesten deutschen Wissenschaftler zu gewinnen, die es in andere Länder verschlagen hatte:

»Ein anderes Programm, dessen Codename einfach *Projekt 63* lautete, war speziell entwickelt worden, um deutsche Wissenschaftler aus Europa und weg von den Sowjets zu bekommen.

›Die meisten nahmen Stellen an Universitäten oder in Vertragsfirmen der Verteidigungsindustrie an, nicht bei der US-Regierung … Folglich zahlte der amerikanische Steuerzahler die Zeche für ein Projekt, das dazu diente, früheren Nazis Jobs bei Lockheed, Martin Mariet-

> ta, North American Aviation und anderen Verteidigungspartnern in einer Zeit zu verschaffen, in der viele amerikanische Ingenieure in der Flugzeugindustrie entlassen wurden.‹ … *Paperclip* begann wieder zu wachsen. Im Rahmen von *Projekt 63* und aus nationalem Interesse wurden Wissenschaftler aus Deutschland, Österreich und anderen Ländern geholt und bekamen Stellen an vielen Universitäten und bei Verteidigungspartnern, darunter der Duke University, RCA, Bell Laboratories, Douglas Aircraft und Martin Marietta.«[43]

Nach Byrds überraschender antarktischer Niederlage verwendeten die Deutschen ihre versteckten Stützpunkte und fortgeschrittenen Technologien zu Fliegenden Untertassen, um die Administrationen Trumans und Eisenhowers zu nötigen, geheime Abmachungen zu akzeptieren. Dies gipfelte im Überflug Washingtons 1952, der dazu führte, dass sich die Verhandlungen zwischen Washington, DC, und der deutschen Kolonie in der Antarktis beschleunigten.

Der Überflug von Washington 1952

Tompkins enthüllte in verschiedenen Interviews, dass der Überflug von den Deutschen aus ihren antarktischen Stützpunkten heraus organisiert worden war. In einem privaten Gespräch fragte ich ihn, ob in der Antarktis stationierte NS-Raumschiffe im Sommer 1952 die USA überflogen hätten. Er antwortete:

> »Die Antwort ist natürlich Ja. Einige trugen eine Swastika, manche ein deutsches Hakenkreuz, aber es waren alles Maschinen eines außerirdischen Typs, den die Deutschen allerdings studiert, erforscht oder was auch immer und in Produktion genommen hatten.
>
> Diese Fluggeräte wurden also nicht von Außerirdischen gesteuert und waren auch keine außerirdischen Maschinen. Es waren deutsche Maschinen, die den Deutschen von den Reptiloiden übergeben worden waren, aber es waren Flugmaschinen, die man in den Produktionsanlagen der Antarktis hergestellt hatte.«[44]

Ähnliches sagt auch Goode in einem Interview:

> »Sie hatten von ihren *Paperclip*-Spionen auch die Geheiminformation erhalten, dass die Amerikaner eine Präsidentenverordnung umgesetzt hatten, die die Existenz außerirdischen Lebens zu dem am strengsten geheim gehaltenen Thema auf dem Planeten machte. Der Grund lag in der Entwicklung und Verbreitung freier Energie, die schnell den Ölhandel zerstört hätte und kurz darauf auch das ganze babylonische Geldzaubersklavensystem, das sämtliche Eliten anwenden, um die Massen zu kontrollieren. Die Nazis nutzten das zu ihrem Vorteil bei einigen sehr bekannten öffentlichen Feindflügen über Washington, DC, und streng geheimen Stützpunkten zur atomaren Kriegführung, um nur etwas davon zu erwähnen. Eisenhower gab schließlich nach und unterzeichnete einen Vertrag mit ihnen (und ein paar anderen Gruppen sowohl von Außerirdischen als auch von antiken Zivilisationen, die vortäuschten, Außerirdische zu sein).«[45]

Tompkins' und Goodes umstrittene Behauptungen werden von Clark McClelland gestützt, der vierunddreißig Jahre lang bei der NASA ge-

Abb. 24: Foto des Überflugs von Washington, DC (1952)

arbeitet hat und seine Karriere als Raumschiff-Operator beendete. In der Lieferung vom 3. August 2015 seines in Fortsetzungen vertriebenen eBooks *The Stargate Chronicles* (»Die Sternentor-Chroniken«, nicht ins Deutsche übersetzt) schreibt McClelland:

> »Die sehr flinken, fortschrittlichen Maschinen, die Washington, DC, überflogen, waren diese topmodernen deutschen Fluggeräte, die hoch entwickelte amerikanische Maschinen vollkommen überflügelten. Am 12. Juli 1952 beobachtete Präsident Truman einige der UFOs und war völlig erstaunt über deren Möglichkeiten, die USAF auszumanövrieren … hoch entwickelte Kampfflugzeuge … [Lockheed F-94 *Starfire*]. Die US-Flieger wurden losgeschickt, um eines herunterzuholen. Keiner konnte mit der Geschwindigkeit der deutschen Untertassen fliegen.«[46]

McClelland beschreibt auch die Rolle der Nazi-Wissenschaftler, die in die Antarktis geflogen waren, und in welchem Zusammenhang sie mit dem Überflug Washingtons von 1952 standen:

> »… weil ich mit den deutschen Forschern zusammenarbeitete, die von Dr. Wernher von Braun 1946/47 in die USA gebracht wurden. Einige erzählten mir, dass deutsche Wissenschaftler des Zweiten Weltkriegs vor der Niederlage Deutschlands zu vielen Tausenden aus Deutschland geflohen waren. Sie begaben sich in der Ostsee an Bord fortschrittlicher U-Boote. Dann wurden sie alle zu der unterirdisch am Südpol gelegenen Station gebracht, in die Antarktis. Manche nannten sie Hitlers Shangri La. Diese Wissenschaftler bauten fortgeschrittene Antigravitationsmaschinen, die viele Jahre lang unseren Luftraum durchflogen. Und sie tun es noch immer. 1952 wurden sie von Präsident Harry S. Truman über Washington, DC, beobachtet. Ganz recht, wir hatten keine Flugzeuge, die diese deutschen Flugmaschinen daran hätten hindern können, 1952 unsere Landeshauptstadt zu überfliegen. Wieder einmal zeigte deutsche Forschungskompetenz den USA, wer der Chef war.«[47]

Zusätzlich zu der brutalen Vorführung technischer Überlegenheit durch das überlebende Nazi-Regime behaupten Goode, Tompkins und

McClelland, dass es eine umfassende Unterwanderung des Militärisch-Industriellen Komplexes durch NS-Sympathisanten gab. Unter den Tausenden früherer Nazi-Wissenschaftler und Nazi-Techniker, die zu *Operation Paperclip* gehörten, waren auch Spione der in der Antarktis ihre Stützpunkte betreibenden deutschen Exilgruppen, deren Aufgabe darin bestand, das amerikanische Weltraumprogramm und den Militärisch-Industriellen Komplex zu infiltrieren. Letzterer war dabei erfolgreich, seine eigene »Abtrünnigen-Zivilisation« zu etablieren, die laut Goode von Nazi-Spionen, die man die Karriereleiter hinaufbeförderte, unterwandert und übernommen wurde:

> »Als Truman und Eisenhower Verträge mit den Exilzivilisationen und Exilgesellschaften der Nazis unterzeichneten, rutschten die bereits gut (im Militär, in Industriekonzernen, beim Geheimdienst und bei schon eingerichteten öffentlichen sowie Geheimen Weltraumprogrammen) platzierten Agenten von *Operation Paperclip* in dem gewaltigen industriellen Komplex der USA leicht in noch machtvollere und einflussreichere Positionen hinein, die sie begehrten, um ihre Operationen im Weltraum auszuweiten …«[48]

Nach dem Überflug Washingtons 1952 wurden Verhandlungen aufgenommen, und einige zermürbende Jahre später wurde endlich eine Abmachung mit der deutschen Antarktiskolonie erzielt, die sich mit Hilfe der »Bruderschaft« ausgedehnt hatte – mit deren Industriellen und den nationalen Eliten auf der ganzen Welt, welche die in der Antarktis tätigen deutschen Firmen unterstützten.

Die endgültige Vereinbarung wurde im Februar 1955 im Air-Force-Stützpunkt Holloman getroffen.

Anmerkungen

1 Ausführlich schildern diese Auswanderung in die Antarktis und nach Südamerika Joscelyn Godwin in *Arktos: The Polar Myth in Science, Symbolism and Nazi Survival* und Jim Marrs in *Alien Agenda*; pp. 107-113. Siehe auch Branton, *The Omega Files; Secret Nazi UFO Bases Revealed* (Inner Light Publications, 2000). Online zugänglich unter http://www.think-about-it.com (aufgerufen am 30.6.2015)

2 Privates Interview mit William Tompkins am 30. April 2017.

3 Transkript eines Interviews in *Cosmic Disclosure*: »SSP Testimonials with William Tompkins«; http://spherebeingalliance.com/blog/transcript-cosmic-disclosure-ssp testimonials-with-william-tompkins.html

4 Richard K. Wilson und Sylvan Burns, *Secret Treaty: The United States Government and Extraterrestrial Entities* (N.A.R, 1989), zitiert nach http://www.thewatcherfiles.com/alien-treaty.htm (aufgerufen am 30.6.2015)

5 Interview von Linda Moulton Howe auf *Earthfiles*; http://www.earthfiles.com/news.php?ID=1464&category=Real%20X-Files (aufgerufen am 4.4.2015)

6 Ebd.

7 Eine ausführliche Darstellung der fortgeschrittenen Technologie, die NS-Deutschland hinterlassen hat, findet sich in »Secrets of the Third Reich«; https://www.bibliotecapleyades.net/ufo_aleman/esp_ufoaleman_8a.htm (aufgerufen am 18.11.2017)

8 Zur Frage, wie führende Nazis angefangen haben, Vermögenswerte und Ressourcen nach Südamerika zu schaffen, äußert sich Marrs in *Alien Agenda*; pp. 107-113.

9 »Antarctic Enigma«; http://www.bibliotecapleyades.net/tierra_hueca/esp_tierra_hueca_6c.htm (aufgerufen am 7.8.2015)

10 Privates Interview mit William Tompkins am 30. April 2017.

11 In der Einleitung zu Renato Vesco und David Hatcher Childress, *Man-Made UFOs 1944-1994: 50 Years of Suppression* (AUP Publishers, 1994/2005).

12 Interview per eMail mit Corey Goode am 20. Mai 2015; http://exopolitics.org/corporate-bases-on-mars-and-nazi-infiltration-of-us-secretspace-program/

13 Transkript eines Interviews mit William Tompkins am 14. April 2016; http://exopolitics.org/interview-transcript-reptilian-aliens-helped-germansestablish-space-program-in-antarctica/

14 Zur Frage, ob von den Nazis entwickelte Fliegende Untertassen in der Nachkriegszeit beobachtet wurden, siehe »Secrets of the Third Reich«; https://www.bibliotecapleyades.net/ufo_aleman/esp_ufoaleman_8a.htm (aufgerufen am 18.11.2017)

15 »The Antarctic Enigma«; http://www.bibliotecapleyades.net/tierra_hueca/esp_tierra_hueca_6c.htm (aufgerufen am 7.8.2015). Für weitere Hinweise auf *Operation Highjump* siehe Branton, *The Omega Files*; online zugänglich unter http://www.thinkaboutit.com/Omega/files/omega3.htm (aufgerufen am 6.7.2015)

16 »The Antarctic Enigma«; http://www.bibliotecapleyades.net/tierra_hueca/esp_tierra_hueca_6c.htm (aufgerufen am 7.8.2015)

17 Privates Interview mit William Tompkins am 30. April 2017.

18 Darstellung von Donald Ware in »Sharing Earth: Various Intelligent Species«, International UFO Congress; https://youtu.be/mL_pTaiJZHo?t=1h8m50s (aufgerufen am 15.11.2017)

19 John Livermore, »Goering's Hi Tech Mission: The German Antarctic Expedition 1938-9«; http://johnlivermore.com/files/GERMAN%20ANTARCTIC%20EXPEDITION%201938.doc (aufgerufen am 7.8.2015)

20 Zitiert nach »Admiral Byrd's 1939 Antartic And … The Mysterious Snow Cruiser«; http://www.bibliotecapleyades.net/tierra_hueca/esp_tierra_hueca_18.htm (aufgerufen am 7.8.2015)

21 Siehe »The Antarctic Enigma«; http://www.bibliotecapleyades.net/tierra_hueca/esp_tierra_hueca_6c.htm (aufgerufen am 7.8.2015)

22 Lee van Attas Artikel ist online zugänglich unter https://www.bibliotecapleyades.net/imagenes_antartica/antartica22_03.gif (aufgerufen am 13.11.2017)

23 Die Übersetzung wurde mir von Linda Moulton Howe und Duncan Roads zur Verfügung gestellt: »Operation Highjump Photos from Anonymous Source«; https://www.earthfiles.com/news.php?ID=2577&category=Science (aufgerufen am 13.11.2017)

24 Die Übersetzung wurde mir von Linda Moulton Howe und Duncan Roads zur Verfügung gestellt: »Operation Highjump Photos from Anonymous Source«; https://www.earthfiles.com/news.php?ID=2577&category=Science (aufgerufen am 13.11.2017)

25 »Third Reich – Operation UFO (Nazi Base In Antarctica) Complete Documentary«; https://youtu.be/MwUpPwyyvLw (aufgerufen am 6.7.2015)

26 *New Dawn*, »Our Real War of the Worlds«; http://www.newdawnmagazine.com/specialissues/new-dawn-special-issue-vol-6-no-5 (aufgerufen am 6.7.2015)

27 Ebd.

28 »List of torpedo boats of the United States Navy«, Wikipedia; https://en.wikipedia.org/wiki/List_of_torpedo_boats_of_the_United_States_Navy (aufgerufen am 7.8.2015)

29 »USS Maddox«, Wikipedia; https://en.wikipedia.org/wiki/USS_Maddox

30 Our Real »War of the Worlds«; http://www.newdawnmagazine.com/specialissues/new-dawn-special-issue-vol-6-no-5 (aufgerufen am 6.7.2015)

31 Siehe Raymond W. Bernard, *The Hollow Earth: The Greatest Geographical Discovery in History Made by Admiral Richard E. Byrd in the Mysterious Land Beyond the Poles – the True Origin of the Flying Saucers* (Bell Publishing Co.). Eine Online-Diskussion über Sichtungen Außerirdischer in der Antarktis (»The Antarctic Enigma«) findet sich auf http://www.bibliotecapleyades.net/tierra_hueca/esp_tierra_hueca_6c.htm (aufgerufen am 7.8.2015)

32 Stein wurde von Linda Moulton Howe interviewt, siehe *Earthfiles*; http://www.earthfiles.com/news.php?ID=1464&category=Real%20X-Files (aufgerufen am 24.9.2014)

33 Das Zitat aus einem Interview mit Admiral Byrd findet sich bei Lee van Atta: »On Board the Mount Olympus on the High Seas«, *El Mercurio* (Santiago de Chile, 5. März 1947). Siehe »The Antarctic Enigma«; http://www.bibliotecapleyades.net/tierra_hueca/esp_tierra_hueca_6c.htm (aufgerufen am 7.8.2015)

34 Interview mit Corey Goode am 19. Mai 2014: »Corporate bases on Mars and Nazi infiltration of US Secret Space Program«; http://exopolitics.org/corporatebases-on-mars-and-nazi-infiltration-of-us-secret-space-program/ (aufgerufen am 30.6.2015)

35 Das Tagebuch von Admiral Richard Byrd ist online zugänglich unter http://www.bibliotecapleyades.net/tierra_hueca/esp_tierra_hueca_2d.htm

36 William Tompkins, *Selected by Extraterrestrials*; p. 139.

37 Zum Umbau nuklear betriebener U-Boote siehe Michael E. Salla, *The US Navy's Secret Space Program and Nordic Extraterrestrial Alliance* (Exopolitics Consultants, 2017), p. 148ff. – Dt. Ausgabe: *Das Geheime Weltraumprogramm der U.S. Navy & Die Allianz mit den Nordischen*, Amra Verlag, Hanau 2019, S. 173ff.

38 Interview mit William Tompkins von Major George Filer und Frank Chille auf *Rense Radio* am 4. Mai 2016. Ein Transkript ist verfügbar unter http://spherebeingalliance.com/blog/the-amazing-story-continues-part1.html.

39 Interview mit Corey Goode am 19. Mai 2015: »Corporate bases on Mars and Nazi infiltration of US Secret Space Program«; http://exopolitics.org/corporate

bases-on-mars-and-nazi-infiltration-of-us-secret-space-program/ (aufgerufen am 30.6.2015)

40 Jim Marrs, *The Rise of the Fourth Reich*; p. 151f. – Dt. Ausgabe: *Der Aufstieg des Vierten Reiches*, Kopp Verlag, Rottenburg 2009.

41 Ebd.; p. 153.

42 Privates Interview mit William Tompkins am 30. April 2017.

43 Jim Marrs, *The Rise of the Fourth Reich*; p. 154f. – Dt. Ausgabe: *Der Aufstieg des Vierten Reiches*, Kopp Verlag, Rottenburg 2009.

44 Privates Interview mit William Tompkins am 30. April 2017.

45 Interview mit Corey Goode am 19. Mai 2014: »Corporate bases on Mars and Nazi infiltration of US Secret Space Program«; http://exopolitics.org/corporatebases-on-mars-and-nazi-infiltration-of-us-secret-space-program/ (aufgerufen am 30.6.2015); http://www.stargate-chronicles.com/site/

46 Clark McClelland, *The Stargate Chronicles*, Kapitel 28; http://www.stargatechronicles.com/site/

47 Clark McClelland, *The Stargate Chronicles*, Kapitel 32; http://www.stargatechronicles.com/site/

48 Interview mit Corey Goode am 19. Mai 2014: »Corporate bases on Mars and Nazi infiltration of US Secret Space Program«; http://exopolitics.org/corporatebases-on-mars-and-nazi-infiltration-of-us-secret-space-program/ (aufgerufen am 30.6.2015)

5 Die geheime Vereinbarung: Die Kollaboration des amerikanischen Militärisch-Industriellen Komplexes in der Antarktis

Präsident Eisenhowers geheimes Treffen im Air-Force-Stützpunkt Holloman

Am 10. Februar 1955 flog Präsident Dwight D. Eisenhower mit der *Air Force One* von Washington, DC, zu einem »Jagdausflug« nach Thomasville in Georgia. Er wurde von einem Charterflugzeug voller Presseleute begleitet. Später, nach der Landung, verschwand Eisenhower an jenem Nachmittag für die nächsten sechsunddreißig Stunden aus der Sicht der Presse. Sein Pressesprecher James Hagerty teilte den Medien mit, dass Ike und sein Diener »einen Schnupfen auskurieren …«[1] Indizien und beweiskräftige Aussagen zeigen jedoch, dass er sich in Wahrheit am 11. Februar insgeheim zur Holloman Air Force Base in New Mexico begeben hatte, um dort Vertreter der deutsch-reptiloiden Allianz zu treffen, die hinter dem Flug über Washington von 1952 stand.

Das Treffen in Holloman fand fast genau ein Jahr nach der Begegnung am 20. Februar 1954 in der Edwards Base statt, wo menschlich aussehende, »nordische« Außerirdische versucht hatten, die Eisenhower-Administration von der Entwicklung thermonuklearer Waffen abzubringen und sie vor den Reptiloiden und ihren deutschen Verbündeten warnten.[2] Das Ansinnen der Nordischen wurde zurückgewiesen, öffnete allerdings die Tür für Verträge, die schließlich mit den Reptiloiden/Deutschen abgeschlossen wurden.

Noch einmal gesagt: Es gibt sowohl Indizien als auch Zeugenberichte, denen zufolge Eisenhower heimlich zum Air-Force-Stützpunkt Holloman flog, um ein Abkommen mit den in der Antarktis stationierten Deutschen zu schließen, die mit einer Gruppe von reptiloiden/grauen Außerirdischen zusammenarbeiteten. Der erste Augenzeugenbericht stammt von dem UFO-Forscher Art Campbell in seinem Interview von 2007 mit einem Wachmann der *Air Force One* (alias *Columbine III*), der bezeugte, dass die Maschine die Spence Air Force Base, Georgia, am 11. Februar um 4:00 Uhr morgens mit Eisenhower an Bord heimlich verließ. Campbell schilderte sein Gespräch mit dem Sicherheitsbediensteten folgendermaßen:

> »Dann sagte er …: ›Ich erinnere mich an einen Trip hinunter nach Südgeorgia (bei dem er nicht dabei war), wo ungefähr ein Dutzend sich in diese klitzekleine Stadt begaben.‹ Er fuhr mit der Mitteilung fort, dass die Flugzeugcrew keine Fragen stellte, am folgenden Tag aber den Grund dafür erfuhr. Etwa um 3:00 Uhr hörten sie, dass der Präsident in einer Stunde abreisen würde. ›Wir waren immer auf so etwas vorbereitet und die Maschine hob dann auch wirklich eine Stunde später ab.‹ Er sagte, ungefähr eine halbe Stunde, bevor das Flugzeug abflog, bremsten zwei Autos der Air Force und sechs Agenten kamen an Bord. Sie waren für etwa einen Tag in einem Motel in der Nähe einquartiert. Die anderen Agenten in dem kleinen Städtchen fuhren geschäftig in ihren abgedunkelten Fahrzeugen herum und gaukelten dadurch vor, dass der Präsident dort sei. Niemand bemerkte, dass der Präsident etwa einen Tag später in der Nacht wieder zurückkam, und niemand hat je erfahren, dass er überhaupt weg war.«[3]

Eine weitere Zeugenaussage stammt von dem früheren USAF-Mediziner Bill Kirklin, der vom 1. März 1954 bis zum 5. August 1955 im Hospital der Holloman Air Force Base stationiert war. Er behauptet, dass ihm der bevorstehende Besuch Eisenhowers im Februar 1955 angekündigt worden sei. Kirklin schreibt:

> »… wir hörten, dass der Präsident nach Holloman kommen würde. Ich wusste, dass es eine Ehrenparade für ihn geben sollte. Captain

Reiner fragte mich, ob ich an der Parade teilnehmen wollte. Ich sagte: ›Nein.‹ Er sagte: ›Gut. Du wirst Dienst schieben.‹ Die Parade war für den frühen Morgen vorgesehen. Am Tage bevor sie stattfinden sollte, wurde sie abgesagt.«[4]

Am Ende des Tages von Eisenhowers Besuch sah Kirklin seinem Bericht zufolge die *Air Force One* die Basis verlassen und über ein gesperrtes Gebiet fliegen:

»Nach der Arbeit war ich in meiner Baracke, als ich hinausgerufen wurde, um die *Air Force One* über uns fliegen zu sehen. Sie flog über den Wohnbereich des Stützpunktes hinweg. Dieser ist für sämtliche Militärflugzeuge KEINE FLUGZONE. Nur der Präsident konnte damit durchkommen.«[5]

Das oben Genannte ist ein stichhaltiger Indizienbeweis dafür, dass sich Eisenhower nicht in Georgia erholte, wie sein Pressesprecher verkündet hatte. Vielmehr hielt sich Eisenhower insgeheim mehr als dreitausend Kilometer entfernt in der Holloman Air Force Base auf. Einige weitere Zeugen haben obendrein aus erster Hand noch verschiedene Aspekte von Eisenhowers tatsächlicher Begegnung mit UFOs und deren Besatzungen aufgedeckt.

Kirklin behauptet, er habe gehört, wie eine Anzahl Leute Bemerkungen über die Fliegenden Untertassen machten, die während Eisenhowers Besuch in der Holloman AFB eintrafen. Einer sei sein Kollege Dorsey gewesen, der zu ihm sagte:

»›Kirklin, hast du die Scheibe gesehen, die über dem Flugfeld schwebte?‹

›Nein.‹ Dabei denke ich an etwas Kleines, das man in der Hand hält wie einen Diskus, denn die einzigen Flugzeuge, von denen ich wusste, dass sie schweben konnten, waren die Hubschrauber und Luftkissenboote der Navy. Es gab nicht so viele Hubschrauber in Holloman. ›Woraus besteht sie?‹ Ich denke an eine hölzerne Scheibe mit einer stählernen Kante.

›Sieht wie polierter Edelstahl oder Aluminium aus. Du weißt schon – einfach metallisch funkelnd und glänzend.‹

Ich fragte: ›Wie groß ist sie?‹

›Sechs bis neun Meter im Durchmesser. Möchtest du sie sehen?‹

›Klar. Aber bei meinem Glück wird sie nicht mehr da sein.‹

Dorsey entgegnete: ›Sie war dort, als ich meine Frau zum Lebensmittelshop brachte, und sie war noch dort, als wir dreißig Minuten später wieder herauskamen. Geh raus vor das Hospital und sieh sie dir an.‹«[6]

Kirklins Bericht von dem, was sein Kollege sah, ist zutreffend, denn wenigstens eine Fliegende Untertasse schwebte während Eisenhowers Besuch für mindestens dreißig Minuten nachweislich über dem Flugfeld des militärischen Stützpunktes.

Später ging Kirklin in die Kantine und wurde dabei, wie er sagt, Zeuge des folgenden Gesprächs:

»Auf dem Rückweg folgte ich zwei Piloten. Der Linke trug eine Uniform in Khaki, der Rechte eine in Winterblau. Ich folgte ihnen und lauschte ihrem Gespräch.

Der Linke: ›Warum in Blau?‹

Der Rechte: ›Ich bin der Tagesoffizier, ich war bei der Basis-Operation, als die *Air Force One* ankam. Hast du sie gesehen?‹

Der Linke: ›Ja. Ein stattlicher Vogel, was?‹

Der Rechte: ›Stimmt. Sie kamen runter, machten kehrt und blieben auf der aktiven Landebahn. Wir schalteten das RADAR aus und warteten.‹

Der Linke: ›Warum hast du das RADAR ausgeschaltet?‹

Der Rechte: ›Wurde uns so befohlen. Ich denke, das Ding, das bei Roswell abstürzte, ist vom Doppler-Radar getroffen worden. Es war eine der ersten Installationen, die man in den USA hatte. Jedenfalls kamen sie niedrig über die Berge rein und flogen über das Testgelände.

Der Linke unterbrach ihn: ›Ich habe gehört, dass es drei waren und eines beim Denkmal gelandet ist.‹

Der Rechte: ›Kann schon sein, dass eines beim Denkmal geblieben ist. Ich habe nur zwei gesehen. Eines schwebte oberhalb, als ob es das andere schützen würde. Das andere landete auf der aktiven [Landebahn] vor dem Flugzeug. Er stieg aus dem Flugzeug und ging darauf zu. Eine Tür öffnete sich und er ging für vierzig oder fünfundvierzig Minuten hinein.‹

Der Linke: ›Konntest du etwas sehen? Waren es Greys?‹

Der Rechte: ›Keine Ahnung. Könnten schon welche gewesen sein. Aber sehen konnte ich sie nicht. Ich hatte kein Fernglas.‹ …

Der Linke: ›Glaubst du, es waren dieselben, die letztes Jahr in Palmdale waren?‹

Der Rechte: ›Kann schon sein … Keine Ahnung.‹

Der Linke: ›Hast du sie gesehen, als sie ausstiegen?‹

Der Rechte: ›Nein. Sie sind drin geblieben. Er hat ihnen die Hände geschüttelt und ging zurück zu seinem Flugzeug.‹«

Wichtig ist hierbei, dass diese Piloten mitteilen, Eisenhower sei aus der *Air Force One* ausgestiegen und habe sich mit der Besatzung der Fliegenden Untertasse getroffen, die am Ende der Startbahn für mindestens fünfundvierzig Minuten wartete.

Weiterhin ist bedeutsam, dass die Piloten das Treffen von Palmdale (Edwards AFB) im Februar 1954 erwähnen. Und das vielleicht Bemerkenswerteste ist das Händeschütteln am Ende der Begegnung. Es ist ein Beleg dafür, dass eine Übereinkunft oder ein Vertrag erzielt wurde. Wie ich in Kürze zeigen werde, ist dies in der Tat das, was am 11. Februar 1955 in Holloman geschehen ist.

Die Familie eines Stützpunkt-Elektrikers, der in Holloman arbeitete und beobachtete, wie sich dem Gebiet, in dem die *Air Force One* stand, eine Fliegende Untertasse näherte, nahm später mit Art Campbell Kontakt auf. Er erhielt einen Brief des Elektrikers, in dem dieser ihm schilderte, was geschehen war:

»An dem Tag, an dem der Präsident kam, fuhren wir also mit dem Truck zu einer Arbeit hinaus, bei der wir einige Kabel im Bereich des Flugfeldes ersetzten … Wir hörten dann beim Morgenappell, dass das Präsidentenflugzeug sich näherte, und sahen es auf der fernen Landebahn runtergehen. Wir warteten darauf, dass es zur Parkfläche rollte, um ihn zu sehen, aber wir hörten es nicht mehr. Es war irgendwo da draußen abgestellt worden … Einer der Männer … sagte, dass man von einer Stange weiter drüben Ausschau halten könne; warum nicht einer von uns diese Stange hinaufklettere und nachsähe, wo das Flugzeug bliebe? Gut, ich hatte eines meiner Steigeisen an und … stieg mit dem Rücken zur Sonne die Stange hoch, eine Sicherheitsmaßnahme, bei der mein Rücken der Startbahn zugewandt war, von der wir dachten, dass dort seine *Connie* stünde. *Connie* war der Spitzname für die große *Constellation* [ein viermotoriges Propellerflugzeug von Lockheed], die der Präsident flog … Einige Minuten später … konnte ich kaum glauben, was ich sah. Da kam dieses schmale Blechding etwa 450 Meter entfernt auf mich zu. Ich dachte, es wäre ferngesteuert oder so. Als es noch 70 bis 90 Meter entfernt war, kletterte ich die Stange so schnell ich konnte wieder hinunter … Während ich zu dem großen Hangar rannte, blickte ich zurück; es hatte angehalten und schwebte dort einfach.«[7]

Die Geschichte des Elektrikers ist sehr aufschlussreich, zumal es sich um ein seltenes Zeugnis aus erster Hand handelt, dass Eisenhowers *Air Force One* am Ende der Landebahn gelandet ist und auf ein Treffen mit einer Fliegenden Untertasse wartete.

Ein anderer unmittelbarer Zeuge ist ein Pilot, dessen Flugzeug am Morgen von Eisenhowers Ankunft auf dem Air-Force-Stützpunkt Holloman festgehalten wurde. Der Pilot, Staff Sergeant Wykoff, enthüllt in einem Interview, was geschah:

»Wir mussten Fracht mit massig viel Zeug löschen. Teile, die sie brauchten, und die Landebahn war total leer. So etwas hatte ich vorher noch nicht gesehen. Wir sahen, als wir dort waren, wie die *Air Force One* runterkam, hatten jedoch keinen Schimmer, wer das war. Und dann tauchte ein Offizier auf und erzählte uns, dass wir nicht starten könnten. Der Pilot meinte, wir müssten starten. Aber der Offizier sagte: Nun ja, Präsident Eisenhower ist da, und Sie dürfen dieses Feld erst verlassen, wenn er wieder weg ist. Und ich sagte: Über die Lautsprecher hört man doch ohnehin alles, aber es hat nichts genutzt. Ich hätte ihn echt gern gesehen … Wir hatten keine Freigabe, die Kantine zu betreten, und einer der anderen Offiziere, ein Offizier höheren Ranges, kam zu uns herüber und fragte uns, ob wir hineingehen und etwas essen und uns seine Rede anhören wollten. Die meisten von uns bejahten das, weil sie ihn sehen wollten. Ich kam aber nicht dazu, ihm die Hand zu schütteln oder so, weil ich nicht die richtige Dienstmarke oder Freigabe hatte, um reinzukommen, aber ganz zum Schluss ließen sie uns dann doch rein, und wir aßen etwas und hörten uns seine Rede an.«[8]

Noch einmal: Wykoff ist ein seltener Augenzeuge, der tatsächlich beobachtet hat, wie Eisenhower heimlich auf dem Air-Force-Stützpunkt Holloman eintraf, um einige klassifizierte Tätigkeiten auszuführen. Die klassifizierte Natur von Eisenhowers Tätigkeiten wird in den nachfolgenden Erinnerungen Bill Kirklins an ein Gespräch offengelegt, das er im Krankenhaus des Stützpunktes mit einem Arzt führte, der den Rang eines Captains und Lieutenant Colonels bekleidete:

»Nach dem Abendessen sah ich, dass das Licht im Büro des Flugarztes immer noch an war, und ging hinüber, um es auszumachen. Ich sah Dr. Reiner mit einem Lieutenant Colonel sprechen … Der Colonel sagte: ›Er war im Provianthangar. Ich stand dort mit ihm und ein paar anderen ganz vorne. Ich war auf der Bühne. Der Hangar hat nur für 225 Männer Stehplätze.‹

Dr. Reiner: ›Ich habe gehört, er soll im Kino des Stützpunkts gewesen sein.‹

Lieutenant Colonel: ›Gut möglich. Er hat nur ein paar Minuten gesprochen. Dann sprach der Stützpunkt-Kommandant etwa zwanzig Minuten lang. Er hatte jede Menge Zeit, um zum Kino zu gehen und wieder zurück zu kommen.‹

Dr. Reiner: ›Zu wieviel Menschen hat er denn gesprochen?‹

Lieutenant Colonel: ›Ich war zwei Mal dort, nur Stehplätze. Jedes Mal 225 Mann. Vielleicht hat es einen weiteren Auftritt gegeben, aber wenn er noch mal gesprochen hat, war ich jedenfalls nicht dort.‹

Ich fragte: ›Wer hat gesprochen?‹

Lieutenant Colonel: ›Der Oberkommandierende.‹

Ich sagte: ›Der Präsident … Worüber sprach er denn?‹

Lieutenant Colonel: ›Das ist klassifiziert.‹

›Vertraulich?‹

›Höher.‹

›Geheim?‹

›Höher.‹

›Oh‹, sagte ich.

Lieutenant Colonel: ›Was meinen Sie mit ›Oh‹?‹

›Das geht mich nichts an. Ich habe nur eine Freigabe für ›geheim‹.‹

Lieutenant Colonel: ›An Ihrer Stelle würde ich das nicht erwähnen.‹«

Wenn Kirklins Erinnerung richtig ist, waren die Tätigkeiten, die Eisenhower am 11. Februar 1955 im Air-Force-Stützpunkt Holloman ausführte, noch höher als »streng geheim« eingestuft. Das Stützpunktpersonal wurde in einen großen Hangar gebracht und in Gruppen von 225 Personen unterwiesen.

Weitere Beweise stammen von Clark McClelland, der ausgiebig mit deutschen Wissenschaftlern wie Wernher von Braun, Kurt Debus und vielen anderen verkehrte, als er in den Anlagen der NASA in Florida arbeitete. McClelland schildert, was ihm Dr. Ernst Steinhoff, ein anderer deutscher *Paperclip*-Wissenschaftler, über das Ereignis von Holloman mitteilte. Zur Zeit dieses Geheimtreffens besuchte Steinhoff Holloman wegen seiner bevorstehenden Versetzung dorthin.

»Dr. Steinhoff ... sagte, er sei während eines so genannten Überraschungsbesuchs von US-Präsident Eisenhower dort gewesen, der angereist war, ohne vorher jemanden auf dem Stützpunkt darüber in Kenntnis zu setzen ... Zwar wusste der Base Officer der U.S. Air Force, der Holloman leitete, Colonel Sharp, von seiner bevorstehenden Ankunft, aber sonst keiner der dort Tätigen ... Es war eine große Überraschung für alle anderen, als sie das große Flugzeug landen sahen ...«[9]

Dies stimmt mit dem überein, was Kirklin und andere über die Landung Eisenhowers auf dem Air-Force-Stützpunkt Holloman gesagt haben.

McClelland berichtete weiterhin, dass Steinhoff ihm mitgeteilt habe, an dem Treffen seien Deutsche aus antarktischen Stützpunkten beteiligt gewesen:

»Es war eine deutsche Fliegende Untertasse, die er [Steinhoff] und andere im Stützpunkt sahen. Präsident Eisenhower, der deutscher Abstammung war, wurde das klar, als er beim Besteigen der Untertasse auf einen deutschen Offizier traf. Da begriff der Präsident, warum niemand herauskam, um ihn zu begrüßen, als er die hochmoderne deutsche Flugmaschine betrat.«[10]

Weiterhin verweist McClelland auf die Verbindung zwischen der Maschine, die in Holloman landete, und jenen, die im Juli 1952 Washington, DC, überflogen hatten:

»Ich erinnere mich an etwas, was ich Dr. Kurt Debus zu Dr. Knoth, dem leitenden Wissenschaftler am KSC [Kennedy Space Center], sagen hörte, als ich eines Tages sein Büro betrat. Er sprach von einer V-7-Maschine und mein Eintreten ließ beide aufschrecken. Ich entschuldigte mich bei ihnen, einfach hineingegangen zu sein. Dr. Debus sagte ›Schon in Ordnung, Clark‹ zu mir. Später erfuhr ich von anderen deutschen Forschern, dass V-7 der Codename für ein untertassenförmiges deutsches Fluggerät ist, das man unter der Eiskappe des Südpols entwickelt hat. Es war derselbe Typ, der Washington, DC, überflogen und Präsident Truman sowie die Pentagon-Chefs 1952 in Angst und Schrecken versetzt hatte.«[11]

Schließlich bestätigte William Tompkins das Treffen mit Präsident Eisenhower auf dem Air-Force-Stützpunkt Holloman in seiner Antwort auf Fragen, die ich ihm in einem privaten Interview stellte:

»Salla [# 26]: Landeten in der Antarktis stationierte NS-Raumschiffe im Februar 1955 auf der Holloman Air Force Base wegen eines Treffens mit Präsident Eisenhower?

Tompkins: Zu Punkt 26 muss ich sagen, dass die Antwort auch hier Ja lautet. Eisenhower stimmte im Wesentlichen wie nach einer Kriegsniederlage zu, obwohl es eigentlich keine war. Aber es gab tatsächlich nichts, was er sonst hätte tun können, die andere Seite hatte alle Trümpfe in der Hand.

Salla: Es war im Grunde also eine Kapitulation, die ausgehandelt wurde.

Tompkins: Ja. Als hätte er diesen Krieg verloren. Er kapitulierte.«[12]

Ein geheimer Vertrag erlaubt den in der Antarktis stationierten Deutschen die Unterwanderung des Militärisch-Industriellen Komplexes der USA

Nachdem im Jahr 1955 Abmachungen erzielt worden waren, begannen Amerikaner und Deutsche einen Wettlauf, um festzustellen, wer den anderen schneller unterwandern könnte, aber die Welt hatte sich gegen die amerikanische Geheimdienstgemeinschaft verschworen. Corey Goode erläutert, was geschah:

> »Nachdem der Vertrag unterzeichnet worden war und die gemeinsamen Geheimen Weltraumprogramme tatsächlich starteten, glitten [den Amerikanern] die Dinge schnell aus der Hand und die Nazi-Exilantengruppe gewann das Rennen um die Infiltrierung und Übernahme der anderen Seite. Bald kontrollierten sie jeden Bereich der USA vom Finanzsystem bis zum Militärisch-Industriellen Komplex und kurz darauf auch alle drei Zweige der Regierung selbst.«[13]

Goode beschreibt die Übernahme als einen stillen Coup des deutschen Exilregimes, das erfolgreich sein Viertes Reich gegründet hat:

> »Während der 1950er Jahre und danach hatten sie den Militärisch-Industriellen Komplex sowie die Führung großer Konzerne mit Erfolg unterwandert und zersetzt; sie hatten effektiv die Kontrolle über die Leitung nicht nur der Programme der Abtrünnigenzivilisation, sondern auch der gewöhnlichen Regierung und des Finanzsystems gewonnen. Es war ein sehr wirkungsvoller und stillschweigender Coup, der ausschlachtete, was einst die amerikanische Republik war, und sie in eine Sache der Konzerne verwandelte, in der wir alle ›Vermögenswerte‹ mit eigenen Seriennummern sind. Dieser Plan wurde bereits lange vor dem Ersten Weltkrieg von diversen Geheimgesellschaften verfolgt, die das Finanzsystem beherrschten und, wie viele wissen, während der Kriege beide Seiten finanzierten.«[14]

Goodes Äußerungen werden gestützt von Tompkins' Erinnerungen, wie Tausende von NS-Wissenschaftlern im Rahmen von *Operation Paperclip* heimlich ins Land geholt wurden, um im Verborgenen die amerikanische Luft- und Raumfahrt-Industrie zu unterwandern:

> »Manche Firmen nahmen ein oder zwei deutsche Topleute auf. Woanders ließ man zwanzig in die Firma und in fast jeden Bereich innerhalb dieser Firma. ... Nicht nur Wissenschaftler. Es war furchtbar! Wir reden hier nicht von 160 Typen oder so, die herüberkamen. Es waren Tausende und Abertausende. Klar? Und sie waren nicht nur die Besten, sie waren brillant. Fast jede Firma also, die mit irgendeiner Gruppe innerhalb der Army, Navy und Air Force oder mit medizinischen Dingen zu tun hatte, wurde mit Deutschen vollgestopft. Einige von ihnen konnten kaum Englisch, aber sie kamen trotzdem und krempelten in den fortschrittlichen Entwicklungsbereichen de facto alles um. Es war also eine, ja, eine Übernahme des Luft- und Raumfahrtsektors dieses Landes.«[15]

Weitere Beweise aus erster Hand für einen stillen Coup beziehungsweise eine Übernahme durch das Vierte Reich finden sich in den Erinnerungen von Clark McClelland, der berichtet, Hans Kammler Mitte der 1960er Jahre bei der NASA gesehen zu haben.

McClelland erklärt, dass er sich mit Kammler im Büro des Direktors des Kennedy Space Centers getroffen hat, während Kurt Debus dort [von 1962 bis 1974] Direktor war:

> »Ich öffnete die Tür zu seinem Büro und erblickte zwei Leute, die ich am KSC noch nicht gesehen hatte. Er stellte mich beiden Männern vor. Während dieser Vorstellung nannte er mir nur ihre Vornamen ... Einer wurde mir als Siegfried und der andere als Hans vorgestellt ... Beide sahen aus wie hohe Nazi-Befehlshaber. ... Heute bin ich sicher, wer diese beiden Männer waren. Ich erfuhr schließlich von anderen deutschen Wissenschaftlern, dass einer von ihnen Siegfried Knemeyer gewesen ist. Er war ein sehr hochrangiger Nazi-Oberst in der Luftwaffe gewesen ... An den anderen Mann konnte ich mich nur schwer erinnern, bis ich ein älteres Foto von ihm aus der Zeit sah, als er in die USA

gekommen war. Meiner Ansicht nach war es Heinz (Hans) Kammler ... Es gab nach dem Zweiten Weltkrieg Gerüchte, dass Kammler einen Deal mit General George Patton ausgehandelt habe, ihm streng geheime deutsche Technologie zu übergeben, wenn er ihm dabei behilflich sei, in die USA zu gelangen. Das kann tatsächlich geschehen sein. Ich persönlich glaube, dass es so gewesen ist.«[16]

Aufgrund der geheimen Übereinkunft, die zwischen der Eisenhower-Administration und dem Vierten Reich getroffen wurde, war es nicht gestattet, die deutschen Wissenschaftler, die im Rahmen von *Operation Paperclip* hereingeholt wurden, unter militärische Aufsicht zu stellen, was sie für das Vierte Reich zu idealen Spionen machte, wie Jim Marrs erläutert:

»Die importierten Nazis hatten jede Möglichkeit, Informationen zur nationalen Sicherheit außer Landes zu schicken ... Es gab schon vier Monate nach ihrer Unterzeichnung eines Vertrags mit der US-Regierung keine weitere Kontrolle der Armee über die *Paperclip*-Spezialisten der Nazis.«[17]

Es gibt eine Fülle von Beweisen, dass *Paperclip*-Wissenschaftler für die in der Antarktis stationierte deutsche Kolonie spionierten, aber laut Marrs wegen eines geheimen Vertrags mit dem Vierten Reich nicht daran gehindert werden konnten:

»Man hat Fälle von Informationen, die von *Paperclip* aus weitergegeben wurden, den Behörden dargelegt, aber nichts wurde getan. Ein Geschäftsmann aus Fort Bliss meldete den *Paperclip*-Ingenieur Hand Lindenmayr dem FBI und behauptete, dass der Deutsche seine Geschäftsadresse als illegalen Briefkasten genutzt habe. Laut [dem früheren CIA-Agenten E. Howard] Hunt unterhielten mindestens drei weitere Nazis illegale Anschriften in El Paso, ›über die sie Geld von ausländischen oder unbekannten Quellen sowie verschlüsselte Botschaften aus Südamerika erhalten haben‹. Weiterhin wurde bekannt, dass viele *Paperclip*-Nazis Bargeld aus ausländischen Quellen bekamen.

›Weder Agenten der Army CIC noch des FBI wussten, woher das Geld kam, und allem Anschein nach kümmerte sich niemand darum zu erfahren, wodurch mehr als ein Drittel der *Paperclip*-Gruppe plötzlich in der Lage war, teure Autos zu kaufen‹, bemerkte Hunt.«[18]

Vielen NS-Wissenschaftlern von *Paperclip* wurde 1954/55 die Staatsbürgerschaft der USA gewährt und sie wurden aufgrund des staatsfeindlichen, mit dem Vierten Reich ausgehandelten Abkommens in Führungspositionen innerhalb des US-Weltraumprogramms befördert:

»... die Deutschen beherrschten das Raketenprogramm in einem solchen Ausmaß, dass sie die Chef- und Stellvertreterplätze in jeder größeren Abteilung und jedem Laboratorium innehatten. Und ihre Positionen am Marshall und dem Kennedy Space Center in Cape Canaveral, Florida, ähnelten denen, die sie während des Krieges bekleideten‹, schrieb Hunt. Der Leiter des Peenemünde-Forschungsteams Wernher von Braun wurde zum ersten Direktor des Marshall Space Centers, den Produktionsleiter von Mittelwerk Arthur Rudolph ernannte man zum Projektleiter des Raketenprogramms Saturn V, der Flugtestleiter der V-2 in Peenemünde Kurt Debus wurde der erste Direktor des Kennedy Space Centers.«[19]

Der Militärisch-Industrielle Komplex der USA arbeitet in der Antarktis mit dem Vierten Reich zusammen

Die Rolle der Brüder Dulles bei den Geheimverhandlungen, die in der Entstehung des Vierten Reiches während der Eisenhower-Administration kulminierten, kann kaum hoch genug eingeschätzt werden. Wie schon beschrieben, verfügten sowohl John Foster als auch Allen Dulles über viel Erfahrung in der Arbeit mit deutschen Industriellen, deren Firmen sie repräsentierten, während sie bei Sullivan & Cromwell angestellt waren. Die Dulles-Brüder spielten eine bedeutende Rolle bei Hitlers Aufstieg zur Macht, indem sie die Interessen deutscher Industrieller vertraten, die in ihrer Gegnerschaft zum Kommunismus wie in ihrer Befürwortung eines starken nationalistischen Führers vereint waren.

Als Leiter der Gesandtschaft des Office of Strategic Services in Bern im Zweiten Weltkrieg war Allen Dulles der amerikanische Schlüsselbeamte, der mit hochrangigen NS-Führern verhandelte, um geheime Abkommen zu erzielen, die späteren Unterhandlungen mit den in der Antarktis stationierten Deutschen das Fundament bereiteten. Da die antarktische Kolonie von der Thule-Gesellschaft und anderen deutschen Geheimgesellschaften, die Hitlers Drittes Reich unterwandert hatten, geleitet wurde, waren sie dafür verantwortlich, Hitler dahingehend zu beeinflussen, dass er für das Material und das Personal sorgte, das für den Bau der Stützpunkte dort notwendig war. Die deutschen Firmen, die den aristokratischen Mitgliedern der Thule- und anderen deutschen Geheimgesellschaften gehörten oder von ihnen kontrolliert wurden, waren den Dulles-Brüdern wohlbekannt. Zu den Mitgliedern zählten die Thyssens, Krupps, Flicks, Siemens‘ und andere Besitzer der deutschen Firmen, deren Tochterunternehmen Raumschiffe für das Vierte Reich in der Antarktis bauten.

Als Außenminister (von 1953 bis 1959) war John Foster Dulles eine Schlüsselfigur im Umgang mit den diplomatischen Aspekten der geheimen Verhandlungen und im Abschluss eines endgültigen Vertrags. Sein Bruder Allen Dulles war als CIA-Direktor (von 1953 bis 1961) dafür verantwortlich, alle verdeckten Aspekte der Verhandlungen zu erledigen, insbesondere im Hinblick auf zentrale Details dieser Abmachungen. Dazu zählte die Erleichterung von *Operation Paperclip* sowie die Überstellung deutscher Wissenschaftler in die USA, die sich als Vermittler zwischen deutschen und amerikanischen Firmen betätigen sollten.

Während der geheimen Verhandlungen wurden die Dulles-Brüder im US-Kongress von Senator Prescott Bush (1952-1963) geschickt unterstützt, der, wie in Kapitel 2 beschrieben, ebenfalls über ausgiebige Erfahrungen in der Zusammenarbeit mit deutschen Firmen verfügte und deren gravierende Beteiligungen an amerikanischen Banken vor dem Zweiten Weltkrieg und währenddessen vertrat. Auch Bush gehörte also zu den Geschäftsleuten, die die Bewegung von Geldern und

Ressourcen zwischen deutschen und amerikanischen Firmen eingefädelt hatten. Amerikanische Banker und Industrielle arbeiteten folglich in einem ausgedehnten Netzwerk mit ihren deutschen Kollegen zusammen, um den *Trading with the Enemy Act*, der 1917 vom Kongress verabschiedet worden war, ad absurdum zu führen.[20]

Die Brüder Dulles, Bush und viele andere Banker, Industrielle und Regierungsbeamte der USA machten es einer Vereinigung von amerikanischen und deutschen Firmen möglich, Abkommen zu schließen, die das Vierte Reich und den Militärisch-Industriellen Komplex in den USA zu Partnern zusammenwachsen ließen. Innerhalb eines streng unterteilten Sicherheitssystems arbeiteten große US-Firmen mit ihren kleineren, aber höhergestellten »deutschen Partnern« daran, die industriellen Produktionsanlagen in der Antarktis auszudehnen. Dabei wurden die US-Firmen allerdings oft über die vollständigen Details, wie ihre Produkte verwendet würden, im Unklaren gelassen. Das Ergebnis dieses Systems war letztlich, dass in der Antarktis unter vollkommener deutscher Kontrolle ganze Flotten von Antigravitationsraumschiffen gebaut wurden; diese waren nicht nur zur interplanetarischen Kolonisation geeignet, sondern sogar für interstellare Eroberungszüge gemeinsam mit den reptiloiden/draconischen Partnern der Deutschen. Sowohl Tompkins als auch Goode haben die Bedrohung, die diese »Dunkle Flotte« für unterschiedliche menschlich aussehende außerirdische Zivilisationen darstellt, beschrieben.[21]

Die U.S. Air Force und die U.S. Navy haben sehr verschiedene Versuche unternommen, um mit den von der Antarktis aus betriebenen Geheimen Weltraumprogrammen des Vierten Reiches gleichzuziehen. In der Hoffnung, durch Reverse Engineering die außerirdischen Technologien zu verstehen, entschied sich die Air Force dafür, eng mit dem Vierten Reich und dessen außerirdischen Verbündeten zusammenzuarbeiten. Whistleblower wie Charles Hall, Bill Uhouse und David Adair haben etliche Aspekte der Kollaboration der Air Force mit Außerirdischen und/oder deutschen *Paperclip*-Wissenschaftlern bei ihren Bestrebungen zur technologischen Rekonstruktion aufgedeckt.[22]

Wissenschaftler der *Operation Paperclip* arbeiteten intensiv mit der Air Force dabei zusammen, Raketentechnologien für ein zukünftiges

Geheimes Weltraumprogramm zu entwickeln, das auf globale Überwachung und Absicherung spezialisiert wäre. Derzeit unterhält die U.S. Air Force laut Corey Goode mindestens zwei getarnte Weltraumstationen, die sich nahezu achthundert Kilometer über der Erde befinden.[23] Die Air Force nutzt Flotten von TR-3B-Antigravitationsmaschinen, die von Area 51 aus operieren, zur Betreuung ihrer Weltraumstationen sowie als Abfangjäger für außerirdische Eindringlinge.

Im Gegensatz dazu entschloss sich die U.S. Navy laut William Tompkins, eine enge Arbeitsbeziehung mit menschlich aussehenden oder »nordischen« Außerirdischen aufzubauen. Diese Nordischen waren die Hauptrivalen der reptiloiden/draconischen Außerirdischen, die den Nazis und den deutschen Geheimgesellschaften dabei halfen, ihre Stützpunkte in der Antarktis zu entwickeln. Im Jahre 1942 begann die Navy, mit der Douglas Aircraft Company eifrig am Verständnis des außerirdischen Raumschiffes zu arbeiten, das ihnen beim Los Angeles Air Raid in die Hände fiel.[24]

Ab Oktober 1948 wurde eine interne Spaltung bei Douglas vollzogen, die den dortigen Think Tank zum Studium außerirdischer Technologien mit Namen Advanced Design von einer ähnlich ausgerichteten Arbeitsgruppe innerhalb der Anlage, bekannt als Projekt RAND, trennte. Im Ergebnis zog Projekt RAND an einen neuen Ort und wurde zur RAND Corporation. Eine Bestätigung, dass dieses Projekt RAND (sowie durch unmittelbare Verbindung auch Advanced Design) aufgefundene außerirdische Fluggeräte erforschte, stammt aus einem amtlichen Dokument namens »White Hot Report«. Dieses Schlüsseldokument zählt Projekt RAND unter den Forschungseinrichtungen auf, die durch den Absturz außerirdischer Flugmaschinen bei Roswell 1947 erhaltene Artefakte studieren:

> »Auf der Basis sämtlicher zugänglicher Belege, die anhand entdeckter Exponate gesammelt worden sind, welche derzeit von AMC, AFSWP, NEPA, ABC, NACA, JRDB, *RAND*, USAAF, SAG und MIT studiert werden, ist bei diesen ein außerirdischer Ursprung anzunehmen.« [*Hervorhebung durch den Autor hinzugefügt*][25]

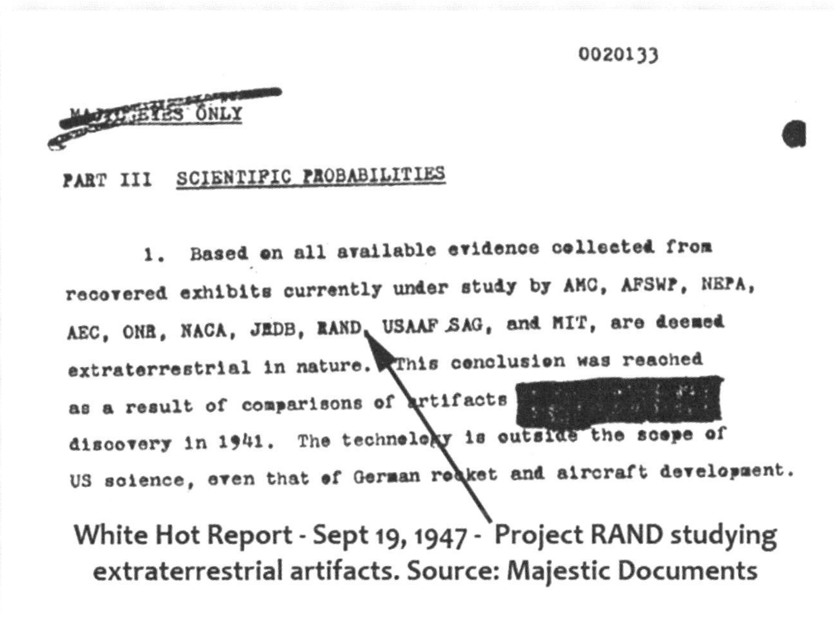
0020133

[illegible] EYES ONLY

PART III SCIENTIFIC PROBABILITIES

1. Based on all available evidence collected from recovered exhibits currently under study by AMC, AFSWP, NEPA, AEC, ONR, NACA, JRDB, RAND, USAAF SAG, and MIT, are deemed extraterrestrial in nature. This conclusion was reached as a result of comparisons of artifacts [illegible] discovery in 1941. The technology is outside the scope of US science, even that of German rocket and aircraft development.

White Hot Report - Sept 19, 1947 - Project RAND studying extraterrestrial artifacts. Source: Majestic Documents

Abb. 25: »White Hot Report«

Bemerkenswerterweise wurde dem geleakten »White Hot Report« von Dr. Robert Wood und Ryan Wood, den Experten für eine unabhängige Erforschung von Veteranendokumenten, der höchste Grad an Glaubwürdigkeit zugesprochen.[26] Infolgedessen ist der »White Hot Report« eine unabhängige Bestätigung dafür, dass die Douglas Aviation Company über Projekt RAND an der Erforschung aufgefundener außerirdischer Raumschiffe beteiligt war, genau wie Tompkins behauptete. Nach der Trennung bei Douglas im Jahre 1948 sollte die Navy weiterhin mit Advanced Design zusammenarbeiten, während es die Air Force vorzog, mit der neu geschaffenen RAND Corporation einen Vertrag abzuschließen. Darüber hinaus war der Navy bekannt, dass mindestens drei nordische Außerirdische Douglas unterwandert hatten und Tompkins sowie andere Ingenieure bei der Planung von Weltraum-Kampfgeschwadern unterstützten. Sowohl Tompkins als auch Goode geben an, dass diese Kampfgeschwader in den frühen 1980er Jahren schließlich eingesetzt wurden.

Die Antarktis öffnet sich

Die beim Treffen auf dem Air-Force-Stützpunkt Holloman erzielte Abmachung führte zu einer vollständigen Kooperation zwischen der Eisenhower-Administration und der deutschen Abtrünnigengruppe in der Antarktis. Als unmittelbares Ergebnis wurde der internationalen Gemeinschaft erlaubt, Fabriken in der Antarktis zu eröffnen, jedoch sollte dies unter bestimmten Umständen geschehen, um sicherzustellen, dass die dortige deutsche Kolonie in keiner Weise bedroht würde. Diese internationale Zusammenarbeit wurde unter dem Schutz der Vorbereitung auf das kommende Internationale Geophysikalische Jahr 1957/58 aufgenommen.

Die *Antarctic Sun* beschreibt, wie sich die internationale Gemeinschaft 1955 traf, um die Entwicklung innerhalb der Antarktis zu diskutieren, vor allem im Hinblick auf den geografischen sowie den geomagnetischen Südpol, die von den geopolitischen Hauptrivalen, den USA und den UdSSR, begehrt wurden:

»Eine internationale Konferenz im Umfeld des französischen Gipfels in Montparnasse, Paris, setzte 1955 eine Reihe von Handlungen in Gang, die das wissenschaftliche und politische Schicksal eines ganzen Kontinents bestimmten. Bei der Tagung versammelten sich Wissenschaftler aus elf Nationen, die Forschungen zum IGY [International Geophysical Year: Internationales Geophysikalisches Jahr] planten, und ihre Aufgabe bestand darin zu entscheiden, wo jede Nation ihre Forschungsanlagen platzieren würde.

Ein dramatisches Ereignis war die Auswahl des Landes, das eine Forschungsstation am geografischen Südpol einrichten und unterhalten würde. Wladimir Beloussow aus der Sowjetunion sorgte für eine Sensation, indem er ankündigte, dass sein Land vorhabe, eine Station in der Nähe des Pols zu errichten. Laurence M. Gould, der Gesandte der USA, ließ wissen, dass die Vereinigten Staaten ein ähnliches Vorhaben verfolgten.

Auf der Suche nach einer Gelegenheit, den prestigeträchtigen Ort westlichen Forschern zu sichern, verwies der französische Vorsitzende Georges Laclavère auf eine große Höhle in IGY-Reichweite in der Ostantarktis. Angeblich ist es zu Manövern hinter den Kulissen gekommen. Als Beloussow das nächste Mal das Wort ergriff, sagte er: ›Wir bestehen nicht auf dem geografischen Pol.‹ Die Sowjetunion übernahm die Verantwortung für den geomagnetischen Pol in der östlichen Antarktis; die Wostok-Station blieb dort bis heute aktiv. Die USA legten sich auf den geografischen Südpol fest.«[27]

Die *Antarctic Sun* fuhr fort, den dramatischen Wandel bezüglich der Personal- und Stützpunktzahlen zu erläutern, die in der Antarktis genehmigt werden sollten:

»Die für die Antarktis geplante Forschungsarbeit war beispiellos. Bevor das IGY weniger als die Hälfte der Antarktis in Augenschein genommen hatte, überwinterten immerhin bis 1955 lediglich 179 Personen in zwanzig kleinen Küstenstationen, die von vier Ländern betrieben wurden. Im Auftrag des IGY überwinterten 912 Personen in 48 Stationen von elf Ländern, und die Sommerbesatzung sollte 5.000 Personen erreichen – mehr als heute.«[28]

Ein weiterer Artikel in der *Antarctic Sun*, der die Geschichte der Antarktis beschreibt, behauptet:

»In nur zwei Jahren baute die U.S. Navy sieben antarktische Stationen für das IGY – fünf entlang der Küste und zwei im Landesinneren. In derselben Zeit, von 1957 bis 1958, errichteten weitere zehn Nationen vierzig Stationen in der Antarktis auf eigene Faust.«[29]

Während Staaten in die Antarktis drängten und dadurch in der globalen Öffentlichkeit den Glauben verbreiteten, dass der eisige Kontinent erschlossen würde, um dort ständige Stützpunkte zur Durchführung wissenschaftlicher Forschungen und Untersuchungen einzurichten, waren diese Programme lediglich eine geschickte Tarnung, die zur Verschleierung der Wahrheit diente. Weit unter den gefrorenen Eisschelfen der Antarktis arbeiteten deutsch-außerirdische Stationen aktiv mit dem Militärisch-Industriellen Komplex der USA am Bau fortgeschrittener

Weltraumflotten für die Beherrschung der Erde sowie für interplanetarische Eroberungen zusammen. Der schrecklichste Aspekt dieser Kollaboration bestand darin, dass die deutsch-reptiloid-amerikanische Allianz entsetzliche Experimente an Sklavenarbeitern durchführte, genau wie es die Nazis während des Zweiten Weltkrieges getan haben.

Anmerkungen

1 Zitiert nach Art Campbell auf http://www.ufocrashbook.com/eisenhower.html
2 Eine Untersuchung des Treffens von 1954 im Air-Force-Stützpunkt Edwards findet sich bei Michael E. Salla, *Galactic Diplomacy: Getting to Yes with ET* (Exopolitics Institute, 2013); dieses Buch ist nicht auf Deutsch erschienen.
3 Siehe Art Campbell auf http://www.ufocrashbook.com/eisenhower.html
4 Bill Kirklin ist der Autor des Artikels »Ike and UFOs«, der anonym im *Exopolitics Journal* 2:1 (2007) publiziert wurde; http://exopoliticsjournal.com/vol-2/vol-2-1-Exp-Ike.htm. Kirklin sagt, man habe ihm erzählt, dass Eisenhowers Besuch Ende Februar stattgefunden habe, was vermutlich einen kleinen Irrtum seinerseits darstellt, denn zu dem Besuch kam es bereits am 11. Februar 1955.
5 Bill Kirklin, »Ike and UFOs«; http://exopoliticsjournal.com/vol-2/vol-2-1-Exp-Ike.htm
6 Ebd.
7 Transkript vom Schreiben des Elektrikers an seine Familie, aufgenommen von Art Campbell und abgespielt in der *Jerry Pippin Show* am 23. Juni 2008; online zugänglich unter http://www.ipodshows.net/Archives_3rd_quarter_2008.htm.
8 Transkript des Interviews, das Art Campbell mit Staff Sergeant Wykoff führte, abgespielt in *der Jerry Pippin Show* am 23. Juni 2008; online zugänglich unter http://www.ipodshows.net/Archives_3rd_quarter_2008.htm.
9 Clark McClelland, *The Stargate Chronicles*, Kapitel 32; http://www.stargatechronicles.com/site/ (aufgerufen am 17.10.2017)
10 Ebd.
11 Ebd.
12 Privates Interview mit William Tompkins am 30. April 2017.
13 Interview mit Corey Goode am 19. Mai 2014: »Corporate bases on Mars and Nazi infiltration of US Secret Space Program«; http://exopolitics.org/corporatebases-on-mars-and-nazi-infiltration-of-us-secret-space-program/ (aufgerufen am 30.6.2015)
14 Ebd.
15 Privates Interview mit William Tompkins am 30. April 2017.
16 Clark McClelland, *The Stargate Chronicles*, Kapitel 15; http://tinyurl.com/ox66j9y (aufgerufen am 30.6.2015)
17 Jim Marrs, *The Rise of the Fourth Reich*; p. 156. – Dt. Ausgabe: *Der Aufstieg des Vierten Reiches*, Kopp Verlag, Rottenburg 2009.
18 Ebd.
19 Ebd.; p. 158.
20 Charles Higham, *Trading with the Enemy: The Nazi-American Money Plot 1933-1949*, pp. XIII-XXI.

21 Eine ausführliche Darstellung der Dunklen Flotte findet sich bei Michael E. Salla, *Insiders Reveal Secret Space Programs and Extraterrestrial Alliances,* pp. 117-146. – Dt. Ausgabe: *Geheime Weltraumprogramme & Allianzen mit Außerirdischen*, Amra Verlag, Hanau 2018, Kapitel 4. –Umfassendere Informationen bietet Len Kasten in seinem Buch *Die Dunkle Flotte*, Amra Verlag, Hanau 2020.

22 Zur weiteren Debatte des Versuchs der U.S. Air Force, ein Geheimes Weltraumprogramm zu entwickeln, siehe Michael E. Salla, *The US Navy's Secret Space Program and Nordic Extraterrestrial Alliance*, pp. 205-236. – Dt. Ausgabe: *Das Geheime Weltraumprogramm der U.S. Navy & Die Allianz mit den Nordischen*, Amra Verlag, Hanau 2019, Kapitel 10.

23 Ebd.; pp. 205-236; dt. Kapitel 10.

24 Zum Los Angeles Air Raid siehe Kapitel 1 von Michael E. Salla, *The US Navy's Secret Space Program and Nordic Extraterrestrial Alliance*. – Dt. Ausgabe: *Das Geheime Weltraumprogramm der U.S. Navy & Die Allianz mit den Nordischen*, Amra Verlag, Hanau 2019.

25 »Twining's ›White Hot Report‹«, *The Majestic Documents* (Wood and Wood Enterprises, 1998); p. 75.

26 Siehe die Webseite von Majestic Documents; http://tinyurl.com/jt49ov3 (aufgerufen am 9.11.2017)

27 *The Antarctic Sun*, »IGY +40: From Montparnasse to McMurdo«; https://antarcticsun.usap.gov/pastIssues/1997-1998/1997_11_01.pdf (aufgerufen am 9.11.2017)

28 Ebd.

29 *The Antarctic Sun*, »Antarctica Prepares for Science«; https://antarcticsun.usap.gov/pastIssues/1997-1998/1997_11_29.pdf (aufgerufen am 9.11.2017)

6 Sklavenarbeit in der Antarktis

Historische Nutzung von Sklavenarbeit in NS-Rüstungsprojekten

Die Politik der Sklavenarbeit, die Nazi-Deutschland während des Zweiten Weltkriegs verfolgte, wurde von den deutschen Firmen fortgesetzt, die Niederlassungen in der Antarktis gründeten, um das Geheime Weltraumprogramm aufzubauen. Historisch gesehen war es während des Krieges für die großen deutschen Firmen notwendig gewesen, Sklavenarbeit im industriellen Produktionsprozess einzusetzen.[1] Die Verwendung von Sklaven wurde als äußerst wesentlich für die großen deutschen Rüstungsunternehmen angesehen, um ihre Ziele in der Kriegsproduktion zu erreichen. Das ergab sich aus dem akuten Arbeitskräftemangel, der aus der umfassenden Wehrpflicht folgte, aufgrund deren alle Männer im kriegsfähigen Alter an einer der vielen militärischen Fronten dienen mussten.

Und was am Wichtigsten ist: Anders als bei den alliierten Mächten verlangte Hitlers Nazi-Ideologie, dass deutsche Frauen zu Hause blieben, um »einen Verfall der Moral zu vermeiden« und um große Familien aufzuziehen, die den Armeen des Dritten Reiches eines Tages frische Rekruten zur Verfügung stellen würden.

Hitlers mächtiger Rüstungsminister Albert Speer stand dieser »romantischen Ideologie«, die die Rolle der deutschen Frauen einschränkte, kritisch gegenüber und schrieb:

> »Typisch für diese Verflechtung mit einer romantischen Ideologie war Hitlers, Goerings und Sauckels [des NS-Generalbevollmächtigten für den Arbeitseinsatz] Ablehnung, deutsche Frauen während des Krieges

> in der Rüstungsindustrie arbeiten zu lassen, wie es sich in den angelsächsischen Ländern zu einer Selbstverständlichkeit entwickelte. Als Grund wurde angegeben, dass Fabrikarbeit ihre Sittlichkeit sowie ihre Fähigkeit, Kinder zu gebären, zerrütten würde. Solche schlichten Empfindungen passten nicht zu Hitlers Plänen, Deutschland zur mächtigsten Nation auf der Erde zu machen.«[2]

Um den wachsenden nationalen Arbeitskräftemangel aufgrund des Fehlens im Kriege kämpfender deutscher Männer und an die Familie gebundener Frauen auszugleichen, wurden zunächst ausländische Arbeiter ermutigt, nach Deutschland zu ziehen. Im weiteren Verlauf des Krieges nahm die Sklavenarbeit allerdings zu, denn Deutschland litt weiterhin an bedeutenden Verlusten menschlicher Arbeitskraft:

> »Während der Blitzkriege von 1939/40 hatte Deutschland keine Schwierigkeiten, eine ausreichende Zahl an Soldaten sowie genügend Arbeiter für die heimische Industrie zu liefern. Mit dem Beginn des Einmarsches in Russland im Juni 1941 war das allerdings nicht länger möglich. Die ausgedehnten Frontverläufe und die Kriegsverluste führten zur Einberufung von mehr und mehr Arbeitern zum Kriegsdienst. Auf diese Weise waren 7,5 Millionen freie Stellen verfügbar (überwiegend noch freiwillig), trotz der Anwerbung von Arbeitern aus anderen Ländern.«[3]

Im März 1942 wurde Fritz Sauckel Generalbevollmächtigter NS-Deutschlands für die Sklavenarbeit und unverzüglich begannen die »Sauckel-Kampagnen«, um unter welchen für notwendig gehaltenen Bedingungen auch immer fremde Arbeitskräfte zu beschaffen:

> »Bereits 1942 wurden nahezu 2,7 Millionen Menschen mit den Mitteln der großangelegten ›Sauckel-Kampagnen‹ ins Reich gebracht. Internationales Recht war hier, aufgrund eines speziellen Befehls Hitlers, insbesondere in Polen und der Sowjetunion nicht zu beachten.«[4]

Mit dem zunehmenden Wachstum sowohl der Kriegsgefangenen- als auch der Konzentrationslager wurden die in diesen Lagern gefangen gehaltenen Menschen gezwungen, in der deutschen Industrie als Zwangsarbeiter zu arbeiten.

> »Nach der endgültigen Kriegswende im Winter 1942/43 sah sich Sauckel allerdings mit Speers fortwährendem Bedarf an mehr Arbeitern konfrontiert. Die Zahl der oft mit brutalen Methoden vor allem aus Osteuropa entführten und zum Teil unter entsetzlichen Umständen lebenden Zwangsarbeiter wuchs auf fünf Millionen an. Schließlich wurden rund zwanzig Prozent aller Stellen mit Ausländern besetzt; darunter waren Kriegsgefangene und Insassen der Konzentrationslager, die mehr als ein Drittel ausmachten. Obwohl der Bedarf niemals befriedigt werden konnte, verhinderte die Zwangsarbeit einen frühen Zusammenbruch der deutschen Kriegsindustrie.«[5]

Deutsche Firmen nutzten Sklavenarbeit zunehmend, um Produktionsziele zu erreichen, die für ihr Überleben im Deutschland der Kriegszeit unverzichtbar waren. Führungskräfte, die die vorgeschriebenen Quoten der Kriegsproduktion nicht zu erfüllen vermochten, riskierten die Einberufung zum Krieg und die gefürchtete Versetzung an die russische Front.

Große Unternehmen wie I.G. Farben, Siemens, Volkswagen und BMW bedienten sich der Zwangsarbeit. Jahrzehnte nach dem Zweiten Weltkrieg einigten sich diese Firmen beziehungsweise ihre Nachfolger auf einen Entschädigungsfonds für frühere Sklavenarbeiter. Es folgt eine Aufstellung der großen Firmen, die sich an dem Entschädigungsfonds beteiligten, der im Februar 1999 von der deutschen Regierung angekündigt wurde:

> »Nach den Wahlen von 1998 versprach die neu gewählte Regierung, Stiftungen zu gründen, um finanzielle Entschädigungen zu leisten. Zwölf deutsche Industriegiganten (Allianz, BASF, Bayer, BMW, Daimler Chrysler, Degussa-Huels, Dresdner Bank, Fred Krupp, Hoesch Krupp, Hoechst, Siemens und Volkswagen) trafen sich [im Februar] mit dem deutschen Kanzler Gerhard Schröder … Danach gaben sie die Gründung eines Fonds bekannt, um ihre Opfer zu entschädigen. In Zeitungsberichten

wurde spekuliert, dass es sich um einen Gesamtbetrag von rund drei Milliarden Deutsche Mark oder 2,6 Milliarden US-Dollar handeln könnte. Kanzler Schröder sah den Fonds als eine Win-Win-Situation sowohl für die überlebenden Nazi-Opfer als auch für die deutsche Industrie. Er sagte: ›Jenen [Opfern] werden in ihren letzten Lebensjahren … etwas mehr Mittel zur Verfügung stehen, als es ansonsten der Fall gewesen wäre.‹ Die deutsche Industrie würde womöglich Geld sparen, da die Firmen Sicherheit vor künftigen Rechtsstreitigkeiten durch Sammelklagen erwarten könnten. In einen Fonds mit mehreren Milliarden Dollar einzuzahlen, ist möglicherweise billiger, als irgendwelchen zukünftigen Gerichtsurteilen entgegenzusehen.«[6]

Deutsche Unternehmen führten nicht nur Aufträge von Speers Rüstungsministerium aus, sondern auch von Himmlers SS. Nach seiner Freilassung aus dem Gefängnis Spandau 1966 schrieb Speer ein Buch über das von Himmlers SS aufgebaute industrielle Schattenimperium: *Infiltration – How Heinrich Himmler Schemed to Build an SS Industrial Empire*, das auf Deutsch [mehrmals und relativ unbeachtet] unter dem Titel *Der Sklavenstaat* erschien. Darin beschreibt Speer, wie er beauftragt wurde, die SS beim Aufbau eines parallelen Industrie-Imperiums zu unterstützen, das sich Millionen von Sklaven für den Bau von Superwaffen in großen unterirdischen Konstruktionsanlagen bediente:

»Rund 14,6 Millionen Sklaven, die daran arbeiten, Hitlers und Himmlers Konstruktionspläne auszuführen: ein Menschenleben später erscheint dies als reines Hirngespinst. Aber wir dürfen nicht vergessen, dass Sauckel zwischen 1942 und 1945 die Deportation von 7.652.000 Menschen aus den besetzten Gebieten nach Deutschland organisierte, um sie für die deutsche Industrie zu verwenden.«[7]

Bezüglich der streng geheimen Waffen wie der V-2-[A-4]-Raketen, die anfangs unter der Aufsicht Speers standen, zog er es vor, deutsche Arbeiter heranzuziehen, um die Geheimhaltung sicherzustellen und ausländischer Spionage vorzubeugen. In seinem Buch *Der Sklavenstaat* erklärt er:

»Am 25. Juli 1943 unterzeichnete Hitler einen von mir vorbereiteten Erlass: ›So schnell wie möglich ist die höchste Produktionszahl von A-4-Raketen zu erreichen … Die deutschen Anlagen, die die A-4-Raketen herstellen, müssen ebenso wie diejenigen, die dafür die Bauteile liefern, unverzüglich mit qualifizierten deutschen Arbeitern versorgt werden. Der Reichsminister für Bewaffnung und Munition [Speer] hat das A-4-Programm zu leiten.‹ Meine Machtbefugnis … war unbeschränkt. Ausschließlich deutsche Arbeiter sollten – wie Hitler zwei Monate früher ursprünglich bestimmt hatte – das Projekt verwirklichen; und wir mussten Sauckels Zwangsarbeiter-Programm, das ganz einfach das Einsickern von Spionen gefördert hätte, meiden.«8[227]

Dennoch dauerte Speers Aufsicht über das V-2-Raketenprogramm aufgrund der Zerstörung der Anlage in Peenemünde, wo die Raketen gebaut wurden, nur vier Wochen. Das Folgende beschreibt den Bombenangriff vom 17. und 18. August 1943, der einen großen Teil dieser streng geheimen Anlage zerstörte:

»Der erste Volltreffer von *Operation Crossbow* war Peenemünde. Das vorrangige Ziel des Luftschlags bestand darin, einen möglichst großen Teil des am V-Waffenprogramm beteiligten Personals zu töten; daher war die Wohnanlage der Hauptzielpunkt. Zwei nachrangige Ziele waren, so viel wie möglich der mit den V-Waffen verbundenen Arbeit und Unterlagen zu zerstören und Peenemünde so zu hinterlassen, dass es als Forschungsanlage unbrauchbar ist. In der Nacht des 17. auf den 18. August 1943, vor dem Hintergrund des Vollmondes, startete ein Bomberkommando mit 596 Flugzeugen – 324 Lancasters, 218 Halifaxes und 54 Stirlings –, die fast 1.800 Tonnen Bomben über Peenemünde abwarfen; 85 Prozent dieser Ladung war hochexplosiv.«[9]

Speers Geheimhaltungssystem für die V-2 und noch weiter fortgeschrittene Raketenprogramme in Peenemünde war eindeutig gescheitert und die Verantwortung für das Programm wurde schnell der SS übertragen. Himmler hatte diametral entgegengesetzte Ideen bezüglich der Wirksamkeit von Sklavenarbeit, um die Sicherheit streng geheimer

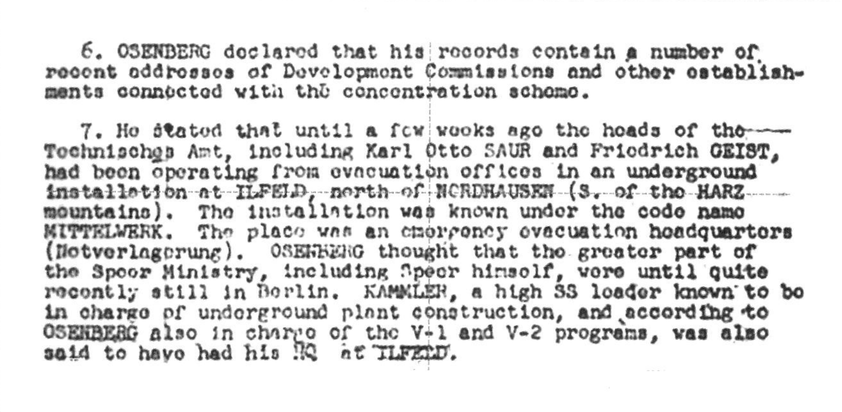

6. OSENBERG declared that his records contain a number of recent addresses of Development Commissions and other establishments connected with the concentration scheme.

7. He stated that until a few weeks ago the heads of the Technisches Amt, including Karl Otto SAUR and Friedrich GEIST, had been operating from evacuation offices in an underground installation at ILFELD, north of NORDHAUSEN (S. of the HARZ mountains). The installation was known under the code name MITTELWERK. The place was an emergency evacuation headquarters (Notverlagerung). OSENBERG thought that the greater part of the Speer Ministry, including Speer himself, were until quite recently still in Berlin. KAMMLER, a high SS leader known to be in charge of underground plant construction, and according to OSENBERG also in charge of the V-1 and V-2 programs, was also said to have had his HQ at ILFELD.

Abb. 26: Bericht des Unterausschusses über geheimdienstliche Ziele (Nr. 51) vom 2. Juni 1945. Hans Kammler wird hier als Verantwortlicher für die unterirdischen Anlagen identifiziert.

Forschungsprojekte zu gewährleisten. Wie Speer anmerkt, beeindruckten Himmlers Ideen Hitler:

> »An einem gewissen Punkt erwähnte Hitler die Produktion der A-4 und die Notwendigkeit, sie streng geheim zu halten. Diesbezüglich sagte er, dass er einen überzeugenden Vorschlag von Himmler erhalten habe: Unsere Sorge um einen Verrat dieses außerordentlich wichtigen Rüstungsprojekts könnte auf ein Minimum reduziert werden, wenn diese Arbeit von Gefangenen aus den Konzentrationslagern verrichtet würde. Himmler habe ihm, wie er sagte, die für das Projekt notwendigen Arbeitskräfte garantiert. Facharbeiter und sogar wissenschaftliche Spezialisten würden aus den Konzentrationslagern geholt und für den Bau der Raketen herangezogen. Darüber hinaus habe er einen jungen, tatkräftigen Konstruktionsexperten, der bereits seine außergewöhnlichen Fähigkeiten unter Beweis gestellt hat, dazu aufgefordert, die Leitung dieses Unternehmens zu übernehmen.«[10]

Die Würfel waren nun also für zukünftige, von der SS geführte, streng geheime Projekte gefallen – Zwangsarbeit war die gewünsch-

Abb. 27: Zwangsarbeiter in Nordhausen

te Wahl, seitdem sie ausgeweitet werden konnte. Die Zwangsarbeiter wurden in nahegelegenen Konzentrationslagern bewacht und am Ende des betreffenden Forschungsprojekts entweder zu einem neuen Projekt gebracht oder getötet.

Hochmoderne Waffenprojekte, die Sklavenarbeit nutzen, werden unter die Erde verlegt

Der junge »tatkräftige Konstruktionsexperte«, der die Aufsicht über das V-Raketenprogramm übernahm, war Dr. Hans Kammler. Durch seine Begabung und aggressive Listigkeit stieg er schnell auf, um Speers Erzfeind sowie der von Himmler gewünschte Ersatz für Speer als Rüstungsminister zu werden. Speer schreibt:

> »Himmler gelang sein entscheidender Schlag gegen meine zuvor unangetastete Autorität auf dem umständlichen Weg der Entwicklung

> und Herstellung der neuen Rakete. Kammler, der einen ausgesprochen schneidigen, dynamischen und skrupellosen Eindruck machte …, hatte am Anfang relativ kleine Aufgaben der A-4-Produktion innerhalb des gesamten Rüstungswesens übernommen. Anschließend war ihm die Verantwortung für die Raketenstartvorgänge übertragen worden, was eigentlich eine militärische Aufgabe war. Schließlich verantwortete er die Produktion sämtlicher Spezialwaffen auf Raketenbasis und bei Kriegsende hatte er außerdem die Zuständigkeit für den Bau sämtlicher Jets erlangt. Im letzten Augenblick übertrug Hitler Kammler die Verantwortung für die gesamte Luftwaffen-Rüstung. Somit war er – nur wenige Wochen vor dem Ende des Krieges – der bevollmächtigte General für alle wichtigen Waffen. Himmlers Ziel war erreicht. Aber es gab keine Rüstungsindustrie mehr.«[11]

Speers Eingeständnis an dieser Stelle ist sehr bedeutsam, insofern er bestätigt, dass ihm die Verantwortung entzogen wurde, als es um Projekte mit fortgeschrittenen Waffen ging, die alle der Kontrolle Kammlers und der SS unterstellt wurden. Zusätzlich zu den V-Raketen bauten Kammler und die SS in streng zugangsbeschränkten unterirdischen Anlagen Prototypen Fliegender Untertassen zu Kriegszwecken. Bei der Konstruktion dieser gewaltigen unterirdischen Anlagen brillierte Kammer besonders, und dadurch gelang es ihm, in der NS-Hierarchie extrem schnell aufzusteigen, so dass er Speer mit seiner Autorität als Rüstungsminister schließlich in den Schatten stellte.

Speer hebt Kammlers gnadenlose Effizienz beim Bau riesiger unterirdischer Anlagen für die V-2-Rakete und verschiedene andere fortgeschrittene Technologieprogramme hervor. Das V-2-Raketenprogramm in der Anlage von Nordhausen im Harz ist das bekannteste von Kammlers gewaltigen unterirdischen Bauprojekten. Dort arbeiteten Wernher von Braun und andere führende Nazi-Wissenschaftler an hochentwickelten Raketentechnologien, die später verwendet wurden, um das amerikanische Raketenprogramm sowie das Weltraumprogramm der NASA voranzutreiben. Sklavenarbeit kam in Nordhausen ausgiebig zum Einsatz – und zwar unter Bedingungen, die Dantes *Inferno* gleichen, wie Speer anschaulich schildert:

»Im Höhlenbereich der Zentralwerke im Harz, wo die Produktion der A-4 vorbereitet wurde, waren die Umstände skandalös, was sich auch auf die Produktion auswirkte. Anfang Dezember 1944 sagte mir Dr. A. Poschmann, der leitende Physiker der Organisation Todt, dass er Dantes Hölle gesehen habe. Einige Tage später ... kam ich dorthin, um die Produktion persönlich zu begutachten ... Und was sah ich? Ausdruckslose Gesichter, trübe Augen, in denen nicht einmal Hass erkennbar war, ausgemergelte Körper in schmutzigen blaugrauen Hosen ... Die Gefangenen waren unterernährt und übermüdet, die Luft in der Höhle war kalt, feucht, muffig und voller Gestank von Exkrementen. Der Mangel an Sauerstoff ließ mich schwindeln; ich fühlte mich wie betäubt.«[12]

Trotz der entsetzlichen Umstände der Zwangsarbeit war Speer gleichwohl ungemein beeindruckt von Kammlers Fähigkeit, große Höhlensysteme in effiziente Produktionsanlagen zu verwandeln und dabei die zahlreichen bei der wirkungsvollen Nutzung der Höhlen für Produktionszwecke auftretenden Hindernisse zu überwinden:

»Kammler, ein Ingenieur mit Hochschulabschluss, zeigte Fähigkeiten, bei denen die SS-Bürokratie der Konzentrationslager gescheitert war. Sein Erfolg bezüglich des Baus der A-4 war sensationell. ›In einer fast unmöglich kurzen Zeitspanne von zwei Monaten [verwandelte] er die unterirdischen Anlagen [im Harz] vom Rohzustand in eine Fabrik.‹ Ich schrieb ihm, dass es für diese Meisterleistung ›kein auch nur annähernd ähnliches Beispiel irgendwo in Europa gibt und dass sie selbst nach amerikanischen Standards unübertrefflich ist.‹«[13]

Bald nach der entscheidenden Niederlage in der Schlacht um Stalingrad (vom 23. August 1942 bis zum 2. Februar 1943) war der Entschluss getroffen, Betonbunker für die NS-Führung zu bauen und die Schwerindustrie in unterirdische Anlagen zu verlegen, wo beide vor alliierten Bombenangriffen geschützt wären, deren Intensität rasch zunahm. Speer erläutert diese Entscheidung und Himmlers ausschlaggebende Rolle beim Start der unterirdischen Projekte sowie bei dem Bestreben, sie zum Teil einer außerordentlich ehrgeizigen Vision zu machen:

»Hitler war mit Himmler schon über ein Jahr zuvor [im März 1943] bezüglich der Notwendigkeit des Schutzes durch Bunker übereingekommen. Jetzt wiederholte er [Himmler] lediglich seinen alten Wunsch, als er zu Dorsch sagte: ›Die für die Sicherheit der Rüstungsindustrie durch Höhlen und Bunkerbau ergriffenen Maßnahmen sollen auf gar keinen Fall bloß zeitweise ausgeführt werden …‹ Sie waren das Vorspiel einer weitreichenden und endgültigen Verlagerung aller deutschen Industrieanlagen unter die Erde, da dies der einzige Weg ist, um ›dauerhafte Gegebenheiten für den Schutz der Produktionsanlagen im Kriegsfall zu schaffen.«[14]

Himmler befahl eine gründliche Untersuchung des deutschen Höhlensystems, um die Möglichkeit eines großen unterirdischen Netzwerkes industrieller Projekte zu ermitteln, bei denen viele streng geheime, topmoderne Waffenprojekte unter der direkten Kontrolle der SS stehen würden. Das Höhlenforschungsvorhaben wurde der Oberaufsicht des Ahnenerbes der SS unterstellt, die voller Mitglieder der Thule-Gesellschaft war, welche ursprünglich die Pläne der Vril-Gesellschaft zu Fliegenden Untertassen begründet hatten:

»Im August 1943 wandte er [Himmler] sich an … die ›Abteilung zur Höhlendarstellung im militärwissenschaftlichen Institut für Karst- und Höhlenforschung der SS-Karst-Verteidigungseinheit‹. Himmler befahl dieser Behörde, ein Verzeichnis deutscher Höhlen anzulegen. Der elfseitige Bericht wurde nach Ländern geordnet. Er listete 93 Höhlen auf … Einige Wochen später erhielt das Ahnenerbe der SS den Auftrag, ›sich sowohl mit sämtlichen Experten des Vaterlandes als auch mit anderen privaten Gelehrten, von denen es eine stattliche Anzahl geben muss, zu beraten‹, worauf sie eine wissenschaftliche Zusammenstellung aller existierenden Höhlen auszuarbeiten hatten.«[15]

Schließlich übergab Himmler Kammler die Aufsicht über den Bau unterirdischer Anlagen für die Rüstung der SS sowie für die »Superwaffen«, einschließlich der Forschung an Fliegenden Untertassen. Sogar Speer, der Kammlers Leistungen bei seinen unterirdischen Konstruktionen widerwillig bewunderte, betraute ihn mit der Aufgabe, ähnliche Anlagen für die deutsche Rüstungsindustrie im Allgemeinen zu bauen:

> »Kammlers beeindruckender Auftritt veranlasste mich, ihm – wie ich Himmler am 22. Dezember 1943 informierte – ›besondere Konstruktionsaufträge zu erteilen …‹ Anfang März 1944 ernannte auch Göring, der noch immer für die Luftwaffe verantwortlich war, Kammler zu seinem Beauftragen für die ›Kammler-Spezialkonstruktionen‹.«[16]

Das Aufschlussreiche ist hierbei, dass dieselben Fähigkeiten, die angewandt wurden, um gewaltige unterirdische Fertigungsanlagen in NS-Deutschland zu bauen, noch wesentlich sein sollten, um ähnliche Anlagen in der Antarktis zu schaffen. Es ist daher kein Zufall, dass Kammler unter jenen SS-Offizieren war, die sich aus NS-Deutschland absetzten, als Hitler und die Nazis alle Ressourcen nach Südamerika und in die Antarktis verlegten.

Die Antarktis und der Nachkriegsplan der Nazis für eine Sklavenwirtschaft

Hitler beauftragte die SS, Pläne für eine Nachkriegsökonomie auszuarbeiten, die auch in einer Ära des Friedens zwischen den beiden verbleibenden Militärmächten – NS-Deutschland und den USA – weiterhin Sklavenarbeit nutzen sollte. Nach einem angenommenen Sieg der Nazis über die Sowjetunion und einem Ende der militärischen Feindseligkeiten in Europa würde das Dritte Reich beginnen, die europäische Wirtschaft wiederaufzubauen, und sich gleichzeitig auf einen zukünftigen Konflikt mit den Vereinigten Staaten vorbereiten.

Die SS hatte nicht nur Millionen von Zwangsarbeitern für Kriegszwecke eingesetzt, sondern sie plante, auch weiterhin in Friedenszeiten Sklavenarbeit zu verwenden, um sich auf die unausweichliche militärische Konfrontation mit den USA vorzubereiten.

Speer beschreibt die Vision der SS einer Sklavenarbeitswirtschaft der Nachkriegszeit folgendermaßen:

»Die Vision eines ›Friedensreiches‹ beruhte daher auf der Existenz von Millionen ständiger Sklaven, die weder politische Gegner noch sogenannte ›Rassenfeinde‹ waren. Aufgrund von ökonomischer Notwendigkeit sollten sie ihr ganzes Leben in Lagern gehalten werden – mit ›Nutten‹. Dieses Reich von Sklaven, das sich bis zum Ural erstrecken sollte, würde die Hauptenergiequelle Europas sein, das sich darauf vorbereiten müsste, den größten Feind zu erobern: die Vereinigten Staaten von Amerika.«[17]

In seinem Buch hebt Speer die Bedeutung von Sklavenarbeit als einen Schlüsselaspekt in Himmlers Zukunftsplanung hervor. Die Praxis der Sklavenarbeit sollte weiter andauern, selbst während NS-Deutschland in einem vielleicht Jahrzehnte währenden Nachkriegswettbewerb mit den Vereinigten Staaten danach strebte, die politische und ökonomische Hegemonie zu erlangen.

Bis heute wurde Speers Buch nicht in großem Umfang gelesen oder diskutiert, da es vermeintlich eine globale politische und ökonomische Situation behandelt, die aufgrund von Deutschlands anscheinender militärischer Niederlage nicht eingetreten ist. Dabei bietet *Der Sklavenstaat* einen Bericht aus erster Hand von Ereignissen, die belegen, wie die wirtschaftlichen Ressourcen der Nazis insgeheim auf der ganzen Welt verteilt wurden, um die Heraufkunft des Vierten Reiches als verdeckte weltweite Militär- und Wirtschaftsmacht möglich zu machen, während gleichzeitig ein Geheimes Weltraumprogramm in der Antarktis begründet wird. Die Macht des Vierten Reiches sollte im Geheimen begründet werden und in seinen geheim konstruierten Operationsbasen wäre Sklavenarbeit fortwährend im Gebrauch.

Entscheidend ist, dass Speers Buch genau die politische Ökonomie beschreibt, die die deutsche Antarktiskolonie in der Zeit nach dem Zweiten Weltkrieg nutzte. Als sich die deutschen Antarktiseinsätze in den Weltraum ausdehnten, wurde Zwangsarbeit bei den stillen Vorbereitungen auf eine heraufziehende zukünftige Konfrontation mit den USA weiterhin in großem Umfang eingesetzt. Es ist sehr gut möglich, dass Speer *Der Sklavenstaat* als verdeckte Warnung schrieb, da er die kommenden ernsten Konsequenzen für die Welt erkannte, die aus den Plänen eines Vierten Reiches folgen, das auf Superwaffen beruht, die vom deutschen Antarktisprogramm entwickelt wurden.

William Tompkins lieferte in einem privaten Interview weitere Details, wie Sklavenarbeit in die Antarktis verlegt wurde:

»Die Deutschen entwickelten bereits Kapazitäten, um im Weltraum zu operieren. Auf zum Mond, auf zum Mars, und mit diesen Plänen versehen auf in die Galaxis. Und was dann passierte, war, dass jeder Teil des Programms war, ob er sich nun auf Marias [gemeint ist Maria Oršić] Seite oder auf der der SS befand. Letztlich ging das Wissen auf die gesamte deutsche Seite, nicht nur auf ihre, und führte zur Produktion. Stell dir also, wenn du das kannst, ein Dutzend verschiedene Klassen von Raumschiffen vom Marinetypus vor, die in Produktionsanlagen auf dem Boden, nicht unterirdisch gebaut wurden; in Gebirgen zunächst in ganz Deutschland und dann in den besetzten Ländern, gewaltige Zahlen dieser verschiedenen außerirdischen Maschinen, die rekonstruiert und modifiziert wurden bis zu unserer oder ihrer Fähigkeit, sie zu bauen und dann damit fliegen zu können, um an der Navy-Mission der Reptiloiden in der Galaxis teilzunehmen. Dann hast du also Tausende von Maschinisten und Tausende von Mitarbeitern in der Produktion, die unterschiedliche Teile dieser außerirdischen Flugmaschinen anfertigen.

Und diese befinden sich im Innern von Bergen, in tief gelegenen Produktionsanlagen ähnlich den Luft- und Raumfahrtfirmen. Und diese Leute wurden alle bei der Arbeit gestoppt. Sie wurden auf große U-Boote gebracht, all diese Sklavenarbeiter, und in die Antarktis verschifft. Und mit ihnen wurde jede Bohrmaschine, jede Klinge, jede Säge, jede Art von Werkzeug, das notwendig ist, um diese Dinge zu bauen, auf einmal mitgenommen und aus Deutschland oder den anderen Ländern weggebracht und in die Antarktis geschafft. Achtzig bis neunzig Prozent davon war ein Jahr vor Kriegsbeginn erledigt gewesen.«[18]

Deutsche Firmen, die Ableger in der Antarktis eingerichtet hatten, begannen, die zahlreichen Bauteile für die Raumschiffflotten zu produzieren, die für die ehrgeizigen Weltraummissionen nötig sind, welche zum Mond und zum Mars, zum Asteroidengürtel und sogar über das Sonnensystem hinaus durchgeführt wurden. Die Produktion der verschiedenen *Haunebu-*, *Vril-* und *Andromeda*-Raumschiffserien erhöhte sich in starkem Maße,[19] während deutsche Wissenschaftler weiterhin große Durchbrüche in den Antriebs-, Navigations- und Materialwissenschaften erzielten.[20]

Unter den vielen tausend UFO-Sichtungen auf der ganzen Welt nach dem Scheitern von *Operation Highjump* Anfang 1947 waren in Wirklichkeit viele Raumschiffe, die im Geheimen von der Antarktis aus operierten. Admiral Richard Byrd, der Leiter jener verhängnisvollen Operation, hat in seinem Interview mit der chilenischen Presse 1947 öffentlich vor einem Feind gewarnt, der von Pol zu Pol fliegen könne, bevor er vom Pentagon daran gehindert wurde, den Medien weitere Interviews zu geben.[21] Tatsächlich bezog sich Byrd auf die deutsche Kolonie in der Antarktis, die bei ihrer militärischen Auseinandersetzung mit der amerikanischen Navy-Flotte deutlich genug gezeigt haben, was ihnen bei der Bewaffnung der Technologie Fliegender Untertassen gelungen war.

Flüge von Fliegenden Untertassen über amerikanisches Territorium und um die ganze Welt umfassten von Menschen gebaute Maschinen auf der Grundlage früher NS-Entwürfe, wie die meisten Autoren annehmen, die die Verbindung zwischen Deutschlands geheimen Untertassen-Programmen und dem modernen UFO-Phänomen erforscht haben. Dazu zählen die Autoren bahnbrechender Bücher über dieses Thema, darunter Rudolf Lusars *Die deutschen Waffen und Geheimwaffen des Zweiten Weltkrieges und ihre Weiterentwicklung* (1956) und Renato Vescos *Intercept UFO* (1968).[22] In neuerer Zeit kamen Henry Stevens, der Autor von *Hitler's Flying Saucers* (2003), und Joseph Farrell, der Verfasser von *Nazi International* (2009, alle drei US-Titel nicht auf Deutsch erschienen) ebenfalls zu dem Schluss, dass die meisten UFO-Sichtungen menschengemachte Maschinen auf der Basis früher NS-Entwürfe betreffen.[23] Diesbezüglich schreibt Stevens:

> »Die Regierung hat ›Fliegende Untertassen‹ eingesetzt, um ihre eigenen Tests geheimer Flugzeuge zu tarnen. Sie nutzt die Masche mit den UFOs

> und Außerirdischen perfekt. Wenn Zivilisten ein UFO sehen, läuft eine kontrollierte Prozedur an. Bei dieser Prozedur werden Zeugen eingeschleust oder angestiftet, die den außerirdischen Ursprung einer gegebenen Sichtung darlegen.«[24]

Die Ansicht der vier oben genannten Autoren, dass viele UFO-Sichtungen in Wahrheit von Menschen gebaute Maschinen auf der Grundlage früher Entwürfe Fliegender Untertassen aus NS-Geheimprojekten betreffen, ist nur partiell richtig. Lusar, Vesco und Stevens haben nicht die Möglichkeit erwogen, dass die Nazis den Krieg in abgelegenen Gegenden überlebt haben könnten, während Farrell glaubt, dass dies tatsächlich geschehen ist. Sein Buch *Nazi International* legt dar, dass die Nazis wichtiges Material, Geldmittel und menschliche Arbeitskraft erfolgreich nach Südamerika verlegten. Gleichwohl hielt er es für eine »sehr unwahrscheinliche Möglichkeit«, dass ein deutscher Stützpunkt in der Antarktis angelegt wurde.[25]

Was die angeführten vier Schriftsteller allerdings nicht bedenken oder akzeptieren, ist die Tatsache, dass die Deutschen insgeheim Stützpunkte in der Antarktis errichteten, von denen aus ihre Entwicklung Fliegender Untertassen bis zum heutigen Tag andauert. Die große Ausnahme war W. A. Harbinson, der einen fiktionalisierten Bericht über die Nazis schrieb, die den Zweiten Weltkrieg in einer antarktischen Festung überlebten. In seiner Einleitung zu einer amerikanischen Ausgabe von Renato Vescos Buch aus dem Jahr 1995 erklärte er über die Hauptprämisse seines Romans *Genesis* (1980; nicht auf Deutsch erschienen) das Folgende:

> »Bedenken wir die Möglichkeit, dass die Deutschen autarke unterirdische Forschungsanlagen in der Antarktis gebaut haben, muss lediglich herausgestellt werden, dass die unterirdischen Forschungszentren NS-Deutschlands gewaltige Konstruktionsleistungen waren, die Windtunnel, Maschinenräume, Fertigungsanlagen, Startrampen, Vorratsspeicher und Unterkünfte für all jene, die dort arbeiteten, enthielten, einschließlich benachbarter Lager für die Sklaven – und dass trotzdem nur sehr wenige Menschen wussten, dass sie existierten.

> Ist all dies gegeben, dürfte meiner Einschätzung nach nichts dagegen sprechen, dass die vielen Menschen und das ganze Material während des Krieges in die Antarktis gebracht wurden, dass sich die Deutschen in genau diesen Jahren damit befassten, gewaltige unterirdische Komplexe in Neuschwabenland zu bauen, die jenen ähnelten, die um die letzte Schanze zerstreut waren, und dass die amerikanischen, russischen und britischen ›Vertuschungen‹ von Untertassen-Sichtungen die in meinem Roman angegebenen Gründe haben könnten.«[26]

Alle eben erwähnten Autoren – Lusar, Vesco, Stevens, Farrell und Harbinson – betonen die irdische Natur der deutschen Programme Fliegender Untertassen und der nachfolgenden UFO-Phänomene, die in der Nachkriegszeit aufkamen. Was sie bemerkenswerterweise aber nicht bedachten, war das Ausmaß, in dem die Deutschen von verschiedenen außerirdischen Rassen beim Entwurf und der Entwicklung Fliegender Untertassen unterstützt wurden.

Viele wissenschaftliche Durchbrüche der Deutschen folgten aus der Hilfe, die sie laut William Tompkins von reptiloiden Außerirdischen erhielten. Er sagt, dass die Spione der U.S. Navy, die der Naval Air Station in San Diego Bericht erstatteten, bei den Nachbesprechungen Abmachungen beschrieben hatten, die zwischen reptiloiden Außerirdischen und Hitler erzielt worden waren:

> »Die amerikanischen Navy-Spione in Deutschland fanden über die reptiloiden Außerirdischen heraus, dass sie Hitler und die SS in Deutschland dabei berieten, riesige Weltraum-Trägerschiffe und Raumkreuzer zu bauen, um mit der draco-reptiloiden Weltraummarine zu operieren. Und, nun ja, nachdem ich tief in die Materie eingedrungen war, zeigte es sich, dass zum ersten Mal jemand in den USA wusste, dass die reptiloiden Außerirdischen wirklich hier auf dem Planeten waren, mit Hitler und der SS zusammengearbeitet und rechtliche Verträge zur Kooperation mit ihnen unterzeichnet hatten.«[27]

In Kapitel 4 diskutierten wir Tompkins' Behauptung, dass die Reptiloiden das NS-Regime dabei unterstützt hatten, geeignete Orte für zukünftige Stützpunkte in der Antarktis zu finden, wo sie anfingen, Flotten von Antigravitationsraumschiffen zu bauen. Hier führt er nun Weiteres über die ausgedehnten unterirdischen Anlagen aus, die in der Antarktis gebaut wurden:

> »Bis zum Ende des Krieges hatte Deutschland bereits mächtige Forschungsanlagen unter Gebirgen gebaut, keine unterirdischen, sondern solche unter den Bergen. Das Wort ›*unterirdisch*‹ sollte nicht benutzt werden, um dies zu beschreiben. In ganz Deutschland und in den besetzten Ländern hatte Deutschland Massenproduktionsanlagen für ein Dutzend verschiedene Arten von außerirdischen Flugmaschinen gebaut, die ihnen die Draco-Reptiloiden gegeben hatten … Diese Muster gingen also in Massenproduktion, nicht nur Prototypen wurden gebaut. Sie wurden massenweise unter Einsatz von Sklavenarbeit in vielen gewaltigen Anlagen in Gebirgen produziert. Achtzig Prozent dieser Anlagen waren sechs Monate vor Kriegsende aus Deutschland entfernt worden. Sie sind alle in Höhlen in der Antarktis verlagert worden und die Deutschen setzten den Bau dort unten fort.«[28]

Deutsche mit nachweislich arischer Abstammung wurden als Führungsoffiziere, Mannschaften, Wissenschaftler und Ingenieure für die im Geheimen entwickelten Raumschiffe ausgesucht und aus der Antarktis ausgeflogen. Das Schlüsselelement der Thule- und NS-Ideologie einer Herrenrasse, die dazu bestimmt ist, die Menschheit zu führen, blieb auch bei den in der Antarktis stationierten Deutschen ein zentraler Glaubenssatz. Das bedeutete, dass Menschen mit minderwertigeren Erbanlagen am besten beauftragt wurden, Hilfsdienste in unteren Positionen zu leisten, etwa als Crewmitglied oder Techniker oder im schlechtesten Fall als Sklavenarbeiter. Möglich wurde das durch die Art und Weise, wie Antarktis-Deutsche die von Hitlers Drittem Reich im Zweiten Weltkrieg erlittene Niederlage verarbeiteten.

Hitler hatte Deutschland durch seine gnadenlos militaristische Politik, die zu Beginn des Zweiten Weltkriegs ihren Höhepunkt erreichte, in die Katastrophe geführt. Das war vor der Zeit geschehen, als deutsche Wissenschaftler und Firmen die fortgeschrittenen

Technologien zu beherrschen gelernt hatten, die damals entwickelt wurden und die man für eine erfolgreiche Kriegführung für unerlässlich hielt. Es ist den Historikern wohlbekannt, dass führende Persönlichkeiten Deutschlands wie Fritz Thyssen, der Leiter des größten deutschen Stahlkonzerns, oder auch Admiral Wilhelm Canaris, der Kopf von Deutschlands Militärgeheimdienst, Hitlers Militarismus entgegentraten.[29]

Thyssen, Canaris und andere Mitglieder deutscher Geheimgesellschaften, die Hitler 1933 in seine Führungsposition erhoben hatten, glaubten, dass Deutschland mehr Zeit benötigte, um seine industrielle Macht mit Hilfe der von deutschen Firmen erforschten und entwickelten fortgeschrittenen Technologien zu steigern. Hätte Hitler seine erbarmungslose militaristische Politik nicht betrieben, dann hätte das Dritte Reich diese zusätzliche Zeit zur Verfügung gehabt, um seine fortgeschrittenen technologischen Programme entwickeln zu können, die womöglich zu einem anderen Ausgang des Zweiten Weltkriegs geführt hätten.

Die Hauptlektion, die die deutsche Antarktiskolonie lernte, lautete daher, dass in jeder künftigen Auseinandersetzung mit den Vereinigten Staaten verdeckte ökonomische Mittel genutzt werden müssen, um die globale Hegemonie zu erreichen. Eine offene militärische Konfrontation würde wahrscheinlich zu ähnlichen Ergebnissen führen, wie sie die beiden Weltkriege gezeigt haben, da Deutschland ganz einfach die Arbeitskraft und die industriellen Produktionsmittel fehlten, um andere Nationen zu besiegen, wenn diese in klarer Opposition vereint sind. Ein getarnter Kampf, bei dem man sich die Großmächte eine nach der anderen vorknöpfen konnte, wäre ein einfacherer Weg, um die Weltherrschaft zu erlangen.

Ein verdecktes globales Ringen, in dem deutsche Eliten mit denen anderer Nationen zusammenarbeiten würden, um Deutschlands geheime Antarktiseinsätze auszuweiten, hätte ein ziemlich anderes Ergebnis zur Folge. In einem früheren Kapitel wurde bereits gezeigt, inwiefern Vertreter der amerikanischen Eliten wie etwa Henry Ford manche der Rassentheorien, die Hitler später übernommen hat, ihrerseits vertraten. Der Nationalismus wurde von den Eliten verwendet, um die

Massen so zu manipulieren, dass sie in Kriegen eifrig kämpften, aber bei den elitären Gruppen selbst, »der Bruderschaft«, war es nicht der Nationalismus, der sie motivierte, sondern die Ansichten bezüglich rassischer Vorherrschaft, die sie alle in ihrem unersättlichen Streben nach persönlicher Macht teilten.

Es waren nicht nur deutsche Geheimgesellschaften, die an Edward Bulwer-Lyttons Theorien über die Vril-Kraft, an futuristische Gesellschaften in der Inneren Erde und an hochentwickelte Technologien glaubten, die in der Zukunft Reisen in den Weltraum und globale Herrschaft möglich machen würden. Diese Ansichten verbanden auch die amerikanischen, britischen, französischen und russischen Eliten sowie ähnliche Gruppen im Fernen Osten. Sie alle glaubten, dass die Macht nur solche innehaben sollten, die dazu geboren und herangezüchtet worden sind, und dass sie nicht durch die Wahlurne ausgeübt werden sollte, wie es in demokratischen Gesellschaften weithin akzeptiert ist.

Dies ermöglichte es der deutschen Antarktiskolonie, einflussreiche Alliierte in den Militärisch-Industriellen Komplexen großer Länder zu finden, was dann zu der Unterwanderung dieser Länder führte. Sowohl die amerikanischen Eliten als auch die Antarktis-Deutschen hatten vielerlei Vorteile durch ihre Kooperation, da beiden etwas fehlte, was die andere Seite besaß. Die Deutschen verfügten über unglaublich fortgeschrittene Weltraumtechnologien, die von ihren Geheimgesellschaften entwickelt oder ihnen von ihren reptiloiden Alliierten übergeben worden waren, aber ihnen fehlte es an menschlicher Arbeitskraft und den industriellen Ressourcen, um sie vollkommen allein weiterzuentwickeln. Auf der anderen Seite hatten die amerikanischen Eliten gewaltige Mengen an Arbeitskraft und industriellen Ressourcen zur Verfügung, während es ihnen am wissenschaftlichen Verständnis zur Erforschung und Rekonstruktion der außerirdischen Technologien mangelte, die in ihren Besitz gelangt waren.

Es ist wichtig, im Gedächtnis zu behalten, dass es viele amerikanische Firmen gab, die im Vorfeld des Zweiten Weltkriegs und währenddessen enge Beziehungen zu ihren deutschen Partnern entwickelt hatten. Einflussreiche Persönlichkeiten der USA wie Henry Ford, die

Rockefeller-Familie und die Dulles-Brüder waren nur die Spitze des Eisberges, wenn es um die ausgiebige ökonomische Zusammenarbeit mit NS-Deutschland geht. Nach dem Zweiten Weltkrieg haben manche namhaften Personen der amerikanischen Eliten bedeutende politische Positionen erreicht, die eine enge Kooperation zwischen den USA und den deutschen Antarktiskolonien begünstigen sollten. Anfang 1953 war Nelson Rockefeller zu einem führenden Berater von Präsident Eisenhower geworden und reorganisierte die amerikanische Bürokratie. John Foster Dulles wurde Eisenhowers Außenminister, während Allen Dulles es zum Direktor der CIA brachte. Diese drei Beamten standen im Mittelpunkt dessen, was sich zu einer sehr engen Beziehung zwischen den USA und den in der Antarktis stationierten Deutschen ausweiten sollte.

In diesem Beziehungsgeflecht sollten die elitären amerikanischen Politiker hinsichtlich des ausgiebigen Gebrauchs von Sklavenarbeit in der Antarktis ein Auge zudrücken. Tatsächlich akzeptierten auch viele die Vorteile, die ein Pool von Gefangenen den Firmen verschaffen konnte, die Forschungs- und Entwicklungsarbeit in der biologischen Kriegführung, auf dem Gebiet der Genetik und der Weltraumfahrt betrieben – und das alles konnte ohne jede Aufsicht stattfinden. In späteren Kapiteln wird noch eingehender deutlich, wie Sklavenarbeit bei Forschungs- und Entwicklungsprogrammen in der Antarktis genutzt und sogar über den Planeten hinaus, in von den Deutschen gegründeten Weltraumkolonien, eingesetzt wurde.

Es wäre ein Fehler, das deutsche Weltraumprogramm in der Antarktis ausschließlich als militaristische Ausbeutung von Sklavenarbeit mit dem Ziel galaktischer Eroberungen anzusehen. Dies ergibt sich daraus, dass die Fraktion von Oršić beziehungsweise der Vril-Gesellschaft ebenso in der Antarktis wie auch in Südamerika von kleineren deutschen Stützpunkten aus tätig war. Oršićs Abneigung gegen Militarismus und die SS führte zu ihren weitaus kleineren Weltraumprogrammen, die sich der Interaktion mit dem Rest der Menschheit auf äußerst verschiedene Weise annäherten. Sie sollte versuchen, eine galaktische Philosophie des Friedens und der Einheit zu verbreiten und zur Erhöhung des menschlichen Bewusstseins beizutragen. Bei diesen

Bemühungen waren ihr ähnlich gesinnte menschlich aussehende Außerirdische behilflich: die Nordischen. Oršić und die Nordischen spielten zusammen eine bedeutsame Rolle dabei, die Bewegung der Space Brothers in den 1950er Jahren zu begründen.

Anmerkungen

1 Eine umfassende Liste findet sich in »Holocaust Restitution: German Firms that Used Slave Labor During Nazi Era« auf http://www.jewishvirtuallibrary.org/german-firms-that-used-slave-labor-duringnazi-era.

2 Albert Speer, *Infiltration: How Heinrich Himmler Schemed to Build an SS Industrial Empire* (McMillan Publishing, 1981); p. 83. – Liegt unter dem Titel *Der Sklavenstaat: Meine Auseinandersetzung mit der SS* in verschiedenen Ausgaben auf Deutsch vor.

3 Fritz Sauckel (1894-1946); http://www.erfurt-web.de/Fritz_Sauckel_English (aufgerufen am 2. 8.2017)

4 Ebd.

5 Ebd.

6 »Financial compensation for Nazi slave laborers«; http://www.religioustolerance.org/fin_nazi.htm (aufgerufen am 2.8.2017)

7 Albert Speer, *Infiltration*; p. 301. – Liegt unter dem Titel *Der Sklavenstaat: Meine Auseinandersetzung mit der SS* in verschiedenen Ausgaben auf Deutsch vor.

8 Ebd.; p. 205.

9 »Peenemunde – 1943«; http://www.globalsecurity.org/wmd/ops/peenemunde.htm (aufgerufen am 2.8.2017)

10 Albert Speer, *Infiltration*; p. 205. – Liegt unter dem Titel *Der Sklavenstaat: Meine Auseinandersetzung mit der SS* in verschiedenen Ausgaben auf Deutsch vor.

11 Ebd.; p. 209.

12 Ebd.; p. 210f.

13 Ebd.; p. 219.

14 Ebd.; p. 227.

15 Ebd.; p. 218.

16 Ebd.; p. 219.

17 Ebd.; p. 301f.

18 Privates Interview mit William Tompkins am 17. April 2017.

19 Eine eingehendere Betrachtung der verschiedenen, von NS-Deutschland entwickelten Raumschiffe findet sich hier in Henry Stevens' *Hitler's Flying Saucers: A Guide to German Flying Discs of the Second World War*, 2nd edition (Adventures Unlimited Press, [2003] 2013).

20 Zu einer weiterführenden Betrachtung der verschiedenen technologischen Durchbrüche, die von NS-Deutschland erreicht wurden, siehe Henry Stevens, *Hitler's Suppressed and Still-Secret Weapons, Science and Technology* (Adventures Unlimited Press, 2007).

21 Zitiert nach einem Interview von Lee van Atta mit Admiral Byrd: »On Board the Mount Olympus on the High Seas«, *El Mercurio* (Santiago de Chile, 5. März 1947). Siehe auch »The Antarctic Enigma« auf http://www.

bibliotecapleyades.net/tierra_hueca/esp_tierra_hueca_6c.htm (aufgerufen am 8.11.2017).

22 Siehe Rudolf Lusar, *German Secret Weapons of the Second World War*, 2nd edition (N. Spearman. [1956] 1960); und Renato Vesco, *Intercept UFO* (Grove Press, [1968] 1971). – Lusars Buch liegt in mehreren Ausgaben unter dem Titel *Die deutschen Waffen und Geheimwaffen des Zweiten Weltkriegs und ihre Weiterentwicklung* auf Deutsch vor.

23 Siehe Henry Stevens, *Hitler's Flying Saucers: A Guide to German Flying Discs of the Second World War*, und Joseph Farrell, *Nazi International: The Nazi Postwar Plan to Control Finance, Conflict, Physics and Space* (Adventures Unlimited Press, 2013).

24 Henry Stevens, *Hitler's Flying Saucers: A Guide to German Flying Discs of the Second World War*; Kindle Edition, 69-72.

25 Joseph Farrell, *Nazi International*; Kindle Edition, 3018 von 7218.

26 Aus W. A. Harbinsons Einleitung zu Renato Vesco and David Childress Hatchers Buch *Man-Made UFOs 1944-1994: 50 Years of Suppression* (Adventures Unlimited Press, 1995).

27 Interview mit William Tompkins auf *Cosmic Disclosure*, 21. Februar 2017; https://spherebeingalliance.com/blog/transcript-cosmic-disclosure-deeper-disclosures-from-william-tompkins.html (aufgerufen am 9.11.2017)

28 Ebd.

29 Siehe Michael Mueller, *Canaris: The Life and Death of Hitler's Spymaster* (Chat ham Publishing, 2007), p. 136, und Kathy Warnes, »Fritz Thyssen Helped Finance the Nazi Party, but Later Changed His Mind«; http://windowstow orldhistory.weebly.com/fritz-thyssen-helped-finance-the-nazi-party-but-later-changed-his-mind.html (aufgerufen am 9.11.2017). – Dt. Ausgabe: *Canaris: Hitlers Abwehrchef*, Propyläen Verlag, Berlin 2006; ein Jahr später als List-Taschenbuch nachgedruckt.

7 Das Geheime Weltraumprogramm der Deutschen & die Space Brothers

Nur ein paar Monate nach Admiral Richard Byrds warnendem Interview in der chilenischen Presse kam es zu Kenneth Arnolds berühmtem UFO-Vorfall. Im Juni 1947 beobachtete Arnold Flotten fliegender, wie Flügel geformter Maschinen über den Cascade Mountains in Oregon und Washington. Diese Flügelmaschinen waren von der Bauart her dem Flugzeugmodell bemerkenswert ähnlich, das die Brüder Horton für NS-Deutschland entwickelt hatten – eines davon wurde nach dem Zweiten Weltkrieg in die USA gebracht.

Es ist durchaus glaubhaft, dass erfolgreiche Prototypen angefertigt, sodann in die Antarktis gebracht wurden und 1947 in der Lage waren, das US-Territorium zu überfliegen.

Admiral Byrds Warnung hat sich als äußerst vorausschauend erwiesen, denn die in der Antarktis stationierten Deutschen hatten nun im Juni 1947 die Fähigkeit erlangt, die USA ungestraft zu überfliegen. Angesichts der auf den Arnold-Vorfall folgenden Zunahme von UFO-Sichtungen darf deshalb angenommen werden, dass einige davon, wenn auch vielleicht nicht viele, mit dem von der Antarktis ausgehenden deutschen Weltraumprogramm zusammenhingen.

Wie bereits erwähnt, ereignete sich der denkwürdigste Überflug innerhalb der USA an zwei aufeinanderfolgenden Wochenenden fünf Jahre später, im Juli 1952, als ganze Wellen von UFOs den Luftraum über Washington, DC, erfüllten.

Zehntausende bezeugten die Überflüge, die fotografiert, vom Radar erfasst und von Militärpiloten gesichtet wurden. Die Sichtungen waren derart dramatisch, dass die U.S. Air Force eine Pressekonferenz abhielt, um sie allesamt als Wetter-Anomalie infolge eines »Temperaturum-

Abb. 28: Vergleich zwischen dem von Kenneth Arnold gezeichneten UFO und einem Foto des Horton-Nurflüglers

schwungs« abzutun. Laut drei zeitgenössischen Insidern/Whistleblowern, die Informationen über die Herkunft der mysteriösen Maschinen erlangten, waren die UFOs in Wahrheit deutsche Fliegende Untertassen. William Tompkins, Clark McClelland und Corey Goode sagten alle dasselbe über den Überflug Washingtons.

Jeder von ihnen war entweder instruiert worden oder hatte von Kollegen erfahren, dass es sich bei den UFO-Flugmaschinen um deutsche Antigravitationsraumschiffe gehandelt hat.

Haben deutsche Astronauten vorgegeben, Außerirdische zu sein, als sie Kontakte mit Menschen hatten?

Nur einige Monate nach dem äußerst dramatischen Überflug Washingtons 1952 begann der legendäre Kontaktler George Adamski, Fliegende Untertassen am Himmel von Kalifornien zu bezeugen und zu fotografieren. Am 20. November fuhr er, wie er behauptete, in eine abgelegene Gegend in der Nähe von Desert Center in Kalifornien, wo er Kontakt zu dem Besatzungsmitglied eines gelandeten Untertassen-Schiffes herstellte. Sechs Personen, die Adamski begleiteten, sahen zwei UFO-Schiffe am Tag von Adamskis Begegnung. Das erste war eine große, zigarrenförmige Maschine, die über sie hinwegflog, das zweite ein kleineres, untertassenförmiges Aufklärungsfluggerät, das gelandet war. Es zeigte sich ein Besatzungsmitglied, mit dem es zu einer Begegnung kam und der ihm schließlich mitteilte, dass er vom Planeten Venus stammt und »Orthon« genannt wurde.

Die sechs Zeugen der Landung und von Adamskis Begegnung mit dem Insassen des Fluggerätes unterzeichneten eine eidesstattliche Erklärung, die Adamskis Version der Ereignisse bekräftigte, welche er später in dem von ihm mitverfassten Buch *Fliegende Untertassen landen* (1954) veröffentlichte. Einer jener Zeugen, George Hunt Williamson, sagte während eines öffentlichen Vortrags:

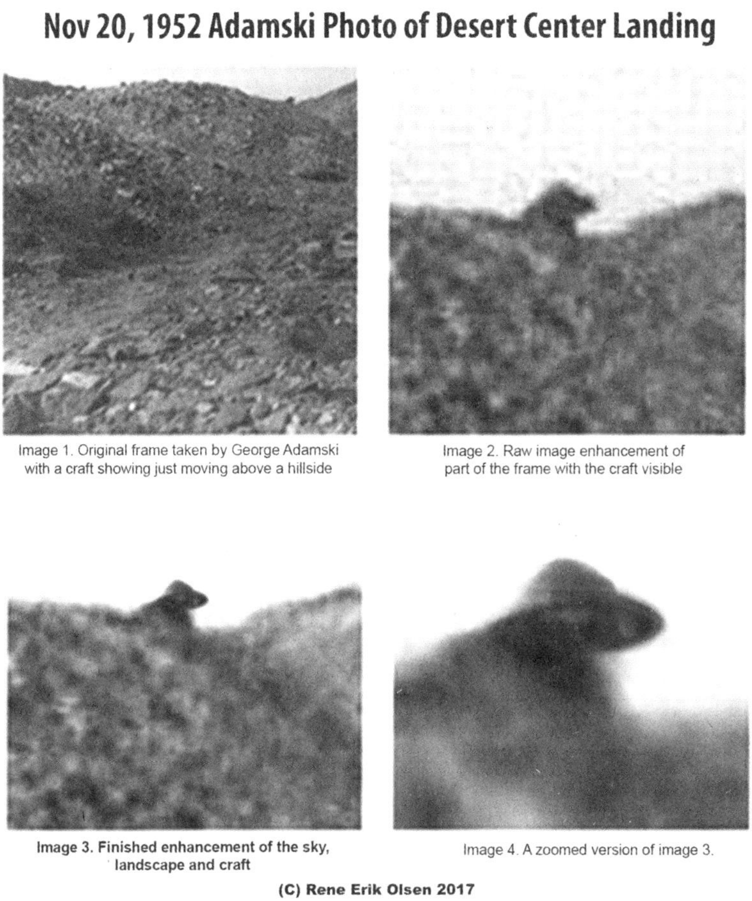

Abb. 29: Das von George Adamski fotografierte Erkundungsschiff. »Das Copyright der Originalbilder liegt bei The Adamski Foundation, das der Vergrößerungen bei Rene Erik Olsen.«

»Ich möchte hier noch einmal bekräftigen, dass das Erlebnis, auf das sich George Adamski in *Fliegende Untertassen landen* bezieht und bei dem meine Frau und ich zusammen mit Freunden Zeuge der Ereignisse waren, genauso stattgefunden hat, wie Mr. Adamski es in *Fliegende Untertassen landen* schildert: Die große Maschine wurde gesichtet und dann

Abb. 30: Zwei Ausschnittvergrößerungen der Fotos zeigen Orthon, wie er das gelandete Erkundungsschiff verlässt, und Orthon in Nahaufnahme. »Das Copyright der Originalbilder liegt bei The Adamski Foundation, das der Vergrößerungen bei Rene Erik Olsen.«

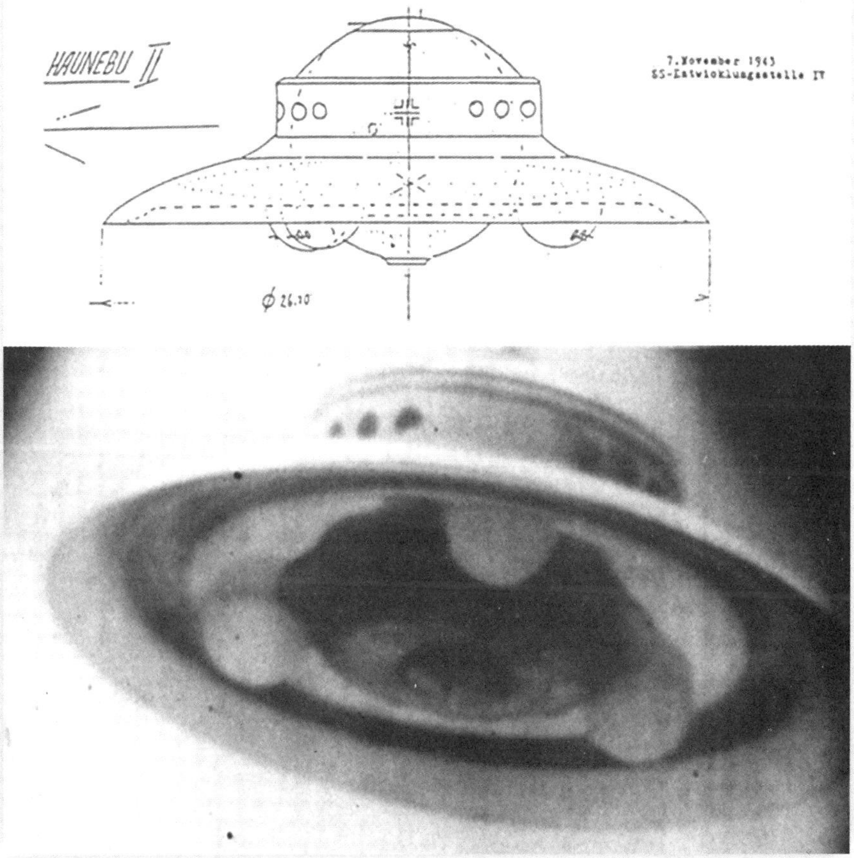

Abb. 31: Die Haunebu II und Adamskis Erkundungsschiff

beobachteten wir durch Ferngläser auch die anderen Ereignisse, die sich ungefähr eine Meile entfernt über der Wüste abspielten … Wir sahen Mr. Adamski mit jemandem reden … aus einiger Entfernung. Wir sahen die große Maschine. Wir sahen Lichtblitze von ihr ausgehen, wobei wir später bemerkten, dass die kleinere Maschine aus der größeren herausgekommen war. Wir sahen eine große Öffnung in der großen Maschine, durch die das kleinere Erkundungsschiff ursprünglich das größere Schiff verlassen haben muss … Wir sahen das kleine Schiff, wie es im Sattel [zwischen den Bergen] schwebte.«[1]

Stark gestützt werden Adamskis Äußerungen durch die Fotos, die er sowohl von der schwebenden untertassenförmigen Maschine als auch von dem Piloten (Orthon) gemacht hat, der von dort, wo die Maschine anscheinend gelandet war, wegging. Im Jahr 2017 wurden die Fotos von dem dänischen Künstler Rene Erik Olsen digital aufbereitet und in einem von dem französischen UFO-Forscher Michel Zirger verfassten Buch mit dem Titel *We Are Here: Visitors without a Passport* (»Wir sind hier: Besucher ohne Pass«, nicht auf Deutsch erschienen) erstmals öffentlich gemacht. Eine Sequenz der ursprünglich von Adamski von dem »Erkundungsschiff« und »Orthon« geschossenen Fotos werden hier gemeinsam mit den bearbeiteten Versionen gezeigt, die Olsen erstellt hat [siehe Abb. 29 und 30].

Es gibt eine Reihe von Aspekten hinsichtlich George Adamskis Kontaktierungsfall von 1952, die die Möglichkeit nahelegen, dass Orthon zu einem deutschen Geheimen Weltraumprogramm gehörte und/oder mit einer außerirdischen Allianz in Zusammenhang stand, die NS-Deutschland am Vorabend des Zweiten Weltkriegs und währenddessen aktiv unterstützt hat.

Die von Adamski fotografierten Fliegenden Untertassen ähneln sehr stark den *Haunebu*-Antigravitationsmaschinen, die angeblich in NS-Deutschland entwickelt wurden. Die genauen Eigenschaften der *Haunebu*-Maschine, die in SS-Dokumenten überliefert sind, wurden erstmals von Vladimir Terziski veröffentlicht, einem Ingenieur und früheren Mitglied der Bulgarischen Akademie der Wissenschaften, über den in Kapitel 3 die Rede war. Das anschließende Bild [Abb. 31] bietet den Vergleich eines Entwurfs der Fliegenden Untertasse *Haunebu II* von 1943, die von der SS zu Kriegszwecken entwickelt wurde, und einem Erkundungsschiff, das Adamski im Dezember 1952 fotografierte.

Auffälligerweise besteht der einzige Punkt, an dem sie sich unterscheiden, darin, dass die NS-Maschine mit einem Artilleriegerät ausgestattet war, die das Bestreben verdeutlicht, Fliegende Untertassen für kriegerische Zwecke zu bewaffnen. Tatsächlich erschienen 1950 in großen Zeitungen auf der ganzen Welt Artikel, in denen prominente italienische und deutsche Wissenschaftler zitiert wurden, die bestätigten, dass die Achsenmächte in dem geheimen Bemühen zusammenarbeiteten, die Prototypen Fliegender Untertassen mit Waffen zu bestücken.[2] Die Ausstattung der *Haunebu*-Maschine von 1943 ist der des von Adamski 1952 fotografierten Fluggerätes so ähnlich, dass es naheliegt, sie demselben Flugzeugtyp zuzuordnen, oder aber derjenige, der das Erkundungsschiff entwickelt hat – wer auch immer es war –, befand sich auf einem vergleichbaren technologischen Entwicklungsstand wie die Deutschen Mitte der 1940er Jahre.

Diese Tatsache zieht ein Riesenproblem nach sich! Wenn Orthon von der Venus stammt und Mitglied einer hoch entwickelten interplanetarischen Vereinigung war, wie Adamski annahm, wie konnte dann die erste Generation der Fliegenden Untertassen der Nazis nahezu identisch mit der Maschine sein, die von einer technologisch erheblich weiter fortgeschrittenen interplanetarischen Gesellschaft verwendet wurde? Eine Erklärung lautet, dass diese Außerirdischen ihre eigenen Maschinen NS-Deutschland übergaben, so dass die Wissenschaftler des Dritten Reiches ihre Funktionsweise rekonstruieren konnten. Dies wird durch Informationen nahegelegt, die William Tompkins mitgeteilt hat, als er sagte, dass die Marinespione der U.S. Navy während ihrer Einsatzberichte von 1942 bis 1946 berichtet hatten, den Deutschen seien über ein Dutzend Modelle einsatzfähiger Antigravitationsraumschiffe übergeben worden.[3]

Die Nazis versuchten mit großem Eifer, sie zu Kriegszwecken nachzubauen, waren damit aber letztlich erfolglos, soweit es ihr europäisches Programm betrifft. Tompkins' Information hilft uns zu verstehen, dass der *Haunebu-II*-Bauplan von 1943 ein Versuch der Nazis war, ein Antigravitationsraumschiff zu bewaffnen, das infolge geheimer Abkommen Hitlers Drittem Reich von seinen außerirdischen Verbündeten übergeben worden war. Doch wie kann das Fehlen von Waffen an den Raumschiffen, die 1952 von Adamski gesichtet wurden, erklärt werden, wenn sie irgendwie mit dem deutschen Weltraumprogramm zu tun hatten?

Da die Deutschen nicht ein, sondern zwei Weltraumprogramme in der Antarktis unterhielten, ist die Antwort klar. Während eines von ihnen eine Vereinigung von Geheimgesellschaften darstellte

(Thule, Schwarze Sonne, SS) – beherrscht von einer männlich dominierten Hierarchie –, wurde das andere Weltraumprogramm von Maria Oršić und ihrer Vril-Gesellschaft geleitet, die im Gegensatz dazu von Frauen geführt wurde. In der Tat war Oršić unnachgiebig eingestellt gegen die Kriegsanstrengungen der Nazis und die Militarisierung der Raumschifftechnik, um die sich die SS bemühte. Ihr mangelnder Beitrag zum Kriegserfolg war, wie schon in Kapitel 1 beschrieben, von Himmler bemerkt worden, aber seine Proteste wurden von Hitler zurückgewiesen, weil er das Wissen und die außerirdischen Verbindungen der Oršić als äußert wichtig für die entstehenden deutschen Weltraumprogramme ansah. Tompkins kommentierte dieses Thema in einem Gespräch:

> »Deutschland fand heraus, dass es die Blonde [Oršić] gab, übernahm sie, stoppte alles und gelangte dann an den Punkt, an dem die SS diese ursprüngliche Gruppe in irgendein Programm presste. Von nun an arbeiteten sie einige Male zusammen, aber Hitler erlaubte ihnen, unabhängig von dem ganzen SS-Programm zu operieren – während der gesamten Entwicklung. Also haben wir zwei Entwicklungen in Deutschland. Die Frauen wollten nicht, dass ihre Fluggeräte für etwas anderes als Reisen benutzt wurden. Sie fürchteten, dass jemand sie in die Hand bekäme und für das Militär nutzen könnte, was ja auch genauso geschah.«[4]

Oršić war sehr bestrebt, etwas über außerirdisches Leben in der Galaxis und über kosmische Philosophie zu erfahren, was sich an ihren psychischen Kontakten zu Wesen vom Sternsystem Aldebaran zeigte. Das spricht stark dafür, dass das Schiff, das Adamski fotografierte, zur Oršić/Vril-Abteilung des geheimen Deutschen Weltraumprogramms gehörte, das von der Antarktis aus operierte.

Sicherlich hatte die kosmische Friedens- und Einheitsbotschaft von Adamskis angeblichen Venusiern viel mit Oršićs friedlichem Versuch gemeinsam, etwas über außerirdisches Leben zu erfahren. Und wenn Oršić tatsächlich fortgeschrittene Raum-Zeit-Technologien erfolgreich benutzte, um in den späten 1940er Jahren zum Aldebaran zu reisen und dort mit höher entwickelten menschlichen Kolonien zu arbeiten, ist es sehr gut möglich, dass die Oršić/Vril-Abteilung des Deutschen Weltraumprogramms sich durch diese Interaktionen spirituell höher entwickelte. Dann kehrte ihre Gruppe zur Erde zurück, nachdem sie beispielloses galaktisches Wissen und Erfahrungen gesammelt hatte, um ihre Botschaft von kosmischem Frieden und kosmischer Einheit zu verkünden. Waren die »Space Brothers«, die die UFO-Literatur der 1950er Jahre beherrschten, vielleicht konvertierte Deutsche, die Jahrzehnte im tiefen Weltraum damit verbracht hatten, während ihrer Raum-Zeit-Reisen kosmische Geheimnisse zu erfahren?

Der Erste, der diese Möglichkeit erwog, war der legendäre UFO-Forscher Lieutenant Colonel Wendelle Stevens, der 2010 starb. Während einer privaten Unterhaltung auf einer zweiwöchigen Reise durch Japan im Jahr 2007 erzählte mir Stevens, dass Hitler den Zweiten Weltkrieg überlebt und sodann in Kolumbien gelebt habe und dass die Deutschen sich durch ihre Weltraum-Begegnungen verändert hätten. Er sagte, dass die Deutschen zurückgekehrt seien, um dem Rest der Menschheit eine Botschaft von kosmischem Frieden und Einheit zu bringen. In einer ähnlichen Stimmung sagte Corey Goode, er habe erfahren, dass die Oršić-Gruppe in den offenen Weltraum gereist und später zur Erde zurückgekehrt sei und dann den Kontaktierten eine kosmische Philosophie gepredigt habe:

> »Viele in den Geheimdiensten waren ziemlich überzeugt, dass Maria Oršić eine der ›Blonden‹ war, die mit UFOs landeten und auf Deutsch zu den Leuten sprachen und behaupteten, sie seien Außerirdische von einem anderen Sonnensystem. Als einigen der Zeugen ihr Foto gezeigt wurde, erkannten sie in ihr dieselbe Person, die sie bei der Fliegenden Untertasse getroffen hatten. Sie war offenbar in die antarktischen Stützpunkte und Städte gekommen, wo sie an einem Programm teilnahm, das die Nazi-Untertassen-Technologie nutzte, um durch einige Kontaktierte Desinformationen zu verbreiten.« [5]

Jedenfalls war eine Bedingung, dass sie sich dabei als Außerirdische ausgeben sollten und nicht ihre wahre Herkunft enthüllten. Daher ist es sehr wohl möglich, dass Orthon nur vorgetäuscht hat, er käme von der Venus, um die Existenz des deutschen Weltraumprogramms zu verbergen, das den Zweiten Weltkrieg überdauert hatte.

Eine Tatsache, die diese Folgerung untermauert, ist, dass Orthon mit Adamski nur nonverbal kommunizierte und während der Begegnung im Wüstenzentrum 1952 eine Zeichensprache benutzte. Adamski erklärte in einem Vortrag, dass Orthon »meistens in einem seltsamen Dialekt sprach«, der für ihn völlig unverständlich war.[6] War der »fremde Dialekt« Hochdeutsch, das ein anderer Kontaktierter, Reinhold Schmidt, als die Sprache benannte, die während seiner Kontakterfahrung 1957 von der Raumschiffbesatzung benutzt wurde?

Michel Zirger, der Autor von *We Are Here: Visitors without a Passport* (»Wir sind hier: Besucher ohne Pass«), fasst Schmidts Begegnung auf folgende Weise zusammen:

> »Ich möchte kurz einen letzten Fall erwähnen, den von Reinhold O. Schmidt, damals sechzig Jahre alt; ein Getreideaufkäufer aus Bakersfield, Kalifornien. Er behauptet, am 5. November 1957 dreißig Minuten mit der Besatzung eines großen silbernen, zigarrenförmigen UFOs gesprochen zu haben, das angeblich nahe Kearney in der Prärie von Nebraska gelandet war, um Reparaturen auszuführen. In einem verfügbaren anderthalbstündigen Tonbandinterview stellte Schmidt fest, dass die Besatzung aus ›vier Männern und zwei Frauen‹ bestand. Alle sprachen mit ihm ›amerikanisches Englisch mit deutschem Akzent.‹ Manchmal schien es ihm, dass er sie untereinander in ›hochdeutscher Sprache, einem sehr guten Hochdeutsch‹, sprechen hörte.«[7]

Schmidt hatte deutsche Eltern und obendrein in der Schule Deutsch gelernt, Adamski konnte jedoch keinen deutschen Dialekt erkennen, weil er polnisch-amerikanische Wurzeln hatte. Vielleicht hat Adamski aber auch gewusst, dass Orthon Deutsch sprach, und durfte dies aus Gründen der nationalen Sicherheit nicht öffentlich zugeben.

Es gab Gerüchte, wonach Adamski nach jeder seiner außerirdischen Begegnungen von der U.S. Air Force heimlich von Kalifornien aus zum Pentagon geflogen wurde, wo seine Kontakte besprochen wurden. Im Mai 2009 wurde ein seltenes Video veröffentlicht, das Interviews mit verschiedenen Zeugen enthielt, die von Adamskis geheimen Besprechungen im Pentagon wussten.[8] Die Zeugen bestätigten, dass Adamski einen militärischen Ausweis der technischen Truppe besaß, der ihm Zugang zum Pentagon verschaffte. Die Existenz dieses Militärausweises wurde von mehreren Leuten bezeugt, die in verschiedenen Positionen im Verteidigungsministerium arbeiteten. Unter den Zeugen war William Sherwood, der vorher für die technische Abteilung der U.S. Army gearbeitet hatte und einen eigenen Ausweis besaß. Sherwood sah Adamskis Ausweis und bestätigte dessen Authentizität.[9] Die unterstützenden Aussagen Sherwoods und anderer bestätigen die Gerüchte, dass Adamski nichts darüber sagen sollte, dass Orthon Deutsch sprach, um die Öffentlichkeit über die Wahrheit zu täuschen.

Das Pentagon verheimlicht den Zusammenhang zwischen dem Geheimen Weltraumprogramm der Deutschen und den Kontakten mit Außerirdischen

Die Idee, dass einige der UFOs, die über US-Gebiet gesichtet wurden, Teil eines geheimen deutschen Weltraumprogramms waren, wird durch zwei zusätzliche UFO-Landungen in den 1950ern bestärkt, also zu derselben Zeit, in der Adamski sagte, er habe Kontakte mit Venusbewohnern gehabt. Willard Wannall, Master Sergeant der U.S. Army, berichtete, dass er am 7. Januar 1956 eine Fliegende Untertasse in einem abgeschirmten Areal in Kaimuki nahe Honolulu, Hawaii, landen sah. Er wurde von Geheimdienstoffizieren der Army und der Air Force in Fort Shafter, wo er stationiert war, vernommen und schrieb einen 32-seitigen Bericht über das Vorkommnis an seinen befehlshabenden Offizier. Wannalls kurze Beschreibung des Ereignisses wurde zwar in UFO-Sichtungsberichten der damaligen Zeit erwähnt, sein detaillierter Bericht darüber aber niemals veröffentlicht.[10]

Nachdem er die Armee verlassen hatte, schrieb er über das Ereignis 1967 ein Buch, in dem er angab, dass er aus Gründen der nationalen Sicherheit noch immer keine Einzelheiten ausplaudern dürfe.

»Jedoch kann ich festhalten, ohne meine Familie und meine Freunde zu gefährden oder irgendwelche Sicherheitsauflagen zu verletzen, dass wir nahe unserem Haus die Landung eines deutlich sichtbaren Flugobjektes miterlebten, das wir fünfundvierzig Minuten lang beobachteten, bevor es wieder abflog. Außer mir waren noch sechs zuverlässige und hoch geachtete Personen anwesend, die die Einzelheiten der Sichtung abwechselnd mit leistungsfähigen Ferngläsern und ohne solche betrachteten.«[11]

Jahrzehnte später sprach ein Reporter des *Maui UFO-Report* mit Wannall, bevor dieser im Jahr 2000 starb, und die Öffentlichkeit erfuhr zum ersten Mal einige Einzelheiten über die Landung:

»Diesmal landete das glockenförmige, silberne und gewölbte Flugobjekt mit Bullaugen in den dicht bewaldeten Hügeln bei Honolulu. Als Sergeant Wannall sich näherte, öffnete sich eine Luke. Er bemerkte ein Hakenkreuz und das Eiserne Kreuz am UFO sowie an der Uniform des Insassen. Der Pilot sprach mit deutschem Akzent und trug eine Nazi-Uniform! Sergeant Wannall erklärte uns, dass sich geflüchtete Nazis, die über Fliegende Untertassen verfügten, kurz vor der Kapitulation der Deutschen nach Südamerika und zu geheimen unterirdischen Stützpunkten unter dem Eis der Antarktis zurückgezogen hatten.«[12]

Wannalls Beschreibung des Flugobjekts ähnelt sehr genau denen, die 1952 von Adamski fotografiert und bezeugt wurden und dem *Haunebu-II*-Fluggerät, das heimlich in Deutschland entwickelt wurde.

Nun ist auch verständlich, warum Wannalls 32-seitiger Bericht über das Ereignis von 1956 unter *Project Blue Book* niemals veröffentlicht wurde. Er hätte enthüllt, dass ein geheimes deutsches Weltraumprogramm imstande war, mit seinen Fluggeräten die USA zu überfliegen und überall zu landen, einschließlich Hawaii. Die Tatsache, dass der UFO-Pilot mit deutschem Akzent sprach, eine Nazi-Uniform trug und nahe der Militärbasis Fort Shafter landen konnte, zeigt, dass die Besatzung keine Angst hatte, abgeschossen zu werden. Mehr noch, sie belegt eindeutig, dass eine Art von Abkommen mit den US-Militärbehörden bestanden haben muss, betreffend deutsche Raumschiffe, die in die USA flogen und dort landeten. Da diese Verhandlungen während Trumans Präsidentschaft begannen und 1955 zu einem Vertrag führten, betraf Wannalls Erlebnis höchstwahrscheinlich den militärischen Zweig des deutschen Weltraumprogramms in der Antarktis.

Das führt uns zurück zu dem Kontakt von Reinhold Schmidt. Er beschrieb das Treffen mit der Besatzung einer Fliegenden Untertasse, die am 5. November 1957 bei Kearney, Nebraska, gelandet war und mit ihm Englisch mit deutlichem deutschen Akzent sprach – beziehungsweise untereinander Hochdeutsch.

In seinem Buch *Edge of Tomorrow* (»An der Grenze zu Morgen«, nicht auf Deutsch erschienen) schreibt Schmidt, dass er anfangs glaubte, die sechs Insassen seien deutsche Wissenschaftler:

> »Ich dachte, dass es vielleicht aus Russland käme, bemannt mit einer Crew von deutschen Wissenschaftlern, die Daten über den russischen *Sputnik* sammelten, der eine Woche zuvor gestartet war.«[13]

Nachdem er später von einem Mitglied der UFO-Mannschaft kontaktiert worden war, hatte Schmidt weitere Begegnungen und änderte seine Meinung über die Herkunft des Objekts. Nun betrachtete er die Mannschaft als Außerirdische vom Saturn. Schmidt schrieb über seine folgenden Treffen mit den angeblichen Außerirdischen und schilderte, wie sie ihn auf Reisen mitnahmen und er dabei mehr über vorzeitliche Geheimnisse der Erde erfuhr, wobei sie ihm ihre kosmische Philosophie von Frieden und Einheit vermittelten. Ein vielsagendes Beispiel ist, was Schmidt über ein natürlich vorkommendes Metall mitgeteilt wurde, das zum Bau von Raumschiffen verwendet werden könnte:

> »Sie zeigten mir, wie aus den Felsen eines der Steinbrüche ein wertvolles Metall gewonnen wurde. Dieses Metall ähnelt demjenigen, das die Saturner für den Bau ihrer Raumschiffe benutzen. Wenn wir gewisse Fortschritte in unseren sozialen und ökonomischen Systemen gemacht haben werden, die uns befähigen, uns den Wesen anzuschließen, die schon gelernt haben, in Frieden und Freundschaft miteinander zu le-

ben und zu arbeiten, dann werden wir auf der Erde fähig sein, dieses Metall für den Bau von Raumschiffen zu nutzen, in denen wir auch andere Planeten besuchen können.«[14]

Schmidt könnte, ebenso wie Adamski, von den Insassen des Raumschiffs, denen er begegnete, auch absichtlich getäuscht worden sein, als sie sich zu Außerirdischen erklärten. Trotz der offensichtlichen Anzeichen, dass sie Teilnehmer eines deutschen Geheimen Weltraumprogramms waren, das lange nach 1945 betrieben wurde, haben beide Kontaktierte wahrscheinlich nicht von dieser hoch vertraulichen Information gewusst. Oder Schmidt könnte, wiederum wie Adamski, von nationalen Sicherheitsbehörden unter Druck gesetzt worden sein, keine öffentlichen Hinweise zu geben, dass die Raumschiffinsassen deutsche Astronauten seien. Diese letztere Erklärung wird von der verwirrenden Behandlung unterstützt, die Schmidt nach dem Bericht über seinen ersten Kontakt von 1957 erfuhr. Das anfängliche Interesse und die freundliche Unterstützung, die über Nacht zu einem nationalen Medienecho führten, verschoben sich dramatisch und wurden zu offener Feindschaft der lokalen Behörden nach der Ankunft zweier Air-Force-Offiziere.

Nach ausführlichen Besprechungen mit verschiedenen lokalen Beamten und Interviews mit den lokalen und nationalen Medien griff die Air Force offiziell ein und plötzlich wurde Schmidt vom Polizeichef unter Druck gesetzt, seine öffentliche Aussage zu widerrufen. Als Nächstes kam Schmidt für zwei Tage ohne Anklage ins Gefängnis und wurde dann einer Nervenklinik in Hastings, Nebraska, überstellt. Das alles geschah ohne anwaltliche Vertretung. Erst nachdem Schmidts Familie und sein Arbeitgeber die Behörden mit Nachdruck darum baten, kam er schließlich frei.

Nachdem die beiden Air-Force-Offiziere interveniert hatten, wurde starker Druck auf Schmidt ausgeübt, seine Geschichte zu ändern: Das zeigt klar, dass Schlüsselelemente darin die nationale Sicherheit bedrohten. Wahrscheinlich wurde er auch nur deshalb aus dem Gewahrsam entlassen, weil er sich einverstanden erklärte, wichtige Details seiner Geschichte abzuwandeln, um nationale Interessen zu schützen.

Schmidts Aussage zeigt, ebenso wie die Fälle von Adamski und Wannall, dass Raumschiffe, die zu einem geheimen deutschen Weltraumprogramm gehörten, die USA aktiv überflogen und dort auch landeten. Jeder Hinweis auf den deutschen Ursprung dieser Schiffe wurde gründlich entfernt. Stattdessen betonte man Bezüge zu Außerirdischen von der Venus, dem Saturn oder sonst woher.

Waren Billy Meiers Plejarer ein Teil des Geheimen Weltraumprogramms der Deutschen?

Im Jahre 1975 begann Eduard Albert »Billy« Meier, Fotos von Fliegenden Untertassen zu machen, die nahe bei seinem Haus in der Schweiz landeten. Dann begegnete er den Insassen, die behaupteten, sie seien vom Planeten Pleja im Sternensystem der Plejaden, und sich Plejarer nannten. Wie in Adamskis Fall gab es eine Ähnlichkeit zwischen Billy Meiers Erkundungsschiff und den *Haunebu*-Untertassen, die in NS-Deutschland entwickelt worden waren. Und wie im Fall Schmidt sprachen die angeblichen Außerirdischen mit Meier Deutsch und verkündeten ihm die kosmische Philosophie, die er in der Folge in einer mehrbändigen Reihe seiner Kontaktaufzeichnungen verbreitete.[15]

Und endlich kommen zum wichtigsten plejarischen Botschafter, den Meier 1975 getroffen haben will: Semjase, die er als schöne junge Frau beschreibt. Semjase brachte Meier viel über das Leben in der Galaxis und die kosmischen Lehren ihres Volkes bei. Corey Goode sagte 2016 in einem Vortrag, dass Meier, als ihm ein Foto von Maria Oršić gezeigt wurde, sie als »Semjase« erkannte:

> »… als das Militär von Meiers Fall hörte, schickten sie Leute mit Fotos für ihn hinüber, damit er das weibliche Wesen darauf identifizierte. Er deutete sofort auf eines der Bilder und sagte: ›Das ist sie! Das ist sie!‹ Anscheinend war das Foto, auf das er zeigte, ein Bild von Maria Oršić, dem Medium der Vril-Gesellschaft, das zu innerirdischen Gruppen Kontakt hatte und eine geheime Rolle im deutschen Geheimen Weltraumprogramm vor und nach dem Zweiten Weltkrieg spielte.«[16]

Abb. 32: Maria Oršić

Wenn wir die Ähnlichkeit von Meiers Erkundungsschiff mit der Serie von *Haunebu*-Untertassen kombinieren, lässt sich aus der Tatsache, dass seine wichtigste Kontaktperson Semjase fließend Deutsch sprach, und daraus, dass Meier Semjase und Oršić als dieselbe Person identifizierte, klar folgern: Billy Meiers Kontakt war eine Begegnung mit der Oršić/

Vril-Abteilung des geheimen deutschen Weltraumprogramms, das eine Philosophie von kosmischem Frieden und Einheit propagierte.

Schlussfolgerung

Das Material, das in diesem Kapitel untersucht wurde, lässt vermuten, dass der Kontaktfall George Adamski sowie die Fälle Wannall und Schmidt sehr wahrscheinlich echte Begegnungen von US-Bürgern mit Vertretern eines deutschen Weltraumprogramms waren, das von der Antarktis aus operierte. Sowohl die Insassen der Fliegenden Untertassen als auch das US-Militär verheimlichten den Zusammenhang mit den Deutschen und förderten, um die Herkunft der UFOs zu erklären, den Glauben an die außerirdische Hypothese. Zusätzlich impliziert der Kontakt Billy Meiers höchstwahrscheinlich eine Begegnung mit der Oršić-Fraktion des deutschen Antarktisprogramms.

Das soll nicht bedeuten, dass *alle* angeblichen außerirdischen Kontaktfälle tatsächlich Begegnungen mit Mitgliedern der wohlwollenden Oršić/Vril-Fraktion waren, die hinter dem Space-Brothers-Phänomen steckte. Schließlich wurden die Deutschen von verschiedenen Gruppen von Außerirdischen unterstützt, die sie mit den grundlegenden Plänen für Raum-Zeit-Technologien sowie mit Flugmaschinen, die zu fernen Sonnensystemen reisen konnten, ausstatteten; später, während des Zweiten Weltkriegs, stellten sie auch operative Raumschiffe zum Nachbau für sie bereit. Verschiedene Gruppen von Außerirdischen halfen den Deutschen, ihre antarktischen Stützpunkte zu bauen, und beschützten sie in einer kritischen Phase, als die alliierten Mächte drohten, sie zu okkupieren.

Trotz der Beteiligung der Außerirdischen am deutschen Weltraumprogramm ist es nötig, die Kontaktfälle der 1950er und 1960er Jahre zu untersuchen, um den wahren Ursprung der angeblichen »Space Brothers« zu erkennen – und die Bemühungen des Pentagons, die Wahrheit zu unterdrücken. Die etablierten US-Sicherheitsinstitutionen förderten die Zweifel an Kontaktierten wie Adamski, Schmidt, Wannall, Meier und vielen anderen nicht etwa, weil sie das öffentliche Interesse an außerirdischen Besuchern fürchteten, sondern weil sie besorgt waren, dass die Öffentlichkeit die Wahrheit über die abtrünnige deutsche Kolonie in der Antarktis erfahren könnte – über eine Gruppe, die eng mit dem Space-Brothers-Phänomen verbunden war.

Die mächtigsten Nationen jener Zeit – die USA, Großbritannien, Frankreich und die Sowjetunion – wollten nicht, dass ihre Bürger erfahren, dass ein mächtiges Erbe Nazi-Deutschlands den Krieg überdauert hatte und dass die technischen Fortschritte dieser Gruppe in Bezug auf hochmoderne Raumfahrttechnik derart dominant waren, dass die früheren Alliierten nichts Vergleichbares besaßen. Irrtümlich nahmen die Staatschefs an, dass geheime Abkommen, eine Unterwanderung der deutschen Anlagen in der Antarktis und Täuschungen durch Gegenspionage geeignete Mittel wären, um den technologischen Abstand zu überbrücken. In der Zwischenzeit begannen sie, die Wahrheit über den Zusammenhang dieser Deutschen mit den Space-Brothers-Begegnungen, die Adamski, Schmidt, Wannall und andere Kontaktierte während der Präsidentschaft Eisenhowers in den 1950ern erlebten, bewusst zu unterdrücken.

Am 8. November 1960 wurde John F. Kennedy zum US-Präsidenten gewählt und erbte von Eisenhower das schwierige Problem, wie ein Präsident mit dem drohenden Vierten Reich umgehen sollte, das von der Antarktis aus operierte, sowie mit dessen Verbindungen zum Phänomen der Space Brothers und der verborgenen Kontrolle des Vierten Reichs über den Militärisch-Industriellen Komplex. Kennedys mutige Versuche, seine Autorität als Präsident über geheime UFO-Projekte zu behaupten und den Einfluss des Vierten Reiches zurückzudrängen, führten zu einer tragischen Konfrontation.

Anmerkungen

1 Michel Zirger, *We Are Here: Visitors without a Passport* (Amazon Digital Services, 2017); Kindle Edition, 5203-10 von 5403.

2 Siehe »Giuseppe Belluzzo, the Italian engineer« auf http://www.naziufos.com/2016/03/06/giuseppe-belluzzo-italian-engineer-ufo/ und »Major Lusar, the Saucer Builders and the test flight« auf http://naziufomythos.greyfalcon.us/majorlusar.html (aufgerufen am 19.12.2017)

3 Siehe Michael E. Salla, »US Navy Spies Learned of Nazi Alliance with Reptilian Extraterrestrials during WWII«; http://exopolitics.org/us-navy-spies-learned-of-nazi-alliance-with-reptilian-extraterrestrials-during-wwii/ (aufgerufen am 19.12.2017)

4 Transkript des Interviews in *Cosmic Disclosure*, Staffel 5, Episode 10: »SSP Testimonials with William Tompkins«; http://spherebeingalliance.com/blog/transcript-cosmic-disclosure-ssp-testimonials-with-william-tompkins.html

5 Interview mit Corey Goode: »Corporate bases on Mars and Nazi infiltration of US Secret Space Program«; http://exopolitics.org/corporate-bases-on-mars-and-nazi-infiltration-of-us-secret-space-program/ (aufgerufen am 19.12.2017)

6 Siehe Michel Zirger, *We Are Here*, Kindle Edition, 903 von 5403.

7 Siehe Michel Zirger, *We Are Here*, Kindle Edition, 526-531 von 5403.

8 »UFOs The Contacts«; https://www.youtube.com/watch?v=kPvvz7O3CKk (aufgerufen am 19.12.2017)

9 Siehe Michael Salla, »Did President Kennedy Meet Extraterrestrials«; https://www.bibliotecapleyades.net/ciencia/ciencia_flyingobjects71.htm (aufgerufen am 19.12. 2017.

10 »7. Januar 1956 – Kaimuki, Hawaii, USA«; http://thecid.com/ufo/uf07/uf4/074165.htm (aufgerufen am 19.12. 2017)

11 Willard Layton Wannall, »Wheels Within Wheels«; https://library.abundanthope.org/index_htm_files/Wheels%20within%20Wheels-AH.pdf (aufgerufen am 19.12.2017)

12 Hawaii UFO Magazine, No 2 (eingeschränkter Verkauf in Maui, Hawaii).

13 Reinhold O. Schmidt, *Edge of Tomorrow* (Inner Light, 1975), erhältlich online unter http://galactic.to/rune/reinhold.html (aufgerufen am 19.12.2017)

14 Ebd.

15 Wendelle Stevens, *Message From the Pleiades: The Contact Notes of Eduard Billy Meier*, Volume 1 (UFO Photo Archive, 1988).

16 Justin Deschamps, »David Wilcock und Corey Goode: History of the Solar System and Secret Space Program – Notes from Consciousness Life Expo 2016«; http://sitsshow.blogspot.com.au/2016/02/david-wilcock-and-corey-goode-history.html

8 Kennedys Konfrontation mit dem Vierten Reich

Drei Tage vor John F. Kennedys Amtseinführung am 20. Januar 1960 hielt der scheidende Präsident Dwight D. Eisenhower seine berühmte Abschiedsrede:

> »Bei den Beratungen der Regierung müssen wir uns vor dem – erwünschten oder unerwünschten – Aufbau unrechtmäßigen Einflusses des Militärisch-Industriellen Komplexes schützen. Es besteht ein Potential für das gefährliche Anwachsen illegitimer Macht und es wird fortdauern. Wir dürfen niemals zulassen, dass durch das Gewicht dieser Verbindung unsere Freiheiten oder demokratischen Prozesse gefährdet werden. Wir sollten nichts für selbstverständlich erachten. Nur Wachsamkeit und eine aufmerksame Bürgerschaft können bewirken, dass die riesige industrielle und militärische Verteidigungsmaschinerie mit unseren friedlichen Zielen und Methoden ordnungsgemäß verbunden ist, damit Sicherheit und Freiheit zusammen gedeihen können.«[1]

Eisenhowers Rede war eine verhüllte Warnung vor dem unheimlichen Einfluss, den das Vierte Reich durch seine Infiltration des amerikanischen Militärisch-Industriellen Komplexes erreicht hatte sowie vor der Gefahr, die er für die amerikanischen Freiheiten und die beginnende Kennedy-Ära darstellte.

Präsident Kennedy begann seine neue Amtszeit mit wichtigen Vorkenntnissen darüber, was hinter den Kulissen des Zweiten Weltkriegs geschehen war, insbesondere hinsichtlich der Entwicklung Fliegender Untertassen durch NS-Deutschland. Im Juli/August 1945 begleitete er James Forrestal, damals Minister der U.S. Navy, auf seiner Reise in das von den Alliierten besetzte Deutschland. Forrestal wollte den jungen Kennedy für seinen persönlichen Stab rekrutieren, sowohl weil er mit dessen Vater Joseph befreundet als auch weil er tief beeindruckt von dessen frühreifem Intellekt war. Kennedy war während der Begutachtung der erbeuteten fortschrittlichen NS-Waffen und bei den Treffen mit älteren alliierten Generälen wie General Eisenhower stets an Forrestals Seite.

Seinen Besuch hielt Kennedy in einem Tagebuch fest, das nach seinem Tod unter dem Titel *Unter Deutschen: Reisetagebücher und Briefe 1937-1945*[2] veröffentlicht wurde. Aus diesem Tagebuch geht hervor, dass er dabei war, als Forrestal hoch entwickelte Technologien begutachtete, die für die Navy von Interesse waren und von denen einige im Zuge der *Operation Paperclip* übernommen wurden. Kennedys Tagebuch behandelt keine Fliegenden Untertassen, aber es ist klar, dass er neueste Nazi-Technologie sah und Anweisungen hatte, worüber er schreiben durfte und was zurückgehalten werden müsse, um die nationale Sicherheit zu wahren.

Kennedy stand auch danach noch in enger dienstlicher Beziehung zu Forrestal, der im September 1947 Verteidigungsminister wurde. Weniger als zwei Jahre später, am 28. März 1949, traf Präsident Truman eine Entscheidung, die die breite Öffentlichkeit schockierte, und entließ Forrestal; kurz darauf, im Mai 1949, starb Forrestal unter ungeklärten Umständen, angeblich durch Selbstmord. Kennedy vermutete ein falsches Spiel gegen seinen Mentor auf Grund dessen, was Forrestal ihm über außerirdische Technologien und die bedrohlichen Aktivitäten der deutschen Antarktiskolonie mitgeteilt hatte, die den Militärisch-Industriellen Komplex fortwährend unterwanderte.[3]

Als Präsident gelangte Kennedy schließlich in eine Position, die nötig war, um Zugang zu geheimen UFO-Akten und UFO-Technologien sowie deren Verbindung mit NS-Deutschland zu erhalten. Er entschied sich dafür, trotz Eisenhowers Warnung vor der Gefahr, die vom Militärisch-Industriellen Komplex ausging, Allen Dulles als Direktor der CIA in die neue Regierung zu übernehmen. Kennedys Vater Joseph, der frühere US-Botschafter in Großbritannien, war ein großer Förderer von NS-Deutschland gewesen. Tatsächlich hatte er die NSDAP mit großen

Spenden unterstützt. Am 3. Mai 1941 sandte J. Edgar Hoover ein Memorandum an Präsident Roosevelts Büro, in dem es hieß:

»In dieses Büro gelangten Informationen von einer Quelle, die in der Gesellschaft prominent und dafür bekannt ist, mit einigen eingeweihten Leuten in Kontakt zu stehen, für die wir uns aber nicht verbürgen können; diese Informationen hatten den Inhalt, dass Joseph P. Kennedy, der frühere Botschafter in England, sowie der Wall-Street-Makler Ben Smith, vor längerer Zeit einmal ein Treffen mit Göring in Vichy, Frankreich, hatten und dass Kennedy und Smith danach eine beachtliche Summe Geldes für die deutsche Sache spendeten. Beide werden als sehr antibritisch und prodeutsch beschrieben.«[4]

Joseph Kennedys Sympathien für NS-Deutschland, die Verbindungen zu prominenten Nazis wie Hermann Göring, dem Oberbefehlshaber der Luftwaffe, und die Finanzierung der NS-Bewegung führten zu einem bemerkenswerten Ergebnis. Etwa zur selben Zeit, als Joseph Kennedy einen Deal mit der italienischen Mafia geschlossen hatte, um die Wahl seines Sohnes 1960 zu unterstützen, erreichte er einen ähnlichen Deal mit dem Vierten Reich![5]

Das hilft zu erklären, warum Präsident Kennedy beschloss, Dulles zu halten, obwohl er von dessen Verbindungen zum Vierten Reich wusste, und dass er auch der Kopf des Speziellen Forschungsprojekts Majestic 12 (MJ-12) war – des geheimen Komitees, das dazu diente, die US-Politik gegenüber außerirdischem Leben und der deutschen Präsenz in der Antarktis zu steuern.

Am 28. Juni 1961 schrieb Präsident Kennedy ein streng geheimes Memorandum an Dulles, mit dem er den Prozess einleitete, Zugang zu MJ-12-Akten zu bekommen:

»Nationales Sicherheits-Memorandum

An den Direktor der CIA

Thema: Übersicht über MJ-12-Aufklärungs-Operationen, sofern sie auf Pläne der psychologischen Kriegsführung im Kalten Krieg bezogen sind.

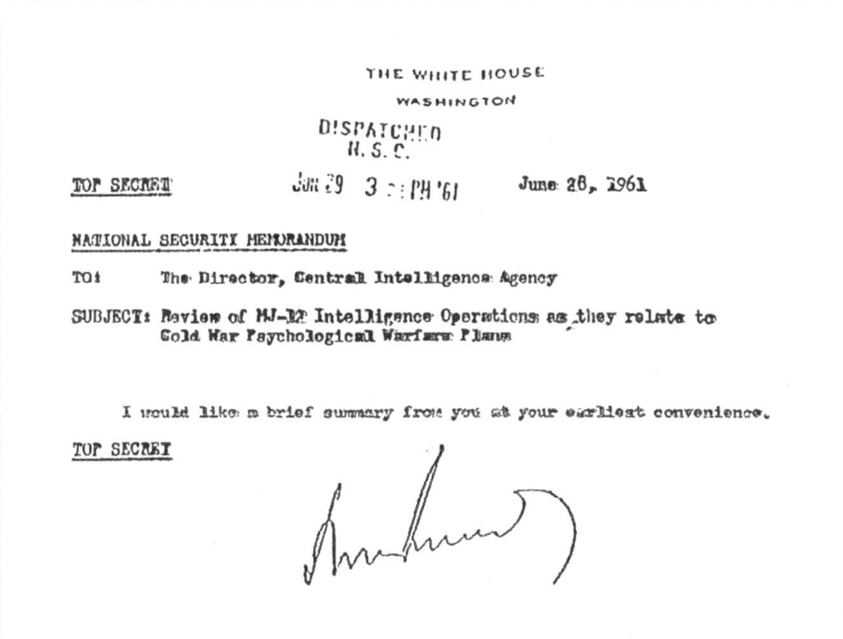
THE WHITE HOUSE
WASHINGTON

DISPATCHED
N. S. C.

TOP SECRET — JUN 29 3 :: PM '61 — June 28, 1961

NATIONAL SECURITY MEMORANDUM

TO: The Director, Central Intelligence Agency

SUBJECT: Review of MJ-12 Intelligence Operations as they relate to Cold War Psychological Warfare Plans

I would like a brief summary from you at your earliest convenience.

TOP SECRET

Abb. 33: Kennedys Memo an CIA-Direktor Dulles. Quelle: Majestic Documents

> Ich erwarte eine kurze Zusammenfassung von Ihnen zum nächstmöglichen Zeitpunkt.«[6]

Dieses offengelegte Nationale Sicherheits- und Aktions-Memorandum zeigt, dass Kennedy im Juni 1961 etwas über die MJ-12-Aktivitäten und deren Beziehung zur psychologischen Kriegsführung erfahren wollte. Auch wenn das Memorandum von der CIA nicht anerkannt wurde (es war als STRENG GEHEIM klassifiziert), unterstützen doch andere Dokumente jener Zeit seine Authentizität.[7]

Dulles' Antwort auf Kennedys Juni-Memorandum war ein angeblich streng geheimer Brief vom 5. November 1961.[8] Dieser Brief gibt einen Überblick über die Aktivitäten von MJ-12 im Hinblick auf psychologische Kriegsführung. Es beschreibt UFOs als Teil der »Sowjet-Propaganda«, um »Misstrauen gegen die Regierung«[9] zu verbreiten. Dulles' Brief bestätigt, dass »UFO-Fälle von nichtirdischem Ursprung«

RECEIVED
JUL 21 [illegible] [illegible]
5-1

TOP SECRET

SENSITIVE

5 November 1961

Operations Review
by Allen W. Dulles

THE MJ-12 PROJECT

The Overview. In pursuant to the Presidential National Security Memorandum of June 28, 1961, the U.S. intelligence operations against the Soviet Union are currently active in two broad areas; aircraft launch vehicles incorporating ELINT and SIGINT capabilities; and balloon borne decoys with ECM equipment.

The Situation. The overall effectiveness about the actual Soviet response and alert status is not documented to the point where U.S. intelligence can provide a true picture of how Soviet air defenses perceive unidentified flying objects.

Informational sources have provided some detail on coded transmissions and tactical plans whose reliability is uncertain, and thus, do not give us precise knowledge of Soviet Order of Battle. Current estimates place Soviet air and rocket defenses on a maximum alert footing with air operations centered on radar and visual verification much the same as ours.

Future psychological warfare plans are in the making for more sophisticated vehicles whose characteristics come very close to phenomena collected by Air Force and NSA elements authorized for operations in this area of intelligence.

Basis for Action. Earlier studies indicated that Americans perceived U.F.O. sightings as the work of Soviet propaganda designed to convince U.S. intelligence of their technical superiority and to spread distrust of the government. CIA conducted three reviews of the situation utilizing all available information and concluded that 80% of the sighting reports investigated by the Air Force's Project Blue Book were explainable and posed no immediate threat to national security. The remaining cases have been classified for security reasons and are under review. While the possibility remains that true U.F.O. cases are of non-terrestrial origin, U.S. intelligence is of the opinion that they do not constitute a physical threat to national defense. For reasons of security, I cannot divulge pertinent data on some of the more sensitive aspects of MJ-12 activities which have been deemed properly classified under the 1954 Atomic Ene[illegible] of 1954.

I hope this clarifies the necessity to keep current operations w[illegible]A activities in sensitive areas from becoming official disclosure. From time to time, updates will be provided through NIE as more information becomes available.

(Signed) Allen W. Dulles

This document contains information affecting
the national defense of the United States within
of the Espionage Laws, Title 18,
U. S. C., Section 793 and 794. The transmission
or the revelation of its contents in any manner
to an unauthorized person is prohibited by law.
Exempted from automatic regrading: DoD 5200.10

This document contains____ pg

Copy No. of copies

Abb. 34: Dulles' Antwort auf Kennedys Juni-Memorandum. Quelle: Majestic Documents

möglich wären, aber »keine physische Bedrohung der nationalen Verteidigung darstellen«.[10] Bezeichnenderweise sagt Dulles in dem Brief: »Aus Gründen der Sicherheit kann ich keine relevanten Daten über die sensibleren Aspekte der MJ-12-Aktivitäten herausgeben.«[11] Wenn er echt ist, lieferte Dulles' Brief dem Präsidenten Kennedy nur oberflächliche Informationen als Antwort auf dessen Ersuchen um Auskunft über die Aktivitäten von MJ-12.

Dulles und das teilweise verbrannte MJ-12-Dokument

Das durchgesickerte Kennedy-Memorandum vom 28. Juni 1961 und Dulles' Antwortbrief vom November 1961 enthüllen, dass hier ein Machtkampf um die Kontrolle des Präsidenten über die Programme zur psychologischen Kriegsführung und die verdeckten Aktivitäten von MJ-12 stattfand. Bis zu seiner Absetzung als CIA-Direktor am 29. November 1961 war Dulles die entscheidende Figur im Machtkampf mit Kennedy um MJ-12 sowie um die Kontrolle der streng geheimen UFO-Akten und den rapide wachsenden Einfluss des Vierten Reiches. Dieser Machtkampf spiegelt sich im Entwurf eines Memorandums, das angeblich aus einem Feuer gerettet wurde, dem James Angletons Akten nach seinem Tod am 12. Mai 1987 zum Opfer fielen. Angleton war der CIA-Chef der Gegenspionage (1954-1974) und damit betraut, die Sicherheit für die MJ-12-Gruppe und die Aktivitäten des Vierten Reiches zu gewährleisten.

Ende 1974 wurde Angleton von dem neuen CIA-Direktor William Colby zum Rücktritt gezwungen, wie Cord Meyer, ein hochdekorierter ehemaliger US-Navy-Offizier und hochrangiger CIA-Mitarbeiter berichtet, der in seinem Buch *Facing Reality* (»Angesichts der Realität«, nicht auf Deutsch erschienen) schreibt:

> »Colby informiert Angleton am 17. Dezember, dass er ihn von seinen zwei wichtigsten Aufgabenfeldern freistellt: von seiner Funktion als Chef der Spionageabwehr und aus seiner Verantwortung für die Zusammen-

arbeit mit dem israelischen Geheimdienst. Angleton hat die Option, als Berater bei der CIA zu bleiben oder sich vor Ende des Jahres zur Ruhe zu setzen … und Colby gibt ihm zwei Tage Bedenkzeit.«[12]

Am 12. Dezember 1974 wurde in der CIA Angletons Rücktritt bekannt gegeben und die Neuigkeit drang schnell zur Presse durch. Seine Nachfolger begannen, Angletons große Aktensammlung zu verbrennen. 1990 enthüllte Mark Riebling in seinem Buch *Wedge* (»In der Klemme«, nicht auf Deutsch erschienen), dass »Angletons Nachfolger 99 Prozent seiner CIA-Akten verbrannt hatten«.[13] Anscheinend waren Angletons Akten so gefährlich, dass es das Beste war, sie einfach zu verfeuern. Es ist nicht verwunderlich, dass Angletons private Unterlagen nach seinem Tod dasselbe Schicksal ereilte wie die, die er nach seiner Pensionierung bei der CIA hinterlassen hatte.

Einer von Angletons Kollegen in der Gegenspionage, der behauptete, er sei bei der Verbrennung von Angletons Akten zugegen gewesen, rettete einiges aus der Sammlung. Er schickte diese gesicherten Akten an Timothy Cooper, einen UFO-Forscher, der wegen seiner Rolle bei der Publizierung der MJ-12-Dokumente gut bekannt ist.[14] Die teilweise verbrannten Seiten des Memorandums wurden am 23. Juni 1999 an Cooper geschickt. Im Begleitbrief stellt der Agent fest:

»Ich bin ein pensionierter CIA-Abwehrbeamter, der für Jim Angleton gearbeitet hat seit … [Text geschwärzt] … Geheimakten … [geschwärzt] … sensitive Akten, die MJ-12 mit JFKs Ermordung in Zusammenhang bringen. Dieses Dokument existierte nicht offiziell und wurde niemals in der CIA bekannt. AWD [Allen Dulles] war sehr besorgt wegen Enthüllungen in nicht autorisierten Kreisen und Lecks im Weißen Haus. Ich riss die ›Direktiven‹ buchstäblich aus dem Feuer und sicherte sie vor Einsicht. Eine Einsicht zu erlauben, würde künftige Direktoren kompromittieren und die CIA in eine schwierige Lage bringen.«[15]

Nach Dr. Robert Wood und Ryan Wood ist das verbrannte Dokument nichts Geringeres als

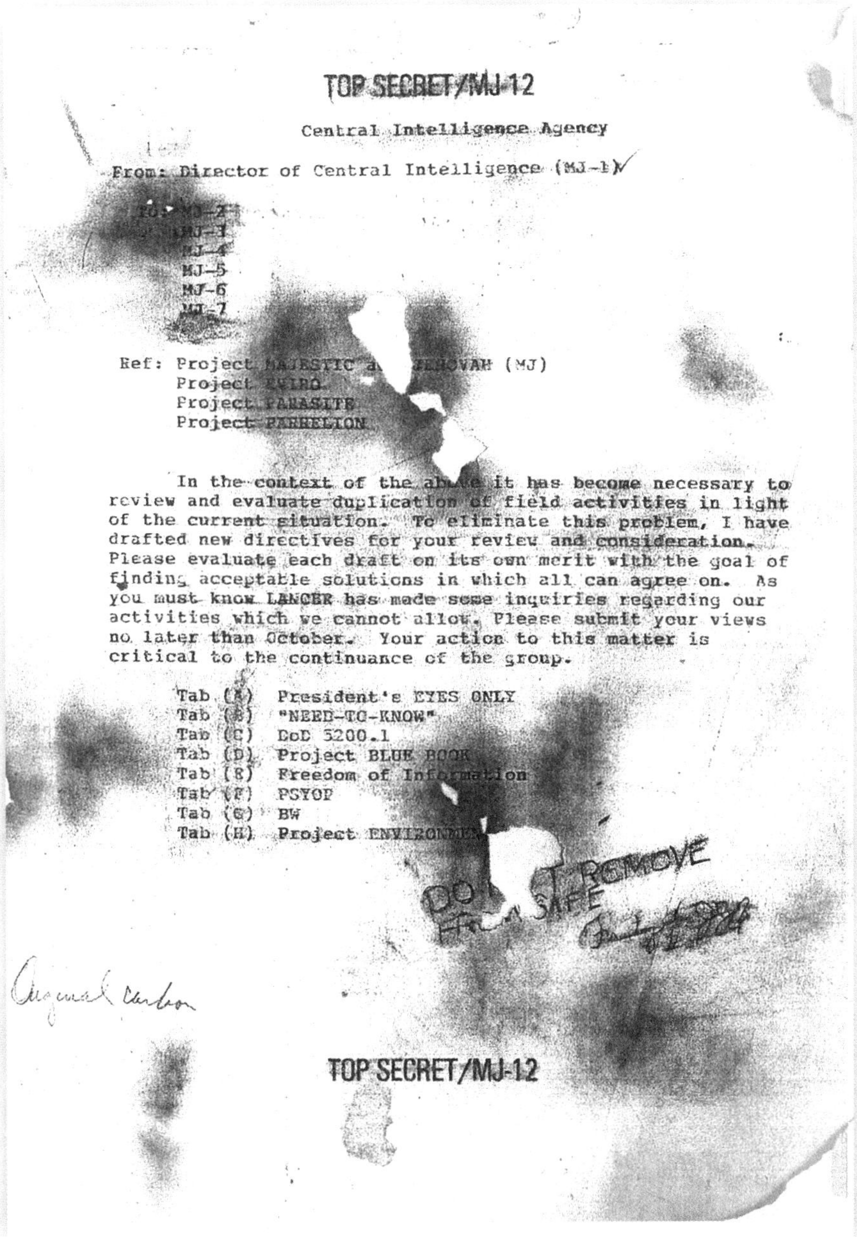

TOP SECRET/MJ-12

Central Intelligence Agency

From: Director of Central Intelligence (MJ-1)

To: MJ-2
MJ-3
MJ-4
MJ-5
MJ-6
MJ-7

Ref: Project MAJESTIC and JEHOVAH (MJ)
Project ENVIRO
Project PARASITE
Project PARHELION

In the context of the above it has become necessary to review and evaluate duplication of field activities in light of the current situation. To eliminate this problem, I have drafted new directives for your review and consideration. Please evaluate each draft on its own merit with the goal of finding acceptable solutions in which all can agree on. As you must know LANCER has made some inquiries regarding our activities which we cannot allow. Please submit your views no later than October. Your action to this matter is critical to the continuance of the group.

Tab (A) President's EYES ONLY
Tab (B) "NEED-TO-KNOW"
Tab (C) DoD 5200.1
Tab (D) Project BLUE BOOK
Tab (E) Freedom of Information
Tab (F) PSYOP
Tab (G) BW
Tab (H) Project ENVIRONMENT

DO NOT REMOVE FROM SAFE

Original carbon

TOP SECRET/MJ-12

Abb. 35: Angebliches streng geheimes CIA-Memo, das aus dem Feuer gerettet wurde. Quelle: Majestic Documents

»... ein Originaldurchschlag mit einem Adler-Wasserzeichen, charakteristisch für Regierungsarbeit, aber bis jetzt konnten forensische Labors es nicht zurückverfolgen ... Obwohl kein Datum angegeben ist, deutet sein Inhalt auf den September hin. Das Jahr wird auf die frühen 1960er Jahre geschätzt und wird noch weiter untersucht.«[16]

Die versengten Seiten stammen aus der Kennedy-Ära und sind charakteristisch für ein Regierungsdokument.[17] Wenn der Inhalt echt ist, stellen sie einen handfesten Beweis für den Machtkampf zwischen Kennedy und MJ-12 um den Zugang zu UFO-Informationen dar.

Das streng geheime Dokument mit Zugang nur durch ein MJ-12-Codewort ist eine Zusammenstellung von Direktiven des CIA-Direktors, der gleichzeitig das Spezielle Forschungsprojekt MJ-12 leitete, an sechs andere Mitglieder des Projekts. Diese werden auf der Umschlagseite genannt: MJ-2, MJ-3, MJ-4, MJ-5, MJ-6 und MJ-7. Auf der Umschlagseite heißt es:

»Zu Ihrer Kenntnis: Lancer [Kennedys Codename beim Geheimdienst] hat bezüglich unserer Aktivitäten einige Nachforschungen angestellt, die wir nicht gestatten können. Bitte teilen Sie uns Ihre Meinung dazu mit, aber nicht später als bis Oktober. Ihr Handeln in dieser Sache ist wichtig für den Fortbestand der Gruppe.«[18]

Das Dokument bestätigt eindeutig, dass Kennedys Bemühungen, Zugang zu UFO-Informationen zu bekommen, kurz nachdem er am 20. Januar 1961 sein Amt angetreten hatte, die Existenz der MJ-12-Gruppe tatsächlich gefährdete.

Während die Seiten des teilweise verbrannten Dokuments undatiert sind, belegen die Autorität des Schreibers und der politische Kontext, dass es verfasst wurde, kurz nachdem Kennedy sein nationales Sicherheits- und Aktions-Memorandum vom 28. Juni 1961 geschrieben hatte, in dem er einen »Überblick der Geheimdienst-Operationen von MJ-12, soweit sie Pläne der psychologischen Kriegsführung im Kalten Krieg betreffen«, verlangte.[19] Das verbrannte Dokument bestätigt, dass es »notwendig geworden war, die Verdoppelung der Feldaktivitäten zu prüfen und im Licht der laufenden Situation zu bewerten«.[20] Dies scheint sich auf die Überprüfung des nationalen Sicherheits- und Aktions-Memorandums vom 28. Juni zu beziehen, die Dulles ausführen sollte.

Das verbrannte Dokument scheint auch ein Auszug einer ganzen Reihe von MJ-12-Direktiven von Allen Dulles zu sein, der wusste, dass seine Zeit als CIA-Direktor wegen des kubanischen Schweinebucht-Desasters vom April 1961 begrenzt war. Er benötigte bis Oktober eine Antwort der anderen MJ-12-Mitglieder, also einen Monat vor seinem Abgang als Direktor. Auf den verbrannten Seiten enthielt das Dokument eine Reihe von Anweisungen, wie die UFO-Informationen zu kontrollieren und zu sichern wären, darunter auch die, dass sie nicht dem »Regierungschef [Präsident Kennedy] sowie dem nationalen Sicherheitsrat, den Behördenleitern, dem Vereinigten Generalstab und ausländischen Repräsentanten« mitgeteilt werden dürfen.« Dulles' geheime Direktiven verboten Kennedys nationalem Sicherheitsteam den Zugang zu den sensibelsten UFO-Akten der CIA und von MJ-12. Diese Akten hätten viele belastende Informationen über das deutsche Weltraumprogramm in der Antarktis und über dessen weitreichende Zusammenarbeit mit US-Behörden auf offizieller Ebene enthalten.

Dulles' schwerwiegendste Weisung, die anscheinend von sechs anderen MJ-12 Mitgliedern bewilligt wurde, ist »Projektumfeld« betitelt. Sie ist eine verklausulierte Mordanweisung. Insgesamt heißt es darin:

> »Entwurf
>
> *Anweisung betreffend Projektumfeld*
>
> Wenn die Bedingungen dem Wachstum in unserem Umfeld nicht dienlich werden und Washington nicht länger beeinflusst werden kann, fehlt dem Wetter jeder Niederschlag … Es sollte nass sein.«[21]

Dr. Robert Wood folgerte, dass diese spezielle Seite des verbrannten Dokuments eine Mordanweisung ist. In einem Interview führte er aus, dass die kryptische Formulierung »Es sollte nass sein« aus dem Russischen kommt, wo sich »nasse Jobs« oder »nasse Angelegenheiten« auf jemanden beziehen, der getötet wurde und blutüberströmt daliegt.[22]

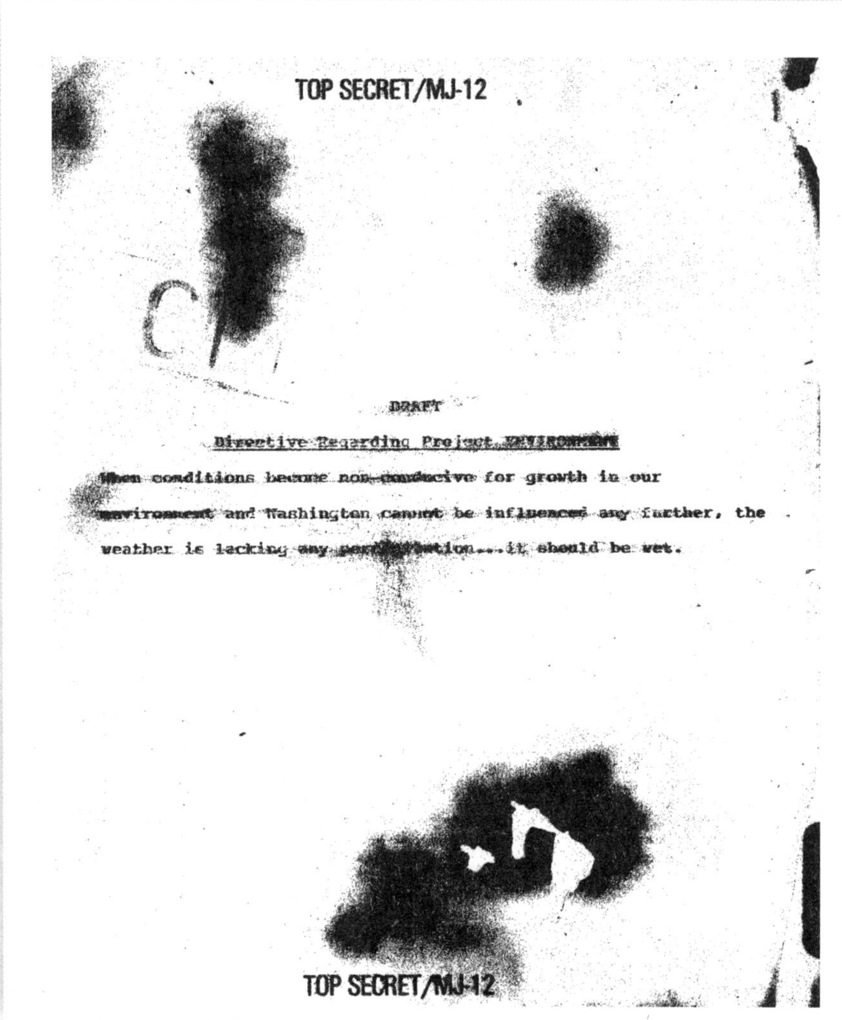
TOP SECRET/MJ-12

DRAFT

Directive Regarding Project ENVIRONMENT

When conditions become non-conducive for growth in our environment and Washington cannot be influenced any further, the weather is lacking any per[illegible]tion...it should be wet.

TOP SECRET/MJ-12

Abb. 36: Entwurf der Projektumfeld-Direktive. Quelle: Majestic Documents

Das Codewort »nass« wurde laut Dr. Wood später vom sowjetischen KGB und anderen Geheimdiensten übernommen. Der Satz »Es sollte nass sein« ist daher ein kodierter Befehl, jemanden zu töten. Indem Allen Dulles diese kryptische Anweisung gab, versuchte er die Zustimmung von sechs seiner MJ-12-Kollegen zu erhalten, um den Mord eines gewählten oder ernannten Beamten in Washington, DC, zu rechtfertigen, dessen Politik »dem Wachstum nicht dienlich« ist. Die Direktive ist eine Vorab-Ermächtigung, den US-Präsidenten zu ermorden, der nicht »länger beeinflusst« werden kann, der Politik der MJ-12 zu folgen. Die obskure Wortwahl der Anweisung sicherte die MJ-12-Gruppe im Falle, dass sie auffliegen sollte, ab. Die tatsächliche Bedeutung wäre allerdings jedem erfahrenen Agenten klar. Ein CIA-Veteran wie James Angleton würde die wahre Bedeutung erfassen und begreifen, was er tun sollte, wenn es ihm aufgetragen würde.

Während die Antworten der anderen MJ-12-Mitglieder auf dieses Schreiben in den offen gelegten Dokumenten nicht zu finden sind, zeigt Dulles' Brief an Kennedy vom 5. November 1961, dass sein geheimer Entwurf der M-12-Anweisungen angenommen worden war. Dulles' Schreiben belegt sehr deutlich, dass MJ-12 entschieden hatte, nicht mit Kennedy zu kooperieren. Somit waren Kennedys Bemühungen, die psychologische Kriegsführung von MJ-12 unter die direkte Kontrolle seines nationalen Sicherheitsberaters zu stellen, gescheitert.

Kennedys Scheitern, die CIA und MJ-12 dazu zu bringen, substanzielle Informationen über ihre Operationen freizugeben, enthielt eine implizite Warnung. Wenn Kennedy mit seinen Anstrengungen fortfahren sollte, Zugang zu geheimen Akten oder Projekten über UFOs/Außerirdische zu verlangen, deutete die Mordanweisung auf bedrohliche Konsequenzen hin.

Kennedys Versuch, im Weltraum und in Bezug auf UFOs mit der UdSSR zusammenzuarbeiten

In seiner Antrittsrede am 20. Januar 1961 bezog sich Präsident John F. Kennedy indirekt auf Präsident Eisenhowers Abschiedsrede und dessen Warnung vor der wachsenden Macht des Militärisch-Industriellen Komplexes. Kennedy beschrieb die Gefährlichkeit der Waffenindustrie, die sich der Wissenschaft bediente, um immer gefährlichere Waffen zu bauen:

»Letztlich bieten wir den Nationen, die sich zu unseren Gegnern machen, kein Versprechen an, aber eine Aufforderung: dass beide Seiten in ihrem Streben nach Frieden neu beginnen, bevor die dunklen Mächte der Zerstörung, die von der Wissenschaft entfesselt wurden, die Menschheit durch eine geplante oder versehentliche Selbstzerstörung ins Verderben reißen.

Wir wagen es nicht, sie durch Schwäche in Versuchung zu führen. Nur wenn unsere Waffen ohne Zweifel ausreichend sind, können wir nämlich zweifelsfrei sicher sein, dass sie niemals angewendet werden. Aber keine der beiden großen und mächtigen Gruppen von Nationen kann sich durch unseren gegenwärtigen Kurs beruhigt fühlen – beide Seiten sind durch die Belastung für die Kosten moderner Waffen überfordert, beide zu Recht alarmiert durch die stetige Verbreitung des tödlichen Atoms und beide liefern sich einen Wettlauf mit dem Ziel, das unsichere Gleichgewicht des Schreckens zu verändern, das den letzten Krieg der Menschheit verhindert.«[23]

Kennedy fuhr fort und appellierte eindringlich an die Sowjetunion, bei der Waffenkontrolle, der Wissenschaft und der Erforschung des Weltraums zusammenzuarbeiten:

»Lassen Sie beide Seiten zum ersten Mal ernsthafte und präzise Vorschläge für die Inspektion und Kontrolle von Waffen formulieren und bringen Sie die absolute Macht, andere Nationen zu zerstören, unter die absolute Kontrolle aller Nationen. Lassen Sie beide Seiten die Wunder der Wissenschaft heraufbeschwören anstatt ihren Schrecken.«[24]

Der wichtigste Hinweis auf Kennedys Absicht, die Kontrolle über das UFO-Problem wiederzuerlangen, sowie auf seinen Wunsch, mit der Bedrohung durch das Vierte Reich umzugehen, zeigt sich in seinem Aufruf zur gemeinsamen Kooperation mit der Sowjetunion im Weltraum. Während seiner Regierungszeit streckte er der Sowjetunion immer wieder die Hand aus und wandte sich mit Vorschlägen an sie, im Weltraum sowie bei einer Vielzahl anderer gemeinsamer Vorhaben zu kooperieren:

»Lassen Sie uns zusammen die Sterne erforschen, die Wüsten erobern, Krankheiten ausrotten, die Tiefen der Ozeane erschließen und die Künste und den Handel befördern … Und wenn eine einmal herbeigeführte Kooperation den Dschungel des Misstrauens zurückdrängt, lassen Sie beide Seiten zusammenkommen und ein weiteres Werk schaffen – kein neues Gleichgewicht des Schreckens, sondern eine neue Welt des Rechtes –, bei dem die Starken gerecht und die Schwachen sicher sind und der Frieden bewahrt wird.«[25]

Wenn die Kooperation mit der Sowjetunion in der internationalen Arena gefestigt wäre, würde das die Macht des Militärisch-Industriellen Komplexes deutlich mindern. Und was noch wichtiger ist, die Zusammenarbeit mit der Sowjetunion würde die Macht von MJ-12 und des Vierten Reiches untergraben, die eine exklusive Kontrolle über die UFO-Frage erlangt hatten und auf Außerirdische zurückgehende Technologien zur Entwicklung von Waffen nutzten.

Kennedy schlägt der Sowjetunion gemeinsame Raumfahrt- und Mondmissionen vor

Im September 1963 startete Präsident Kennedy eine bahnbrechende Initiative, um die UdSSR und die USA zu gemeinsamen Weltraum- und Mondmissionen zu bewegen. Hintergrund dieser öffentlich angekündigten Initiative von außerordentlich starker Bedeutung im Kalten Krieg war ein verborgener Versuch der Kennedy-Administration, Zugang zu geheimen UFO-Akten zu bekommen und dabei dem Einfluss von MJ-12 und dem Vierten Reich im Militärisch-Industriellen Komplex zu trotzen. Offengelegte Dokumente enthüllen, dass Kennedy die CIA anwies, im Rahmen der gemeinsamen Weltraumprojekte mit der Sowjetunion geheime UFO-Akten an die NASA freizugeben. Wenn Kennedy Erfolg gehabt hätte, dann hätte es gemeinsame Missionen zum Mond und den Austausch von geheimen UFO-Akten zwischen CIA, NASA und der Kennedy-Administration gegeben. Diese Bemühungen hätten schließlich die Herausgabe von geheimen UFO-Akten der USA und UdSSR an die Öffentlichkeit sichergestellt.

In einer überwältigenden Rede vor der Vollversammlung der Vereinten Nationen sagte Präsident Kennedy am 20. September 1963:

> »Endlich gibt es auf einem Feld, auf dem die Vereinigten Staaten und die Sowjetunion besondere Fähigkeiten haben – dem Gebiet der Raumfahrt –, Platz für eine neue Zusammenarbeit und für weitere gemeinsame Anstrengungen bei der Kontrolle und Erforschung des Weltraums. In diese Möglichkeiten schließe ich auch eine gemeinsame Expedition zum Mond ein.«[26]

Kennedy bot an, dem Wettlauf im Weltraum ein Ende zu setzen und gemeinsame Missionen mit den Sowjets zu beginnen. Laut Nikita Chruschtschows ältestem Sohn, Dr. Sergei Chruschtschow, war das nicht das erste Mal, dass Kennedy gemeinsame Weltraum- und Mondmissionen mit der UdSSR vorschlug. Sergei Chruschtschow enthüllte, dass Kennedy auf dem Wiener Gipfel von Juni 1961 seinem Vater gemeinsame Weltraum- und Mondmissionen vertraulich vorgeschlagen hatte – weniger als zehn Tage nach seiner berühmten Rede vom 25. Mai bei der Sitzung im US-Kongress, in der er versprach, innerhalb des nächsten Jahrzehnts einen Menschen auf dem Mond landen zu lassen.[27] Chruschtschow lehnte ab, was Sergei Chruschtschow später so erklärte: »Mein Vater lehnte deshalb ab, weil er dachte, dass die Amerikaner dadurch herausfinden könnten, wie schwach wir waren, und dass sie dies ermuntern könnte, einen Krieg zu beginnen.«[28]

In einer Reihe von Interviews, die 1997 ihren Anfang nahmen, sagte Dr. Sergei Chruschtschow, dass »seinem Vater in den Wochen danach Zweifel kamen«, nachdem er Kennedys Angebot vom 20. September 1963 zu gemeinsamen Weltraum- und Mondmissionen zurückgewiesen hatte.[29]

In einem Interview berichtete Sergei Chruschtschow:

> »Irgendwann im späten Oktober oder November war ich mit ihm wandern und er erzählte mir von all diesen Dingen. Er sagte mir, dass wir da-

Abb. 37: Präsident Kennedy spricht am 25. September 1961 vor der Vollversammlung der Vereinten Nationen. Quelle: JFK Presidential Library

rüber nachdenken und diese Idee vielleicht doch akzeptieren sollten. Ich fragte, warum sie denn alles erfahren sollten, all unsere Geheimnisse? Er sagte, das sei nicht wichtig. Die Amerikaner könnten alles herstellen, was sie wollten. Es sei ein sehr gut entwickeltes Land, aber wir würden Geld sparen müssen. Es ist sehr teuer … Er dachte auch an die politischen Ziele all dieser Dinge – dass sie dann anfangen würden, sich gegenseitig viel mehr zu vertrauen. Nach der kubanischen Raketenkrise war sein Vertrauen in Präsident Kennedy sehr gewachsen. Er dachte, dass es möglich sei, mit diesem Präsidenten auszukommen; zwar glaubte er nicht, dass sie Freunde werden könnten, aber er wollte den Krieg wirklich vermeiden und durch diese Zusammenarbeit wären sie in der Lage, ihre Gedanken über diese Errungenschaften austauschen.«[30]

Sergei Chruschtschow versicherte, dass sein Vater Anfang November 1963 schließlich Kennedys Angebot annahm – etwas mehr als eine

Woche vor dessen Ermordung.[31] Nach Richard Hoagland und Mike Bara, den Autoren von *Geheimakte Mond: Die schwarzen Projekte der NASA,* kann das exakte Datum für den 11. November ermittelt werden, als eine sowjetische Marsmission scheiterte: »Ein unbemanntes Raumschiff namens *Cosmos 21* mit Ziel Mars stürzte im unteren Bereich der Erdumlaufbahn ab, genau einen Tag [11. November] vor Kennedys plötzlicher ›Direktive einer Zusammenarbeit mit den Sowjets an James Webb‹.«[32] Chruschtschows jähe Kehrtwende nach zwei Jahren geheimer und öffentlicher Annäherungsversuche durch Kennedy führte zu einer Reihe unmittelbarer Regierungsentscheidungen seitens Kennedy am folgenden Tag.

Am 12. November 1963 gab Präsident Kennedy das Nationale Sicherheits- und Aktionsmemorandum (NSAM) Nr. 271 heraus. Der Titel lautete »Kooperation mit der UdSSR in Angelegenheiten des äußeren Weltraums«, und in der Schlüsselpassage hieß es:

> »Ich möchte persönlich die Initiative und Hauptverantwortung innerhalb der Regierung ergreifen für die Entwicklung eines Programms substanzieller Kooperation mit der Sowjetunion auf dem Gebiet des Weltraums, einschließlich der Entwicklung von besonderen technischen Vorschlägen.«[33]

Das Memorandum besagte weiter, dass die Zusammenarbeit ein direktes Resultat von Kennedys Angebot vom 20. September »für eine breitere Kooperation zwischen den Vereinigten Staaten und der UdSSR im Weltraum, einschließlich der Zusammenarbeit bei Mondlandeprogrammen«, gewesen ist. Das Memorandum war als »vertraulich« klassifiziert und an James Webb (den NASA-Direktor) gerichtet. Es wurde am 13. Oktober 1981 freigegeben.

Bezeichnenderweise fügte Kennedy in diesem Memorandum hinzu: »Ich nehme an, dass Sie eng mit dem State Department und anderen Behörden zusammenarbeiten, so wie es angemessen ist.« Kennedy erkannte den Außenminister als Schlüsselfigur, um den Prozess des Dialogs über die Kooperation einzuleiten:

UNCLASSIFIED

THE WHITE HOUSE
WASHINGTON

~~CONFIDENTIAL~~

November 12, 1963

NATIONAL SECURITY ACTION MEMORANDUM NO. 271

MEMORANDUM FOR

The Administrator, National Aeronautics and Space Administration

SUBJECT: Cooperation with the USSR on Outer Space Matters

I would like you to assume personally the initiative and central responsibility within the Government for the development of a program of substantive cooperation with the Soviet Union in the field of outer space, including the development of specific technical proposals. I assume that you will work closely with the Department of State and other agencies as appropriate.

These proposals should be developed with a view to their possible discussion with the Soviet Union as a direct outcome of my September 20 proposal for broader cooperation between the United States and the USSR in outer space, including cooperation in lunar landing programs. All proposals or suggestions originating within the Government relating to this general subject will be referred to you for your consideration and evaluation.

In addition to developing substantative proposals, I expect that you will assist the Secretary of State in exploring problems of procedure and timing connected with holding discussions with the Soviet Union and in proposing for my consideration the channels which would be most desirable from our point of view. In this connection the channel of contact developed

UNCLASSIFIED

~~CONFIDENTIAL~~

Russia 000-91 (12Nov63)

SecDef Control No. X7448

Abb. 38: Das NSAM 271. Quelle: Majestic Documents

»Ich erwarte, dass Sie [Webb] dem Außenminister dabei helfen, Probleme hinsichtlich des Ablaufs und Zeitplans zu lösen; dies verbunden mit Gesprächen mit der Sowjetunion sowie mit Vorschlägen an mich, welche Kanäle von unserem Standpunkt aus am günstigsten wären.«[34]

Dies sollte sicherstellen, dass das Außenministerium und andere Regierungsbehörden Zugang zu den Informationen bekämen, die den Sowjets im Rahmen der Initiative zur Zusammenarbeit im Weltraum mitgeteilt werden würden.

Zusätzlich zum vertraulichen Nationalen Sicherheits- und Aktions-Memorandum gab Kennedy ein noch geheimeres »Top Secret«-Memorandum an den CIA-Direktor John McCone heraus. Die Überschrift der auf denselben Tag, den 12. November 1963, datierten Akte lautete: »Geheimhaltungsprüfung aller UFO-Geheimdienst-Akten, die die nationale Sicherheit betreffen«. Entsprechend dem Entwurf des streng geheimen Memorandums, das offengelegt wurde, sagte Kennedy weiter:

»Ich habe James Webb angewiesen, mit der Sowjetunion ein Programm über gemeinsame Weltraum- und Mondforschungen zu entwerfen. Es wäre sehr hilfreich, wenn Sie die hochbedrohlichen [UFO-] Fälle in der Absicht prüfen, ihre Echtheit herauszufinden, im Gegensatz zu den geheimen CIA- und USAF-Quellen … Wenn diese Angaben geklärt sind, möchte ich, dass Sie mit der NASA ein Programm zum Datenaustausch arrangieren, bei dem UFOs ein Faktor sind. Das wird den Leitern der NASA-Missionen bei ihrer Verantwortung für die Verteidigung helfen. Ich erwarte einen Zwischenbericht über die Datenübersicht spätestens bis zum 1. Februar 1964.«[35]

Kennedys Bezugnahme auf geheime CIA- und USAF-Quellen von UFO-Berichten zeigt, dass er wusste, es wurde systematisch zwischen geheimen und nicht geheimen Akten unterschieden. Die USAF und andere militärische Dienste wurden heimlich aufgefordert, ihre wichtigsten UFO-Akten an die CIA weiterzugeben. Gemeldet wurden die Daten über das System CIRVIS, kurz für Communications Instructions for Reporting Vital Intelligence Sightings (Anweisungen für die

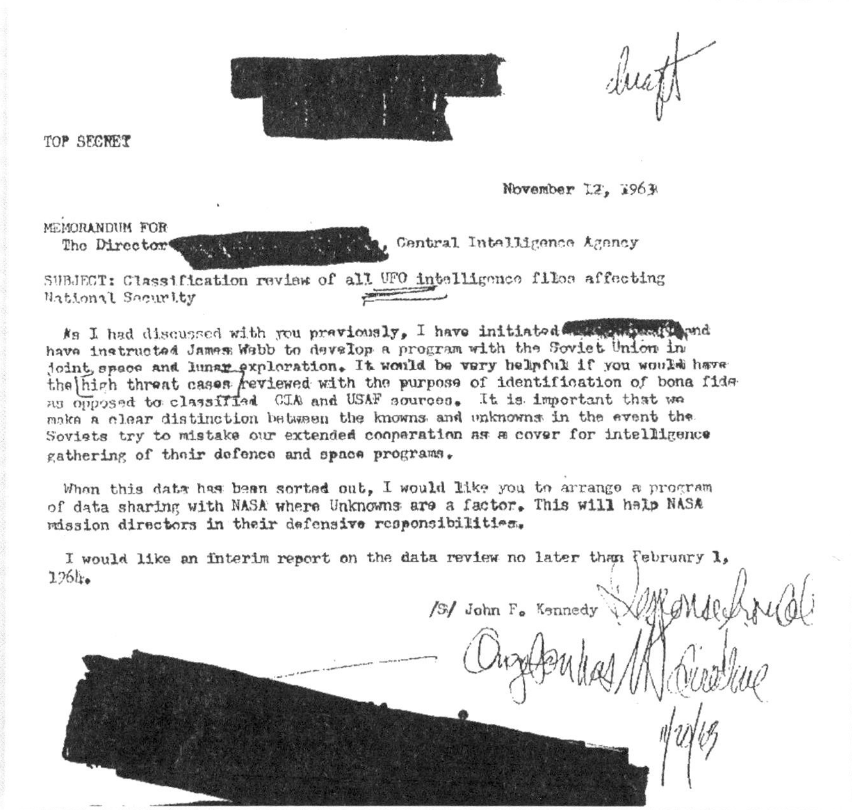

Draft

TOP SECRET

November 12, 1963

MEMORANDUM FOR
The Director, Central Intelligence Agency

SUBJECT: Classification review of all UFO intelligence files affecting National Security

As I had discussed with you previously, I have initiated [redacted] and have instructed James Webb to develop a program with the Soviet Union in joint space and lunar exploration. It would be very helpful if you would have the high threat cases reviewed with the purpose of identification of bona fide as opposed to classified CIA and USAF sources. It is important that we make a clear distinction between the knowns and unknowns in the event the Soviets try to mistake our extended cooperation as a cover for intelligence gathering of their defence and space programs.

When this data has been sorted out, I would like you to arrange a program of data sharing with NASA where Unknowns are a factor. This will help NASA mission directors in their defensive responsibilities.

I would like an interim report on the data review no later than February 1, 1964.

/S/ John F. Kennedy

Abb. 39: Kennedys Entwurf des Memorandums an CIA-Direktor McCone. Quelle: Majestic Documents

Weitergabe von Berichten über Sichtungen lebender Intelligenz), das in der *Joint Army Air Naval Publication* No. 146 angezeigt worden war, einem Veröffentlichungsblatt für die Vereinigten Heere aus Armee, Luftstreitkräften und Marine. Das Ziel war, Daten über intelligentes Leben zu erfassen.[36] Unterstützt wurde diese Routine im Oktober 1969 durch ein Memorandum von Brigadegeneral C. H. Bolender. Dieser schrieb: »Berichte über unidentifizierte Flugobjekte, die die nationale Sicherheit gefährden könnten, werden in Übereinstimmung mit JANAP 146 oder dem Air-Force-Handbuch 55-11 erstellt und sind nicht Teil des *Blue Book*-Systems.«[37]

Einfach gesagt, gab es zwei Typen von UFO-Akten, die unter Kennedy und späteren Präsidenten von der USAF gesammelt wurden. Jene mit der geringsten Bedeutung für die nationale Sicherheit wurden durch *Project Blue Book* der Öffentlichkeit zugänglich gemacht – eine »offizielle« öffentliche Untersuchung der UFOs durch die USAF, welche formell 1970 endete.[38] Die wichtigeren »klassifizierten UFO-Akten«, die sowohl außerirdische Aktivitäten als auch Weltraumoperationen des Vierten Reiches von der Antarktis aus aufzeigten, wurden an ein anderes Projekt überstellt, das von der CIA kontrolliert wurde. Den Zugriff auf diese Akten kontrollierte vor allem die Abteilung für Gegenspionage der CIA. Sie berichtete auch direkt der MJ-12-Gruppe. Die CIA zu bitten, UFO-Akten der NASA mitzuteilen, hätte hingegen zur Mitteilung an das Außenministerium und andere Behörden geführt, wie im NSAM 271 festgelegt. Kennedy forderte somit die CIA hinsichtlich ihrer grundsätzlichen Kontrolle über geheime UFO-Akten unmittelbar heraus, wenn er versuchte, die Existenz der antarktischen Weltraumoperationen des Vierten Reiches zu enthüllen.

Es ist wichtig anzumerken, dass das Memorandum für den CIA-Direktor auf das Nationale Sicherheits- und Aktions-Memorandum an Webb vom selben Tag verweist. Auch wenn das durchgesickerte streng geheime Memorandum an die CIA nicht offiziell anerkannt wurde (seine Authentizität wird von mittel bis hoch angesetzt),[39] gibt es doch keinen Zweifel an der Legitimität des Nationalen Sicherheits- und Aktions-Memorandums (NSAM) 271.[40]

NSAM 271 zeigte klar, dass sich Kennedy entschieden hatte, mit der UdSSR in »Angelegenheiten des Weltraums« zu kooperieren. Wenn Kennedy vor den Gefahren zukünftiger Konflikte mit der Sowjetunion und/oder mit außerirdischen Lebensformen gewarnt worden war, dann war die Mitteilung geheimer UFO-Akten ein selbstverständlicher Weg, das NSAM 271 auszuführen.

NSAM 271 und das damit verbundene streng geheime Memorandum an den CIA- Direktor vom 12. November 1963 sind Beweise dafür, dass Kennedy die Zusammenarbeit mit der Sowjetunion in »Angelegenheiten des Weltraums« fest mit der Herausgabe geheimer UFO-Akten verknüpfte. Er wusste, dass die CIA die leitende Behörde zur

Sicherstellung der Herausgabe geheimer UFO-Akten war, nicht die Air Force. *Project Blue Book* war, wie viele UFO-Forscher richtig geschlossen haben, mehr eine Übung in Öffentlichkeitsarbeit.[41]

Präsident Kennedys UFO-Initiativen führen zur Umsetzung des Mordbefehls

Am 12. November 1963 hatte Präsident Kennedy ein umfassendes Abkommen mit dem sowjetischen Premier Nikita Chruschtschow über gemeinsame Weltraummissionen und den Austausch geheimer UFO-Akten erreicht. Dieses Abkommen verpflichtete beide Staatsführer, ihre jeweiligen UFO-Arbeitsgruppen anzuweisen, Informationen auszutauschen. Kennedy tat dies durch das streng geheime Memorandum vom 12. November an den CIA-Chef, UFO-Akten der NASA und der UdSSR mitzuteilen. Sein Memorandum wurde weitergeleitet an James Jesus Angleton, der kontrollierten Zugang zu den meisten streng geheimen UFO-Akten in den USA hatte und mit MJ-12 in direktem Kontakt stand, das wiederum eng verbunden war mit dem Vierten Reich.

Wegen Kennedys Anfragen folgte Angleton nun einer Reihe von Top Secret/MJ-12-Anweisungen. Einer der Geheimbefehle, enthüllt in dem offengelegten und teilweise verbrannten Top Secret/MJ-12-Dokument (forensisch datiert auf 1961), war die verschlüsselte Mordanweisung. Für den Fall, dass ein hoher US-Beamter nicht mit MJ-12 kooperieren würde, genehmigte diese Direktive einen politischen Mord. Das bekannte Dokument ist ein klarer Beweis dafür, dass der ehemalige CIA-Direktor Allen Dulles neben sechs anderen MJ-12-Mitgliedern an Erstellung und Genehmigung eines verräterischen »Mordbefehls« beteiligt war. Es ist wichtig zu betonen, dass der »Mordbefehl« von MJ-12 später von Angleton umgesetzt wurde als direkte Antwort auf Präsident Kennedys Anfrage bei der CIA vom 12. November, geheime UFO-Akten freizugeben.

Kennedys Bemühungen von 1963, den Kalten Krieg zu beenden, mit der UdSSR in gemeinsamen Weltraummissionen zusammenzuarbeiten und geheime UFO-Unterlagen mit den Sowjets zu teilen, führten zur finalen Kraftprobe mit MJ-12. Auslöser war sein schicksalhaftes Abkommen mit Chruschtschow vom 12. November 1963 über Weltraumkooperation, die zu Kennedys streng geheimem Memo führte, das den neuen CIA-Direktor John McCone anwies, der NASA alle UFO-Informationen mitzuteilen.[42] Dieses würde durch NSAM 271, das am selben Tag geschrieben wurde, sicherstellen, dass geheime UFO-Akten nicht nur mit der UdSSR geteilt wurden, sondern auch mit dem State Department und anderen US-Behörden.[43] Kurz, die beiden Memoranden, die Kennedy am 12. November verfasste, ermöglichten den Zugriff auf geheime UFO-Akten, der sich auch auf weitere Regierungsbehörden erstreckte und letzten Endes darin resultieren musste, dass der Präsident unmittelbaren Zugriff erhielt. Dieser unmittelbare Zugriff war ihm durch McCones Vorgänger Allen Dulles verweigert worden. Und Dulles hatte schon seinerzeit einen Weg gefunden, auf dem er Kennedy selbst dann noch den Zugriff auf UFO-Informationen verweigern konnte, wenn er nicht mehr im Amt wäre.

Kennedys explosives, streng geheimes Memo vom 12. November an den CIA-Direktor wurde von William Colby, damals (stellvertretender) Chef der Fernostabteilung der CIA, weitergeleitet an James Angleton von der CIA-Gegenspionage. Angleton hatte von der MJ-12-Gruppe die Vollmacht, »Projekt Umfeld« (*Project Environment*) auszulösen, wenn die Operationen der Gruppe in Gefahr waren. Ausgelöst wurde diese Anweisung nun durch die Forderung der Kennedy-Administration an die CIA, ihre geheimen UFO-Akten freizugeben.

Am Ende von Kennedys Memorandum an die CIA erscheint neben dem Platz für die Unterschrift der folgende handschriftliche Zusatz: »Antwort von Colby – Angleton liegt MJ-Direktive 11/20/63 vor«. Colby gibt zu, dass Angleton zwei Tage vor Kennedys Ermordung die MJ-Anweisung – das angebrannte Dokument – vorlag, die er als Reaktion auf Kennedys Memorandum jetzt ausführen sollte. Dieser handschriftliche Zusatz verwickelt die MJ-12-Gruppe und Angleton direkt in den Mord an Kennedy durch den verschlüsselten MJ-12-Mordauftrag.

Somit war die Ermordung von Präsident Kennedy die unmittelbare Konsequenz seiner Bemühungen, Zugriff auf die geheimen, von der

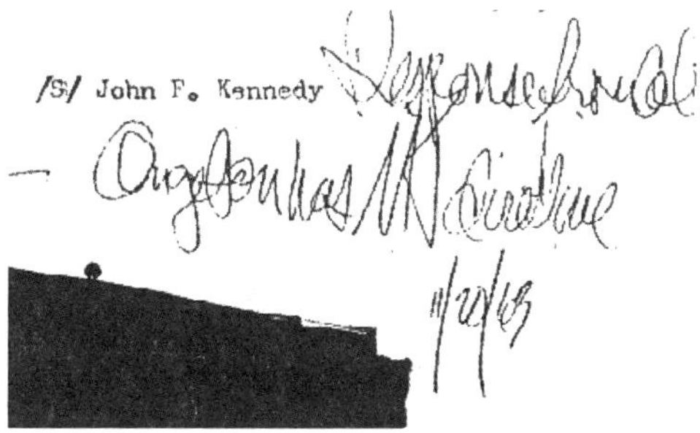

Abb. 40: Auf dem Kennedy-Memorandum vom 12. November 1963 an CIA-Direktor McCone steht der handschriftliche Zusatz: »Antwort von Colby – Angleton liegt MJ-Direktive 11/20/63 vor«. Quelle: Majestic Documents

CIA kontrollierten UFO-Akten zu erhalten. Kennedy war nicht bekannt, dass eine Reihe geheimer MJ-12-Anweisungen des früheren CIA-Direktors Allen Dulles jede Kooperation mit ihm und seinem nationalen Sicherheitsstab in der UFO-Sache ausschlossen.

Es waren Dulles und weitere sechs MJ-12-Mitglieder, die die Befehle aus dem verbrannten Dokument genehmigt hatten, zusammen mit einer vagen Anweisung zu politischem Mord an nichtkooperativen Beamten der Kennedy-Regierung. Das konnte auf Kennedy persönlich angewendet werden, wenn der Beamte, der beauftragt war, die Mordanweisung von MJ-12 auszuführen, zu dem Schluss kam, dass der Präsident selbst die MJ-12-Operationen gefährdete.

Dulles und seine sechs Verbündeten hatten Ende 1961 die Ermordung jeder politischen Figur ermächtigt, die MJ-12-Operationen bedrohte, und diese Anweisung wurde später während der Kennedy-Administration umgesetzt. Der Mordbefehl war an James Jesus Angleton, Dulles' Vertrauten und Chef der Gegenspionage, zur Geheimhaltung und möglichen Ausführung weitergegeben worden. Obwohl er nicht länger CIA-Direktor war, hatte Dulles ein Mittel gefunden, durch das er Kennedy den Zugang zu den geheimen UFO-Akten der CIA verweigern – und ihn sogar seines Lebens berauben – konnte, sobald dieser den Zugang verlangte.

Durch Kennedys Initiative zugunsten einer Weltraumkooperation mit der UdSSR und die Forderung, dass die CIA alle UFO-Informationen mit der NASA, dem State Department und den Sowjets teilen solle, wurde die Ausführung des Mordplans ausgelöst. Kennedys Memorandum vom 12. November 1963 an CIA-Direktor McCone und die CIA, UFO-Informationen mitzuteilen, wurde als direkte Bedrohung der Operationen der MJ-12-Gruppe gewertet und riskierte die Aufdeckung des Geheimen Weltraumprogramms des Vierten Reiches in der Antarktis. Colbys handschriftlicher Bezug auf Angleton, der die Anweisung besaß, ist sehr bezeichnend. Es zeigt, dass Angleton in seiner offiziellen Position als Leiter der CIA-Gegenspionageabteilung und Hüter der geheimen UFO-Akten autorisiert war, auf jedes UFO-Ultimatum der Kennedy-Administration zu antworten.

Angleton traf die konsequente Entscheidung, die Mordanweisung auszuführen, welche ihm von Dulles Ende 1961 anvertraut worden war – entsprechend den geheimen Instruktionen, die er bekommen hatte. Die Direktive, auf die Angleton nun reagierte, war damals von der MJ-12-Gruppe genehmigt worden. Die Mordanweisung war verschlüsselt geschrieben, um die MJ-12-Gruppe vor möglichen Rückschlägen im Fall einer Aufdeckung zu schützen. Ein erfahrener verdeckter Agent wie Angleton verstand ihre wahre Bedeutung. Angleton gab dann auch die Befehle, ein CIA-Eingreifteam zusammenzustellen, um Präsident Kennedy zu ermorden – entsprechend einer Reihe verschlüsselter Instruktionen, die er Ende 1961 von der MJ-12-Gruppe bekommen hatte, welche eng mit dem Vierten Reich verbunden war, um Strategien festzulegen, die die Geheimhaltung von außerirdischem Leben und Geheimen Weltraumprogrammen sichern sollten.

Direkte Unterstützung für das Engagement der CIA bei dem Mord an Kennedy wegen dessen Bemühungen, geheime UFO-Akten mit den Sowjets zu teilen, kam von dem früheren CIA-Agenten E. Howard Hunt. Dieser ist für seine Rolle in der Watergate-Affäre, dem Einbruch in das nationale Hauptquartier der Demokraten im Hotel *Watergate*, bekannt. Hunts Prozess und seine Verurteilung schlugen Washington, DC, in ihren Bann und gingen als der berüchtigte *Watergate*-Skandal in die Geschichte ein.

Auf einem der Nixon-Tonbänder sprach der Ex-Präsident, der seinen Ruf ruiniert hatte, über Hunts große Wichtigkeit, da dieser Informationen besaß, durch die auffliegen könnte, was beim Kennedy-Attentat wirklich geschehen war.

Nixon sagte zu seinem Stabschef H. R. Haldeman:

> »Sehr schlecht, diesen Kerl zu haben, diesen Hunt, äh, wissen Sie, äh, er weiß verdammt nochmal zu viel, war daran beteiligt, wir wissen das. Und [auch sehr schlecht, wenn] das Ganze schließlich rauskommt, dass alles mit der Kuba-Sache zusammenhängt, dass das ein Fiasko ist und FBI und CIA schlecht aussehen lässt, dass es Hunt schlecht aussehen lässt, dadurch könnte alles auffliegen, die ganze Schweinebucht-Sache, was gerade zu diesem Zeitpunkt sehr unglücklich für die CIA wäre, für das Land und für Amerikas Außenpolitik, also sollte er es besser auf die harte Tour durchziehen und auf sie schieben.«[44]

In seinen Memoiren erklärte Haldeman später, dass »Schweinebucht« von Nixon als Codewort für das Attentat auf Kennedy verwendet wurde: »Es scheint, dass er sich bei all diesen Verweisen auf die Schweinebucht in Wahrheit auf die Ermordung von Kennedy bezog.«[45] Seine Äußerung deutet an, dass Hunt aus Nixons Sicht unmittelbar am Kennedy-Attentat beteiligt war.

In seiner berühmten »letzten Beichte« von 2007 an seinen Sohn Saint John bestätigte Hunt seine Rolle als Ersatzmann für ein CIA-Eingreifteam, das den Mord plante.[46] Saint John Hunt sprach über die aufgezeichnete Beichte im *Rolling Stone Magazine* vom 5. April 2007.[47] Was aber noch nachdrücklicher wirkt, ist das, was Howard Hunt seinem *Watergate*-Rechtsberater und Freund Douglas Caddy über den Grund des Kennedy-Attentates mitteilte.

In einem Interview vom November 2017 mit der Veteranin der UFO-Forschung Linda Moulton Howe enthüllte Caddy zum ersten Mal öffentlich, was Hunt vertraulich zu ihm gesagt hatte:

> »Und ich sagte: ›Howard, du hast mir von den kubanischen Regierungsberichten beim Nationalausschuss der Demokraten und dem Kennedy-

Attentat erzählt. Was stand in den Berichten? Warum wurde Kennedy ermordet? Warum waren diese Berichte so wichtig?‹

Howard Hunt sagte: ›Kennedy wurde getötet, weil er dabei war, unser allergrößtes Geheimnis an die Sowjetunion weiterzugeben.‹

Und ich wiederholte: ›Unser allergrößtes Geheimnis? Was könnte das gewesen sein?‹

Howard lehnte sich vor, sah mir in die Augen und sagte: ›Die Anwesenheit von Außerirdischen.‹ Dann gab er mir die Hand und ging fort.«[48]

Caddys Aufdeckung dessen, was Hunt ihm anvertraut hatte, ist außerordentlich, da es eine bedeutsame Unterstützung dafür liefert, dass Kennedys Plan, mit den Sowjets zusammenzuarbeiten, um Zugriff auf die geheimen UFO-Akten der CIA zu bekommen, der Auslöser für seine Ermordung war.

Bei der Beurteilung der Ermordung von Präsident Kennedy im Lichte seines Versuchs, Zugriff auf geheime UFO-Akten zu bekommen, die die Existenz des Vierten Reiches und des in der Antarktis stationierten Weltraumprogramms enthüllten, wäre es fair zu schließen, dass sein Tod eine Kombination von gut bekannten heimischen US-Faktoren und einem zuvor unbekannten internationalen Faktor war. Joseph Kennedy hatte Deals sowohl mit der italienischen Mafia als auch mit dem Vierten Reich abgeschlossen, damit sein Sohn gewählt wurde. Präsident Kennedy jedoch verfolgte wie sein Bruder, Staatsanwalt Robert Kennedy, eine Politik, die sowohl die Mafia als auch das Vierte Reich verstimmte. Kennedy drohte nicht nur, das deutsche Weltraumprogramm in der Antarktis zu enthüllen, sondern auch dessen Infiltration des Militärisch-Industriellen Komplexes der USA.

Die MJ-12-Gruppe, die dafür verantwortlich war, das geheime System zu bewahren, legte den Grund für Kennedys Beseitigung durch die acht Direktiven, die sie 1961 dem CIA-Chef der Gegenspionage, James Angleton, erteilte. Angleton war somit der Vermittler für das Zusammentreffen mächtiger einheimischer und ausländischer Elemente, die glaubten, dass Kennedy sie betrogen hatte und eine Bedrohung künftiger Operationen darstellte, weshalb sie ihn tot sehen wollten. Die Ermordung Kennedys markierte sowohl den Ab-

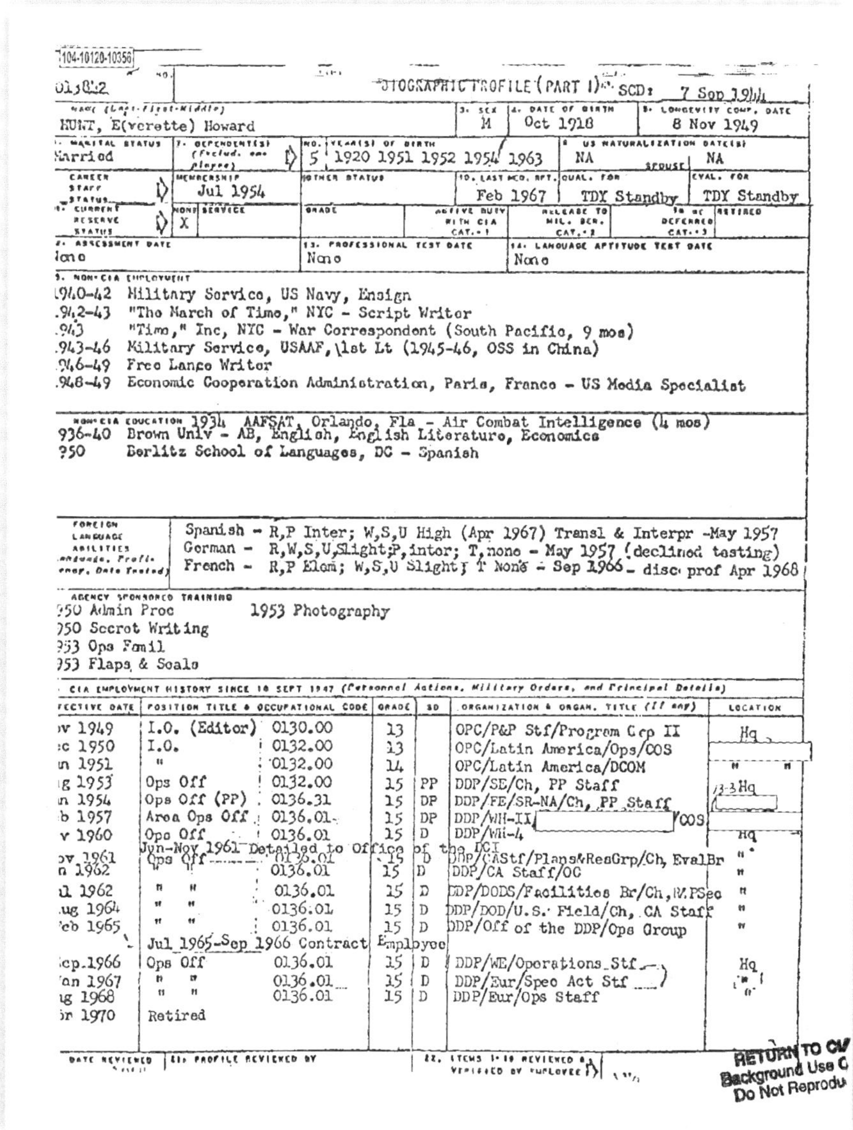

104-10120-10356

01,812 BIOGRAPHIC PROFILE (PART I) SCD: 7 Sep 1944

Name (Last-First-Middle)	Sex	Date of Birth	Longevity Comp. Date
HUNT, E(verette) Howard	M	Oct 1918	8 Nov 1949

Marital Status	Dependents (Includ. employee)	No.	Year(s) of Birth	US Naturalization Date(s)	Spouse
Married		5	1920 1951 1952 1954 1963	NA	NA

Career Staff Status	Membership	Other Status	Last Mo. Rpt.	Qual. for	Eval. for
	Jul 1954		Feb 1967	TDY Standby	TDY Standby

Current Reserve Status	None	Service	Grade	Active Duty with CIA Cat. 1	Release to Mil. Ser. Cat. 2	To be Deferred Cat. 3	Retired
	X						

Assessment Date	Professional Test Date	Language Aptitude Test Date
None	None	None

Non-CIA Employment
1940-42 Military Service, US Navy, Ensign
1942-43 "The March of Time," NYC - Script Writer
1943 "Time," Inc, NYC - War Correspondent (South Pacific, 9 mos)
1943-46 Military Service, USAAF, 1st Lt (1945-46, OSS in China)
1946-49 Free Lance Writer
1948-49 Economic Cooperation Administration, Paris, France - US Media Specialist

Non-CIA Education 1934 AAFSAT, Orlando, Fla - Air Combat Intelligence (4 mos)
1936-40 Brown Univ - AB, English, English Literature, Economics
1950 Berlitz School of Languages, DC - Spanish

Foreign Language Abilities (Language, Proficiency, Date Tested)
Spanish - R,P Inter; W,S,U High (Apr 1967) Transl & Interpr -May 1957
German - R,W,S,U Slight; P, inter; T, none - May 1957 (declined testing)
French - R,P Elem; W,S,U Slight; T None - Sep 1966 - disc prof Apr 1968

Agency Sponsored Training
1950 Admin Proc 1953 Photography
1950 Secret Writing
1953 Ops Famil
1953 Flaps & Seals

CIA Employment History since 18 Sept 1947 (Personnel Actions, Military Orders, and Principal Details)

Effective Date	Position Title & Occupational Code		Grade	SD	Organization & Organ. Title (If any)	Location
Nov 1949	I.O. (Editor)	0130.00	13		OPC/P&P Stf/Program Grp II	Hq
Dec 1950	I.O.	0132.00	13		OPC/Latin America/Ops/COS	
Jan 1951	"	0132.00	14		OPC/Latin America/DCOM	" "
Aug 1953	Ops Off	0132.00	15	PP	DDP/SE/Ch, PP Staff	Hq
Jan 1954	Ops Off (PP)	0136.31	15	DP	DDP/FE/SR-NA/Ch, PP Staff	
Feb 1957	Area Ops Off	0136.01	15	DP	DDP/WH-II/ /COS	
Nov 1960	Ops Off	0136.01	15	D	DDP/WH-4	Hq
	Jun-Nov 1961 Detailed to Office of the DCI					
Nov 1961	Ops Off	0136.01	15	D	DDP/CA Stf/Plans&ResGrp/Ch, EvalBr	"
Jan 1962		0136.01	15	D	DDP/CA Staff/OC	"
Jul 1962	" "	0136.01	15	D	DDP/DODS/Facilities Br/Ch, W.PSec	"
Aug 1964	" "	0136.01	15	D	DDP/DOD/U.S. Field/Ch, CA Staff	"
Feb 1965	" "	0136.01	15	D	DDP/Off of the DDP/Ops Group	"
	Jul 1965-Sep 1966 Contract Employee					
Sep 1966	Ops Off	0136.01	15	D	DDP/WE/Operations Stf	Hq
Jan 1967	" "	0136.01	15	D	DDP/Eur/Spec Act Stf	"
Aug 1968	" "	0136.01	15	D	DDP/Eur/Ops Staff	"
Apr 1970	Retired					

Date Reviewed | Profile Reviewed by | Items 1-19 Reviewed & Verified by Employee

RETURN TO CIA Background Use Only Do Not Reproduce

Abb. 41: Howard Hunts Wehrpass von Armee und CIA

gesang der amerikanischen Republik als auch den dunklen Einfluss des Vierten Reiches auf alle Aspekte des amerikanischen Lebens, der bis in unsere heutige Zeit andauert.

Anmerkungen

1 »Eisenhower's Farewell Speech«, online zugänglich unter http://mcadams.posc.mu.edu/ike.htm

2 Vorwort von *Leadership: The European Diary of John F. Kennedy: Summer 1945* (Regnery Publishing, 1997). – Dt. Ausgabe: *Unter Deutschen. Reisetagebücher und Briefe 1937-1945*, Aufbau Verlag, Berlin 2013.

3 Über die Diskussion, was Forrestal Kennedy erzählt hat, siehe Michael E. Salla, *Kennedy's Last Stand: UFOs, MJ-12, & JFK's Assassination* (Exopolitics Institute, 2013); pp. 11-32. – Dieses Buch ist nicht auf Deutsch erschienen.

4 Charles Higham, *Trading with the Enemy*; p.181.

5 Die Verbindungen zwischen den Kennedys und der italienischen Mafia sind dokumentiert in Seymour M. Hersh, *The Dark Side of Camelot* (Back Bay Books, 1998).

6 Online zugänglich unter http://www.majesticdocuments.com/pdf/kennedy_ciadirector.pdf

7 Dokumente, die die Echtheit des Juni-Memorandums an Dulles unterstützen, diskutiert Michael E. Salla in *Kennedy's Last Stand: UFOs, MJ-12, & JFK's Assassination*; pp. 107-126.

8 »Operations Review: The MJ-12 Project«, online zugänglich unter http://www.majesticdocuments.com/pdf/mj12opsreview-dulles-61.pdf

9 Ebd.

10 Ebd.

11 Ebd.

12 Cord Meyer, *Facing Reality: From World Federalism to the CIA* (Harper and Row, 1980); pp. 205-208.

13 Mark Riebling, *Wedge, from Pearl Harbor to 9/11: How The Secret War between the FBI and the CIA has Endangered National Security* (Alfred Knopf, 1994); p. 327.

14 Online zugänglich unter http://www.majesticdocuments.com/pdf/burnedmemocoverletter.pdf

15 Brief vom 23. Juni 1999 an Timothy Cooper. Online zugänglich unter http://majesticdocuments.com/pdf/burnedmemocoverletter.pdf

16 Siehe den einleitenden Kommentar zu dem verbrannten Memo unter http://www.majesticdocuments.com/documents/1960-1969.php

17 Das verbrannte Memorandum ist online zugänglich unter http://majesticdocuments.com/documents/1960-1969.php#burnedmemo

18 Siehe die erste Seite des verbrannten Memorandums, verfügbar unter http://www.majesticdocuments.com/pdf/burnedmemo-s1-pgs1-2.pdf

19 John F. Kennedys Schreiben an den CIA-Director; siehe http://www.majesticdocuments.com/pdf/kennedy_ciadirector.pdf

20 Siehe erste Seite des verbrannten Memorandums, verfügbar unter http://www.majesticdocuments.com/pdf/burnedmemo-s1-pgs1-2.pdf

21 Online zugänglich unter http://www.majesticdocuments.com/pdf/burnedmemo-s1-pgs3-9.pdf

22 Online zugänglich unter http://www.scribd.com/doc/6404101/JFK-MJ12

23 Antrittsrede von John F. Kennedy am 20. Januar 1961, siehe http://www.jfklibrary.org/Asset-Viewer/BqXIEM9F4024ntFl7SVAjA.aspx

24 Ebd.

25 Ebd.

26 Rede vor der 18. Generalversammlung der Vereinten Nationen am 20. September 1963. Online zugänglich unter http://www.jfklibrary.org/Historical+Resources/Archives/Reference+Desk/Speeches/JFK/003POF0318thGeneralAssembly09201963.htm

27 Siehe http://history.nasa.gov/moondec.html

28 Quelle auf http://www.pbs.org/redfiles/moon/deep/interv/m_int_sergei_khrushchev.htm

29 Online zugänglich unter http://www.spacewar.com/news/russia-97h.html

30 Online zugänglich unter http://www.pbs.org/redfiles/moon/deep/moon_deep_inter_frm.htm

31 Frank Sietzen, »Soviets Planned to Accept JFK's Joint Lunar Mission Offer«; http://www.spacewar.com/news/russia-97h.html

32 Richard C. Hoagland und Mike Bara, *Dark Mission*; p. 101. – Dt. Ausgabe: *Geheimakte Mond. Die schwarzen Projekte der NASA*, Kopp Verlag, Rottenburg 2008.

33 Online zugänglich unter http://tinyurl.com/mejpm4

34 Ebd.

35 Online zugänglich unter http://www.majesticdocuments.com/pdf/kennedy_cia.pdf

36 Siehe http://www.cufon.org/cufon/janp1462.htm

37 »The Bolender Memo« vom 20. Oktober 1969;« http://www.nicap.org/Bolender_Memo.htm

38 Informationen über *Project Blue Book* auf http://www.ufocasebook.com/bluebook.html

39 Zum Bewertungssystem der Initiatoren der Majestic Documents Website siehe http://majesticdocuments.com/documents/authenticity.php

40 Online zugänglich unter http://tinyurl.com/mejpm4

41 Nach dem Weggang von Captain Ruppelt behauptete der führende UFO-Forscher Allen Hynek: »*Project Blue Book* was little more than a public relations exercise« (*Project Blue Book* war kaum mehr als eine Übung in Öffentlichkeitsarbeit); http://en.wikipedia.org/wiki/J._Allen_Hynek

42 Online zugänglich unter http://www.majesticdocuments.com/pdf/kennedy_cia.pdf

43 NSAM 271 ist online zugänglich unter http://tinyurl.com/mejpm4

44 Transkript der Tonaufnahme eines Treffens zwischen dem Präsidenten and H. R. Haldeman im Oval Office am 23. Juni 1972.

45 H. R. Haldeman, *The Ends of Power* (Times Books, 1978); p. 39.

46 »CIA-Agent bekennt auf dem Totenbett: Ich war Teilnehmer des Mordanschlags auf John F. Kennedy«; http://nativestuff.us/2017/08/cia-agent-confesses-on-deathbed-i-was-part-of-an-assassination-team-of-killing-john-f-kennedy-3/ (aufgerufen am 27.11.2016)

47 Auch in Saint John Hunt, *Bond of Secrecy: My Life with CIA Spy and Watergate Conspirator E. Howard Hunt* (Trine Day, 2012).

48 Linda Moulton Howe, »Part 2: Attorney Douglas Caddy's Assassination Secrets«; https://www.earthfiles.com/news.php?ID=2580&category=Environment (aufgerufen am 27.11.2017)

9 Siemens' Beteiligung an kontrollierter Sklavenarbeit & Sklaven im Weltraum

Siemens' Geschichte der Sklavenarbeit

Europas größter Technologiekonzern der Gegenwart, die Siemens AG, war die größte Vertragsfirma für den Bau von Schlüsselkomponenten und Prototypen von Raumschiffen, die im Geheimen im Nazi-Deutschland und in der Antarktis während des Zweiten Weltkriegs entwickelt wurden. In dieser stürmischen Epoche zeichnete sich Siemens durch Erfindungsgeist, Führungskraft und industrielles Können als folgerichtige Wahl aus, um insgeheim die industrielle Infrastruktur des deutschen Antarktis-Weltraumprogramms aufzubauen. Während des Zweiten Weltkriegs und unmittelbar danach wurde Siemens von Hermann von Siemens geführt, einem Doktor der physikalischen Chemie, dem Geschäftsführer der Siemens & Halske AG (gegr. 1847) und der Schwesterfirma Siemens-Schuckertwerke AG (gegr. 1903). Diese beiden und ein dritter Ableger von Siemens, die Siemens-Reiniger-Werke (gegr. 1932), wurden 1966 zusammengelegt, um die heutige Siemens AG zu bilden. Sie beschäftigt derzeit über 350.000 Menschen weltweit und erzielte im Steuerjahr 2016 über 80 Milliarden Dollar Gewinn.[1]

Nach der Niederlage NS-Deutschlands wurde Hermann von Siemens am 5. Dezember 1945 verhaftet, um über Zwangsarbeit in Bezug auf Siemens-Unternehmen verhört zu werden.

Der öffentliche Bericht dazu lautet:

> »Er wurde als Gefangener zum Nürnberger Prozess gebracht, um sich den Anklagen wegen Kriegsverbrechen zu stellen, aber am Ende wurde

keine Anklage erhoben, da keine persönlichen Verbrechen nachweisbar waren. Die Anklage wurde fallengelassen, so dass er 1948 als Chef der Firma zurückkehren konnte.«[2]

Es ist sicher, dass von Siemens einem gründlichen Verhör über sein Wissen bezüglich der Beteiligung seiner Firma am Bau von Raumschiffen für die NS- und Antarktis-Programme unterzogen wurde. Wie zuvor bemerkt, ist es sicher, dass die Siemens-Unternehmen Tochtergesellschaften in der Antarktis gegründet und eine Menge Ausrüstung und Ressourcen dorthin gebracht haben. Es ist sehr plausibel, dass seine Mitarbeit ein Grund für seine Freilassung ohne einen Prozess war, um die Führung von Siemens wiederaufzunehmen.

Trotz von Siemens' Freilassung ohne Anklage ist es unbestritten, dass die Siemens-Unternehmen, denen er vorstand, in ihren zahlreichen, in ganz Deutschland verborgenen Fabriken in großem Ausmaß Zwangarbeiter beschäftigten. Es dauerte Jahrzehnte, bis sich die Siemens AG am 24. September 1998 dazu entschloss, die Opfer der damaligen Zwangsarbeit zu entschädigen, wie der folgende Bericht von Associated Press beschreibt:

»Am Mittwoch gab Siemens Pläne für einen 12-Millionen-Dollar-Fonds bekannt, um ehemalige Zwangsarbeiter zu entschädigen, die während des Zweiten Weltkriegs von den Nazis gezwungen wurden, für die Firma zu arbeiten ... Noch vor einem Jahr bei den Feiern zum 150. Firmenjubiläum hatte das Unternehmen darauf bestanden, dass es nicht mehr für seine früheren Zwangsarbeiter tun könne als sein ›tiefstes Bedauern‹ auszudrücken. Die in München ansässige Firma Siemens sagte, der Fonds sei eine Ergänzung zu den 4,3 Millionen Dollar, die sie 1961 an die Jewish Claims Conference sowie zur humanitären Unterstützung der Opfer gezahlt hat. Siemens schätzt, dass während des Krieges zwischen 10.000 und 20.000 Zwangsarbeiter in den Fabriken des Unternehmens gearbeitet haben.«[3]

Siemens' Entschluss, die Ausbeutung von Zwangsarbeit im Krieg zuzugeben und die Opfer zu entschädigen, war ein Schritt in die richtige Richtung, aber die Größe des Entschädigungsfonds ist beschämend angesichts der über 20.000 Menschen, die misshandelt wurden. Die Anerkennung der Schuld erst vierzig Jahre nach den Ereignissen führt zu den beunruhigenden Fragen, ob die Firma aufrichtig war oder einfach nur Sammelklagen vermeiden wollte, die in den USA im Gange waren und versprachen, weit mehr für die ehemaligen Zwangsarbeiter herauszubekommen:

> »Die Drohung mit Klagen hat den Druck auf deutsche Firmen erhöht, direkte Zahlungen an die Tausende von KZ-Insassen zu leisten – meist Juden –, die in den Fabriken arbeiten mussten. Anwälte, die ehemalige Zwangsarbeiter vertraten, kritisierten, dass Siemens sowie Volkswagen einen Fonds einrichteten, um größere Forderungen zu vermeiden, zu denen es durch eine Klage kommen würde. Siemens sucht sich ›die billigste Möglichkeit‹, sagte der Münchner Anwalt Michael Witti, der zusammen mit einem Kollegen die Klage in den USA einreichte.«[4] Gewöhnlich wird angenommen, dass sich die Entschädigung ehemaliger Zwangsarbeiter auf eine längst vergangene Angelegenheit bezieht, die mit einem schrecklichen Kapitel unserer jüngeren Geschichte verbunden ist. Es gibt jedoch glaubhafte Zeugnisse von Whistleblowern, die belegen, dass diese Praxis in Wahrheit andauert und Siemens nach wie vor beteiligt ist.

Siemens baut heimlich Milliarden von RFID-Chips, die Zwangsarbeit überwachen können

William Pawelec war ein Betriebs- und Programmierexperte für Computer bei der US Air Force, der seine eigene Elektronik-Sicherheitsfirma gegründet und für hoch spezialisierte US-Verteidigungsunternehmen wie SAIC und EG&G gearbeitet hat. Er besaß eine Sicherheitsfreigabe auf hohem Niveau und hatte Zugang zu vielen geheimen Projekten. Bereits vor 2001 entschloss sich Pawelec aufzudecken, was er über tiefschwarze Projekte wusste, die fortgeschrittene Technologien vor der amerikanischen Öffentlichkeit verborgen hielten.

Er gab Dr. Steven M. Greer, dem Autor von *Offiziell geleugnet! Das größte Geheimnis der Regierungen enthüllt: Wir sind nicht allein!*,[5] ein Interview mit der strikten Auflage, es erst nach seinem Tod zu veröffentlichen. Er starb am 22. Mai 2007 und das Video wurde am 14. Dezember 2010 posthum veröffentlicht.[6]

Unter seinen vielen Enthüllungen waren auch Informationen, die die – schon seit 1979 erfolgende – Entwicklung des ersten elektronischen RFID-Tracking-Chips betrafen. Pawelec erläuterte die Geschichte ihrer Entwicklung sowie die Rolle, die seine in Denver ansässige Firma dabei spielte, Treffen mit Regierungsbehörden zu arrangieren, die interessiert waren, Chips für Sicherheitszwecke zu verwenden. In seinem Video-Interview mit Dr. Greer sagte Pawelec:

> »In der Sicherheitsbranche hatten zu jener Zeit viele von uns eine Menge Bedenken, Menschen zu tracken und zu lokalisieren, die entführt worden waren. Besonders hinsichtlich dessen, was damals in Europa geschah, wo NATO-Offiziere entführt wurden, sogar der Premierminister von Italien … Diese Leute wurden ausgequetscht [auf Informationen hin] oder sie wurden brutal eingeschüchtert oder beides … Eines der Ziele der Industrie bestand darin, eine Technologie zu entwickeln, die es uns erlauben würde, diese Leute zurückzuverfolgen oder sie schnell zu lokalisieren – in der Hoffnung, ihr Leben zu retten und, auf einer zweiten Ebene, sie davor zu bewahren, sensible Informationen preiszugeben.«[7]

Er erklärte weiter, dass die Tracking-Chips, die sehr klein und wie Pillen geformt waren, verschiedene Funktionen hatten:

> »Dieses besondere pillenförmige Gerät, das winzig klein war, hatte eine Menge flexibler Funktionen. Im Grunde war es fast ein Transponder. Man konnte ihm eine Frequenz senden und es antwortete unter seiner spezifischen Nummer, die nicht mehr geändert werden konnte, nachdem der Chip einmal hergestellt war. Es gab noch viele weitere Funktionen, mit denen dieser Chip ausgestattet werden konnte, wie die Überwachung der Körpertemperatur, des Blutdrucks, des Pulses und sogar der Gehirnwellen.«[8]

Bald nach der Präsentation eines noch raffinierteren Lithiumniobat-Chips im Jahr 1984, der aus einer Entfernung von 120 Kilometern im Weltraum angepeilt werden kann, entdeckte Pawelec, wie er sagte, dass eine kleine Firma im Silicon Valley plante, Milliarden davon herzustellen. Er sah, dass die Firma, »nachdem sie Milliarden und Abermilliarden dieser kleinen Chips« produziert hatte, ein Jahr später geschlossen wurde und alle Informationen über die Chips verschwanden.[9]

Die kleine Firma, die dafür verantwortlich war, Milliarden dieser winzigen Chips hergestellt zu haben, war nach Pawelec

> »... eine Abteilung einer ziemlich großen europäischen Elektronikfirma, die diese Anlage betrieb: Siemens. Es bereitete mir Sorgen, dass sie diese Chips angefertigt hatten, und wer weiß, was damit geschah. Sie bauten sie in einer Stückzahl von Milliarden, denn sie sind so klein, dass du eine 15-Zentimeter-Halbleiterscheibe nehmen und Hunderttausende davon auf einer solchen Scheibe herstellen könntest, und die sind nun irgendwo verschwunden.«[10]

Pawelecs Aussage ist bezeichnend, denn sie zeigt, dass ein Riesenkonzern wie Siemens leicht US-Tochterfirmen gründen kann, um Produkte herzustellen, die für das geheime deutsche Weltraumprogramm in der Antarktis nützlich sind, und dass ein solcher Konzern diese Tochterfirma dann einfach auf eine Weise aufzulösen vermag, die sehr schwer zu verfolgen und zu untersuchen ist.

Pawelec fuhr fort zu beschreiben, wie sein Kollege »Bob«, der frühere Sicherheitschef des US-Außenministeriums, in Nairobi (Kenia) ermordet wurde, weil er kurz davor stand, etwas über die Leute zu erfahren, die die Kontrolle über die Tracking-Chip-Industrie ausübten und Milliarden dieser Chips für einen unbekannten Zweck gebaut hatten. Nach Pawelec hatten die Leute, die hinter Bobs Ermordung standen, den Militärisch-Industriellen Komplex der USA auf höchster Ebene infiltriert und konnten jeden einschüchtern und zum Schweigen bringen:

> »Bob wurde umgebracht, es war ein Auftragsmord, und es beschäftigt mich heute noch immerzu, dass er jemandem ein bisschen zu nahe ge-

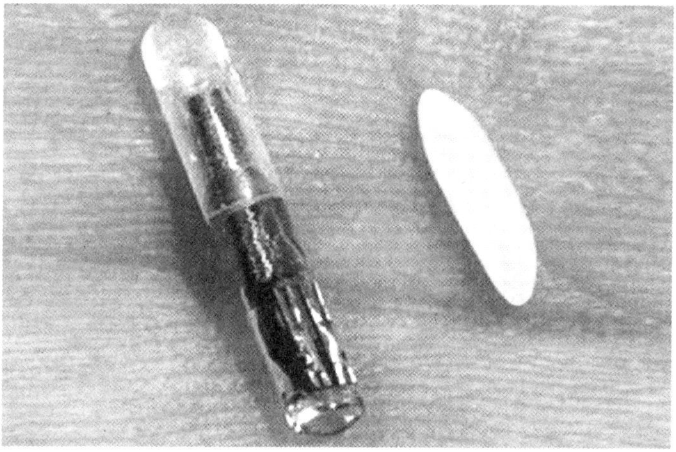

Abb. 42: RFID-Chip neben einem Reiskorn. Quelle: Wikipedia

kommen war, der mit dieser Implantationschip-Technologie zu tun hatte. Wir versuchen schon seit ein paar Jahren, still und heimlich herauszufinden, wer das getan hat, ohne dass unsere Regierung überhaupt begriff, was sich abspielte. Wer immer auch dahintersteckt, er hat die totale Fähigkeit, jederzeit und überall zu unserer Regierung vorzudringen und herauszufinden, was vor sich geht.

Meine Forschung, die ich seit den frühen 1980ern allein und mit einigen Freunden betrieben habe, beweist, dass wir mindestens vier Machtgruppen auf der Welt haben. Sie verfügen über einen Reichtum, der jede Vorstellungskraft sprengt, besitzen hoch entwickelte Technologien, haben mehrere Programme übernommen, besonders schwarze Programme unserer Regierung, vermutlich sogar die russische Regierung und die Chinesen. Sie verstehen etwas völlig anderes unter Politik als wir, und ihre Zielsetzungen sind ganz anders als alles, was … wir wahrnehmen, die Pläne unserer Regierung; und es ist für sie eine Sache von Minuten, zu tracken, was sich abspielt, einfach unglaublich.«[11]

Hier spielt Pawelec auf das Vierte Reich an, das seit der Eisenhower-Regierung begonnen hat, die höchsten Ränge von Militär und Konzernmächten in den USA zu unterwandern.

Pawelecs Aussage deutet an, dass die Firma Siemens Rechte an der Überwachungschip-Technologie übernommen hat und diese kontrollierte, dass sie Milliarden Chips in weniger als einem Jahr in einer US-Tochterfirma herstellen ließ und sodann die lokale Fabrik schloss, wobei alle Informationen über die Chips verschwanden. Wichtig ist, dass Siemens mit einer machtvollen Instanz aus dem Militärisch-Industriellen Komplex der USA verbunden war, was dazu diente, den wahren Zweck der RFID-Chips zu verbergen. Die geheime Gruppierung besaß die Macht, jeden zu beseitigen, der der Wahrheit zu nahe kam, sogar den Sicherheitschef einer US-Botschaft.

Es muss hier wiederholt werden, dass die Hauptfunktion der winzigen Chips nach Pawelec darin bestand, Menschen zu überwachen und sogar ihre wichtigsten physischen Werte über große Distanzen zu übermitteln. Das führt zu der Frage: Warum sollte der Siemens-Konzern Milliarden von Chips benötigen, um Menschen über große Distanzen zu überwachen? Die Antwort, die aus dem folgt, was bereits diskutiert wurde, lautet, dass die RFID-Tracking-Chips für die Zwangsarbeiter in der Antarktis und in den Weltraumkolonien, die von der deutschen Abtrünnigenzivilisation errichtet wurden, gebraucht werden. Die deutsche antarktische Kolonie unterhält eine umfassende Zahl von Stützpunkten, die Zwangsarbeit nutzen und wahrscheinlich auch gefangene Menschen als Sklaven für den Einsatz außerhalb des Planeten exportieren. Die Einzelidentifikation durch den RFID-Chip ist für jeden, der Sklavenarbeiter gekauft hat, nützlich, um seinen menschlichen Besitz zu überwachen, wobei fortschrittliche Satellitenüberwachungssysteme verwendet werden. Unterstützung für eine derart beunruhigende Schlussfolgerung kommt von William Tompkins und Corey Goode, deren »Insider-Aussagen« viele Details des geheimen deutschen Raumprogramms in der Antarktis enthüllt haben.

Zusammengefasst behaupten sowohl Goode als auch Tompkins, dass die Deutschen von der Antarktis aus den Militärisch-Industriellen Komplex der USA infiltriert haben, wobei sie *Paperclip*-Wissenschaftler einsetzten. Wie schon weiter vorne beschrieben, wurden Tausende deutscher Wissenschaftler und Ingenieure in Chefpositionen des Militärisch-Industriellen Komplexes der USA untergebracht. Neben vielen führenden Luftfahrt- und Technikunternehmen in Europa, Japan und anderswo wurden auch große US-Konzerne infiltriert.[12]

Die Firma Siemens mit ihrer langen Geschichte als bedeutender Waffenlieferant des deutschen Militärs war ein natürlicher Kanal für das weitere Eindringen in den Militärisch-Industriellen Komplex der USA. Pawelec erfuhr von dem merkwürdigen Einfluss, den deutsche Eliten über den Militärisch-Industriellen Komplex der USA ausübten, als er das Testgelände in Tonopah wegen eines geheimen Projekts besuchte. Nach Pawelecs Tod gab seine Ehefrau, Mary Joyce Annie DeRiso, noch mehr darüber bekannt, was Pawelec ihr über die Ereignisse in Tonopah erzählt hatte und wer wirklich das US-Militär kontrollierte.

DeRiso teilte ihr Wissen in einem Interview mit, das sie über Pawelecs Aussagen gab und das in Steven M. Greers Enthüllungsvideo präsentiert wurde:

»Seine Ernüchterung setzte ein, als er einen, wie er glaubte, regulären Projektstatus-Bericht in Tonopah geben sollte. Das Treffen wurde in einem stark kontrollierten Raum abgehalten, der wie ein Faradayscher Käfig gebaut war, so dass keine Informationen in den versiegelten Raum hinein- oder aus ihm herausdringen konnten. Aktentaschen, Papiere, Pager und jede Form von Ausweisen waren bei diesem Treffen nicht erlaubt … Nur die Generäle konnten an ihren Uniformen erkannt werden. Die Spannung stieg und Bill war erstaunt, wie nervös die hochrangigen Generäle waren. Er wusste, dass etwas Großes geschah. Bill sah einen Privatjet, begleitet von zwei unserer Militärflugzeuge, auf dem Rollfeld landen. Erstaunlicherweise rollte der Privatjet direkt zu dem Gebäude, wo das Treffen stattfand, während die Begleitjets verschwanden. Ein imposant aussehender Mann stieg aus dem Flugzeug und betrat den Raum. Er war ziemlich groß und trug einen teuren europäischen Anzug. Seine Schuhe und seine Tasche waren ebenso luxuriös und ein Leibwächter oder Gehilfe begleitete ihn. Sein Auftreten wirkte sehr aristokratisch und er sprach mit hochdeutschem Akzent. Der Raum war mit einer nervösen Spannung aufgeladen, als jede Person ihren Lagebericht abgab und Fragen beantwortete.

Nachdem jeder gesprochen hatte, dankte der Deutsche allen für ihre gute Arbeit und ging einfach wieder. Er wurde nicht vorgestellt oder eingeführt. Es wird angenommen, dass es sich um Baron Jesco von Puttkamer handelte, einen der Deutschen, die mit Wernher von Braun in die Vereinigten Staaten gekommen waren. Was an jenem Tag geschah, überzeugte Bill, dass die USA und wahrscheinlich die ganze Welt von Europäern kontrolliert wurde …, aber wer »sie« genau waren, blieb die große Frage.

Das trieb Bill und seine Freunde an, danach zu forschen, was wirklich vor sich ging. Später zitierte er häufig seinen Freund Jim Marrs, der oft gesagt hat, ›die Nazis mögen die Schlachten verloren haben, aber sie gewannen den Krieg‹.«[13]

DeRisos Interview nach glaubte Pawelec, dass Überreste des Naziregimes den Zweiten Weltkrieg überdauert hätten und deutsche Eliten nun Westeuropa und die USA kontrollierten.

Die Aussage von Pawelecs Frau ist bezeichnend, denn sie verdeutlicht die Schlussfolgerung ihres Mannes im Hinblick darauf, wer wirklich den Militärisch-Industriellen Komplex der USA kontrollierte. Vor allem passt diese Folgerung zu dem, was Corey Goode und Bill Tompkins später enthüllten. Viele begabte deutsche Wissenschaftler waren durch *Operation Paperclip* in die USA gebracht worden und stiegen schnell in hohe Führungspositionen bei der NASA, in US-Konzernen und im Militärisch-Industriellen Komplex im Allgemeinen auf. Das bringt uns endlich zu der Frage, welche Absicht Siemens damit verfolgte, Milliarden von Chips zu bauen, um Menschen aus 120 Kilometer Entfernung aus dem Weltraum zu überwachen.

Siemens und der galaktische Sklavenhandel

In einem Interview in *Cosmic Disclosure*, einem Online-TV-Format, das vorwiegend Insider und Whistleblower der Geheimen Weltraumprogramme zu Wort kommen lässt, erklärte William Tompkins, wie die Nazis während des Zweiten Weltkriegs Zwangsarbeiter eingesetzt und anschließend in die Antarktis transportiert haben, wo sie heute noch als Sklaven ausgebeutet werden:

»Deutschland besaß gewaltige unterirdische Anlagen, in denen Sklaven eingesetzt wurden, und ging so weit, dass sie die Produktionsanlagen und mit ihnen die Sklaven in die Antarktis mitnahmen, als gegen Kriegsende die Entscheidung fiel, dass sie mit all den außerirdischen UFO-Entwicklungen und den Waffensystemen, die sie bauten, weitermachen würden.«[14]

Tompkins fährt anschließend fort, einen galaktischen Sklavenhandel enormen Ausmaßes zu beschreiben:

»Aber der Sklavenhandel da draußen ist ein großes Geschäft und das passiert heute. Es ist nicht irgendetwas, das vor 100 Jahren passiert ist. Es läuft schon seit langer Zeit, das muss man mal festhalten. Es gibt viele verschiedene Klassen von Menschen, die in die Sklaverei, sexuelle Sklaverei, verschleppt werden. Sie wollen die besten und die klügsten, weil die mehr wert sind.

Sie haben, glaube ich, vier oder fünf Klassen von Menschen, die sie entführen. Sie entführen die besten medizinischen Forscher. Sie entführen Top-Leute auf Konzernebene und sie entführen die genialsten Geister und dann gehen sie diese drei Ebenen gründlich durch und teilen jeden einer Sektion zu.

Jeder kommt auf zwei Planeten und anschließend wird entscheiden, wohin sie geschickt werden. Es ist ein gewaltiges Geschäft! Es läuft schon seit Jahren und wir können nicht herausfinden, wohin diese Menschen gelangt sind. Genau wie bei ›normalen‹ Entführungen wissen wir einfach nicht, wohin sie gingen, weil die meisten nicht mehr zurückkommen. Wir erfahren nur von den wenigen, die es wieder zurückgeschafft haben.«[15]

In einem eMail-Interview skizzierte Goode die Entfaltung des galaktischen Sklavenhandels, an dem außerirdische und nationale Eliten beteiligt sind, die im Verborgenen die Regierungen und Militärs der Erde kontrollieren. Er sagt, dass dies durch ein Netzwerk von Konzernen, genannt Interplanetary Corporate Conglomerate (ICC), erreicht wurde, einen interplanetarischen Mischkonzern:

»Die geheimen Erdregierungen und ihre Syndikate fanden heraus, dass ohnehin eine große Menge von Menschen durch verschiedene ETs vom Planeten entführt wurde; deshalb wollten sie einen Weg finden, davon zu profitieren und zu kontrollieren, wer entführt wird. In früheren Abkommen wurden ihnen Technik und biologische Muster dafür versprochen, dass sie Gruppen erlauben, Menschen zu entführen, aber die ETs hielten sich selten an ihre Versprechen. Nachdem sie in unserem Sonnensystem eine fortgeschrittene Infrastruktur (ICC) entwickelt hatten, außerdem Hochtechnologie (die einige der Tausenden von ET-Gruppen, die durch unser System reisen, gerne übernehmen würden), und nun auch die unwillkommensten Gäste hindern konnten, den Luftraum der Erde zu erreichen, entschloss sich die Kabale/das ICC, den Menschenhandel als eine ihrer Ressourcen im interstellaren Tauschhandel zu nutzen.«[16]

Tompkins' und Goodes Enthüllungen geben eine Antwort darauf, warum Siemens Milliarden von Verfolgungschips mit eindeutiger Identifizierbarkeit gebaut hat. Es ist sehr wahrscheinlich, dass diese Chips benutzt werden, um den galaktischen Sklavenhandel zu überwachen und um die Zwangsarbeit in der Antarktis sowie in geheimen Kolonien auf dem Mars und überall im Sonnensystem zu kontrollieren. Satelliten und Raumschiffe können RFID-markierte Menschen erfassen und dabei dem deutschen Weltraumprogramm Erkenntnisse liefern, wo und wie Sklavenarbeit eingesetzt wird.

Es wurde schon festgestellt, dass die Siemens AG 1998 ihre Beteiligung an NS-Zwangsarbeit zugab und einwilligte, die Zwangsarbeiter zu entschädigen. Siemens gab öffentlich eine geschätzte Zahl von 10.000 bis 20.000 Opfern bekannt.[17] Wenn die Berichte von Pawelec, Tompkins und Goode zutreffen, dann ist die Anzahl der Opfer einer fortlaufenden Praxis von geheimer Zwangsarbeit und Sklavenhandel im Weltraum unglaublich viel größer. Durch das Tracken von Opfern des galaktischen Schwarzhandels mit Sklaven durch RFID-Chips macht sich die Siemens AG dabei zum Komplizen. Schließlich werden Siemens und alle anderen Unternehmen, die Zwangsarbeiter in geheimen Weltraumkolonien ausbeuten oder in den galaktischen Sklavenhandel verwickelt sind, ihre Beteiligung zugeben, sich dem Recht stellen und die Opfer dieser großen Verbrechen gegen die Menschlichkeit entschädigen müssen. Das wird erst geschehen, wenn die Wahrheit über die Ereignisse in der Antarktis öffentlich wird und das System der Geheimhaltung, das dort existiert, überwunden wurde.

Anmerkungen

1 Siehe die Webseite von Siemens; https://www.siemens.com/global/en/home/company/about.html (aufgerufen am 12.8.2017)
2 »Hermann von Siemens«; https://everipedia.org/wiki/Hermann_von_Siemens/#ixzz4pZHANpNS (aufgerufen 12.8.2017)
3 Associated Press, »Siemens Offers $12 Million to WWII Slave Labor Victims«; http://articles.latimes.com/1998/sep/24/news/mn-26067 (aufgerufen am 12.8.2017)
4 Ebd.
5 Dieses aufrüttelnde und wegweisende Buch von Len Kasten liegt seit Ende 2020 bei Amra vor. – *Der Verlag*
6 Video online zugänglich unter https://www.youtube.com/watch?v=9OiZRr9V7Z4 (aufgerufen am 12.8.2017)
7 Ebd. (Zeitspanne 11:26-12:00)
8 Ebd. (Zeitspanne 14:00-14:35)
9 Video online zugänglich unter https://www.youtube.com/watch?v=9OiZRr9V7Z4 (Zeitspanne 21:47-21:53, aufgerufen am 12.8.2017)
10 Ebd. (Zeitspanne 22:00-22:23)
11 Ebd. (Zeitspanne 23.45-24.53)
12 Michael E. Salla, »Corporate bases on Mars and Nazi infiltration of US Secret Space Program«; http://exopolitics.org/corporate-bases-on-mars-and-nazi-infiltration-of-us-secret-space-program/ (aufgerufen am 16.11.2017)
13 »William Pawelec's widow reveals national security secrets«; http://tinyurl.com/b94kgj4 (aufgerufen am 12.8.2017)
14 Interview mit William Tompkins auf *Cosmic Disclosure* vom 6. September 2017; http://spherebeingalliance.com/blog/transcript-cosmic-disclosure-remembering-william-tompkins-disrupting-draco-domination.html (aufgerufen am 18.10.2017)
15 Ebd.
16 »Questions for Corey Goode on SSP Conflicts and Human Slave Trade«; http://exopolitics.org/galactic-human-slave-trade-ai-threat-to-end-with-full-disclosure-of-et-life/ (aufgerufen am 18.10.2017)
17 Associated Press, »Siemens Offers $12 Million to WWII Slave Labor Victims«; http://articles.latimes.com/1998/sep/24/news/mn-26067 (aufgerufen am 12.8.2017)

10 Der Antarktisvertrag & die Geheimhaltung des deutschen Weltraumprogramms

Schlüsselelemente des Antarktisvertrags

Am 23. Juni 1961 trat der Antarktisvertrag in Kraft, nachdem er von den zwölf ursprünglichen Unterzeichnernationen – Argentinien, Australien, Belgien, Chile, Frankreich, Japan, Neuseeland, Norwegen, Südafrika, der Sowjetunion, dem Vereinigten Königreich und den Vereinigten Staaten – ratifiziert worden war. Zurzeit sind fünfzig Nationen Unterzeichner des Vertrages, auch jene mit größeren Luftfahrtprogrammen wie Brasilien, China, Deutschland, Indien und Italien.

Der Vertrag legt fest, dass die Antarktis für friedliche Zwecke genutzt werden soll, um das Wissen der Menschheit zu erweitern. Die Stationierung von Streitkräften und jegliche Form der Waffenentwicklung und Waffenerprobung werden unter Artikel I des Vertrages ausgeschlossen:

> »(1) Die Antarktis wird nur für friedliche Zwecke genutzt. Es werden unter anderem alle Maßnahmen militärischer Art wie die Einrichtung militärischer Stützpunkte und Befestigungen, die Durchführung militärischer Manöver sowie die Erprobung von Waffen jeder Art verboten.«[1]

Zusätzlich zur permanenten Entmilitarisierung der Antarktis umreißen die Artikel II und III den Umfang, in dem die Unterzeichner bei der wissenschaftlichen Forschung zusammenarbeiten werden:

»*Art. II*

Die Freiheit der wissenschaftlichen Forschung in der Antarktis und die Zusammenarbeit zu diesem Zweck, wie sie während des Internationalen Geophysikalischen Jahres gehandhabt wurden, bestehen nach Maßgabe dieses Vertrags fort.

Art. III

(1) Um die in Artikel II vorgesehene internationale Zusammenarbeit bei der wissenschaftlichen Forschung in der Antarktis zu fördern, vereinbaren die Vertragspartner, dass, soweit möglich und durchführbar,

a) Informationen über Pläne für wissenschaftliche Programme in der Antarktis ausgetauscht werden, um ein Höchstmaß an Wirtschaftlichkeit und Leistungsfähigkeit der Unternehmen zu ermöglichen;

b) wissenschaftliches Personal in der Antarktis zwischen Expeditionen und Stationen ausgetauscht wird;

c) wissenschaftliche Beobachtungen und Ergebnisse aus der Antarktis ausgetauscht werden und ungehindert zur Verfügung gestellt werden.«[2]

Die korrekte Umsetzung ist bei jedem erfolgreichen internationalen Vertrag unabdingbar, da die Nationen sicher sein müssen, dass ihre strategischen Rivalen nicht hinter verschlossenen Türen die kooperativen Nationen übervorteilen.

Artikel VII beschreibt, wie die Vertragsparteien Beobachter zu jedem Stützpunkt in der Antarktis entsenden können, um die vollständige Einhaltung der Vertragsbestimmungen sicherzustellen:

»*Art. VII*

(1) Um die Ziele dieses Vertrags zu erreichen und die Einhaltung seiner Bestimmungen zu gewährleisten, hat jede Vertragspartei, deren Vertreter zur Teilnahme an den in Artikel IX vorgesehen Tagungen berechtigt sind, das Recht, Beobachter zu ernennen, welche die im vorliegenden Artikel erwähnten Inspektionen durchführen. Die Beobachter müssen Staatsangehörige der sie benennenden Vertragspartei sein. Die Namen der Beobachter werden jeder anderen Vertragspartei mitgeteilt, die das Recht hat, Beobachter zu benennen; ihre Abberufung wird ebenfalls mitgeteilt.«[3]

Artikel IX umreißt, wie die zukünftigen Treffen der Vertragsunterzeichner stattfinden könnten, mit dem Zweck, die Hauptziele des Vertrages zu fördern:

> »a) zur Nutzung der Antarktis für ausschließlich friedliche Zwecke;
> b) zur Erleichterung der wissenschaftlichen Forschung in der Antarktis;
> c) zur Erleichterung der internationalen wissenschaftlichen Zusammenarbeit in der Antarktis;
> d) zur Erleichterung der Ausübung der Inspektionsrechte nach Artikel VII;
> e) im Zusammenhang mit Fragen betreffend die Ausübung von Gerichtsbarkeit in der Antarktis;
> f) zur Erhaltung und zum Schutz der lebenden Schätze in der Antarktis.«[4]

Das Sekretariat für den Antarktisvertrag wurde übrigens in Buenos Aires, Argentinien, eingesetzt. Der *US Antarctic Guide* erklärt die Funktionen des Vertragssekretariats:

> »Die beratenden Parteien des Antarktisvertrags setzen zur Unterstützung der Aktivitäten des Antarktisvertrags ein Sekretariat in Buenos Aires, Argentinien, ein. Neben der Assistenz bei der Vorbereitung der jährlichen Treffen ist das Sekretariat auch für Informationen verantwortlich, die das Vertragssystem und das Protokoll betreffen.«[5]

Der Vertrag wurde als ein großer Schritt nach vorn bezeichnet, mit dem Ziel, die Antarktis in einen weiträumigen Naturpark zu verwandeln, wo im Interesse der ganzen Menschheit auf friedliche Weise geforscht wird. Mit der größten Begeisterung erklärte der *US Antarctic Guide* diese angebliche Leistung:

> »Der Vertrag ist eine bemerkenswerte Leistung, deren besonderer Erfolg es war, das Gebiet südlich von 60 Grad südlicher Breite als Friedenszone zu bewahren: Er verbietet alle Maßnahmen militärischer Art, einschließlich Befestigungen, und er untersagt Atomtests sowie die Lagerung von radioaktivem Abfall. Er gibt den Vertragsparteien das Recht, alle Gebiete der Antarktis zu inspizieren, einschließlich der Stationen, Anlagen, Aus-

> rüstung, Schiffe und Flugzeuge der anderen Mitgliedstaaten, um die dauerhafte Einhaltung des Vertrags zu sichern.«[6]

Ähnlich stellt ein Kommentar in der *New York Times* 1969 fest:

> »Der Antarktisvertrag half dabei, Fundamente gegenseitigen Vertrauens zu schaffen, auf denen große diplomatische Meilensteine errichtet werden konnten, darunter besonders der Vertrag über Atomteststopps von 1963, der Weltraumvertrag von 1967 und der Atomwaffensperrvertrag von 1968. Spätere Beobachter erkannten auch den Einfluss des Antarktisvertrags auf den Mondvertrag von 1979 und das Seerechtsübereinkommen von 1982.«[7]

Jedoch war im Kern des Antarktisvertrags eine große Lüge verborgen, die nur wenigen der Hauptunterzeichner bekannt gewesen ist. Während die unterzeichneten Nationen versprachen, die Antarktis als entmilitarisierte Zone zu erhalten, die der friedlichen Entwicklung und wissenschaftlichen Forschung gewidmet war, existierte tief im Inneren des Kontinents ein blühendes deutsches Weltraumprogramm, das alle Grundelemente des Antarktisvertrags verletzte. Schon während des Zweiten Weltkriegs waren für das deutsche Weltraumprogramm größere militärische Anlagen in der Antarktis gebaut worden und die hoch entwickelte Waffenforschung wurde seit Kriegsende in einem energischen Tempo vorangetrieben, tief unter dem Eispanzer und der Weltöffentlichkeit unbekannt.

Was den Vertrag fatal unterminierte, war die Tatsache, dass das Vierte Reich, das nach dem Zweiten Weltkrieg sichere Häfen in der Antarktis und in Südamerika angelegt hatte, nie vom internationalen diplomatischen System als Staat bestätigt oder auch nur anerkannt worden war. Das bedeutete, dass die deutschen Stützpunkte in der Antarktis unter unklarem internationalen Rechtsstatus standen, denn Deutschland war nach der Niederlage der Nazis in zwei Staaten geteilt worden. Am 5. Februar 1979 gab die westliche Hälfte, die Bundesrepublik Deutschland, ihre Zustimmung zum Antarktisvertrag. Jedoch war keiner der beiden deutschen Staaten in der

Position, eine Autorität über die Stützpunkte des Vierten Reiches in der Antarktis zu behaupten. Soweit es die Unterzeichner des Antarktisvertrags betraf, wurden die versteckten deutschen Stützpunkte also ignoriert und man hielt eine internationale Vorgabe aufrecht, dass sie einfach nicht existierten.

Außerdem war Buenos Aires, wo das Sekretariat des Antarktisvertrags seinen Sitz hatte, ein bekanntes Zentrum von Nazi-Exilanten, wie beispielsweise Martin Bormann.[8] Es wurde bereits gezeigt, dass die Geheimdienstakte »Red House Report« der U.S. Army offengelegt hatte, wie Bormann nach dem Krieg eine Wiederbelebung der NS-Wirtschaft von Standorten aus vorbereitete, zu denen auch Argentinien gehörte. Hitler traf sich mit Bormann in Argentinien, wie mehrere offizielle Regierungsdokumente und Augenzeugenberichte belegen.[9] Durch die hochrangigen Nazis, die dorthin geflohen waren, war Argentinien die inoffizielle Zentrale des Vierten Reiches. Das bedeutete, dass das Vierte Reich durch seine heimliche Präsenz in diesem Land effektiv in der Lage war, das Sekretariat des Antarktisvertrags zu überwachen und zu manipulieren, um seine Ziele zu erreichen.

Dass der Antarktisvertrag die amerikanische Vorherrschaft und die militärischen Operationen in der Antarktis unterminierte, blieb von einigen US-Senatoren, die energisch die Ratifizierung ablehnten, nicht unbemerkt. Das zeigt deutlich ein Artikel in der *Antarctica Sun*:

> »›Ich erhebe mich in Opposition zur Ratifizierung dieses Vertrages‹, hallte es in den Sitzungssälen wider. Die UdSSR hatte ihn unterschrieben und ihr konnte nicht vertraut werden, die Vereinigten Staaten hatten versäumt, dort Territorien in Besitz zu nehmen, trotz ›nachdrücklicher Ansprüche auf 80 Prozent der Antarktis‹. Wir büßen zukünftiges wirtschaftliches Potenzial ein und nukleare Explosionen sind verboten. ›Wir betreiben politischen Kuhhandel zu unserem Nachteil‹, meinte ein Senator, ›um die Zugeständnisse zu erhalten, die der Vertrag in Form internationaler Freundschaft und Einigkeit garantiert.‹«[10]

Die Situation wurde weiter verkompliziert durch die US-Konzerne, die infolge des Abkommens der Eisenhower-Administration begannen, als militärische Vertragspartner für das deutsche Antarktis-Weltraumprogramm zu arbeiten. Wissenschaftler von *Operation Paperclip*, die gründlich den Militärisch-Industriellen Komplex der USA und die NASA durchdrungen hatten, konnten neue vielversprechende Technologien oder Produkte ausfindig machen und sie heimlich für das deutsche Weltraumprogramm nachbauen. Diese wurden entweder insgeheim in die Antarktis transportiert oder dort zusammengebaut. Was die Siemens AG mittels einer US-Tarnfirma tat, indem sie Milliarden von RFID-Chips baute, war ein Muster, das sich jetzt rund um die Welt wiederholte.

Während die Vertragsnationen Stützpunkte an der Oberfläche der Antarktis anlegten und sich zu den Artikeln des Antarktisvertrags bekannten, wurde das deutsch geführte Weltraumprogramm durch keine einzige Bestimmung des Vertrages eingeschränkt. Als nicht unterfertigte Einheit in der Antarktis, die von den Vertragsunterzeichnern ignoriert wurde, hatte das Vierte Reich freie Hand, fortschrittliche militärische Forschung und Entwicklung ohne lästige Inspektionen durch Beobachter zu betreiben. Dies machte das Vierte Reich mit seinen unterirdischen Anlagen in der Antarktis zu einem attraktiven Partner für große amerikanische und europäische Rüstungsfirmen, die sich für moderne Waffenforschung und Waffenentwicklung interessierten.

Amerikanische und europäische Vertragsfirmen, die in den deutschen Anlagen der Antarktis arbeiteten, waren in der Lage, zukunftsweisende militärische Forschung auf eine Weise zu betreiben, die von den Bestimmungen des Antarktisvertrags unberührt blieb. Man konnte erwarten, dass dort jede Art von militärischer Forschung, die einen qualitativen Bezug zu dem deutsch geführten Weltraumprogramm hatte, ihre Blüten trieb – mit breiter Unterstützung amerikanischer und europäischer Konzerne. Zum Beispiel stellte die Politik der Sklavenarbeit, die für die deutschen Antarktis-Einrichtungen übernommen wurde, reichlich menschliche Subjekte für fortschrittliche genetische Experimente und die Biowaffenforschung bereit. In einem späteren Kapitel werde ich die alarmierenden Behauptungen erörtern, dass Hunderttausende von Sklaven für breit angelegte biologische Experimente geopfert wurden.

Die Entstehung des Interplanetary Corporate Conglomerate

Nachdem 1955 das Abkommen mit der Eisenhower-Administration erzielt worden war, bildete sich allmählich ein internationales Konsortium von Konzernen, die sämtliche Schlüsselkomponenten herstellten, die vom deutschen Antarktis-Weltraumprogramm gebraucht wurden. In den 1980ern hatte dieses Konsortium bereits seine eigenen Raumschiff-Flotten, die ein mächtiges firmengeführtes Weltraumprogramm darstellten, neben dem deutsch geführten Programm tief unter dem antarktischen Eispanzer.

Corey Goode hat das ursprüngliche deutsche Antarktis-Weltraumprogramm als die »Dunkle Flotte« beschrieben, da dessen Operationen dem Weltraumprogramm, das von der U.S. Navy geführt wurde – »Solar Warden« – weithin unbekannt waren.[11] Das konzerngeleitete Programm, das nun entstand, hieß Interplanetary Corporate Conglomerate (ICC) und wurde schnell ein mächtiger Rivale des Solar-Warden-Programms der Navy, das, laut Bill Tompkins und Goode, in den frühen 1980ern operationsbereit war.[12]

Das ICC war eine Fusion der deutschen Schlüsselfirmen, die während des Zweiten Weltkriegs zuerst Operationen in der Antarktis betrieben hatten, und den amerikanischen, europäischen und anderen Konzernen, die begannen, mit den deutschen Firmen in der Antarktis zusammenzuarbeiten. Im Laufe der Zeit führte das zu großen industriellen Stützpunkten, die in der Antarktis angelegt wurden, wo das ICC seine Waffenforschung durchführen konnte, Raumschiffe für die Dunkle Flotte baute (die hauptsächlich außerhalb unseres Sonnensystems operiert) und seine eigene besondere Raumflotte aufbaute, die vom ICC für seine Operationen auf dem Mars und überall im Sonnensystem benutzt wurde. Über das ICC schrieb Goode:[13]

> »Das ICC hat eine vollständige industrielle Infrastruktur mit Stützpunkten, Stationen, Außenposten, Bergwerken und Anlagen auf dem Mars, auf zahlreichen Monden und verteilt im Asteroidengürtel (wo einst ein ›Supererde-Planet‹ existierte). Sie haben Anlagen, um Rohmaterial zu

> verarbeiten, um komplexe Metalle und Verbundwerkstoffe zu produzieren, von denen unsere Materialwissenschaften bis heute nicht einmal zu träumen wagen. Sie verfügen über getrennte Gruppen von Anlagen, die verschiedene Typen von Technologien produzieren, so wie auch jede Anlage oder Fabrik eine besondere Komponente einer Technologie herstellt, so dass die in den Fabriken und Nachschub-Kolonien/Stützpunkten Arbeitenden nicht genau wissen, was sie da eigentlich produzieren. Oft sind die Komponenten multifunktional und werden in Crossover-Projekten verwendet. Es gibt Anlagen auf der Erde [etwa in der Antarktis], die genauso arbeiten und auf vielen Ebenen zum GWP beitragen.«[14]

Der Schlüssel, um sicherzugehen, dass die Aktivitäten tief unter dem Eismantel der Antarktis verborgen bleiben würden, bestand darin, die globalen Medien und die allgemeine Öffentlichkeit aus der Antarktis herauszuhalten und jede wissenschaftliche Forschung der Unterzeichner des Antarktisvertrags streng zu überwachen, so dass die wissenschaftliche Gemeinschaft, die legitime Umweltforschung betreibt, die Wahrheit nicht erfuhr. Ein letzter Schritt bestand darin, alle Entdeckungen vorzeitlicher Artefakte geheim zu halten, um zu garantieren, dass niemand von dem ausgedehnten uralten Höhlensystem der Antarktis und den Artefakten prähistorischer Kulturen, die dort geborgen wurden, Kenntnis nahm.

Dies wurde zur wichtigsten Direktive der Dunklen Flotte und des ICC. Auf diese Weise blieben ihre antarktischen Operationen auf einem vereisten Kontinent, der für die Weltöffentlichkeit ein Rätsel blieb, für Jahrzehnte verborgen. Die Geheimhaltungspolitik hatte dramatische Konsequenzen für alle Nationen und für kühne Forscher, die die Antarktis dem Rest der Welt öffnen wollten. Neuseeland, einer der Erstunterzeichner des Antarktisvertrags, fand heraus, wie hoch der Preis war, der von Ländern bezahlt wird, die den Kontinent für den internationalen Tourismus erschließen möchten.

Der Absturz des Flugs TE 901 von Air New Zealand in der Antarktis

Ab Februar 1977 bot Air New Zealand Touristenflüge von Auckland zum Ross-Schelfeis in der Antarktis an, mit einem Zwischenstopp in Christchurch. Auf dieser Route flogen die Touristen über verschiedene Inselgruppen, dann an dem mächtigen Vulkan Mount Erebus vorbei und drehten noch eine Runde über der McMurdo-Station, offiziell die größte Forschungs- und Logistikstation in der Antarktis. Die Flüge wurden ziemlich populär und 1979 bot man gleich vier davon an. Dann, am 28. November 1979, ereignete sich ein Unglück.

Der Air-New-Zealand-Flug TE 901 stürzte am Mount Erebus ab, wobei alle 257 Passagiere und die Crew ums Leben kamen. Das war der bisher folgenschwerste Flugunfall auf dem antarktischen Kontinent. Die neuseeländische Pilotenvereinigung gab Details bekannt, warum Flug TE 901 aus unbekannter Ursache von seinem Kurs abgekommen und direkt auf den Berg zugeflogen war:

> »In der Nacht vor dem Flug machten die Flugplaner etwas, das sie für eine kleine Korrektur eines früheren Fehlers hielten, der einige Monate zuvor geschehen war, als die Flugpläne computerisiert wurden. Ihrer Meinung nach verschoben sie nur den letzten antarktischen Orientierungspunkt um drei Kilometer, was etwa der erwartete Fehler war, der bei Flügen von ähnlicher Dauer gewöhnlich gefunden wurde. Nun, den Zeugen der Airline nach wusste der Navigationsstab immer, dass die Route mehr oder weniger direkt über den Mount Erebus führte, und die Verschiebung des Zielpunkts um drei Kilometer würde die Flugroute nach wie vor mehr oder weniger über den Vulkan führen. Aber in Wahrheit hatten sie die ganze Route vom McMurdo-Sund zum Überflug des Mount Erebus verschoben – eine Änderung um mehr als fünfundfünfzig Kilometern.«[15]

Die erste Untersuchung kam zu dem Ergebnis, dass ein Pilotenfehler vorlag, aber ein öffentlicher Aufschrei über diesen Befund führte zur Einsetzung einer Royal Commission, eines königlichen Untersuchungsausschusses. Dieser Ausschuss wurde geleitet von dem hoch angesehenen Kronanwalt Richter Peter Mahon. Eine Zusammenfassung seiner Ergebnisse ergab nun folgenden Befund:

»... die Koordinaten im Navigationscomputer waren geändert worden, ohne es der Crew oder der Flugüberwachung im Mac-Center mitzuteilen. Zum Zeitpunkt des Absturzes flog TE 901 unter lokalen Whiteout-

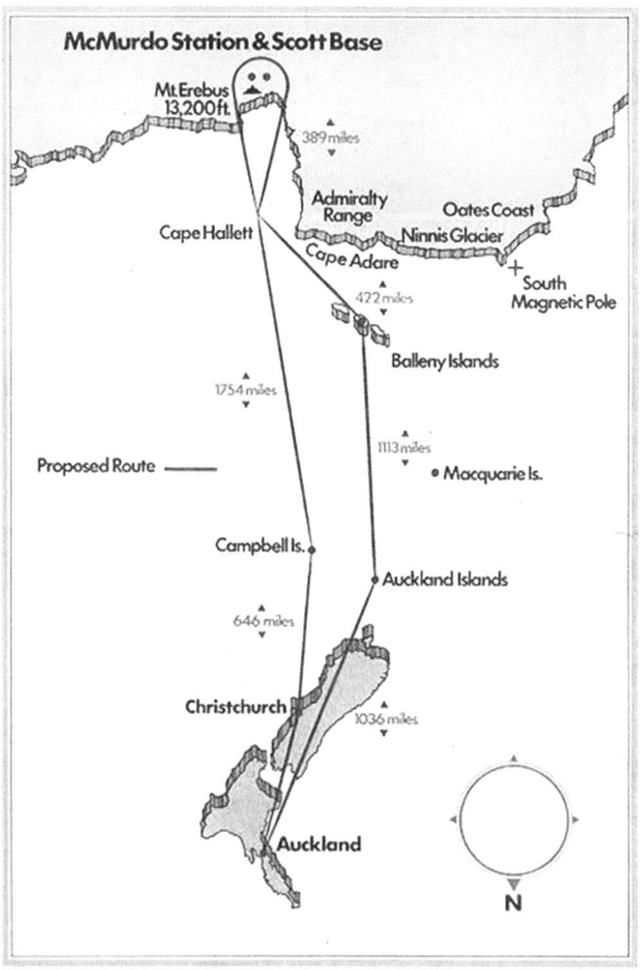

Abb. 43: Die Route der Antarktisflüge von Air New Zealand (1977)

> Bedingungen [bei starker Kontrastverringerung, so dass keine Horizontlinie mehr zu erkennen ist und das gesamte Blickfeld gleichmäßig hell zu sein scheint], aber der Großteil des Fluges war bei klarer Luft erfolgt … Wie es aussah, vertraute die Crew ihrer Position und der Flugroute, bis kurz vor dem Crash der Kollisionsalarm ertönte.«[16]

Mahon schloss daraus, dass Vertreter von Air New Zealand eine »miteinander abgesprochene Litanei von Lügen« vorgebracht hatten, um der Verantwortung der Airline für die unglückliche Kursänderung des Fluges zu entgehen und die Schuld am Absturz auf den Piloten zu schieben.[17] Mahons Erkenntnisse waren sehr umstritten und führten dazu, dass der Premierminister von Neuseeland, Robert Muldoon, ihn aufforderte, die »Verschwörer und Lügner« zu benennen.[18] Mahons Bericht führte zu einer erfolgreichen Berufung von Air New Zealand und seine abträglichen Befunde wurden gekippt. Der Streit um die letztliche Verantwortung für den Crash und um Mahons Befunde hält bis heute an.[19]

Mahons Folgerung, dass es eine Verschwörung gegeben habe, »eine miteinander abgesprochene Litanei von Lügen« der Fluglinie, um die Wahrheit hinter dem Unglück zu verbergen, spielt auf die wahren Schuldigen an, die für die Tragödie verantwortlich sind. Die Kurskorrektur, ohne vorher die Crew zu informieren, war weniger ein Fall von Inkompetenz, sondern eher von Sabotage durch Kräfte, die keine touristischen Aktivitäten in der Antarktis sehen wollten. Das ICC mit seinen riesigen globalen Konzernressourcen, einschließlich Beteiligungen an großen Luftlinien wie Air New Zealand, ist der wahrscheinlichste Kandidat für die mysteriöse Verkettung von Umständen, die zum Absturz von TE 901 auf den Mount Erebus führte.

Bis 1994, als die australische Qantas Airlines wieder begann, Touristenflüge über der Antarktis durchzuführen, fanden keine solchen Flüge mehr statt, wodurch unerwünschte Sichtungen der vielen Anomalien in der Antarktis minimiert wurden.[20] Während der ganzen jüngeren Geschichte der Antarktis gab es jedoch reguläre Militärflüge und manchmal riskierte es ein mutiges Crewmitglied, einige der gesichteten Anomalien aufzudecken.[21]

AMRA
www.AmraVerlag.de
spirituell
inspirierend
wegweisend
Energiekarten für jeden Tag
Pavlina Klemm
Lichtbotschaften von den Plejaden
44 Energiekarten für jeden Tag mit Übungen im Begleitbuch
AMRA
Bücher, CDs & Kartensets
Pavlina Klemm, Birgit Fischer, Maike Maja Nowak,
onika Cardinal, Eva Marquez, Patricia Cori, Horst Krohne,
avid Icke, Paul Wallis, Whitley Strieber, Nick Redfern u.a.

Neue Plejaden-Werke im AMRA Verlag!

Februar 2025

Pavlina Klemm
KOSMISCHE HEILAPOTHEKE
Das Praxisbuch mit Heilsymbolen & Meditationen
240 Seiten, gebunden, Leseband, durchgehend farbig
€ [D] 24,99 / € [D] 25,70 • ISBN 978-3-95447-663-3

Die jetzige Zeit, in der die Menschheit aus 3D aussteigt, hat den Zugang zur Heilapotheke wieder geöffnet. Neben den Symbolen aus dem Kartenset, Schablonen zur energetischen Visualisierung, enthält dieses Praxisbuch sehr viel zusätzliches Material in Form von Meditationen, Durchsagen und Bildern. Heilung geschieht aus euren energetischen Abdrücken in der göttlichen Quelle!

»So lange mussten wir auf die Manifestation dieses Heilprojekts warten.« ~ *Pavlina Klemm*

BEST SELLER

Pavlina Klemm
KOSMISCHE HEILAPOTHEKE – das Kartenset
44 Aktivierungskarten mit 144 Seiten Begleitbuch
€ [D] 26,99 / € [A] 27,80 • ISBN 978-3-95447-450-9

Jede einzelne Karte ist an die Kosmische Heilapotheke angebunden und übermittelt auf dich persönlich abgestimmte Lösungen. Von der Aktivierung des Herzensraums über den Urton deiner Heimat bis zu Heilfrequenzen für Drüsen, Lunge, Geist & Seele sowie die Anbindung an Vitamine, Mineralstoffe und deine DNA erhältst du hier durch die Plejader energetische Möglichkeiten für die eigene Regeneration.

»Endlich könnt ihr diese Art der Heilung für euch und andere wieder nutzen.« ~ Die Plejader

Übungs-CD erhältlich

NEU

Barbara Marciniak & Pavlina Klemm (Vorwort)
SCHLÜSSEL ZUM WISSEN DER ERDE
Lichtbotschaften von den Plejaden
288 Seiten, gebunden, oranges Leseband
€ [D] 24,99 / € [A] 25,70 • ISBN 978-3-95447-624-4

Aus 26 Sitzungen, die in Mexiko, Ägypten, auf Bali und in den USA stattfanden, entstand ein Handbuch für ein inspiriertes Leben. Wir lernen, die Göttinnen-Energien wahrzunehmen und unsere DNA zu leben, so dass allmählich eine multidimensionale Perspektive entstel Die Korridore der Zeit werden erforscht, und ein tieferes Verständnis für unsere Ahnenreihe wird geweckt. Verborgenes Wissen erwacht.

Jedes Kapitel schließt mit einer Energieübung zur Vertiefung der Lichtinformationen.

Buchauszüge und Botschaften auf www.AmraVerlag.de

Pavlina Klemm
Lichtbotschaften von den Plejaden Band 9
Erwachen im Licht der Freiheit
240 Seiten, gebunden, oranges Leseband
€ [D] 19,99 / € [A] 20,60 • ISBN 978-3-95447-571-1

Schritt für Schritt lehren uns die Plejader die kosmische Freiheit und das Channeln durch den Heiligen Herzensraum. Sie aktivieren mit dem Sonnensymbol unsere Zirbeldrüse, binden uns mit dem Erdsymbol an die höhere Ordnung an, bringen uns die Innenerde nahe, die kosmischen Kinder, Farbwesen und Erzengel, schützen uns vor fremden Einflüssen und erhöhen durch neue Übungen unser Licht und Bewusstsein.

Tipps & Ratschläge zur persönlichen Stabilisierung erleichtern den Einstieg in höhere Frequenzen!

begleitend zum Buch sind erschienen:

Dein Weg zum Erwachen im Licht der Freiheit [Übungs-CD 10]
78 Min.; € [D/A] 19,99
ISBN 978-3-95447-574-2
Erwachen im Licht der Freiheit [Hörbuch]
7 Std. 58 Min.; € [D] 19,99 / € [A] 20,60
ISBN 978-3-95447-572-8

Heilungs-Seminare »Weiße Reihe«

empfangen und eingesprochen von Pavlina Klemm

Channeln lernen unter Einbeziehung der fünften Herzkammer [Anbindungs-CD]
78 Min.; € [D/A] 19,99 • ISBN 978-3-95447-681-7

Neuanbindung der Seele. Rückholung deiner Seelenanteile [Doppel-CD]
159 Min.; € [D/A] 22,99 • ISBN 978-3-95447-549-0

Selbstliebe. Ein Kurs zur Heilung auf allen Ebenen [Doppel-CD]
159 Min.; € [D/A] 22,99 • ISBN 978-3-95447-375-5

Heile deine Chakren. Reinigung für das Große Erwachen [Doppel-CD]
159 Min.; € [D/A] 22,99 • ISBN 978-3-95447-499-8

Energetischer Schutz. Rückkehr der Gesundheit deines Körpers [Antiviren-CD]
79 Min.; € [D/A] 19,99 • ISBN 978-3-95447-385-4

Sonnenklang. Lichtheilung durch die Plejader [Reiner Klang & Anleitungen im Booklet]
79 Min.; € [D/A] 19,99 • ISBN 978-3-95447-508-7

Alle CDs auch als Download auf www.AmraVerlag.de

Unsere SPIEGEL-Bestseller!

Auch als Hörbuch-CD

Pavlina Klemm

Lichtbotschaften von den Plejaden Band 8

Im Feld der Heilung

240 Seiten, gebunden, oranges Leseband

€ [D] 19,99 / € [A] 20,60 • ISBN 978-3-95447-566-7

Jetzt, in der Zeit des Erwachens, führen uns die Plejader ins Feld der Heilung. Neben vielen Übungen und Affirmationen stellen sie eine neue Zahlenreihe vor, die uns hilft, künstlich einkodierte Programme aufzulösen. Sie erklären, was es mit dem Blauen Licht auf sich hat, und bieten einen neuen Schutz für diese Zeit an: die »Gnade Gottes«. Aber vor allem lassen sie uns an der Großen Wahrheit teilhaben.

Enthält als kostenfreien Bonus die Abschriften von fünf Video-Botschaften der Plejader!

TIPP

Gregg Braden

MENSCH : GEMACHT

Von der zufälligen Evolution zur bewussten Transformation

352 Seiten, gebunden, oranges Leseband

€ [D] 24,99 / € [A] 25,70 • ISBN 978-3-95447-337-3

Neueste Forschungen zeigen, dass der Mensch, so wie er heute existiert, vor 200.000 Jahren urplötzlich entstand – aufgrund einer Verschmelzung von Genen, die bewusst herbeigeführt worden sein muss. Und von Anfang an zeichnen wir uns durch enorme Fähigkeiten aus, die uns auf Abruf zur Verfügung stehen. Bradens neues Buch überwindet die Grenzen zwischen Wissenschaft und Spiritualität und stellt sich der zeitlosen Frage: Wer sind wir?

Mit 5 Übungen und 46 Leitsätzen für den persönlichen Weg – vom vielfachen Bestsellerautor der New York Times.

Ungekürzte Lesung

Medium Birgit Fischer

STARSEEDS. Warum wir hier sind und wohin wir gehen

Transformierende Botschaften aus fernen Galaxien

10 Std. 2 Min., Audio-CD, auch als Download

€ [D] 19,99 / € [A] 20,60 • ISBN 978-3-95447-679-4

Die Autorin liest hier vollständig ihren Bestseller und führt uns klar vor Augen, welche Starseeds es gibt, welche Bedeutung sie haben, wie sie mit uns kommunizieren und wie wir ihre Energien nutzen können, um innere Heilprozesse anzustoßen. Mit der CD kommt eine Liste aller 69 Tracks zum gezielten Anwählen, ein Dutzend davon sind geführte Meditationen, die zur leichteren Anbindung an die Energien mit entspannender Hintergrundmusik versehen wurden.

Enthält außerdem Zugangsdaten zu sieben Trance Speakings, ebenfalls eingesprochen von Birgit Fischer.

Auch als eBook und Download auf www.AmraVerlag.de

Pavlina Klemm
Lichtbotschaften von den Plejaden Band 7
Wissen für die Neue Zeit
240 Seiten, gebunden, oranges Leseband
€ [D] 19,99 / € [A] 20,60 • ISBN 978-3-95447-451-6

Die Plejader erklären das Große Erwachen, den irdischen Weg der Befreiung und die Bedeutung eurer Inkarnation in dieser Zeit, schildern die übergeordnete Seele der Familie, das morphogenetische Feld der Kinder, unterstützen euch bei der Regeneration eurer DNA und binden euch an die Frequenzen der kosmischen Freiheit an. Den Schwerpunkt bilden die Kosmische Apotheke und die Heilung unserer Chakren.

Bonus: Sämtliche Botschaften der Plejader zur aktuellen Lage. Aufgeladen mit den neuen Frequenzen der positiven Zukunft.

Bianca Sommer
DAS HEILENDE WISSEN DER TIERE
Botschaften von Tiergruppenseelen
240 Seiten, gebunden, oranges Leseband
€ [D] 22,99 / € [A] 23,70 • ISBN 978-3-95447-504-9

Die Channelings zwölf verschiedener Tierarten in diesem Buch zeigen, welches unendliche Wissen das Höhere Selbst unserer Wegbegleiter in sich trägt. Einzelgespräche mit Tieren machen deutlich, wie sehr sie den Menschen bestimmte Themen und den Lösungsweg nahebringen. Auch Anleitungen sowie Erläuterungen und Beispiele für Meditationen sind enthalten, die eine klare Struktur für den medialen Austausch bieten.

»Liebe Bianca, danke für dieses wundervolle Geschenk!«
Aus dem Vorwort von Pavlina Klemm

Tanja Matthöfer
CHANNELING
Universalschlüssel zur Geistigen Welt
240 Seiten, gebunden, oranges Leseband
€ [D] 22,99 / € [A] 23,70 • ISBN 978-3-95447-479-0

Channeling ist die einfachste und wichtigste Methode, mit der Geistigen Welt in Verbindung zu treten. Ob Sternengeschöpfe, Aufgestiegene Meister oder Naturwesen – mit allen können wir uns austauschen. Und wenn wir mit dem gesamten Reich der Schöpfung in Kontakt stehen, stärkt uns das. Es bringt uns in unsere ursprüngliche Kraft zurück. Alles spricht – und wir können lernen, wieder hinzuhören!

»Alle Menschen haben diese Fähigkeit in sich.«
Aus dem Vorwort von Pavlina Klemm

Band 1-5 lieferbar

Alle auch als Hörbuch-CD

Pavlina Klemm
Lichtbotschaften von den Plejaden Band 6
Leben in der fünften Dimension
224 Seiten, gebunden, oranges Leseband
€ [D] 19,99 / € [A] 20,60 • ISBN 978-3-95447-444-8

Die Plejader unterstützen uns im Kampf gegen Viren, binden uns an die Kraft der Sonne an, fördern den Lichtkörperprozess, führen uns in neue Zeitlinien und schaffen die Voraussetzung für den Einstieg in die Realität der Neuen Erde. Auch die aktuellen Botschaften enthalten wieder zahlreiche Übungen, aufgeladen mit positiver Energie. Ergänzt werden sie durch Meditationen zur Rückkehr unserer Gesundheit.

»Wir reinigen jetzt diese Realität. Wir gehen Schritt für Schritt mit euch voran.« ~ *Die Plejader*

WICHTIG

Pavlina Klemm
Lichtbotschaften von den Plejaden – Kartenset mit exklusiv gechannelten Botschaften
44 Energiekarten für jeden Tag mit 128 Seiten Übungsbuch
€ [D] 26,99 / € [A] 27,80 • ISBN 978-3-95447-570-4

Ziehe für dich oder andere die aktuelle Botschaft. Mache die im Begleitbuch empfohlene Übung, sprich die Affirmation und nutze die Karte, mit der du energetisch verbunden bist, um dein ganz persönliches Feld der Heilung aufzubauen. Durch die Arbeit mit dieser Karte veränderst du dein aktuelles Thema zum Positiven.

»Dein Bewusstsein kann sich in jedem Augenblick deiner irdischen Existenz mit uns verbinden.« ~ Die Plejader

NEU

Kosmische Heilapotheke

Pavlina Klemm & Sayama: Übungs-CDs der Plejader

Gnade Gottes und Beistand für Seelen, Familie und alle Kinder der Welt (CD 9)
79 Min; € [D/A] 19,99 • ISBN 978-3-95447-569-8

Heilung von Körper, Geist und Seele in der Neuen Zeit (Kosmische Heilapotheke – CD 8)
79 Min; € [D/A] 19,99 • ISBN 978-3-95447-454-7

Heilung durch die kosmische Energie der Zentralsonne (CD 7)
78 Min; € [D/A] 19,99 • ISBN 978-3-95447-447-9

Klangmeditation zur Wiederanbindung der DNA-Stränge [Reiner Klang]
70 Min.; € [D/A] 19,99 • ISBN 978-3-95447-332-8

Hörproben aller CDs auf www.AmraVerlag.de

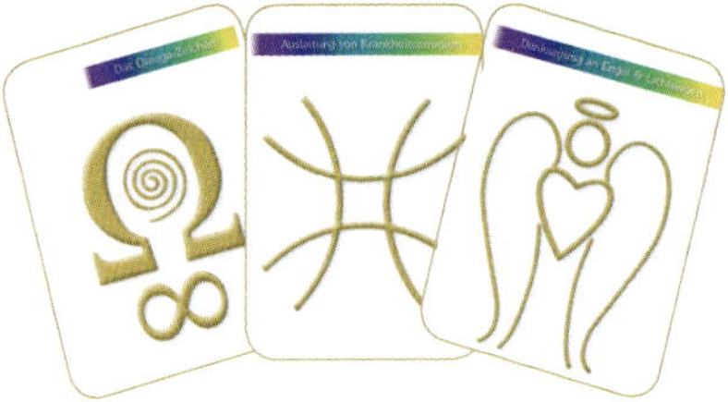

»Probiert die Heilsymbole und Zahlenreihen selbst aus und erlebt ihre lichtvolle Wirkung auf euer Leben.« ~ *Jeanne Ruland*

Pavlina Klemm

HEILSYMBOLE & ZAHLENREIHEN

44 Karten mit 112 Seiten Begleitbuch

€ [D] 26,99 / € [A] 27,80 • ISBN 978-3-95447-376-2

Das Kartenset enthält alle energetischen Hilfsmittel aus Pavlinas ersten sechs Büchern, den CDs und Veranstaltungen sowie eine Anzahl gerade erst durchgegebener neuer Heilsymbole. Es ist in diesen herausfordernden Zeiten für den täglichen Gebrauch gedacht. Zur Aktivierung der Karten genügt die reine Absicht. Das umfassende Begleitbuch enthält genaue Anleitungen und neue, exklusiv gechannelte Texte.

»Mit dieser Essenz begeben wir uns in die Räume der allumfassenden Liebe. Du spürst den kosmischen Herzschlag, wenn deine Seele die Lichtcodes und Frequenzen des höheren Bewusstseins auf dich überträgt.« *Pavlina* über ihr Auraspray KOSMISCHES HERZ

»Diese Essenz hilft dir, dich von niedrig schwingenden Energien abzutrennen, die Energie der Plejader auf dich zu übertragen und neue Heilimpulse zu setzen. Sie transformiert die nicht mehr gewollte Vergangenheit.« *Pavlina* über ihr Auraspray HÖCHSTE TRANSFORMATION

Pavlina Klemm
Höchste Transformation
Plejadische Grundschwingung
100 ml; € 34,99
inkl. Versand

Pavlina Klemm
Kosmisches Herz
Übertragung der galaktischen Lichtcodes
100 ml; € 34,99
inkl. Versand

»Diese Essenz ist mit der Kosmischen Heilapotheke verbunden, in der sich die unterschiedlichsten feinstofflichen Präparate für die Heilung des menschlichen Gesamtsystems befinden, auch zur Regeneration der DNA.« *Pavlina* über ihr Auraspray AKTIVIERUNG DER SELBSTHEILUNG

»Die Portale zu deiner Seelenfamilie werden geöffnet, deine Seele wird durchlichtet und geheilt. Die Christusenergie, Engel der Reinheit und die Strahlen der Sonne erfüllen dich und stärken die Verbundenheit eurer Seelen.« *Pavlina* über ihr Auraspray KOSMISCHE SEELENVERBINDUNG

Einfach bestellen und sich einsprühen!
Kunden-Telefon: +49 (0) 61 81 – 18 93 92
Info@AmraVerlag.de • www.AmraVerlag.de

Pavlina Klemm
Aktivierung der Selbstheilung
Zustrom kosmischer Heilimpulse
100 ml; € 34,99
inkl. Versand

Pavlina Klemm
Kosmische Seelenverbindung
Öffnet Portale zur Seelenfamilie
100 ml; € 34,99
inkl. Versand

Bücher, empfohlen von Pavlina Klemm

Tipp! Audio Download

Daniella Fenton

HYBRIDE MENSCHEN

Wissenschaftliche Beweise für unser 800.000 Jahre altes kosmisches Erbe

176 Seiten, gebunden, oranges Leseband

€ [D] 19,99 / € [A] 22,60 • ISBN 978-3-95447-428-8

Eine lange Liste von DNA-Anomalien beim Menschen ist nur durch die gentechnische Veränderung des *Homo sapiens* aus einer frühen menschlichen Spezies erklärbar. Nun wurde ein rätselhaftes Material entdeckt, bei dem es sich um Wrackteile eines Kolonisten-Raumschiffs handeln könnte. Die erörterten Fakten führen alle zu dem einen Schluss: Wir sind direkte Nachfahren der Plejader!

»Dieses Buch ist ein Meilenstein zum Verständnis unserer Vergangenheit. Es sollte zum Lehrbuch an allen Schulen werden.«
Aus dem exklusiven Vorwort von Erich von Däniken

Ernst Muldashev

Das Dritte Auge und der Ursprung der Menschheit

Spektakuläre Erkenntnisse zur Herkunft unserer Zivilisation

432 Seiten, gebunden, oranges Leseband

€ [D] 24,99 / € [A] 25,70 • ISBN 978-3-95447-308-3

Eine Analyse der auf tibetischen Tempeln abgebildeten Augen mit anschließender Himalaya-Expedition führte zu diesem Werk, das die bisherige Auffassung vom Ursprung der Menschheit ins Wanken geraten lässt. Es erklärt ihre Migrationswege, ihre Abstammung von Lemurern und Atlantern und wie meditierende Vertreter früherer Zivilisationen und der unseren gemeinsam einen Genpool bilden, der das Menschheitswissen für Katastrophenzeiten bewahrt.

Das Kultbuch – endlich wieder erhältlich.

Tipp! Audio Download

Whitley & Anne Strieber

DIE SEELE IM JENSEITS

Erleuchtung geschieht, wenn von uns nichts als Liebe übrig ist

288 Seiten, gebunden, oranges Leseband

€ [D] 22,99 / € [A] 23,70 • ISBN 978-3-95447-358-8

Lebt unsere Seele nach dem Tod weiter? Als Anne Strieber starb, wollte sie dies ihrem geliebten Ehemann Whitley beweisen. Dazu folgte sie einem gemeinsamen Plan. Wer zuerst stirbt, kontaktiert den anderen zunächst nicht direkt, sondern über Freunde. Was daraus entstand, ist so überzeugend, dass der berühmte Jenseitsforscher Dr. Gary Schwartz dieses Buch als einen der besten existierenden Beweise für Jenseits-Kommunikation nach dem Tod bezeichnet.

»Was für ein spirituelles Juwel. Ich kann es nur wärmstens empfehlen.« ~ *Pavlina Klemm*

Bücher mit Vorworten von Pavlina Klemm

TIPP

Gabriel Magma
Verlierer auf Erden, Gewinner im Himmel
Warum mein katastrophales Leben in Wahrheit extrem erfolgreich war
176 Seiten, Softcover im Hardcover-Format
€ [D] 14,99 / € [A] 15,50 • ISBN 978-3-95447-273-4

Gescheiterte Karriere, zerstörte Ehe, keine Beziehung zum eigenen Kind, verkrachtes Elternhaus. Der Straßenmusiker Matt lebt ein völliges Chaos, als er mit 27 Jahren in der Liverpooler U-Bahn ermordet wird. Doch dann begegnet er seinem Schutzengel, und all seine Miseren ergeben Sinn. Er bekommt die Antworten, nach denen er sich gesehnt hat – und das Ganze ist auch noch unterhaltsam, heiter und leicht …

»Ich liebe dieses Buch! Eine großartige Lektüre!« ~ *Diana Cooper*

Übungs-CD erhältlich

Eva Marquez
Heilungscode der Plejader Band 1
Lemurien, Atlantis und die Befreiung der Seelenenergie
256 Seiten, gebunden, oranges Leseband
€ [D] 22,99 / € [A] 23,70 • ISBN 978-3-95447-382-3

Aus dem Vorwort von Pavlina Klemm: »Unsere kosmischen Begleiter, die Plejader, haben eine gewaltige Mission auf sich genommen – die Menschheit durch Wissen zu befreien. Sie teilen dazu detailliert mit, wie sie das Herabkommen auf unseren Planeten erlebt und welche Erfahrungen sie dabei gesammelt haben. Sie beschreiben die Zeit von Lemurien und Atlantis aus ihrer schöpferischen Sicht, und ihr erfahrt, welche Höhen und Tiefen sie auf ihrem Weg erlebt haben.«

Jetzt ist die richtige Zeit, um detaillierte Informationen zu erhalten.

Übungs-CD erhältlich

Eva Marquez
Heilungscode der Plejader Band 2
Kosmische Liebe, Projekt Erde und die Heilung der Zeitlinien
224 Seiten, gebunden, oranges Leseband
€ [D] 22,99 / € [A] 23,70 • ISBN 978-3-95447-386-1

Was hat es mit dem Projekt Erde auf sich? Was wurde aus Atlantis, Lemurien und den Essenern? Weshalb hilft es uns, mit der Galaxis zu kommunizieren? Wie können wir ein Feld unbegrenzter Möglichkeiten eröffnen und unsere Zeitlinien heilen? Welche Zukunft steht uns heute bevor? Im Mittelpunkt stehen dreizehn Schritte, damit sich unsere Seele an ihr altes Wissen aus vielen Inkarnationen Erde erinnern kann.

»So viel altes Wissen kehrt zurück!« ~ *Pavlina Klemm*

CDs zu Evas Büchern auf www.AmraVerlag.de

Eva Marquez
SEELENHEILUNG und energetischer Schutz
Befreiung von Besetzungen, außerirdischen Implantaten und negativen Einflüssen
224 Seiten, gebunden, oranges Leseband
€ [D] 19,99 / € [A] 20,60 • ISBN 978-3-95447-352-6

Wie erkennt man blockierende Energien? Wie kann man sich davon befreien? Wie schützt man sich und andere energetisch? Wie heilt man tiefgehende seelische Verletzungen und erinnert sich umfassend an sein Wissen als Heiler? Mit Unterstützung der Plejader erklärt Eva die Ursachen blockierender Energien.

Alles, was du wissen musst, um durch Übungen, Meditationen und Behandlungen den Weg in die geistige Freiheit zu gehen.

Eva Marquez
DNA-Aktivierung durch die kosmische Familie
Kontakte mit den Plejaden, Sirius, Andromeda, Centaurus, Epsilon Eridani und Lyra
208 Seiten, gebunden, oranges Leseband
€ [D] 19,99 / € [A] 20,60 • ISBN 978-3-95447-335-9

Endlich erfährst du etwas über verschiedene Sternenvölker der Menschheitsfamilie und kannst mit ihnen in Verbindung treten. Wenn sie deine ursprünglichen Vorfahren sind, steigen beim Lesen vielleicht Erinnerungen in dir auf, und deine spirituelle DNA wird aktiviert. Du wirst unwillkürlich auf die Energie eingestimmt, die dir in deinem jetzigen Leben am meisten weiterhilft.

»Kosmische Liebe und diese wundervolle Lichtfrequenz.«
Aus dem Vorwort von Pavlina Klemm

Eva Marquez & Sayama:
Übungs-CDs der Plejader

DNA-Aktivierung durch die Sprache des Lichts
Seelenheilung und Wiederanbindung an unsere kosmische Familie
71 Min; € [D/A] 19,99 • ISBN 978-3-95447-348-9

Kontaktaufnahme mit der kosmischen Familie
Energetische Übungen verschiedener Sternenvölker
78 Min; € [D/A] 19,99 • ISBN 978-3-95447-268-0

SEELENHEILUNG und energetischer Schutz
Anleitungen zur Durchlichtung mit kosmischer Liebe
Mit einem Original-Channeling von Pavlina Klemm
78 Min; € [D/A] 19,99 • ISBN 978-3-95447-381-6

Hörproben aller CDs auf www.AmraVerlag.de

BEST SELLER

Martin Fieber
Der Zurückgekehrte
Historischer Roman über Jesus und die Santiner
704 Seiten, gebunden, gelbes Leseband
€ [D] 24,99 / € [A] 25,70 • ISBN 978-3-935422-68-0

Bei Ausgrabungen in Qumran stößt Michael auf einen Koffer aus einem Metall, das es auf der Erde gar nicht gibt. Er enthält Filme mit Aufnahmen einer innigen Freundschaft zwischen dem Schreiber Joshua und dem Menschen Jesus. Dieser historische Roman über Christus und seine Verbindung zu den Santinern ist eingebettet in eine zu Herzen gehende Liebesgeschichte voller Leidenschaft.

Ein potenzieller moderner Klassiker.
Über neun Jahre Recherche!

NEU

Hermann Ilg
Das Leben der Santiner
Neue Botschaften der Menschheit von Alpha Centauri
320 Seiten, gebunden, oranges Leseband
€ [D] 24,99 / € [A] 25,70 • ISBN 978-3-95447-474-5

Seit mehr als viertausend Jahren sind die Santiner auf der Erde aktiv. Hermann Ilg fragt: »Kümmert sich eine außerirdische Menschheit um uns?« Seine Durchgaben »Leben in universeller Schau« und »Wissen eines neuen Zeitalters« enthalten erstaunliche Details über ihre Kultur und Technologie. Ihre Mitteilungen betreffen unmittelbar unsere Zeit. Ergänzend enthält das Buch den Essay »Bewusstsein und Weltsicht«.

»Unsere Mission wird in ein verständlicheres Licht gerückt.« ~ *Die Santiner*

KULT BUCH

Hermann Ilg
Die Mission der Santiner
Botschaften der Menschheit von Alpha Centauri
240 Seiten, gebunden, oranges Leseband
€ [D] 22,99 / € [A] 23,70 • ISBN 978-3-95447-472-1

Die Santiner geben Antworten auf aktuelle Gegenwartsfragen. Themen wie »In kosmischen Bahnen denken«, »Wenn die Not am größten ist«, »Am Ende der Zeit« und »Die Gedankenbrücke« handeln alle von ihrer Mission am Beginn des Wassermannzeitalters. Abgerundet wird dieses Buch durch eindringliche Reden von Ashtar Sheran, ihrer großen Führungspersönlichkeit.

Der Klassiker. Erstmals im AMRA Verlag.

BEST SELLER

Patricia Cori

Die Genetische Manipulation

Wie wir unseren göttlichen Code schützen und den Diebstahl unserer Seele verhindern

384 Seiten, gebunden, oranges Leseband

€ [D] 26,99 / € [A] 27,80 • ISBN 978-3-95447-630-5

Lassen Sie sich informieren über die neue Realität unserer Zeit, die Ereignisse im Hintergrund und all das, was getan wurde, um unsere Gesundheit zu zerstören und unsere Gesellschaftsordnung zu zerrütten. Dieses augenöffnende Buch zieht alle Register, um die dunklen Machenschaften zu entlarven, und bietet Lösungen an: wie die DNA reaktiviert werden kann, wie wir uns wehren und alle Lichtkrieger einen gemeinsamen Weg gehen können.

»Sie wollen den Gottescode hacken, um das Licht in uns zu entfernen. Doch der Mensch wird nicht entseelt!«

NEU

Patricia Cori

Wo die Pharaonen wohnen

Der Schleier vor den Anfängen der Zivilisation zerreißt

256 Seiten, gebunden, oranges Leseband

€ [D] 23,99 / € [A] 24,70 • ISBN 978-3-95447-493-6

Was hat es mit der Auferstehung der Seele auf sich, von der alte Kulturen besessen waren? Coris Entdeckungen offenbaren neue Perspektiven auf ägyptische Mysterien, zeigen neue Zeitlinien zu den Anfängen der Zivilisation und sehr kontroverse Ideen, die diese Kulturen mit noch früheren Zivilisationen wie der von Atlantis verbinden. An Orten einstiger Inkarnationen empfängt sie Botschaften, die den Schleier der Illusionen zerreißen.

»Reisen Sie nach Khemit, der Mutter der Zivilisation!«
Stephen Mehler

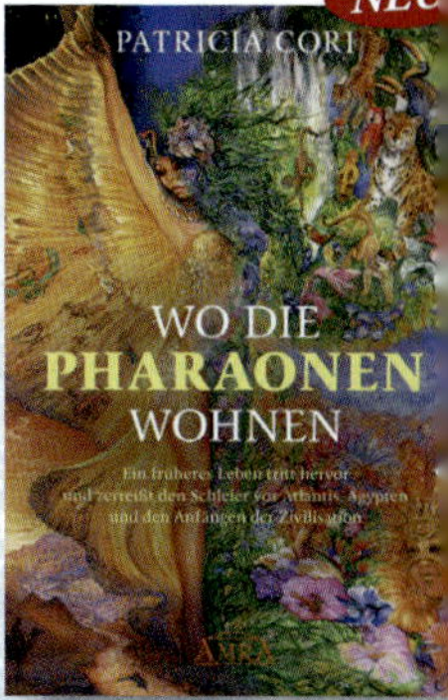

TIPP

Patricia Cori

Atlantis steigt auf

Der Kampf von Licht und Dunkelheit

256 Seiten, gebunden, oranges Leseband

€ [D] 22,99 / € [A] 23,70 • ISBN 978-3-95447-491-2

Wir dürfen uns jetzt erinnern! Alles, was wir gerade erleben, geschah schon einmal und führte zum Untergang von Atlantis. Wir erfahren durch die Sirianer von den vergeblichen Mühen der Anunnaki, die Erde weiter zu halten, von der Verbindung ihres Heimatplaneten Nibiru mit dem Sirius und unserer Sonne Ra. Sie zeigen, warum irdische Lichtkräfte, befreundet Aliens und die Zivilisation von Agartha in dieser Zeit zusammenarbeiten.

Kinder von Atlantis, ihr seid zurückgekehrt, um die Welt zu befreien!

 Neue gechannelte Bücher regelmäßig auf www.AmraVerlag.de

TIPP

Lee Harris
Die Energetik der neuen menschlichen Seele
Gechannelte Botschaften aus der 9. Dimension
192 Seiten, gebunden, oranges Leseband
€ [D] 19,99 / € [A] 22,60 • ISBN 978-3-95447-694-7

Die Welt durch eine multidimensionale Linse zu sehen und das multisensorische Wesen in sich zu spüren, ist der Zweck dieser medialen Gespräche. Bereits seit der Jahrtausendwende channelt Lee Harris eine Gruppe von 88 Geistwesen. Ihre geerdeten und praktischen Lehren helfen bewussten und sensiblen Menschen zu heilen, zu gedeihen und in der Neuen Zeit ein herausragendes neues Leben zu führen. Der Beginn von etwas ganz Großem.

Die SPIEGEL-Bestsellerautorin Pavlina Klemm sagt:
»Eines der wichtigsten Medien der Neuen Zeit!«

NEU

Lee Harris
Erwecke deine multidimensionale Seele
Gechannelte Botschaften aus der 9. Dimension
224 Seiten, gebunden, oranges Leseband
€ [D] 22,99 / € [A] 23,70 • ISBN 978-3-95447-696-1

Weisheit für eine neue Welt: Es geht darum, was es bedeutet, ein Mensch zu sein, die Heilung von Verletzungen, Technologien der Neuen Zeit, die spiralförmige Natur universeller Informationen, die Verbindung der Seele mit dem Körper, um die Zunahme der Bewusstheit auf dem Planeten, die Schönheit und Kraft der Trauer und vieles andere mehr – gechannelt für die aktuelle Zeit!

»Jedem zu empfehlen, der in diesen bewegenden Zeiten spirituellen Rat sucht.«
Colette Baron-Reid

NEU

NEU

NEU

NEU

Klangheilung für Körper & Seele

Michael Reimann [Booklet von Pavlina Klemm]
Freude – Heilmusik 396 Hertz Solfeggio
76 Min.; € [D/A] 19,99 • ISBN 978-3-95447-686-2

Michael Reimann [Booklet von Bianca Sommer]
Heilmusik für Tiere – Entspannung bei 111 Hertz
78 Min.; € [D/A] 19,99 • ISBN 978-3-95447-477-6

Michael Reimann [Booklet von Pavlina Klemm]
Channeling – Heilmusik 852 Hertz Solfeggio
79 Min.; € [D/A] 19,99 • ISBN 978-3-95447-691-6

Tom Kenyon, Channelmedium aus den USA
Lichtmedizin der Hathoren – Solares Holon
79 Min.; € [D/A] 19,99 • ISBN 978-3-95447-520-9

Audios & eBooks zum Download auf www.AmraVerlag.de

Übungs-CD erhältlich

Drunvalo Melchizedek & Daniel Mitel

LEBE IM LICHT DEINES HERZENS

Meditative Zugänge in den heiligen Raum

208 Seiten, gebunden, oranges Leseband

€ [D] 19,99 / € [A] 20,60 • ISBN 978-3-95447-343-4

Begib dich in dein Herz. Niemals in der Geschichte der Menschheit war es wichtiger als heute, sich auf die Reise ins Herz einzulassen und aus dem Herzen zu leben. Methoden, die über Jahrtausende hinweg eingesetzt wurden, machen es möglich – auch im emsigen Treiben unserer Zeit und ohne Lehrmeister. Dazu muss man nicht in den Himalaya oder nach Tibet reisen. Du hast die Macht und die Fähigkeit, überall im Licht deines Herzens zu leben.

Zwei große Meister der Meditation weisen den Weg.

Übungs-CD erhältlich

Tom Kenyon & Judi Sion

LICHTBOTEN VOM ARCTURUS

Mitteilungen einer aufgestiegenen Zivilisation

224 Seiten, gebunden, silbernes Leseband

€ [D] 19,99 / € [A] 20,60 • ISBN 978-3-95447-144-7

Arcturianer sind schon lange unsere Wächter und Beschützer. Woher sie kommen, welche Aufgaben sie übernommen haben und wie sie uns in dieser schwierigen Zeit unterstützen, schildern hier acht von ihnen – darunter ein Arzt, ein Wissenschaftler, ein Bibliothekar der Akasha-Chroniken, ein Meditationsmeister sowie der aufgestiegene Meister Sanat Kumara.

Mit komplettem Werkverzeichnis von Tom Kenyon.

Tom Kenyon

Reine Liebe vom Arcturus

Heilmeditationen und Anbindung

69 Min.; € [D/A] 19,99 • ISBN 978-3-95447-143-0

Lightship

Meditative Klänge eines Lichtschiffs vom Arcturus

65 Min.; € [D/A] 19,99 • ISBN 978-3-939373-43-8

Transmissions of Light

Lichtübertragungen

60 Min.; € [D/A] 19,99 • ISBN 978-3-95447-020-4

Songs of the Dharma

Klangcodes aus den Lichtreichen

64 Min.; € [D/A] 19,99 • ISBN 978-3-95447-316-8

BEST SELLER

Maike Maja Nowak
OHNE SCHULD – Die ganze Geschichte
240 Seiten, gebunden, oranges Leseband
€ [D] 19,99 / € [A] 20,60 • ISBN 978-3-95447-483-7

Mit großer poetischer Kraft und tiefem Mitgefühl beschreibt die Autorin ein knappes Jahr im Leben der zehnjährigen Mascha und ihres jungen Hundes Tinkapur, das sich zum Thriller einer Kindheit entwickelt. Mutig beleuchtet die Autorin den Kreislauf, der über Generationen hinweg stattfindet, wenn innere Verletzungen in der Familie nicht integriert und nur überlebt werden. »Es braucht einen, der abspringt, um das Familienkarussell von außen zu sehen.«

Neues Buch der TV-bekannten »Hundeflüsterin« und SPIEGEL-Bestseller-Autorin!

NEU

Marlies Pante
Creality – Create Reality
Erschaffe Gesundheit, Glück, Erfolg und gute Laune
208 Seiten, gebunden, oranges Leseband
€ [D] 19,99 / [A] 20,60 • ISBN 978-3-95447-575-9

Von Geburt an erzählt man uns, dass wir nicht herumspinnen sollen, dass von nichts nichts kommt, dass das Leben einem nichts schenkt … Dadurch lernen die meisten von uns bereits als Kind, sich von den eigenen Wünschen abzuspalten. In *Creality* geht es darum, seine Wünsche erfüllt zu sehen. Du kannst mit den Drehbüchern, der Methode, die in diesem Buch vorgestellt wird, die Entwicklung deiner inneren und deiner äußeren Fülle beeinflussen.

Dein neues wundervolles Leben wartet auf dich. Du musst es nur drehen.

TIPP

Dragos Bratasanu & Gregg Braden (Vorwort)
VERWIRKLICHUNG DEINER TRÄUME
Entdecke deine Kraft, folge deinem Herzen
256 Seiten, gebunden, oranges Leseband
€ [D] 22,99 / € [A] 23,70 • ISBN 978-3-95447-409-7

Sind Sie bereit, heute einen Schritt zu tun, um dem Ruf Ihres Herzens zu folgen und sich endlich Träume zu erfüllen, die Sie schon viel zu lange aufgeschoben haben? Dieses faszinierende Werk verbindet Wissenschaft, Unternehmertum und Spiritualität, eingebunden in Gespräche mit einer Vielzahl herausragender Persönlichkeiten, um sich zu befähigen, die eigenen Träume zu verwirklichen. Wenn nicht jetzt, wann dann?

»Dr. Dragos zeigt Ihnen, wie Sie Ihre Willenskraft dazu einsetzen, schwierige Erfahrungen durchzustehen.« ~ *Dr. Joe Dispenza*

Alle Bücher auch als eBooks auf www.AmraVerlag.de

Ein Plejaden-Buch

Hunbatz Men, Maya-Ältester aus Yucatán

Die Heilige Kultur der Maya

Ihre atlantische Herkunft, das Kalendersystem und seine Ausrichtung auf die Plejaden

192 Seiten, gebunden, goldenes Leseband

€ [D] 19,99 / € [A] 20,60 • ISBN 978-3-939373-74-2

Die Maya kamen von einem Ort, an dem das Wasser den Quell der Weisheit verschlungen hatte, von Atlantis. Bisher war unbekannt, welchen enormen Einfluss ihre Kultur vor 11.600 Jahren auf die gesamte westliche Zivilisation ausübte. Erstmals wird auch enthüllt, dass der Plejadenkalender ein Weltzeitalter, also 26.000 Jahre, umfasst und damit noch weit in unsere Zukunft reicht.

»Eine Pflichtlektüre für alle Menschen, die sich mit den Plejaden verbunden fühlen!«
Barbara Hand Clow

Kerstin Simoné

Thoth: Das Kristall-Chakra

Die kosmische Toröffnung der höchsten Energie in dir

256 Seiten, gebunden, oranges Leseband

€ [D] 22,99 / € [A] 23,70 • ISBN 978-3-95447-008-2

Thoth, der Schriftgelehrte unter den ägyptischen »Göttern«, später auch inkarniert als Hermes Trismegistos, stellt ein neues Kraftzentrum des Menschen vor. Es erhöht die Schwingungsfrequenz des Einzelnen, was zur Vervollkommnung der DNA-Struktur führen kann.

So können wir in Einklang gelangen mit den Frequenzen der neuen Menschheitsära.

Kerstin Simoné

Thoth: Aktivierung der höchsten geistigen Energie in dir

Frequenzweihung in die Macht der Sonnentore

65 Min.; € [D/A] 19,99 • ISBN 978-3-95447-027-3

Eine geführte Meditation zur Aktivierung des Kristallchakras, um das gesamte Sein des Menschen in den Energien der höchsten geistigen Energietore erstrahlen zu lassen. Musik von Michael Reimann

Christina Holsten

Thoth: Meditation zur rechtsdrehenden DNA

So beschleunigst du deine spirituelle Entwicklung

52 Min.; € [D/A] 19,99 • ISBN 978-3-939373-81-0

Eine Meditation, angeleitet von Thoth, die eine Rechtsdrehung der 12-Strang-DNA anregt, was den spirituellen Zugang erleichtert. Erforderlich ist lediglich die reine Absicht.

 Buchauszüge und Hörproben auf www.AmraVerlag.de

»Mehr als ein Buch – ein Portal, ein Transportsystem, ein Umordnen des Geistes. Und lustig ist Gary auch noch!«
~ H. Ronald Hulnick

Gary R. Renard
Als Jesus und Buddha sich kannten
Bericht über zwei mächtige Weggefährten
320 Seiten, gebunden, oranges Leseband
€ (D) 24,99 / € (A) 25,70 • ISBN 978-3-95447-246-8

Die Aufgestiegenen Meister Arten und Pursah sind zurück. Ihr neues Buch ergänzt die ursprüngliche Trilogie, bestehend aus *Die Illusion des Universums*, *Deine unsterbliche Realität* und *Die Liebe vergisst niemanden*. Es erkundet sechs Inkarnationen von Jesus und Buddha, in denen sie gemeinsam lebten.

Nie waren ihre Gespräche über die Realität des Lebens so relevant für die Gegenwart.

Gary R. Renard
Die Liebe vergisst niemanden
Antwort auf das Leben
288 Seiten, gebunden, rotes Leseband
€ (D) 22,99 / € (A) 23,70 • ISBN 978-3-95447-036-5

Keine Bewusstseinserfahrung ist machtvoller als die, wie es sich anfühlt, wenn wir eins sind mit der Quelle. Bestsellerautor Gary R. Renard lehrt, wie wir zu dieser Erfahrung gelangen können, die durch die Meister aller Zeiten und Kulturen der Menschheit beschrieben wurde – auf dem Weg der Vergebung.

Ein echter Kickstart für spirituelles Empfinden.

Gary R. Renard
Deine unsterbliche Realität
Wie wir durch wahre Vergebung unsere Welt neu gestalten
320 Seiten, gebunden, rotes Leseband
€ [D] 22,99 / € [A] 23,70 • ISBN 978-3-95447-193-5

Wie können wir unsere Realität frei und positiv gestalten? Wie können wir uns selbst und anderen verzeihen? Die Antwort ist eine Art Quanten-Vergebung, im Gegensatz zur herkömmlichen Variante. Sie ermöglicht einen neuen Umgang mit der Welt, außerhalb des zerstörerischen Kreislaufs von Schuld und Sühne.

Der Klassiker »Unsterblich« mit neuem Vorwort des Autors.

 DVD und CD von Gary R. Renard auf www.AmraVerlag.de

TIPP

Horst Krohne

Das Hausbuch der Geistheilung

Soforthilfe bei Alltagsbeschwerden, Unfällen und chronischen Leiden

224 Seiten, gebunden, oranges Leseband
€ [D] 22,99 / € [A] 23,70 • ISBN 978-3-95447-515-5

Soforthilfe durch Geistheilung kann jeder Mensch leisten, so Krohne. Dazu enthält dieses Buch ein A-Z mit Empfehlungen für die energetische Behandlung von knapp 200 Krankheiten und Beschwerden. Sie lernen auch Diagnoseverfahren kennen sowie Behandlungsmethoden wie Handauflegen, Chakrenausgleich und vieles mehr – erstmals sogar im Hinblick auf Unfälle.

Neu durchgesehen und überarbeitet. Mit wertvollen Illustrationen zur Anwendung der Techniken.

NEU

Horst Krohne

Geistheilung – Dialog mit der Seele

Wenn der Körper nach der Seele ruft

224 Seiten, gebunden, oranges Leseband
€ [D] 22,99 / € [A] 23,70 • ISBN 978-3-95447-560-5

Teil 1 dieser überarbeiteten Neuausgabe betrachtet die Seele im Zusammenspiel mit Körper und Geist und den Herausforderungen des Lebens. Geistiges Heilen kann es wieder in seine Kraft bringen. Teil 2 besteht aus fünfzig Fragen und ausführlichen Antworten zum Aufbau und zur Wirkungsweise der Seele aus vierzig Jahren erfolgreichem Heilen – sowie zahlreichen Behandlungsansätzen.

»Eine qualifizierte Anleitung für den Prozess des Heilens.«
~ Aus dem Vorwort der Homöopathin Antonie Peppler

BEST SELLER

Horst Krohne

Neue Sicht des Geistigen Heilens

Jede Krankheit ist heilbar

240 Seiten, gebunden, oranges Leseband
€ [D] 22,99 / € [A] 23,70 • ISBN 978-3-95447-511-7

Was zeichnet einen modernen Geistheiler aus? Wie arbeitet er auf der Ebene der Chakren und Meridiane? Welchen Stellenwert hat Mitgefühl? Wie löst er Allergien auf und was geschieht überhaupt bei der Heilung? Die vorliegende Ausgabe wurde vollständig vom Autor überarbeitet und ergänzt – und wird hier gemeinsam mit dem bisher unveröffentlichten Manuskript »Vom Sinn und Unsinn des Geistigen Heilens« vorgelegt.

Überarbeitete Neuausgabe! **Doppelter Umfang!**

 Alle Bücher auch als eBooks auf www.AmraVerlag.de

»Vergebungsarbeit ist Friedensarbeit.« *Jeanne Ruland*

Manfred Mohr
Jetzt trage ich dir nichts mehr nach
Vergebung schaffen in 30 Schritten
176 Seiten, Softcover im Hardcover-Format
€ [D] 16,99 / € [A] 17,50 • ISBN 978-3-95447-420-2

Wenn wir im Frieden mit uns sind, verändern wir unsere Ausstrahlung und damit auch unsere Umwelt, die Menschen um uns herum. Die dazu erforderliche Praxis, das hawaiianische Vergebungsritual Ho'oponopono, vermittelt dieses Buch. Es ist in 30 Kapitel mit je einer begleitenden Übung gegliedert, so dass 30 Tage am Stück immer eine Übung gemacht werden kann.

»Vergebung macht frei. Vergeben kann nur, wer wahrhaft liebt.« ~ *Aus dem Vorwort von Jana Haas*

Manfred Mohr
Vergeben Versöhnen Verzeihen
Frieden beginnt in uns selbst
176 Seiten, Softcover, eingeleitet von Jeanne Ruland
€ [D] 14,99 / € [A] 15,50 • ISBN 978-3-95447-379-3

Der große Experte der hawaiianischen Lehre, die als Ho'oponpono bekannt ist, lehrt uns die Praxis der Vergebung in unserem neuen Zeitalter. Vergebung ist für uns heute der Meisterweg zum persönlichen Glück. Neben einer Vielzahl von Anleitungen bietet das Buch Hilfen beim Üben und nennt die zehn Stufen der Liebe.

Der Autor führt das geistige Erbe seiner Frau weiter, der verstorbenen Bestsellerautorin Bärbel Mohr.

Maka'ala Yates
Na'auao Ola Hawaii
Der hawaiianische Weg zu Gesundheit und Wohlbefinden
320 Seiten, gebunden, grünes Leseband
€ [D] 22,95 / € [A] 23,60 • ISBN 978-3-95447-263-5

Hawaiische Gesundheitslehre – das ist mehr als Ho'oponopono. Im Gleichgewicht leben, im Vertrauen auf Wissen und Intuition, den Körper ehren, gesund schlafen, reinigen, fasten, heilsam meditieren und atmen – das sind nur einige Grundlagen der Gesundheit, die im vorliegenden Buch aus polynesischer Sicht erklärt werden.

Das große Grundlagenwerk.

KULT BUCH

NEU

William Mills Tompkins
Auserwählt von Außerirdischen
Mein Leben in der streng geheimen Welt von UFOs, Think Tanks und Nordischen Sekretärinnen
512 Seiten, gebunden, oranges Leseband
€ [D] 28,99 / € [A] 29,80 • ISBN 978-3-95447-521-6

In seiner Eigenschaft als Konstruktionszeichner entwarf Tompkins bis in die 1960er Jahre hinein kilometerlange interplanetarische Raumschiffe für Geheime Weltraumprogramme. Erstmals berichtet er, welchen Umgang er dabei mit der NASA, deren Geheimnissen und mit Aliens hatte, jenen Nordischen, die auch heute wieder den positiven Kräften der »White Hats« auf der Erde helfen.

»Unfassbar, woran er im Zusammenhang mit UFOs arbeitete!«
Aus dem Vorwort von Dr.-Ing. Robert M. Wood

Nick Redfern
Der Schlüssel zum Ewigen Leben
Gold, Manna, Klone und die Geheimnisse der Aliens
240 Seiten, gebunden, oranges Leseband
€ [D] 22,99 / € [A] 23,70 • ISBN 978-3-95447-310-6

Wie erlangten die Anunnaki das ewige Leben und warum teilten sie ihre Geheimnisse mit Noah und Methusalem? Warum war einer der Gründe für den Einmarsch der USA in den Irak 2003 das weiße Goldpulver, eine Art Manna, das unser Gewebe verjüngt? Können die Aliens die Alterung wirklich völlig aufheben? Und an welche ausgewählten Gruppen haben sie ihr Wissen, zu dem auch die Klontechnik gehört, weitergegeben?

Mit Material von UFO-Kontaktierten wie Whitley Strieber und William Mills Tompkins.

TIPP

Nick Redfern
Das Blut von Aliens
Was der Rhesus-Faktor uns über unsere außerirdische Herkunft sagt
288 Seiten, gebunden, oranges Leseband
€ [D] 22,99 / € [A] 23,70 • ISBN 978-3-95447-283-3

Ist ein großer Teil der Menschheit das Produkt einer außerirdischen Zivilisation? Wurde unsere Spezies im Laufe der Jahrtausende immer wieder genetisch modifiziert? Der Rhesus-Faktor lässt es vermuten. Bei 85 % aller Menschen ist er positiv – die Blutzellen enthalten ein bestimmtes Antigen. Doch bei 15 % fehlt es. Hatten diese Menschen ein anderes genetisches Erbe? Die Spur führt zu den Anunnaki.

»Redfern versteht es echt, heikle Themen auf den Punkt zu bringen!«
Jim Marrs, Autor von *Die geheime Geschichte der Menschheit.*

Len Kasten

Die Dunkle Flotte

Das Geheime Weltraumprogramm der Reptiloiden und die Schlacht um das Sonnensystem

288 Seiten, gebunden, oranges Leseband

€ [D] 24,99 / € [A] 25,70 • ISBN 978-3-95447-418-9

Antischwerkrafttechnologie, Kontrolle des Massenbewusstseins und Teleportation sind nur einige der erstaunlichen Mittel, durch die nach dem Zweiten Weltkrieg eine Weltraumallianz entstand. Sie errichtete Raumhäfen in der Antarktis und auf dem Mars sowie eine elfstöckige Basis auf dem Mond. Sie treibt Bergbau im All und hält unzählige menschliche Sklaven – mit Unterstützung von Reptiloiden.

»Eine zutiefst beunruhigende und gleichzeitig unverzichtbare Lektüre.« ~ *Michael E. Salla*

Neues Enthüllungswerk.

Len Kasten

Die Geheime Weltherrschaft der Reptiloiden

Ihr Ursprung, ihr Sternenreich und ihr Wirken auf unserer Erde

400 Seiten, gebunden, oranges Leseband

€ [D] 24,99 / € [A] 25,70 • ISBN 978-3-95447-319-9

Angefangen bei ihrer ersten Kolonisierung der Erde bis zur Infiltration der großen Regierungen in heutiger Zeit, schildert Len Kasten, wie die Reptiloiden durch raffinierte Intrigen die Menschheit versklavten. Ihre Rolle im Nazi-Deutschland und bei den US-Geheimdiensten wird ebenso beleuchtet wie die Unterstützung der Illuminaten, ihrer menschlichen Verbündeten an den Schaltstellen der Macht.

Das erste umfassende Enthüllungswerk.

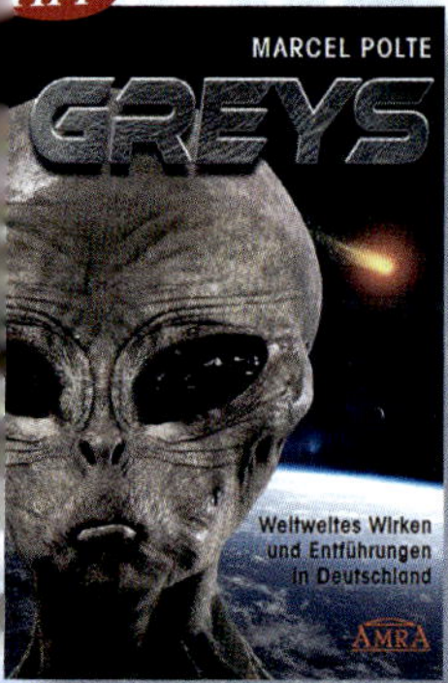

Marcel Polte

GREYS – erweiterte Neuausgabe!

Weltweites Wirken und Entführungen in Deutschland

256 Seiten, gebunden, oranges Leseband

€ [D] 22,99 / € [A] 23,70 • ISBN 978-3-95447-259-8

Tausende von Entführungsfällen durch Greys wurden in den USA bereits untersucht. Der promovierte Jurist Marcel Polte, auch als Heilpraktiker und Hypnosecoach tätig, gleicht sie mit Material der US-Geheimdienste ab, das durch den Freedom of Information Act jetzt freigegeben werden musste. Seine Erhebungen für Deutschland belegen den weltweiten Plan: Eine hybride Mensch-ET-Spezies soll die Herrschaft über die Welt antreten.

Vorworte von Kathleen Marden und Robert Fleischer.

NEU

David Icke

DIE FALLE

Was sie ist, wie sie funktioniert und wie wir ihren Illusionen entkommen können

464 Seiten im Großformat, gebunden, Leseband

€ [D] 28,99 / € [A] 29,80 € • ISBN 978-3-95447-639-8

In diesem Hauptwerk von Ickes Schaffen geht es darum, uns die Möglichkeit zu geben, unser ganz persönliches Bewusstseinsfeld in einem Maße auszudehnen, dass wir die Kontrolle der globalen Elite über unsere Wahrnehmung abschütteln können. Nur so können wir die Matrix, in der wir durch die Manipulationen gefangen gehalten werden, sprengen. Aber dazu müssen wir eine Wahl treffen. Jetzt geht es für jeden Einzelnen um die Befreiung seines Geistes!

»Der Schleier der Illusion wird beiseite gefegt.«

Tipp! Audio Download

NEU

Whitley Strieber

JESUS – WAS SICH DAMALS WIRKLICH ZUTRUG

288 Seiten, gebunden, oranges Leseband

€ [D] 22,99 / € [A] 23,70 • ISBN 978-3-95447-529-2

Im wohl provokantesten Buch seiner Karriere wirft Whitley Strieber ein völlig neues Licht auf das Leben und Wirken Jesu: Was wäre, wenn er wirklich Wunder vollbrachte, einschließlich der Auferstehung, dass er sich dabei aber menschlicher Kräfte bediente, die in uns allen verborgen sind und von deren Existenz wir nur nichts ahnen? Die Vertuschung und der Missbrauch seiner Lehren werden hier anschaulich offengelegt.

»Ein wichtiges Buch, randvoll mit neuen Erkenntnissen! Sehr empfehlenswert.« ~ *Graham Hancock*

TIPP

Ted Mahr & Paul Hellyer (Vorwort)

DIE GANZE WELT WIRD EINS SEIN!

Gechannelte Botschaften von John F. Kennedy, Eisenhower und Einstein bis zur Galaktischen Allianz

224 Seiten, gebunden, oranges Leseband

€ [D] 22,99 / € [A] 23,70 • ISBN 978-3-95447-585-8

Was geschieht derzeit auf unserer Welt, wie kam es dazu und worauf läuft das Ganze hinaus? Nie gab es Botschaften der Geistigen Welt, die aktueller waren. Vertreter der Galaktischen Allianz melden sich ebenso zu Wort wie Ghandi, Tesla, Oppenheimer, Masaru Emoto und politische Größen wie John F. Kennedy. Sie zeigen Wege auf, wie wir das Leben in der wundervollen Welt, die uns erwartet, manifestieren werden.

Ein Amazon-Leser: »Für mich steht dieses Buch ganz oben auf meiner Liste der besten Bücher aller Zeiten.«

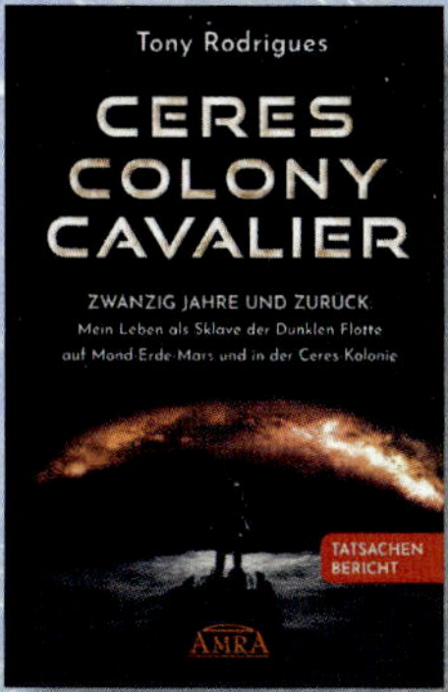

KULT BUCH

Tony Rodrigues & Michael E. Salla (Vorwort)
CERES COLONY CAVALIER
Mein Leben als Sklave der Dunklen Flotte auf Mond-Erde-Mars und in der Ceres-Kolonie
336 Seiten, gebunden, oranges Leseband
€ [D] 24,99 / € [A] 25,70 € • ISBN 978-3-95447-546-9

Aus dem Vorwort von Michael E. Salla: »Tonys Buch bietet noch nie dagewesene Einblicke in die abscheuliche Praxis der Sklaverei, die in geheimen Programmen auf der Erde und im All oft eingesetzt wurden. Was Sie hier lesen, ist ein schockierender Tatsachenbericht darüber, wie Tony zwanzig Jahre lang als Sklave in der Dunklen Flotte diente. Jetzt erfährt die Welt die Wahrheit über die geheimen Programme.«

Sensationelles Enthüllungsbuch eines Autors, der das »20 Jahre und zurück«-Programm absolviert hat!

BEST SELLER

Steven M. Greer & Steve Alten
OFFIZIELL GELEUGNET! [»Unacknowledged«]
Der New York Times Bestseller zum Netflix-Blockbuster
416 Seiten, gebunden, oranges Leseband
€ [D] 26,99 € / [A] 27,80 • ISBN 978-3-95447-363-2

UFOs sind real. Wir stehen in Kontakt mit Aliens. Freie Energie und Antischwerkraft-Technologie sind im Einsatz. Dr. Greer stellt Dokumente vor, die US-Präsidenten, CIA-Direktoren und Kongressmitgliedern vorgelegt wurden: Multinationale Konzerne betreiben mit Alien-Technologie Billionengeschäfte und demontieren die Welt.

Mit Aussagen von Zeugen der Sicherheitsstufe »Cosmic Secret«, 38 Stufen höher als »Top Secret«.

Amazon-Bestseller in den USA!

BEST SELLER

Gerald R. Clark
DIE ANUNNAKI
Vergessene Schöpfer der Menschheit
232 Seiten, gebunden, oranges Leseband
€ [D] 19,99 / € [A] 20,60 • ISBN 978-3-95447-191-1

Der Mensch wurde genetisch für den Abbau von Gold erschaffen – vor mehreren hunderttausend Jahren in Südafrika. Seine Schöpfer sind die vom Planeten Nibiru stammenden Anunnaki, die wir aus der Bibel als Elohim kennen und die in Sumer als Götter verehrt wurden. Unsere Konditionierung als Sklaven wird noch heute missbraucht.

»Clark hat Informationen zusammengetragen wie niemand vor ihm. Ich kann dieses Werk nur empfehlen.« ~ *Leser*

Michael E. Salla

Galaktische Föderationen & Kosmische Räte

Ein brutaler Zeitkrieg ist im Gange, aber die Menschheit wird sich der galaktischen Gemeinschaft anschließen

384 Seiten, gebunden, oranges Leseband

€ [D] 26,99 / € [A] 27,80 € • ISBN 978-3-95447-644-2

Die Erde ist zum Epizentrum eines Zeitkriegs geworden, in den eine galaktische Tyrannei verwickelt war, deren Ursprünge eine geheime Vereinbarung zwischen Nazi-Deutschland und den Drako-Reptiloiden bildet. Dies führte zur Gründung einer abtrünnigen deutschen Kolonie in der Antarktis, aus der die ruchlose Dunkle Flotte hervorging, die sich den Drakos anschloss. Jetzt erleben wir die Endphase des Zeitkriegs.

Endlich kommt die Wahrheit über die galaktischen Gruppen und Organisationen ans Licht, die eine wichtige Rolle spielen!

Michael E. Salla

ANTARKTIS – Die verbotene Wahrheit

Sklavenarbeit für transnationale Konzerne und außerirdische Flüchtlingskolonie

432 Seiten, gebunden, oranges Leseband

€ [D] 26,99 / € [A] 27,80 • ISBN 978-3-95447-395-3

Trump enthüllte kürzlich die Existenz einer U.S. Space Force, Macron erklärte, eine französische Weltraumflotte sei jetzt in Planung. Tatsächlich arbeiten in der Antarktis bereits seit 1955 Unternehmen des US-Militärs und internationale Konzerne an diesem Projekt – unter Nutzung von Sklavenarbeit. Und all dies geschah von Anfang an unter Mitwirkung von Aliens.

Die wahre Geschichte der Antarktis.

Michael E. Salla

SPACE FORCE – Alles über die US-Raumflotte

Der kühne Aufstieg der Menschheit zu einer interplanetaren Weltraummacht

272 Seiten, gebunden, oranges Leseband

€ [D] 24,99 / € [A] 25,70 • ISBN 978-3-95447-433-2

Am 5. September 2019 wurde die Space Force gegründet. Werden die Aliens auf der Erde wohlwollend oder kriegerisch darauf reagieren, dass sie eine multinationale Weltraumkoalition aufbaut? Verfügt sie wirklich über Elite-Truppen, die von »Nordischen« aufgestellt wurden? Wie geht die neue Sternenflotte, geleitet von Space Force und NATO, mit den Basen und Flotten um, die überall im Sonnensystem operieren?

Unsere Zukunft liegt im Weltraum – und sie hat JETZT begonnen!

Weitere Bücher des Autors auf www.AmraVerlag.de

M. J. EVANS
ZECHARIA SITCHIN
und der außerirdische Ursprung des Menschen

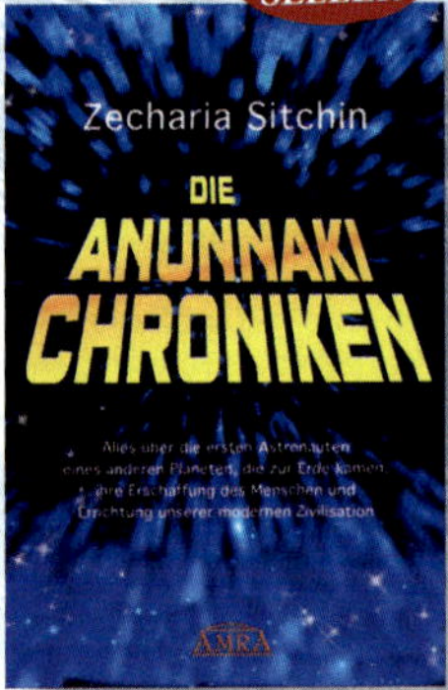
Zecharia Sitchin
DIE ANUNNAKI CHRONIKEN

Zecharia Sitchin
Der König, der sich weigerte zu sterben

Frank Joseph

Die Überlebenden von Atlantis

Wie der Untergang einer Zivilisation die Welt veränderte

384 Seiten, gebunden, oranges Leseband

€ [D] 24,99 / € [A] 25,70 • ISBN 978-3-939373-17-9

Das Schicksal von Atlantis bildete die Grundlage für unsere heutige Zivilisation. Sachkundig und spannend weist der Autor nach, dass die Atlanter ein Handelsimperium betrieben, das sich von Nordamerika bis nach Kleinasien erstreckte und die Bronzezeit einleitete. Er zeigt, dass die Überlebenden sich auch in den Nahen Osten und nach Westeuropa retteten. Die Parallelen zur heutigen Zeit sind erschreckend.

»Eine brillante Beweisführung dafür, wie die Überlebenden von Atlantis unsere Geschichte geprägt haben.« ~ *Brad Steiger*

Frank Joseph

Der Untergang von Atlantis

Beweise für das jähe Ende einer legendären Zivilisation

352 Seiten, gebunden, oranges Leseband

€ [D] 24,99 € / [A] 25,70 • ISBN 978-3-3-939373-16-2

»Pflichtlektüre für alle Schulen und Universitäten.«
– Robert R. Hieronimus, Radiomoderator

Fakten aus Archäologie, Geologie und Astronomie sowie Folklore, Mythen und Kulturgut, gesammelt auf persönlichen Forschungsreisen, beweisen, dass es Ende des 13. Jahrhunderts vor Christus eine Zivilisation im Atlantik gab, die innerhalb eines Tages und einer Nacht unterging – ein mächtiges Reich, das aus Gier nach immer mehr Reichtum und Macht zerstört wurde.

Das wohl bedeutendste moderne Werk über Atlantis.

Frank Joseph

LEMURIEN

Aufstieg und Fall der ältesten Weltkultur

488 Seiten, gebunden, mit Fototeil und Leseband

€ [D] 24,99 € / [A] 25,70 • ISBN 978-3-3-939373-18-6

Ein riesiges Inselreich erstreckte sich einst im Pazifik, von dem weltweit Legenden berichten. Der Autor forschte und reiste zehn Jahre lang, bis sich das Bild einer Zivilisation ergab, die in Harmonie lebte, das Wetter und die Schwerkraft beherrschte, sogar Gen-Forschung betrieb. Dann folgte eine verheerende Katastrophe.

Das einzige Sachbuch zum Thema.
Jetzt wieder lieferbar!

Enthält eine Postkarte vom Covermotiv

Dean Koontz
8 Schritte zum Glück
Trixies Ratgeber für ein glückliches Leben
176 Seiten, gebunden, oranges Leseband
€ [D] 18,99 / € [A] 19,60 • ISBN 978-3-95447-327-4

»Jeden Abend habe ich den Rechner ausgeschaltet«, schreibt Dean Koontz, »und jeden Morgen fand ich ihn angeschaltet wieder vor, und auf dem Bildschirm prangte ein neues Kapitel, das mir von der Regenbogenbrücke aus geschickt worden war.« Und Trixie ergänzt: »Alle Hunde kennen das Geheimnis, wie man glücklich wird. Und hier, in Gesellschaft der Engel, die uns den Bauch kraulen, habe ich noch mehr darüber gelernt.«

Ein Golden Retriever spricht zu uns.
Und zeigt uns den Weg zum Glück.

Dean Koontz
TRIXIE
Ein Golden Retriever verändert mein Leben
272 Seiten, gebunden, oranges Leseband
€ [D] 24,99 / € [A] 25,70 • ISBN 978-3-95447-325-0

Trixie, ein ehemaliger Assistenzhund, verwandelte das Leben des Ehepaars Koontz. Erfahrungen mit Engeln, Reinkarnation, das Gespür für das Wunderbare und spirituelle Wahrheiten stellten sich ein, als sie in ihre Familie kam. Dean Koontz, Krimiautor mit weltweit bereits 500 Millionen verkauften Büchern, zeigt sein ganzes erzählerisches Können in diesem zutiefst anrührenden Buch über ewige Liebe.

»Mir kannst du nichts vormachen.
in Wahrheit bist du ein Engel.«

Ren Hurst
Die heilende Kraft der Pferde
Mein Weg zu Vertrauen, Hingabe und bedingungsloser Liebe
224 Seiten, gebunden, eingeleitet von J. R. Westen
€ [D] 19,99 / € [A] 20,60 • ISBN 978-3-95447-277-2

»Mein Lebensziel ist es, durch meine Erfahrung mit Pferden und mein Wissen über sie das Bewusstsein der Menschen anzuheben und sie zur Liebe zu inspirieren«, schreibt Ren Hurst. Sie schildert ihr persönliches Wachstum, ihren Aufstieg zu Ruhm & Erfolg und lebensverändernde Einsichten – herbeigeführt durch die kluge und liebevolle Art der Pferde, ihrer größten Leidenschaft, die sie zur Leidenschaft fürs Leben bringt.

Verblüffend ist der völlig neue Umgang der ehemaligen Pferdetrainerin mit Pferden.

Michael Reimann & Pavlina Klemm

Kolloidales Germanium [Rife & Solfeggio] TIPP

Zellregeneration und Stärkung des Immunsystems
79 Minuten Reiner Klang, Jewelcase, Anleitungen der SPIEGEL-Bestsellerautorin im 8-Seiten-Booklet
€ [D/A] 19,99 • ISBN 978-3-95447-680-0

Diese Musik arbeitet mit der Schwingungsfrequenz von organischem Germanium, die jede noch so kleine Zelle im menschlichen Organismus erreicht. Das ist vergleichbar mit der Wirkung feinster Partikel von kolloidalem Germanium. Es stärkt das Immunsystem, wirkt antiviral, schmerzlindernd, entzündungshemmend und hilft, laut alternativen Studien, Tumore abzubauen. Die verwendeten Frequenzen gehen in Resonanz mit dem natürlichen Germaniumanteil im Körper – durch wundervolle Klänge, die Ruhe und Harmonie bringen!

Insgesamt sind bisher neun CDs in der sehr erfolgreichen Reihe der *Kolloidalen Elemente* von Michael Reimann erschienen: *Gold*, *Silber*, *Kupfer*, *Zink*, *Platin*, *Eisen*, *Magnesium*, *Silizium* und *Germanium*. Alle enthalten wundervoll entspannende Kompositionen und Meditationsanleitungen im Booklet. Informieren Sie sich auf www.AmraVerlag.de.

Bestell-Hotline: +49 (0) 6181–189392
Service: Info@AmraVerlag.de
Deutschland & Österreich ab 18 € versandkostenfrei!

AMRA Verlag
Auf der Reitbahn 8
D-63452 Hanau
Fon +49 (0) 6181-18 93 92
Fax +49 (0) 6181-18 93 91
eMail: Info@AmraVerlag.de
www.amraverlag.de

Verlagsauslieferungen

Deutschland & Österreich:
PROLIT Verlagsauslieferung GmbH
Siemensstraße 16
D-35463 Fernwald-Annerod
Fon +49 (0) 641-943 93 202
Fax +49 (0) 641-943 93 89
eMail: a.roskosch@prolit.de

Schweiz:
Engros Buchhandlung Dessauer
Räffelstraße 32
CH-8045 Zürich
Fon +41 (0) 44-466 96 96
Fax +41 (0) 44-466 96 69
eMail: dessauer@dessauer.ch

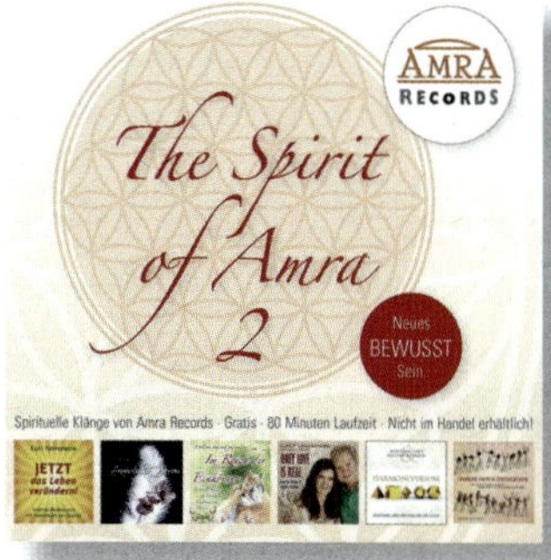

Auf Wunsch legen wir Ihrer Bestellung gern unsere beliebte Gratis-CD bei: *The Spirit of Amra 2.* Sie enthält 16 ungekürzte Songs aus unserem CD-Programm mit *80 Minuten Laufzeit* und ist *nicht* im Handel erhältlich. Als kleines Dankeschön – exklusiv für Sie!

Preisänderungen vorbehalten; auch Buchumfänge und Erscheinungsdaten müssen nicht endgültig sein.

Ein Flugingenieur der U.S. Navy enthüllt anomale Ereignisse in der Antarktis

Ein pensionierter Flugingenieur, der zwanzig Jahre lang bei der U.S. Navy gewesen war, trat 2015 an die Öffentlichkeit, um einige seiner Erfahrungen in der Antarktis zu enthüllen. Er war dort von 1983 bis 1997 stationiert und flog über viertausend Stunden als Flugingenieur für die Antarctic Development Squadron Six, die Antarktis-Entwicklungsstaffel Sechs (VXE-6). Er schrieb einen Brief an Linda Moulton Howe, eine Veteranin der UFO-Forschung, und benutzte nur seinen Vornamen »Brian«, um seine Geschichte zu erzählen, da er gegenwärtig für einen großen Konzern-Auftragnehmer arbeitet. Er lieferte Howe viele Dokumente, darunter auch seine militärischen Entlassungspapiere (DD214), und stimmte einigen öffentlichen Interviews mit ihr zu, in denen er als sehr glaubwürdige Quelle erscheint und Details über die Ereignisse in der Antarktis preisgibt.[22]

Im Jahr 2016 traf ich Brian kurz und später spürte ich zusammen mit der freien Journalistin Kathryn Leishman einen ehemaligen Antarktis-Arbeiter auf, der sich anhand eines Jahrbuchs des Fluggeschwaders von 1984 sehr gut an Brian erinnerte und bestätigte, dass dieser als Whistleblower aufrichtig war.

In seinem Brief an Howe beschrieb Brian drei anomale Ereignisse, von denen jedes ein weiteres Licht auf Themen wirft, die schon in früheren Kapiteln erwähnt wurden. Er besaß auch eine Karte der Antarktis mit roten Kreuzen, die jedes der Ereignisse, die er in seinem Brief beschrieben hatte, markierten (siehe Abb. 45).

Bei einem Ereignis im Polarsommer 1985/86 wurde Brian befohlen, einen kranken Wissenschaftler von der australischen McMurdo-Station abzuholen. Als sie von McMurdo gestartet waren, flogen Brian und seine Crew direkt durch einen verbotenen Luftraum der Südpolbasis Amundsen-Scott. Dabei sah er ein großes Loch, das direkt ins Eis hineinführte und sich tief ins Innere ausdehnte.

»Eine sehr eigentümliche Sache bei der Südpolstation ist, dass unser Flugzeug ein bestimmtes Gebiet nicht überfliegen durfte, acht Kilometer von der [Amundsen-Scott-]Station entfernt. Als Grund wurde eine Luftprobenstation in dem Gebiet angegeben.

Das ergab für uns in der Crew keinen Sinn, weil wir dieses Gebiet bei zwei verschiedenen Anlässen bereits überflogen hatten, das eine Mal wegen einer medizinischen Evakuierung des australischen Lagers Davis Camp.

Es lag auf der entgegengesetzten Seite des Kontinents; wir hatten an der Südpol-Station auftanken müssen und der direkte Kurs nach Davis Camp hatte uns geradewegs über die Luftprobenstation geführt.

Das Einzige, was wir dort sahen, war ein riesiges Loch im Eis. Man hätte mit einer unserer LC 130 hineinfliegen können.

Nach dieser medizinischen Evakuierungsmission wurden wir von einigen Spooks (Geheimagenten, nehme ich an) aus Washington angewiesen, nicht über das Gebiet zu sprechen, das wir überflogen hatten.«[23]

Brian beschreibt, dass das Loch aussah, als sei es natürlich entstanden und nicht künstlich mit Hilfe von Werkzeugen hergestellt.[24] Das ist bezeichnend, da kürzlich Wissenschaftler den Effekt der erhöhten vulkanischen Aktivität unter den Eiskappen bestätigt haben, der dazu führt, dass das Oberflächeneis sich durch schmelzendes Eis unter der Oberfläche auf und ab bewegt.[25] Dies lässt vermuten, dass vulkanische Aktivität die Löcher an der Oberfläche verursacht, wenn Hitze durch kilometerdickes Eis aufsteigt. Mehr über dieses Phänomen wird später in dem Kapitel erklärt, das die Aussagen von Corey Goode über die geheimen Ausgrabungen einer uralten vorsintflutlichen Zivilisation unter der antarktischen Eisdecke behandelt.

In einem Rundfunkinterview vom November 2017 fügte Brian hinzu, dass die Öffnung des Südpol-Lochs ausgesehen habe wie eine absteigende Rampe ins Innere, weniger wie ein steiler vertikaler Absturz.[26] Er und andere Crewmitglieder sahen Spuren von Schneemobilen, die in das Loch führten, das von der Amundsen-Scott-Station etwa acht Kilometer entfernt war.

Das bedeutet, dass eine Operation im Gange war, bei der Geräte und Personal von der Station zu einem Ort irgendwo innerhalb des Lochs hin und zurück gebracht wurden.

Abb. 44: Eine mit VXE-6-Kufen ausgerüstete Lockheed LC 130F Hercules an der Amundsen-Scott-Südpol-Station. Das Foto wurde von Brian zur Verfügung gestellt.

Brian antwortete auf eine Frage von Howe über das Gerede, das er mitbekommen hatte über eine gemeinsame menschlich-außerirdische (EBE-)Basis im Gebiet nahe dem Südpol und dem riesigen Loch:

> »Wir dürfen untereinander offiziell nicht darüber sprechen. Aber nach einem Flug und ein paar Bier fangen die Jungs dann damit an: ›Ich hab diese Wissenschaftler darüber quatschen gehört, dass dort am Pol ein paar Typen sind, die mit diesen seltsam aussehenden Menschen arbeiten.‹ Sie sagten nicht Aliens oder Außerirdische oder so etwas. Und dass die Luftprobenstation eigentlich eine gemeinsame Basis der Wissenschaftler und der ETs ist.«[27]

Brian betonte, dass er selbst niemals direkt gehört hat, was Wissenschaftler über die gemeinsame Station sagten, und dass er es nur aus zweiter Hand von seiner Flugcrew mitbekommen hatte.[28] Obwohl dies also Berichte aus zweiter Hand sind, stellen sie dennoch einen weiteren Beleg dafür dar, dass 1950 Abkommen getroffen wurden, durch die die US-Regierung begann, mit einer deutsch-reptiloiden Allianz in der Antarktis zusammenzuarbeiten.

Anlässlich des nächsten Vorfalls beschrieb Brian, dass er im polaren Sommer von 1995/96 wiederholt silberne scheibenförmige Fluggeräte über das Transantarktische Gebirge fliegen sah:

> »Zwischen den beiden Stationen [McMurdo und Davis] liegt eine Bergkette, genannt das Transantarktische Gebirge. Bei Wetter, das wir Severe Clear nannten, also ernsthaft klares Wetter, kann man aus der Höhe, in der die Flugzeuge fliegen, ungefähr 7.000 bis 10.000 Kilometer, das Transantarktische Gebirge von McMurdo bis zum Südpol einsehen.
>
> Auf vielen Flügen zum und vom Südpol sah unsere Crew Luftfahrzeuge um die Spitzen des Transantarktischen Gebirges schweben; jedes Mal, wenn wir vorbeiflogen, und immer fast genau am selben Ort.
>
> Das war sehr ungewöhnlich für den Luftverkehr dort unten aufgrund der Tatsache, dass die einzigen Flugzeuge, die über den Kontinent flogen, diejenigen unseres Geschwaders waren.
>
> Jedes Flugzeug wusste wegen der Flugpläne, denen wir folgten, stets, wo die anderen Flugzeuge sich gerade befanden.«[29]

Die Bedeutung dieses Vorfalls liegt darin: Es zeigt auf, dass die Antarktis mindestens einen geheimen Stützpunkt hat, der untertassenförmige Fluggeräte beherbergt, ähnlich den *Vril-* und *Haunebu-*Flugmaschinen, die in NS-Deutschland entwickelt und 1947 beim Angriff auf Admiral Byrds *Operation Highjump* gesichtet wurden.

Das letzte Ereignis betraf eine Gruppe von etwa fünfzehn Forschern, die – wie Brian sich gut erinnert – während dreiwöchiger Feldforschungen in Marie-Byrd-Land, einem Teil der Westantarktis, in der Saison 1994/95 vermisst wurden. Die Forscher hatten zwei Wochen keine Funkverbindung gehabt, als Brians Team hinausgeschickt wurde, um dort einmal nachzusehen; jedoch traf er sie in ihrer Station nicht an, wie er in seinem Brief erklärte:

> »Ein abgelegenes Lager (nahe Marie-Byrd-Land), wo wir Forscher und ihre Geräte abgesetzt hatten, war zwei Wochen ohne Funkverkehr mit

McMurdo gewesen. Unsere Crew flog zum Lager, um nachzuschauen, ob es den Forschern gut ging. Wir fanden dort niemanden vor und entdeckten auch keinen Hinweis auf irgendeine Fremdeinwirkung.

Das Funkgerät dort funktionierte gut, als wir McMurdo anfunkten, um zu überprüfen, ob es in Ordnung war. Wir verließen das Lager und flogen zurück nach McMurdo, wie von unserem CO befohlen. Eine Woche später tauchten die Forscher wieder in ihrem Lager auf und funkten McMurdo an, damit sie jemand abholen käme.

Unsere Crew flog wieder hin, um sie mitzunehmen, da wir sie vorher ja dorthin gebracht hatten und das Terrain sowie die Örtlichkeit bereits kannten. Keiner der Wissenschaftler sprach im Flugzeug mit jemandem von der Crew und für mich sahen sie sehr ängstlich aus.

Sobald wir in McMurdo landeten, wurden sie an Bord eines anderen Flugzeugs unseres Geschwaders gebracht und nach Christchurch in Neuseeland geflogen. Wir haben nie wieder etwas von ihnen gehört.

Ihre Ausrüstung, die wir vom Lager mitgenommen hatten, wurde unter Quarantäne gestellt und zurück in die Vereinigten Staaten gebracht, begleitet von denselben Spooks [Spionen], die uns wegen unseres Überflugs der Luftprobenstation/des riesigen Lochs instruiert und verhört hatten.«[30]

Brians Feststellung, dass die Wissenschaftler nicht in ihrem Lager waren, als er das erste Mal hingeschickt wurde, um nachzusehen, deutet an, dass sie das Innere der Antarktis entdeckt hatten oder dorthin entführt worden waren. Dazu muss man bemerken, dass ihr Standort in der Nähe eines der unterirdischen Vulkane lag, die mit großen, durch thermale Aktivität entstandenen Höhlen verbunden sind. Brian betonte, dass die Wissenschaftler recht verängstigt waren und nicht sprechen wollten.

In seinem Interview vom November 2017 sagte Brian, dass die Wissenschaftler an einer posttraumatischen Belastungsstörung (PTBS) zu leiden schienen und dass er und seine Crew, nachdem sie deren Ausrüstung zurück nach Christchurch, Neuseeland, gebracht hatten, wieder angewiesen worden waren, über das, was sie in McMurdo gesehen hatten, Stillschweigen zu bewahren.[31] Brian sagte, er habe später von einer

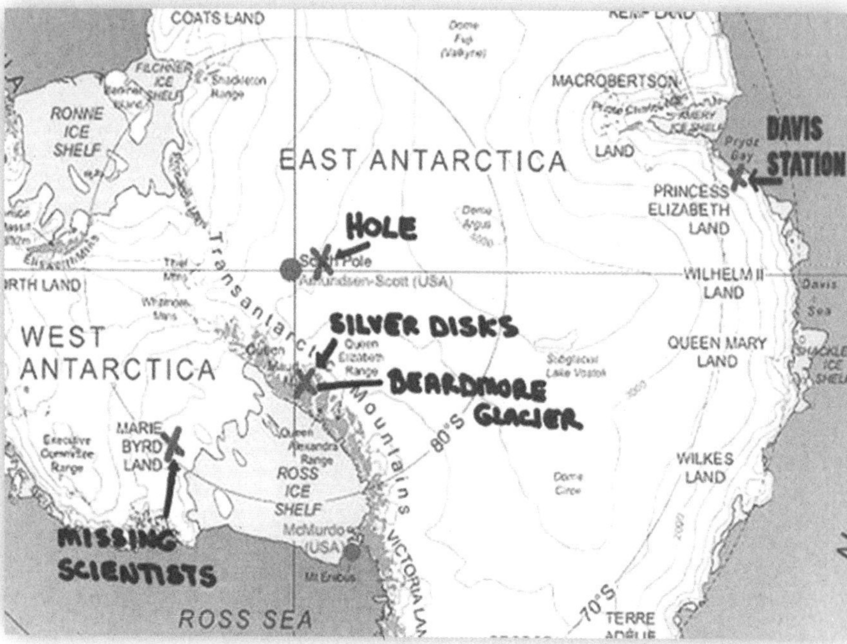

Abb. 45: Ortsangaben der von Brian beschriebenen antarktischen Anomalien

anderen Crew erfahren, dass die Ausrüstung der Forscher anschließend zu einem Stützpunkt in Ohio geschickt wurde. Er stimmte Howe zu, dass sie höchstwahrscheinlich zur Untersuchung zum Air-Force-Stützpunkt Wright Patterson gebracht worden war.

Auffälligerweise bekam Brian 2016 einen Drohanruf, nachdem er die Forscherin Linda Moulton Howe getroffen hatte, um mit ihr über die zeitweise verschwundenen Wissenschaftler und andere Anomalien zu sprechen. Er beschrieb Howe das Gespräch so:

»Und die Stimme am anderen Ende der Leitung sagte: ›Ist dort Brian‹?

Ich sagte: ›Ja, wer ist da?‹, denn ich kannte die Nummer nicht. ›Ich will Ihnen sagen, dass sie aufhören müssen, über das zu sprechen, worüber sie sprechen.‹

Und ich sagte: ›Gut, und was war das?‹

Und er sagte: ›Wir wissen, dass Sie sich am letzten Donnerstagabend mit Linda Howe getroffen haben und dann in einem mexikanischen Restaurant in Joshua Tree essen waren und wir haben auch gehört, worüber Sie mit ihr und anderen Leuten geredet haben, nämlich über die Erfahrungen, die sie machten, als sie auf dem Eis waren, als Sie im Dienst waren. Wir wollen nicht, dass Sie über die Wissenschaftler sprechen, die Sie zurückgebracht haben, nachdem sie ein paar Wochen vermisst waren.‹

Ich entgegnete: ›Woher wissen Sie davon? Ich habe nur mit ganz bestimmten Leuten darüber gesprochen.‹

Darauf erwiderte die Stimme im Hörer: ›Wir wissen so gut wie alles.‹ Und sie sagte: ›Behalten Sie das für sich! Bestimmte Leute möchten, dass sie nicht mehr darüber sprechen.‹

Und ich sagte: ›Gut, ich denke darüber nach.‹

Dann war die Leitung tot. Es gab ein Klick. Wer immer am anderen Ende gewesen war, hatte aufgelegt. Das war wie ›Wow, das kommt aus heiterem Himmel.‹«[32]

Als er die Telefonnummer des Anrufers recherchierte, stellte sich heraus, dass es sich um die allgemeine Nummer der Nationalen Sicherheitsbehörde NSA in Fort Meade, Maryland, handelte.

Die zeitweise vermissten Antarktisforscher hatten anscheinend etwas Wichtiges entdeckt und es hatte ihnen Angst gemacht. Ihnen war verboten worden, der Flugzeugcrew mitzuteilen, was sie gesehen hatten, und alles, was sie dabeihatten, insbesondere ihre Ausrüstung, hatte man in die USA gebracht. Was hatten sie gesehen, das sie so sehr erschreckte, und warum war Brian von der NSA gewarnt worden, nur ja kein Sterbenswörtchen darüber zu verlieren?

Und was genau hat es mit der Verbindung von Menschen und Außerirdischen in der Antarktis eigentlich auf sich?

Anmerkungen

1 US State Department, »Antarctic Treaty«; https://www.state.gov/t/avc/trty/193967.htm (aufgerufen am 13.8.2017). – Hier und im Folgenden zitiert nach der offiziellen deutschen Übersetzung des ursprünglich auf Französisch erstellten Vertragstextes auf https://www.admin.ch/opc/de/classified-compilation/19590251/201303060000/0.121.pdf.

2 Ebd.

3 Ebd.

4 Ebd.

5 United States Antarctic Program, Participant Guide 2016-2018 Edition, p. 3; https://www.usap.gov/USAPgov/travelAndDeployment/documents/ParticipantGuide_2016-18.pdf (aufgerufen am 18.10.2017)

6 Ebd.

7 Zitiert nach *The Antarctic Sun*; https://antarcticsun.usap.gov/pastIssues/1997-1998/1998_02_07.pdf

8 U.S. State Department, »The Antarctic Treaty«; https://www.state.gov/documents/organization/81421.pdf (aufgerufen am 13.8.2017)

9 Paul Maning, *Martin Bormann: Nazi in Exile* (CreateSpace, 1981)

10 Harry Cooper, *Hitler in Argentina: The Documented Truth of Hitler's Escape from Berlin* (CreateSpace, 2014)

11 *The Antarctic Sun* vom 7. Februar 1998; https://antarcticsun.usap.gov/pastIssues/1997-1998/1998_02_07.pdf (aufgerufen am 18.10.2017)

12 Zur detaillierten Erörterung der Dunklen Flotte und ihrer Ursprünge siehe Michael E. Salla, *Insiders Reveal Secret Space Programs and Extraterrestrial Alliances* (Exopolitics Institute, 2015); pp. 120-146. – Dt. Ausgabe: *Geheime Weltraumprogramme & Allianzen mit Außerirdischen*, Amra Verlag, Hanau 2018, Kapitel 4.

13 Siehe Michael E. Salla, *The U.S. Navy's Secret Space Program & Nordic Extraterrestrial Alliance* (Exopolitics Consultants, 2017); pp. 181-204. – Dt. Ausgabe: *Das Geheime Weltraumprogramm der U.S. Navy & Die Allianz mit den Nordischen*, Amra Verlag, Hanau 2018, Kapitel 9.

14 Interview mit Corey Goode per eMail am 14. Mai 2015; http://exopolitics.org/corporate-bases-on-mars-and-nazi-infiltration-of-us-secret-space-program/ (aufgerufen am 9.11.2017)

15 »The Erebus Flight Path Controversy«; http://www.erebus.co.nz/Background/TheFlightPathControversy.aspx

16 »Air New Zealand DC-10 crash into Mt. Erebus«; http://www.southpolestation.com/trivia/history/te901.html (aufgerufen am 13.8.2017)

17 »Erebus Disaster«; https://nzhistory.govt.nz/culture/erebus-disaster/inquiry (aufgerufen am 13.8.2017)

18 »The Legal Process«; http://www.erebus.co.nz/Investigation/Legalprocess.aspx (aufgerufen am 13.8.2017)

19 Ebd.

20 Zur Darstellung des Fluges von QANTAS Airways in die Antarktis siehe https://antarcticsun.usap.gov/pastIssues/1997-1998/1998_02_07.pdf (aufgerufen am 13.8.2017)

21 Am Tag, als das Manuskript des vorliegenden Buches in den Satz ging, am 10. Dezember 2019, brachte *Stern*-Online eine Nachricht, die gerade um die Welt ging: Auf dem Weg in die Antarktis, bei einem Versorgungsflug zu der von Chile betriebenen antarktischen Forschungsstation Presidente Eduardo Frei Montalva, sei ein chilenisches Lockheed-Militärflugzeug vom Typ C-130 *Herkules* spurlos verschwunden. Über der Drake-Passage, dem Meer zwischen Kap Horn und den nördlichen Ausläufern der Antarktis, riss der Funkkontakt ab. Angeblich gibt es keine Erklärung dafür, warum die Maschine von den Radarschirmen verschwand. An Bord befanden sich neben siebzehn Crew-Mitgliedern einundzwanzig Passagiere, darunter drei vom Heer, zwei Journalisten und ein Wissenschaftler. Beachten Sie bitte, dass es sich bei diesem chilenischen Militärflugzeug um denselben *Lock-*

heed-Typ handelt wie auf dem Foto von Abb. 44, das der pensionierte Flugingenieur Brian der UFO-Forscherin Linda Moulton Howe zur Verfügung gestellt hat; siehe auch Michael E. Sallas »Nachwort zur deutschen Ausgabe« im vorliegenden Buch. – *Der Verlag*

22 Siehe sein neuestes Interview vom November 2017: »Linda Moulton Howe Interview of Naval Officer – Antarctica«; https://youtu.be/ZlOPsidcBfo (aufgerufen am 17.11.2017)

23 »Navy Engineer Interviewed: I Saw Antarctic UFOs, Aliens and Top-Secret Bases«; http://www.unsilentmajoritynews.com/navy-engineer-interviewed-i-saw-antarctic-ufos-aliens-and-top-secret-bases-audio/

24 Brians Antworten auf meine Fragen erhielt ich am 25. Oktober 2017.

25 Mike Wehner, »Something scorching hot is melting Antarctica from below, and NASA thinks they know what it is«; https://www.yahoo.com/news/something-scorching-hot-melting-antarctica-below-nasa-thinks-180655776.html

26 »Linda Moulton Howe Interview of Naval Officer – Antarctica«; https://youtu.be/ZlOPsidcBfo (aufgerufen am 17.11.2017)

27 »Navy Engineer Interviewed: I Saw Antarctic UFOs, Aliens and Top-Secret Bases«; http://www.unsilentmajoritynews.com/navy-engineer-interviewed-i-saw-antarctic-ufos-aliens-and-top-secret-bases-audio/

28 Brians Antworten auf meine Fragen erhielt ich am 25. Oktober 2017.

29 »Navy Engineer Interviewed: I Saw Antarctic UFOs, Aliens and Top-Secret Bases«; http://www.unsilentmajoritynews.com/navy-engineer-interviewed-i-saw-antarctic-ufos-alien-and-top-secret-bases-audio/

30 Ebd.

31 »Linda Moulton Howe Interview of Naval Officer – Antarctica«; https://youtu.be/ZlOPsidcBfo (aufgerufen am 17.11.2017)

32 »Antarctica Retired Navy Flight Engineer Warned by NSA to Stop Talking About Missing Scientists«; https://www.earthfiles.com/news.php?ID=2440&category=Science (aufgerufen am 19.10.2017)

11 Das Geheimnis des Wostoksees & die prähistorischen Ruinen in der Antarktis

Die magnetische Anomalie des Wostoksees

Im Jahr 1957 errichtete die Sowjetunion einen Stützpunkt in der östlichen Antarktis in einer Region namens Wostok (russisch für »Osten«). Die Russen wählten den Standort ihrer Basis wohl sehr genau aus, denn später stellte sich heraus, dass er an der Spitze eines beachtlichen unterirdischen Sees lag. Die Existenz des Sees war schon früh vermutet worden, 1959 von dem russischen Geografen Andrei Petrowitsch Kapiza (1931-2011), doch hatte sie sich erst 1993 wissenschaftlich bestätigt, als man Höhenmessungen von einem Laser im Orbit aus durchführte.[1] Die Russen nannten die ausgedehnten Wassermassen nach ihrer Basis »Wostoksee«.

Die *Antarctic Sun,* die in der McMurdo-Station für das US-Antarktisprogramm gedruckt wird, beschrieb die Ereignisse, die zur Entdeckung des Wostoksees führten:

> »Als die Russen die Station Wostok 1957 nahe am geomagnetischen Pol eröffneten, hatten sie keine Ahnung, dass sie über einem uralten Gewässer lag, das mehr als 500 Meter tief und 230 Kilometer lang war. Und als sie begannen, den tiefsten Eiskern der Welt anzubohren, um die gegenwärtige globale Erwärmung in Relation zu den Klimazyklen der letzten 500.000 Jahre zu verstehen, konnten sie nicht vorhersehen, dass sie in 3.623 Metern Tiefe von einer Gruppe Wissenschaftler gestoppt werden würden, die besorgt waren, dass das saubere Wasser des Sees kontami-

niert werden könnte … Obwohl frühere seismische Gutachten darauf hindeuteten, dass unter der Eiskappe Wasser existierte, wurden nämlich erst in den frühen 1990ern, als die Bohrung bereits lief, Satelliten-, seismische und Luftradar-Daten miteinander kombiniert, um den unterirdischen See zu kartieren. ›Es war ein Heureka!-Moment‹, sagte Martin Seigert, ein Glaziologe der Universität Bristol.«[2]

Der Wostoksee misst zweihundertfünfzig Kilometer mal fünfzig Kilometer an seiner breitesten Stelle und ist seiner Wassermenge nach einer der größten Seen der Welt.

Verschiedene Forschungsmissionen wurden durchgeführt, um einige der Geheimnisse des Wostoksees zu erhellen. So bohrten die Russen 1998 bis zu einer Tiefe von nur hundert Metern über dem See und entnahmen Eiskernproben, die die Existenz von extremophilen Mikroben zeigten, was Wissenschaftler zu dem Schluss veranlasste, dass der See Leben enthält. Das wiederum brachte die NASA dazu, den Wostoksee als idealen Ort für die Entwicklung von sterilen Bohrungen und robotischer Sondentechnologie ins Auge zu fassen, die bei zukünftigen Missionen zum Jupitermond Europa Verwendung finden könnten.

Die *Antarctic Sun* schrieb über die weiteren Pläne der NASA, welche auf die bereits ausgeführten folgen sollten und die anscheinend keine unüberwindlichen technologischen Herausforderungen mehr darstellen würden:

»Die nächste Phase könnte aus NASA-Tests durch Roboter bestehen. Der Kryobot [eine Sonde, die sich durch Eis hindurchschmilzt, um dieses und darunterliegende Medien zu erkunden] soll sich seinen Weg durch das Eis hinunter zum See schmelzen, wo er den Hydrobot [Unterwasserroboter] aussetzt, der die Tiefen erkundet und Bilder und Daten über ein Kabel an die Oberfläche schickt. Die letzte Phase soll tiefe Kernbohrungen umfassen, um Sediment und Wasserproben zu bergen. Die Details, wie dem See ohne Kontamination Proben entnommen werden könnten, werden noch ausgearbeitet. Es ist eine komplizierte und ehrgeizige Anstrengung, durch die mithilfe der NASA-Technologie möglicherweise fundamentale Fragen über die Evolution des Lebens auf der Erde beantworten werden.

Und während die Wissenschaftler ein Testgebiet für den Kryobot und den Hydrobot bekommen, wird eines Tages vielleicht auch etwas über die Evolution des Lebens auf anderen Planeten entdeckt.«[3]

Über die Pläne der NASA wurde ebenfalls in der britischen Zeitung *Telegraph* vom 21. September 1999 berichtet:

»Der Wostoksee ist wahrscheinlich aufgrund seiner Größe der älteste aller ›subglazialen‹ Eisseen. Er war vierzig Millionen Jahre isoliert, also lange genug, damit sich einzigartige Kreaturen entwickeln konnten, im Unterschied zu Lebewesen, die sich neuen Umgebungen angepasst haben.

Die antarktischen Studien könnten ein Vorspiel zu ähnlichen Missionen überall in unserem Sonnensystem sein, besonders zum Jupitermond Europa. Die NASA sieht die Wostok-Mission deshalb als Prüfstand für die Suche nach fremdem Leben in den Ozeanen, die auf Europa vermutet werden.

Die Wostok-Erkundung soll in den nächsten fünf Jahren erfolgen. Die Erkundung des Mondes Europa soll aus einer Serie von Missionen bestehen, die 2003 beginnen und eine Dauer von fünfzehn Jahren haben ... Der erste Eintritt einer Sonde in den Wostoksee wird außergewöhnliche Sicherheitsvorkehrungen erfordern, um zu gewährleisten, dass das Fahrzeug und seine Instrumente auch sauber sind und den unberührten See nicht kontaminieren.

Eine Idee sieht vor, einen Kryobot zu benutzen, also ein 320 Zentimeter langes stiftförmiges Gerät mit einer erhitzten Spitze, das ein Kabel zur Stromversorgung und ein fiberoptisches Video- und Datenkabel abspult.

Unterhalb des Eises spaltet sich der Kryobot in zwei Teile, wobei die obere Hälfte an der Oberfläche des Eiswassers bleibt, um nach Leben zu suchen. Der untere Teil (die Spitze des Stiftes) bewegt sich an einem kleineren Kabel tiefer hinunter, bis er auf das Sediment am Grund trifft, wo er ebenfalls nach Leben sucht und einen Hydrobot entlässt, ein kleines U-Boot, ausgerüstet mit Sonar und Kamera. Der Hydrobot steigt wie eine Seifenblase auf und zeichnet dabei auf, was er über und unter sich sieht.«[4]

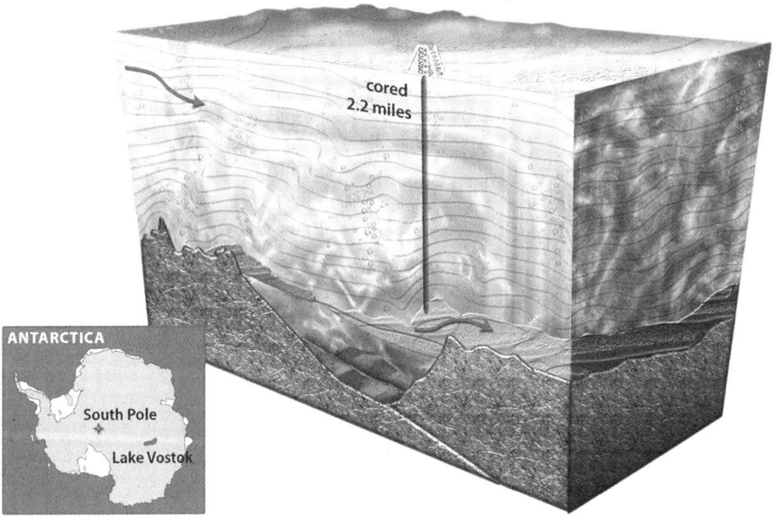

Abb. 46: Künstlerischer Querschnitt der Wostoksee-Bohrung.
Quelle: National Science Foundation

Dem Jet Propulsion Laboratory (JPL) wurden Zuschüsse von der National Science Foundation (NSF) bewilligt, um 2002 eine Sonde in den Wostoksee zu schicken und dabei die neuen sterilen Bohrtechniken anzuwenden, um die unberührte Umgebung nicht zu verschmutzen.[5]

Im antarktischen Sommer 2000/2001 schickte das Support Office for Aerogeophysical Research, kurz SOAR (Versorgungsamt für luftgeophysikalische Forschung) sechsunddreißig Flüge über den Wostoksee, um mit Geräten, die den Boden durchdringen, den See zu kartieren. Kristan Hutchison Sabbatini beschreibt in der *Antarctic Sun* vom 4. Februar 2001 den Kartierungsvorgang so:

»Jede Sekunde zeichnete die Ausrüstung die Schwerkraft auf, las sechs Mal das Radar ab und führte zehn Messungen des Magnetometers durch. Das Altimeter gab die Höhe des Eises bis auf zehn oder zwanzig Zentimeter genau an. Das Radar zeigte, dass das Gebiet unter dem flachen Eis sich von abfallenden Ebenen auf der einen Seite des Sees zu Bergen auf der anderen veränderte. Der See selbst schien in einem Talkessel unter drei bis vier Kilometern Eis zu liegen.«[6]

Zum ersten Mal wurden von einem Team der Columbia University, geleitet von Dr. Michael Studinger, detaillierte Karten angefertigt, die den subglazialen Wostoksee zeigten.[7] Der Kartierungsüberblick von 2001 offenbarte aber noch etwas, das die wissenschaftliche Aufmerksamkeit auf sich zog und großes öffentliches Interesse erregte – eine enorme Magnetanomalie. Sabbatini schrieb:

»Das Beweisstück ist eine große magnetische Anomalie an der östlichen Uferlinie des Sees. Als die ersten SOAR-Flüge die Ostseite des Sees überflogen, schlug die Nadel des Magnetometers plötzlich aus. Die Werte wichen um fast 1.000 Nanotesla von den normalen 60.000 Nanotesla um Wostok herum ab. Ein Tesla ist das Standardmaß für Magnetismus. Studinger findet typische Anomalien von 500 bis 600 Nanotesla an Orten, wo vulkanisches Material aus dem Boden dringt. ›Als wir zum ersten Mal diese große magnetische Anomalie sahen, war das sehr aufregend‹, sagte Studinger.

Gewöhnlich sind magnetische Anomalien viel kleiner und es kostet einige Mühe, die Anomalie von normalen täglichen Schwankungen im Magnetfeld zu unterscheiden. In diesem Fall konnte jedoch kein Irrtum bestehen.

›Diese Anomalie ist so groß, dass sie nicht von einer Tagesschwankung im magnetischen Feld stammen kann‹, stellte Studinger fest.

Die Anomalie war auch noch auf eine andere Weise groß, denn sie umfasste den gesamten südöstlichen Teil des Sees, rund 105 Kilometer mal 75 Kilometer. Größe und Stärke der magnetischen Anomalie zeigten, dass die geologische Struktur im See sich ändert, so dass Studinger vermutete, dort könnte sich eine Region befinden, wo die Erdkruste dünner ist.«[8]

Nach der Entdeckung der gigantischen magnetischen Anomalie wurden die Pläne von NASA, National Science Foundation und anderen

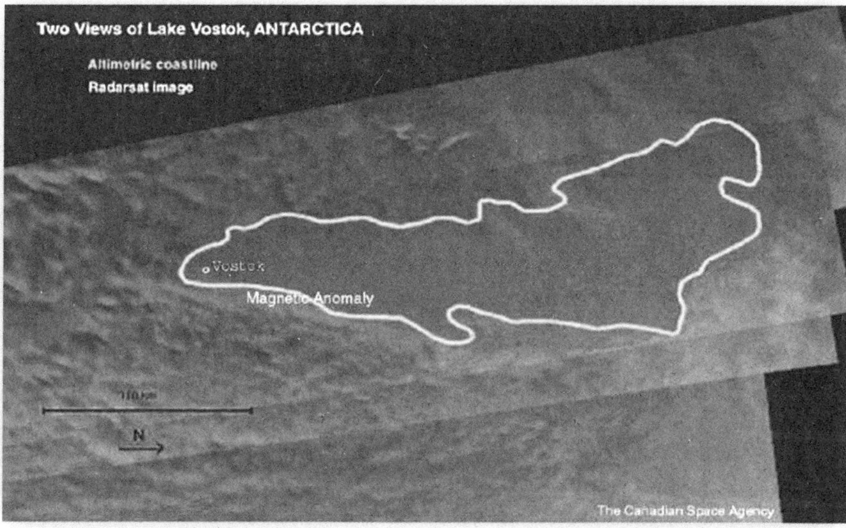

Abb. 47: Lage der magnetischen Anomalie im Wostoksee

Organisationen, Robotersonden in den Wostoksee hinunter zu schicken, schnell geändert. Ende 2001 sprach die NSF von einer jahrzehntelangen Verzögerung aus Umweltgründen, wie die *Antarctic Sun* in ihrer Ausgabe vom 18. November berichtet:

> »Die National Science Foundation hat einen Zeitplan gekippt, der auf dem NSF-Workshop 1998 skizziert wurde und vorsah, dass nächstes Jahr Zugangslöcher zum See gebohrt und 2003 Proben herausgeholt werden.
>
> Dieser Zeitplan verzögert sich um ganze zehn Jahre, sagte Julie Palais, die Leiterin des glaziologischen Programms des Amtes für Polare Programme.
>
> ›Jedem, der realistisch darüber nachdenkt, wird klar sein, dass es einer langen Zeit bedarf, um die erforderliche Technologie zu entwickeln‹, sagte Palais. ›Für mich ist es eines der schwierigsten Projekte in Bezug auf das Gewusst-Wie, an denen ich jemals teilgenommen habe.«[9]

Waren es wirklich Umweltbedenken, die zum Stopp der Pläne führten, Robotersonden in den Wostoksee zu schicken, oder gab es einen anderen Grund für die abrupte Änderung der Pläne?

Wurde am Wostoksee eine vorzeitliche Stadt entdeckt?

Zwei altgediente Erforscher des NASA-Programms, Richard Hoagland und Mike Bara, sagten, dass die magnetische Anomalie weit mehr als nur ein seit langem andauernder geologischer Prozess ist, der daraus folge, dass die Erdkruste in diesem Teil der Antarktis dünner sei und dadurch zu dieser magnetischen Anomalie geführt habe. Sie schrieben in einem Artikel vom Mai 2001 über eine alternative Erklärung zu der ursprünglichen Behauptung von Dr. Studinger:

> »Andere, wie der die *Enterprise* beratende Geologe Ron Nicks, haben ernsthafte Schwierigkeiten mit dieser Theorie. Nicks erklärt, dass eine solche Verdünnung zur Erhitzung der darunter liegenden Felsen führt und dadurch die Fähigkeit der Kruste *vermindert* (und nicht – wie beobachtet – verstärkt), das Magnetfeld der Erde örtlich zu erweitern.
>
> Es gibt, wie immer, eine ebenso gute alternative Erklärung. Eine Anomalie wie diese könnte auch durch eine Akkumulation von Metallen verursacht sein – und zwar von der Art, wie man sie hätte, wenn man die *Ruinen einer uralten versunkenen Stadt* fände!
>
> Eine ›uralte Stadt unter dem Eis‹? Eine solche Entdeckung wäre absolut umwerfend und würde Schockwellen durch die Welt senden wie nach einer Entdeckung von ›Artefakten auf dem Mars‹ oder ›Ruinen auf dem Mond‹. Und die Idee ist nicht so unbeweisbar, wie Sie glauben.«[10]

Die Entdeckung einer vorzeitlichen Stadt oder eines anderen großen künstlichen Objekts, begraben unter zwei drei Kilometer dickem Eis, wäre sicherlich eine weltbewegende Nachricht. So ein Fund würde erklären, warum NASA/JPL und die National Science Foundation schnell die Idee fallen ließen, Robotersonden mit Kameras in den Wostoksee zu schicken, die öffentlich übertragen hätten, was dort verborgen war. Hoagland und Bara beschrieben weiter, wie der vom JPL behauptete Grund für den Rückzug von den Robotersonden-Plänen plötzlich zu einer Kontroverse im Internet führte, an der sich die NSA beteiligte:

> »Fast augenblicklich nach der Entdeckung der ›magnetischen Anomalie von Wostok‹ an der Columbia University wurde bekannt, dass sich das JPL unerklärlicherweise ›von seinem Wostok-Forschungsprogramm zurückzog‹. Als Grund waren die vorher erklärten ›Umweltbedenken‹ genannt worden. Das war ja alles gut und schön, bis unbestätigte Berichte auftauchten, dass ein Sprecher des JPL auf einer Pressekonferenz im Februar zugegeben hatte, die nationale Sicherheitsbehörde NSA habe das polare Forschungsprogramm des JPL am Wostoksee buchstäblich übernommen. Dieser Bericht erzeugte einen Feuersturm im Internet.«[11]

Die erstaunliche Beteiligung der NSA bei der Anomalie des Wostoksees erregte die Aufmerksamkeit anderer Forscher wie etwa Henry Stevens, der dazu schrieb:

> »Der Grund für die Beteiligung der NSA hat nichts mit Biologie zu tun und alles mit Physik … Es bleibt die Tatsache, dass die beste und wahrscheinlichste Antwort auf die Frage nach dem Ursprung der großen magnetischen Störung die Existenz einer großen Masse von Metall ist. Metall wie in einer versunkenen Stadt … Ist das Metall ein Überrest von Atlantis? Ist die unterirdische Stadt, die, wie manche behaupten, von den Deutschen erbaut wurde, Neu-Berlin? Ist es ein außerirdischer Stützpunkt? Angesichts der Beteiligung der NSA können wir nur eines mit Sicherheit sagen, dass uns die Antwort auf dieses Rätsel nicht so bald gegeben wird …«[12]

Hoagland und Bara beschrieben eine Reihe von beispiellosen medizinischen Evakuierungen aus der Antarktis Mitte 2001 und behandelten die wichtige Tatsache, dass einige der Evakuierten Beschäftigte der Raytheon Corporation waren, was darauf hindeutet, dass ein »Schwarzes Projekt« begonnen hatte, um die Anomalien des Wostoksees zu erforschen:

> »Ein ›Spezialprojekt‹ hat in der Tat, entgegen jeder wissenschaftlichen und ökologischen Klugheit, durch das Eis in das Ökosystem des Wostoksees gebohrt (heimlich natürlich). Und die Mitarbeiter fanden sich

plötzlich einem ›Etwas‹ ausgesetzt, auf das ihre Körper keine Immunantwort hatten – etwas in der sonstigen irdischen Biosphäre seit mindestens 13.000 und vielleicht sogar einigen Millionen Jahren nicht mehr Vorhandenes! Nach anfänglichen Berichten über ›vier Notentnahmen‹ stieg diese Zahl auf fünf … und nun sind es *zwölf* Mitarbeiter von McMurdo, die vermutlich eine gefährliche ›medizinische Notevakuierung‹ benötigen, mitten im antarktischen Winter. Auf einer Ebene hat das alles die Kennzeichen von ›Etwas‹, das sich unter der zahlenmäßig eingeschränkten Winterbesatzung der Basis virulent ausbreitet, etwas, womit die gut ausgestatteten medizinischen Anlagen in McMurdo nicht fertig werden können. Das Bild wird noch durch die Tatsache verkompliziert, dass die ›Entnommenen‹ keine wissenschaftlichen Forscher und kein Versorgungspersonal sind, sondern allesamt Mitarbeiter der Raytheon Corporation – einer High-Tech-Firma, die tief in eine Reihe von Programmen schwarzer Operationen im Auftrag der US-Regierung rund um die Welt verstrickt ist.«[13]

Das angeblich vermisste Kamerateam von @lantis

Am 13. April 2002 erschien eine Presseerklärung auf der Website des *Atlantis Mapping Project*, in der behauptet wurde, dass ein Kamerateam

U.S. Denies Spectacular Ruins in Antarctica Captured on Video
AMP LA 03-18-02 0925GMT ^ | Monday, March 18, 2002 - Web posted at 5:25 a.m. EDT (0925 GMT) | WASHINGTON, D.C. (AMP)

Posted on **4/13/2002, 4:01:52 PM** by yannrox

U.S. Denies "Spectacular Ruins" in Antarctica Captured on Video

WASHINGTON, D.C. (AMP) – The U.S. government said it will seek to block the airing of a video found by Navy rescuers in Antarctica that purportedly reveals that a massive archeological dig is underway two miles beneath the ice. The @lantisTV production crew that shot the video is still missing.

Attorneys for Beverly Hills-based @lantisTV stressed that the company's primary concern is for the safety and welfare of its crew. But they stated they will "vigorously oppose" any attempts to "censor material that is clearly in the public interest and public domain." The ice continent of Antarctica, they point out, belongs to no nation. The U.S. has no jurisdiction there.

Abb. 48: News-Meldung über das angebliche Antarktis-Video

von @lantis TV vermisst wird, seit es eine bahnbrechende archäologische Entdeckung gefilmt hat. Die Presserklärung hebt dreist die »spektakulären Ruinen« hervor, die auf Video aufgezeichnet wurden, und betont die Bemühungen von @lantis TV, das beschlagnahmte Videomaterial zurückzuerhalten.

Eine Überprüfung des *Antarctic Mapping Project* und von @lantis TV ergab jedoch, dass beides lediglich Marketingideen für das neue Buch von Thomas Greanias mit dem Titel *Stadt unter dem Eis* waren, das im Original als »Raising Atlantis« im Juli 2005 erschienen ist. Am Ende der Presserklärung des *Antarctic Mapping Project* findet sich folgende Widerrufserklärung:

Presented by @lantisTV

Copyright 2002 @lantis Interactive, Inc. All rights reserved. @lantis.TV is the world's exclusive link to the secret U.S. dig in Antarctica and "Earth's Coolest Entertainment." @lantis, @lantis.TV, Raising Atlantis and Atlantis Mapping Project are trademarks of @lantis Interactive, Inc., a Los Angeles-based entertainment corporation. ALL DEPICTIONS OF NEWS EVENTS ARE FICTIONAL AND INTENDED FOR ENTERTAINMENT ONLY, despite claims to the contrary by subscribers, government agencies, archeologists and other interested parties.

Abb. 49: Erklärung des Widerrufs

Der Widerruf stellt eindeutig fest, dass sämtliche Presseerklärungen rein fiktiv waren und nur der Unterhaltung dienten. Es gäbe überhaupt kein Filmmaterial von spektakulären alten Ruinen in der Antarktis und kein vermisstes Kamerateam. War die rätselhafte Pressemeldung wirklich nur eine schlaue Marketingidee oder war doch etwas Wahres dran an den mysteriösen Ausgrabungen und dem vermissten Team?

Bis heute beziehen sich viele größere Medienportale und Blogseiten immer wieder auf die Erklärung von 2002 sowie die anschließenden Hinweise in Blogs des *Antarctic Mapping Project* und betrachten sie fälschlicherweise als echt. So schrieb Jennifer Hale von der englischen Zeitung *Sun* am 12. Dezember 2016 beispielsweise:

> »Verschwörungstheoretiker spielten früher in diesem Jahr verrückt, als ein Video auftauchte, das behauptete, die verschollene Stadt zu zeigen. Ausgedehnte antike Ruinen seien darauf zu sehen, verborgen im Eis, vermutlich von einem kalifornischen Kamerateam ›zurückgelassen‹, das seit 2002 vermisst wird.

Der Archäologe Jonathan Gray behauptete, dass die US-Regierung versucht, das Video zu blockieren, damit niemand es sieht, denn es zeigt eine groß angelegte archäologische Ausgrabung drei Kilometer unter dem Eis.«[14]

Natürlich, die Behauptung von @lantis TV war falsch, aber warum hat eine fiktive Pressemeldung über die angebliche Entdeckung von antarktischen Ruinen 2002 sich all die Jahre lang überhaupt so hartnäckig gehalten? Eine Erklärung, die man erwägen könnte, wäre die, dass es eine »psychologische Operation« ist, um die Wahrheit hinter einer offensichtlichen Lüge zu verbergen. Typisch für solche psychologischen Operationen der Geheimdienste ist, dass sie die Wahrheit aufzeigen, aber auf eine Weise, die leicht diskreditiert werden kann.

Schauen wir einmal zurück auf ein früheres Ereignis, das von dem Navy-Flugingenieur Brian mitgeteilt wurde, der über die verschwundenen Antarktisforscher berichtet hat und von der NSA davor gewarnt wurde, weiter mit Linda Moulton Howe darüber zu sprechen. Versuchten die NSA und die US-Geheimdienste, die allgemeine Öffentlichkeit von echten Entdeckungen antiker Ruinen abzulenken, indem systematisch falsche Geschichten über verschollene Kamerateams verbreitet wurden, die angeblich eine alte Stadt gefilmt hatten?

Eigenartigerweise wurden am 3. Februar 2012 auch russische Forscher vermisst, die in der antarktischen Region des Wostoksees tiefe Bohrungen durchgeführt hatten, wie eine News-Meldung auf *Fox TV* zu berichten weiß:

»Die Welt hält den Atem an und hofft das Beste nach sechs Tagen Funkstille aus der Antarktis – wo ein Team russischer Forscher im Wettlauf mit der Zeit und dem bevorstehenden Wintereinbruch sich zu einem unbekannten See tief unter dem Eis gräbt.

Das Team von Russlands Arktisch-Antarktischem Forschungsinstitut (AARI) ist seit Wochen am Bohren, um den isolierten Wostoksee zu erreichen, ein ausgedehntes dunkles Gewässer in vierhundert Metern Tiefe unter der Oberfläche des vereisten Kontinents. Der Wostoksee war mehr als zwanzig Millionen Jahre nicht der Luft ausgesetzt.

> Der letzte Kontakt des Teams mit Kollegen in der nicht gefrorenen Welt war vor sechs langen Tagen und Wissenschaftler rund um den Globus bangen um das Schicksal der Mission – und um die Forscher selber –, während der tödliche Winter der Antarktis näher rückt.«[15]

Die Geschichte von den vermissten Forschern wurde schnell als reines Missverständnis abgetan und fünf Tage später, am 8. Februar 2012, verkündete man, dass die Russen endlich erfolgreich den Wostoksee erreicht hätten.[16] War das Einzige, was die Russen entdeckten, ein alter See? Die widerlegten Gerüchte von vermissten Forschern könnten sehr wohl auch Teil einer weiteren psychologischen Operation sein, um Verwirrung darüber zu stiften, was wirklich am Wostoksee und/oder irgendwo unter der antarktischen Eisfläche entdeckt wurde.

Entdeckung & Ausgrabungen antiker Ruinen in der Antarktis

Corey Goode sagt, dass er zum ersten Mal durch einen älteren Offizier, den er »Sigmund« nennt, von einer hoch entwickelten Kultur in der Antarktis erfuhr, die schockgefroren wurde. Dieser Offizier war an Ermittlungen über das Geheime Weltraumprogramm der USAF/DIA/NSA/NRO sowie über Goodes Behauptungen in Bezug auf ein hoch entwickeltes Programm, das von der Navy geleitet wurde, Solar Warden, beteiligt gewesen. Sigmund hatte eine verdeckte Mission geleitet, zu der mehrere Entführungen und Nachbesprechungen Goodes gehörten, bei der die Echtheit seiner Informationen überprüft worden war.[17] Nachdem Sigmund mit der Richtigkeit von Goodes Informationen und Quellen zufrieden gewesen war, hatte er ihm unerwartet etwas von seinen Kenntnissen über die antarktischen Ausgrabungen mitgeteilt. Goode sagt, dass weitere Informationen während einer Entführung durch das Militär hinzugekommen wären, die am 26. Oktober 2016 stattgefunden hatte, als Sigmund Informationen über seine eigenen Aktivitäten weitergab, besonders über seine Zeit in der Antarktis:

> »Desweiteren erzählte er mir, dass er in mehreren militärischen Einrichtungen in der Antarktis stationiert war und sich zeitweise genau in dem Gebiet aufhielt, wohin die Anshar mich auf einem Erkundungsflug mitgenommen hatten.«[18]

Sigmund hatte sodann jüngste Entdeckungen in der Antarktis beschrieben, die das wachsende wissenschaftliche, politische und religiöse Interesse am gefrorenen Kontinent erklärten:

> »Er [Sigmund] behauptete, dass eine Anzahl ungeheuer alter Städte entdeckt worden war, die tief unter dem Eisschelf gefroren dalagen. Er versicherte, dass auch viele Tiere und ›Prä-Adamiten‹ im Eis konserviert waren … Sie alle waren flachgedrückt/zerquetscht oder umgestürzt worden durch das Ereignis, bei dem das Gebiet schockgefrostet wurde. Es gibt Unmengen von Bäumen/Pflanzen und Wildtieren, die auf der Stelle gefroren sind, als hätte sie etwas auf Pause gestellt.«[19]

Wenn das zutraf, würde das nicht nur Gerüchte über eine größere Entdeckung am Wostoksee erhärten, sondern wäre auch eine erstaunliche Bestätigung der Forschungen von Sir Charles Hapgood über die Verschiebung der Erdkruste. Seine Studien hatten Beweise für Polsprünge in der Vergangenheit erbracht, die dazu führten, dass die Rotation der Erdachse sich während einer kurzen Zeit dramatisch verschob, so dass sich selbst subtropische Gebiete plötzlich an den Polen befanden. Hapgoods Buch von 1958, *Earth's Shifting Crust* (»Die sich verschiebende Erdkruste«, nicht auf Deutsch erschienen), enthielt ein Vorwort von Albert Einstein, der die Strenge von Hapgoods Forschung lobt.[20] Einstein fasst die Theorie seines Kollegen wie folgt zusammen:

> »Die Polwanderung beruht auf der Annahme, dass sich die äußere Hülle der Erde von Zeit zu Zeit verschiebt, so dass einige Kontinente in Richtung der Pole und andere von diesen weg bewegt werden. Die Kontinentalverschiebung beruht auf der Idee, dass sich die Kontinente individuell bewegen … Einige wenige Autoren haben die Meinung vertreten, dass die Kontintaldrift womöglich die Polwanderung bewirkt. Dieses

> Buch betont die Auffassung, dass die Polwanderung primär ist und die Verlagerung der Kontinente hervorruft … Dieses Buch wird Belege dafür präsentieren, dass sich die letzte Verschiebung der Erdkruste (der Lithosphäre) in neuerer Zeit vollzog, und zwar am Ende der letzten Eiszeit, und dass dies die Ursache der Klimaverbesserung war.«[21]

Hapgoods These, dass die letzte Polwanderung am Ende der jüngsten Eiszeit, etwa 11.000 v.Chr., stattfand, würde durch die Entdeckung einer plötzlich eingefrorenen antarktischen Zivilisation eindrucksvoll bestätigt werden. Darüber hinaus würde diese Entdeckung auch bestätigen, dass die Karte von Oronce Fine (1494-1555), die eine eisfreie Antarktis zeigt, auf alten historischen Quellen beruht, welche enthüllen, dass in der Antarktis tatsächlich einst vor dem verheerenden Polsprungereignis eine blühende Kultur existierte.[22]

Goode hat noch weitere Informationen über Aktivitäten rund um die Entdeckung in der Antarktis vorzuweisen:

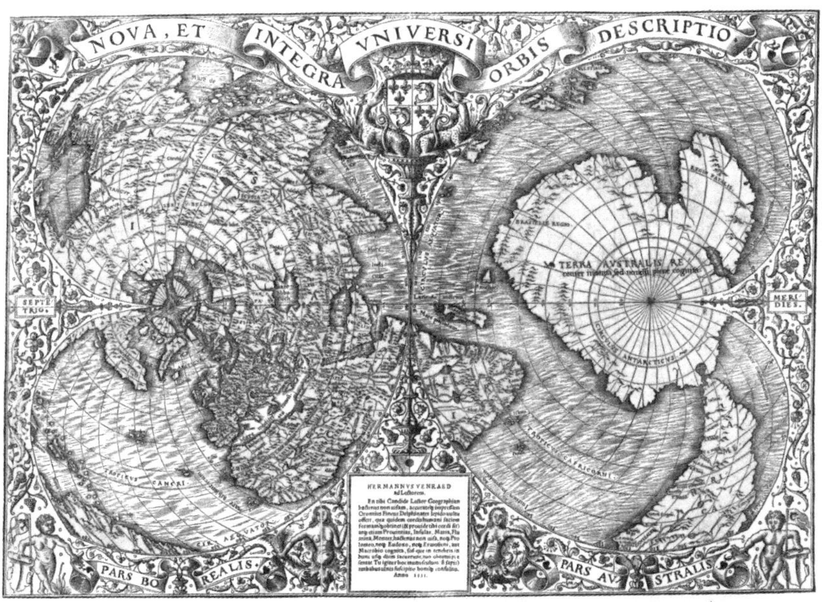

Abb. 50: Die Karte von Oronce Fine zeigt eine eisfreie Antarktis.

»Zu den ersten Entdeckungen kam es schon vor geraumer Zeit, ich bin mir nicht ganz sicher, wann. Nachdem sie vom Weltraum aus Hightech-Scans durchgeführt hatten, dämmerte ihnen, was sich da unter dem Eis verbarg. Sie hatten eine Stätte ausgegraben und entdeckten viele, viele andere weit verstreut über das, was einmal trockener Boden gewesen war. Das zeigte sich mit der Zeit.

Sie haben studiert, was sie fanden, und einiges hinausgeschafft, bevor sie verschiedene hohe Tiere aus verschiedenen Geheimgesellschaften dorthin brachten. Dann entwickelten sie Touren wie das ›Cabal Disneyland‹ in der Stasiskammer in Ohio. Sie graben immer noch weiter, wissen aber, was sich so alles in der Umgebung befindet, die sie vom Eis freigeräumt haben.

Sie sind in Sorge, dass die Dampf-Ausgrabung dazu führt, dass die Oberfläche des Eisschelfs einstürzt und die Ausgrabungsstätten, die sie offengelegt haben, unter sich begräbt. Ich glaube, sie müssten eigentlich an die Öffentlichkeit gehen, um die Ausgrabung größer Stellen anzugehen und auszuweiten.«[23]

Goode besitzt auch eine Zeichnung der vorzeitlichen archäologischen Entdeckung (Abb. 51), welche die Ruinen zeigt, die durch ein riesiges Loch im Eis erreicht werden können, das Schneemobile und Traktoren hinunterfahren. Dies ist sehr wichtig, denn es entspricht dem, was Brian während seines Flugs über das Loch am Südpol 1985/86 gesehen hat: Fahrzeugspuren, die von der nahen Scott-Amundsen-Station kamen und dann über eine Rampe hinab ins Innere führten.

Eine Entdeckung dieser Größenordnung ist eine weltbewegende Nachricht für die archäologische Gemeinschaft und trägt zu der Erklärung bei, warum Prominente aus der ganzen Welt wie der US-Außenminister John Kerry, der Astronaut Buzz Aldrin und Sir Peter Cosgrove, der Generalgouverneur von Australien, 2016 in die Antarktis reisten – um die Entdeckungen vor Ort zu sehen.[24] Der Besuch des russisch-orthodoxen Patriarchen Kirill ist vielleicht der deutlichste Hinweis, denn er zeigt, dass bei einer großen russischen Antarktisstation, nahe dem Wostoksee, eine Entdeckung gemacht wurde. Angesichts des jüngsten Stroms der VIP-Besucher in die Antarktis stellt

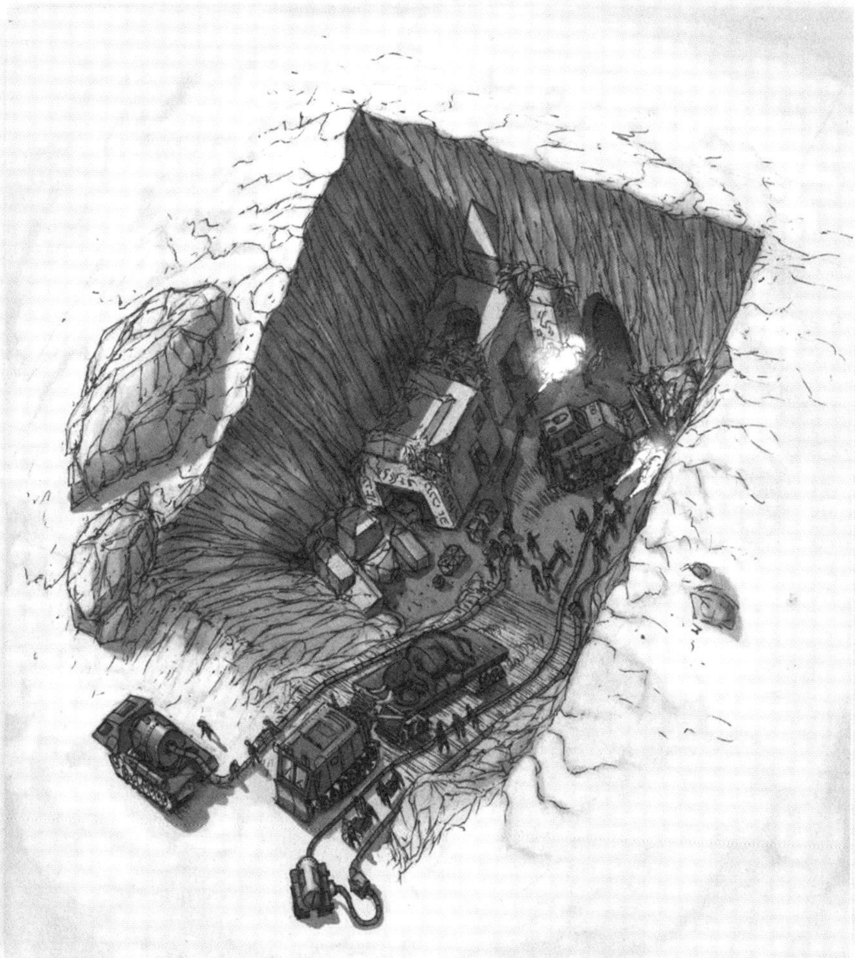

Abb. 51: Zeichnung der Ausgrabung mit einer Rampe, die zur Ausgrabungsstelle hinabführt. Mit freundlicher Genehmigung von www.Gaia.com

Goode fest: Die Funde in der Antarktis sind ein Hauptgrund dafür, dass die politischen/religiösen Führer der Welt dorthin gebracht wurden, damit sie sehen, was in jenem Jahr entdeckt wurde.[25]

Goode bietet auch eine Beschreibung der Bewohner dieser alten antarktischen Kultur an, wie sie ihm vom hochrangigen Offizier Sigmund mitgeteilt wurde:

»Er beschrieb die ›Prä-Adamiten‹ als Wesen mit verlängerten Schädeln, mit seltsam proportionierten Körpern, die offenbar nicht für die Schwerkraft und den Atmosphärendruck der Erde gemacht waren. Diese Gruppe war anscheinend von einem anderen Planeten in unserem Sonnensystem, der nicht länger bewohnbar war, hierhergekommen.

Sie kamen vor etwa 65.000 bis 55.000 Jahren hier an und begannen, Hybriden aus ihrer Spezies und der sich entwickelnden menschlichen Bevölkerung zu erschaffen.«[26]

Auch diese Information ist, wenn sie wahr ist, weltbewegend für verschiedene Gebiete der Wissenschaft, da sie bestätigt, dass die verlängerten Schädel, die an Orten wie Paracas in Peru gefunden wurden, zu einer *anderen Art von Menschen* gehören und keine künstlich erzeugten Deformationen darstellen.[27]

Goode zufolge ist es schwer nachzuvollziehen, dass viele der globalen Eliten sich selbst als direkte Nachfahren dieser prä-adamitischen Völker verstehen und die Entdeckungen in der Antarktis als ein Ereignis betrachten, das ihre Einzigartigkeit sowie ihre Berufung zur Herrschaft bestätigt.[28] Er behauptet, dass die Nachkommen dieser Prä-Adamiten hohe Positionen in der Hierarchie des Vatikans bekleiden, wo ihre Identität von den verlängerten Hüten verborgen wird, die von Bischöfen und Kardinälen getragen werden. Wenn Goode richtig liegt, würde dies dazu beitragen, den außerordentlichen Einfluss zu erklären, den der Vatikan seit nahezu zwei Jahrtausenden auf einen großen Teil der Menschheit ausübt.

Es ist wichtig, hier auch die Thule-Gesellschaft zu erwähnen und deren Glauben, die Arier seien Nachkommen der antiken Hyperboreer, die Riesen mit überlegenen intellektuellen und psychischen Fähigkeiten gewesen sind. Es ist nun einfacher zu verstehen, warum dieser Glaube von Eliten vieler Nationen geteilt wurde, was die Vereinbarungen erleichterte, welche zu der geheimen Zusammenarbeit mit der abgespaltenen Kolonie führten, die in der Antarktis von der Thule-Gesellschaft und anderen deutschen Geheimgesellschaften gegründet wurde.

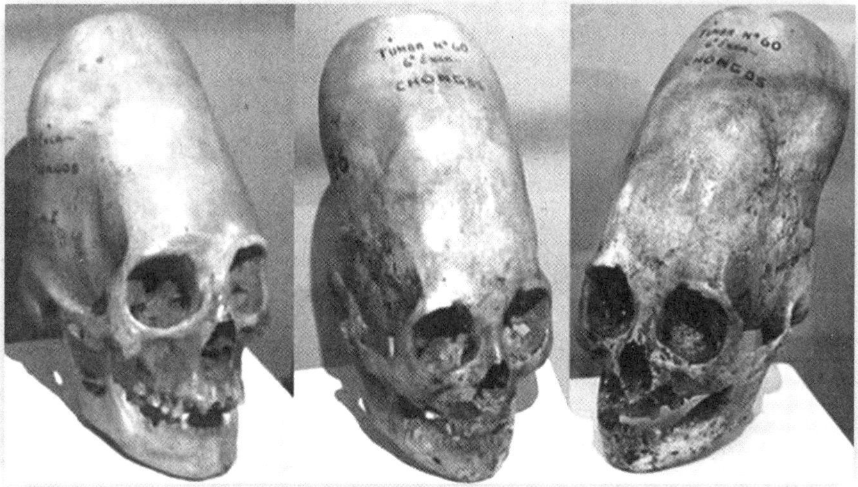

Abb. 52: In der Nähe von Paracas, Peru, gefundene Schädel

Goode sagte, ihm sei Ende 2016 von anderen Quellen, unabhängig von Sigmund, mitgeteilt worden, dass es in der Antarktis zu neuen Entdeckungen gekommen sei:

> »Ich habe nun mehr als ein Dutzend Bestätigungen, dass unten in der Antarktis tatsächlich ein GROSSER FUND gemacht wurde. Es gibt viele, viele Typen von Ruinen und Artefakten, über den gesamten Kontinent, Inselgruppen und unterirdisch verstreut … Etliche Quadratkilometer Ruinen wurden entdeckt, von denen die ausgegrabenen nur einen geringen Prozentsatz darstellen.«[29]

Zu der Zeit stammte noch alles, was Goode über die antarktischen Entdeckungen und Ausgrabungen wusste, aus Quellen zweiter Hand, die aber mit anderen Behauptungen über eine große Entdeckung, die am Wostoksee stattgefunden habe, sowie mit den Anomalien, die Brian in der Antarktis gesehen zu haben behauptet, übereinstimmt. Darüber hinaus ist der Besuch von so vielen Prominenten 2016 in der Antarktis ein starkes Indiz für die Entdeckung einer versunkenen Kultur, die teilweise oder großteils nahe am Wostoksee gelegen haben könnte.

Anfang 2016 widerfuhr Goode jedoch etwas wirklich Außergewöhnliches. Er sagt, er wurde von einer Gruppe der Inneren Erde in die Antarktis mitgenommen, die ihm direkten Zugang zu der verborgenen prä-adamitischen Kultur gewährte, wo er selbst die geheimen Ausgrabungen sah, die dort stattfanden.

Anmerkungen

1 »Lake Vostok«, Wikipedia; https://en.wikipedia.org/wiki/Lake_Vostok (aufgerufen am 15.8.2017)
2 *The Antarctic Sun* vom 26. November 2000; https://antarcticsun.usap.gov/pastIssues/2000-2001/2000_11_26.pdf (aufgerufen am 19.10.2017)
3 Ebd.
4 Roger Highfield, »Antarctic Lake Isolated 40 Million Years To Be Explored«, *The Electronic Telegraph* vom 21. September 1999; Kopie verfügbar unter http://www.rense.com/general9/ant.htm (aufgerufen am 15.8.2017)
5 Siehe Richard Hoagland und Mike Bara, »What is Happening at the South Pole?«; http://www.enterprisemission.com/antarctica.htm (aufgerufen am 15.8.2017).
6 Kristan Hutchinson Sabbatini, »Soaring below Vostok«, *The Antarctic Sun* vom 4. Februar 2001; https://antarcticsun.usap.gov/pastIssues/2000-2001/2001_02_04.pdf (aufgerufen am 16.8.2017)
7 Dr. Michael Studlinger arbeitet derzeit im Goodard Flight Center, Maryland, für die NASA. Seine Biografie ist abrufbar auf https://science.gsfc.nasa.gov/sed/bio/michael.studinger.
8 Kristan Hutchinson Sabbatini, »Soaring below Vostok«, *The Antarctic Sun* vom 4. Februar 2001; https://antarcticsun.usap.gov/pastIssues/2000-2001/2001_02_04.pdf (aufgerufen am 16.8.2017)
9 *The Antarctic Sun* vom 18. November 2001; https://antarcticsun.usap.gov/pastIssues/2001-2002/2001_11_18.pdf (aufgerufen am 16.8.2017)
10 Richard Hoagland and Mike Bara, »What is Happening at the South Pole?«; http://www.enterprisemission.com/antarctica.htm (aufgerufen am 15.8.2017)
11 Ebd.
12 Henry Stevens, *Hitler's Suppressed and Still-Secret Weapons, Science and Technology* (Adventures Unlimited Press, 2007); p. 223.
13 Richard Hoagland and Mike Bara, »What is Happening at the South Pole?«; http://www.enterprisemission.com/antarctica.htm (aufgerufen am 15.8.2017)
14 *The Sun*, »Shock claims massive ancient civilisation lies frozen beneath mile of Antarctic ice – and could even be Atlantis«; https://www.thesun.co.uk/news/2380220/shock-claims-massive-civilisation-lies-frozen-beneath-a-mile-of-ice-in-the-south-pole/
15 »Missing scientists mystery deepens in frozen Antarctica«; http://www.foxnews.com/tech/2012/02/03/missing-scientists-mystery-deepens-in-frozen-antarctica.html (aufgerufen am 19.10.2017)
16 »Success! Russian Team Breaches Buried Antarctic Lake«; https://www.livesci

ence.com/18369-success-russian-team-breaches-buried-antarctic-lake-vostok.html (aufgerufen am 19.10.2017)

17 Michael E. Salla, »Military Abduction & Extraterrestrial Contact Treaty – Corey Goode Briefing Part 2«; http://exopolitics.org/military-abduction-extraterrestrial-contact-treaty-corey-goode-briefing-pt-2/ (aufgerufen am 21.10.2017)

18 Corey Goode, »Endgame Part II: The Antarctic Atlantis & Ancient Alien Ruins«; https://spherebeingalliance.com/blog/endgame-part-ii-the-antarctic-atlantis-and-ancient-alien-ruins.html (aufgerufen am 10.11.2017)

19 Ebd.

20 Charles Hapgood, *Earth's Shifting Crust: A Key To Some Basic Problems Of Earth Science* (Pantheon Books, 1958); online zugänglich unter https://archive.org/stream/eathsshiftingcru033562mbp/eathsshiftingcru033562mbp_djvu.txt (aufgerufen am 10.11.2017)

21 Ebd.

22 Zur Debatte um die Karte von Oronce Fine siehe http://www.ancientdestructions.com/oronteus-finaeus-map-antarctica-fineus/ (aufgerufen am 10.11.2017)

23 Corey Goode, »Endgame Part II: The Antarctic Atlantis & Ancient Alien Ruins«; https://spherebeingalliance.com/blog/endgame-part-ii-the-antarctic-atlantis-and-ancient-alien-ruins.html (aufgerufen am 10.11.2017)

24 See Michael E. Salla, »Impending Announcement of Ruins from Futuristic Civilization Found in Antarctica«; http://exopolitics.org/impending-announcement-of-ruins-from-futuristic-civilization-found-in-antarctica/ (aufgerufen am 10.11.2017)

25 Corey Goode, »Endgame Part II: The Antarctic Atlantis & Ancient Alien Ruins«; https://spherebeingalliance.com/blog/endgame-part-ii-the-antarctic-atlantis-and-ancient-alien-ruins.html (aufgerufen am 10.11.2017)

26 Ebd.

27 Arjun Walia, »DNA Analysis of Paracas Elongated Skulls Released: Unknown To Any Human, Primate, or Animal«; http://www.collective-evolution.com/2014/02/12/dna-analysis-of-paracas-elongated-skulls-released-unknown-to-any-human-primate-or-animal/ (aufgerufen am 10.11.2017)

28 Corey Goode, »Endgame Part II: The Antarctic Atlantis & Ancient Alien Ruins«; https://spherebeingalliance.com/blog/endgame-part-ii-the-antarctic-atlantis-and-ancient-alien-ruins.html (aufgerufen am 10.11.2017)

29 Ebd.

12 Corey Goodes verdeckte Aufklärungsmissionen in der Antarktis

Die Verwendung von Tarnprogrammen, um geheime Programme zu verbergen

Verlässliche Informationen über laufende Aktivitäten in der Antarktis zu sammeln ist sehr schwierig – wegen der Sicherheitseinstufung »Kenntnis-nur-wenn-nötig« (»need to know«) der verdeckten Projekte tief unter den Eisfeldern. Den meisten Vertretern der Öffentlichkeit, die in die Antarktis reisen, wird eine bereinigte Version der Projekte vorgestellt, die in den Stationen an der Oberfläche laufen. Wenn offizielle Besucher keine Kenntnis von dem benötigen, was tief im Inneren der geheimen Projekte geschieht, bekommen sie die entsprechenden Anlagen an der Oberfläche nur im Rahmen von Routinetouren zu sehen. Dann werden ihnen wissenschaftliche Projekte aus offenen Quellen gezeigt, die eigentlich Tarnprogramme für die streng geheimen unterirdischen Antarktis-Projekte sind.

Im Jahr 2015 legte Edward Snowden NSA-Dokumente offen, die zeigen, dass zu allen klassifizierten Programmen – neben erfundenen Tarngeschichten – auch klassifizierte Scheinprogramme gehören, um die Geheimhaltung aufrecht zu erhalten. Die Programme mit der höchsten Geheimhaltungsstufe werden also durch Programme mit geringerer Geheimhaltungsstufe getarnt.

Dies wurde durch eines der Dokumente, die Snowden aufdeckte, illustriert, und es zeigte, wie streng geheime Programme durch weniger geheime Entsprechungen geschützt werden.

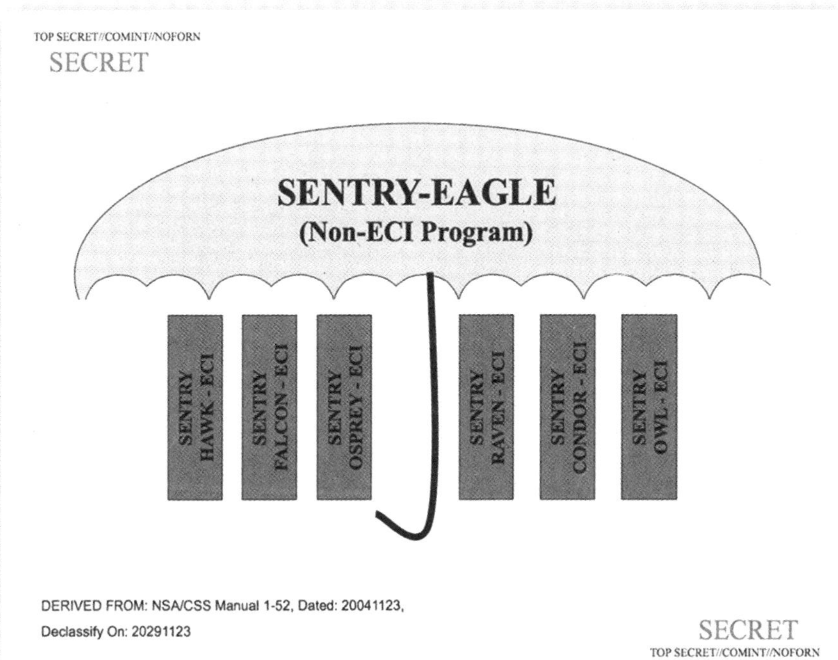

Abb. 53: Von Edward Snowden geleakte NSA-Folie über Sentry Eagle

Auf ganz ähnliche Weise werden sicher auch geheime Aktivitäten in der Antarktis durch eine Vielzahl von Scheinprogrammen verdeckt. Öffentlichen Besuchern, die keine Kenntnis benötigen, wird eine Tour durch die Scheinprogramme in der Antarktis geboten, die legitime wissenschaftliche Projekte zu sein scheinen und Gebiete wie Wetterbeobachtung, Pinguinforschung, Umweltveränderungen, atmosphärische Physik und dergleichen behandeln. Dadurch kann Geheimhaltung effektiv erfolgen, trotz der Anwesenheit Tausender von Wissenschaftler und Mitarbeiter in der Antarktis, die anomale Ereignisse sehen, während sie an einer Anzahl von offenen oder nicht geheimen Projekten teilnehmen.

Viele offizielle Besucher, die für das vorliegende Buch interviewt wurden, sagten, dass sie auf ihren Reisen in der Antarktis hinsichtlich einer versunkenen Kultur oder alter Artefakte nichts gesehen haben. Sowohl der Kongressabgeordnete Nicholas Lampson (H. R. Texas,

1997-2005, 2007-2009) als auch Dr. Rita Coleman (Chefin der National Science Foundation) beantworteten eine Reihe von Fragen, die ihnen für dieses Buch gestellt wurden, und äußerten, sie hätten während eines Besuchs des amerikanischen Kongress 1992 in der Antarktis diesbezüglich nichts gesehen oder gehört.[1] Jeder von ihnen behauptete, nur wissenschaftliche Projekte gesehen zu haben, die durch offene Quellen wie die *Antarctic Sun* gut bekannt sind. Und sie erklärten auch, nicht über Geheimprojekte unterrichtet worden zu sein.

Klar ist, dass die Bestätigung durch Augenzeugen schwer zu erbringen ist, wenn unter diesen Voraussetzungen tief unter dem Eis von unbekannten Stützpunkten aus streng geheime US-Projekte oder ein deutsches Weltraumprogramm operieren. Am weitesten sind wir bisher durch die Mitteilung des Navy-Flugingenieurs »Brian« gekommen, der aussagte, dass es am Südpol ein Loch von der Größe eines Flugzeugs gibt, das zu einem Geheimprogramm zu gehören scheint. Dass eine Unterdrückung von Augenzeugenberichten erfolgt, ist durch die Verwarnung belegt, die Brian und seine Kollegen erhielten, nachdem sie bei einer Rettungsaktion über dieses Loch hinwegflogen. Ihnen wurde vorgeschrieben, nichts von dem auszuplaudern, was sie gesehen hatten, und man warnte sie vor schlimmen Konsequenzen, falls sie etwas preisgeben. Bis heute weigert sich Brian aus Sorge vor einem Nachspiel für sich selbst und die anderen Mitglieder seines Teams, diese zu nennen.[2]

Die Kongressabgeordneten Lampson und Dr. Coleman besuchten während ihrer Tour 1992 die Amundsen-Scott-Südpolstation. Als sie gefragt wurden, ob nahe beim Südpol ein großes Loch existiere, antworteten sie, dass sie davon keine Kenntnis hätten. Doch Brians Hintergrund und seine Glaubwürdigkeit verleihen seinem Bericht davon, was er damals persönlich in den 1990ern sah, hohe Authentizität. Außerdem deutet Brians Sichtung von Fliegenden Untertassen über dem Transantarktischen Gebirge während der Flugmissionen darauf hin, dass ein Geheimes Weltraumprogramm in der Antarktis existiert. Bezeichnenderweise ist dies ein Programm, das nicht Teil der von der NSF geführten Aufsicht über das US-Antarktisprogramms ist. Die Fliegenden Untertassen, die Brian sah, beweisen, dass ein modernes

Raumfahrtprogramm, möglicherweise ein Teil des deutsch geführten Programms, im Transantarktischen Gebirge operiert. Schließlich belegt Brians Erinnerung an das Ereignis mit den vermissten Forschern in Marie-Byrd-Land auch, dass verdeckte Projekte in der Antarktis im Gange sind, denn alle beteiligten Wissenschaftler wurden mit klaren Anweisungen zur Geheimhaltung ermahnt.

Basierend auf Brians Aussage haben wir bisher nur ein skizzenhaftes Verständnis von verdeckten Programmen in der Antarktis und der andauernden deutschen Präsenz dort. Dasselbe gilt für den Fall der magnetischen Anomalie, die im Wostoksee entdeckt wurde, sowie für Corey Goodes Informationen über eine schockgefrorene versunkene Kultur unter den Eismassen, die ihm von seinem USAF-Kontakt »Sigmund« und anderen Insiderquellen mitgeteilt wurden.

Es ist jedoch Goodes jüngster bemerkenswerter Augenzeugenbericht, der uns das meiste darüber mitteilt, was in der Antarktis im Rahmen streng geheimer Projekte geschieht. Bis jetzt, so behauptet er, wurde er zu zwei verschiedenen Gelegenheiten in die Antarktis mitgenommen, wo er hoch entwickelte Stützpunkte sah und Ausgrabungsarbeiten verfolgte, die mit einer alten außerirdischen Kultur in Zusammenhang standen, welche über fortgeschrittene Raumschiffe verfügte. Es ist deshalb sehr wichtig, diese Behauptungen eingehender zu betrachten und zu analysieren, angefangen mit Goodes Reise von 2016, auf der er angeblich große industrialisierte Stützpunkte des deutschen antarktischen Raumfahrtprogramms der »Dunklen Flotte« sah, das mit einem transnationalen Mischkonzern kooperiert, dem Interplanetary Corporate Conglomerate (ICC).

Reise zu geheimen antarktischen Stützpunkten 2016

Am 14. Mai 2016 veröffentlichte Goode über die Ereignisse in der Antarktis einen Onlinebericht in stichwortartiger Form, der aus Informationen bestand, die er kürzlich aus Insiderquellen bekam.[3] Dieser Bericht erwähnt die Anshar, eine der sieben innerirdischen Zivilisationen, die Goode seit 2015 getroffen haben will. In früheren Onlineberichten enthüllte er, dass er zur unterirdischen Hauptstadt der Anshar gebracht wurde, wo er ihre fortgeschrittene Technologie sah. Goode beschrieb zuvor schon viele Begegnungen mit Ka Aree, einer Hohenpriesterin der Anshar, die auf vielen Reisen in das Erdinnere und in den Weltraum als seine Führerin und Freundin agierte.

Einen Monat später gab Goode mir ein informelles Briefing über gegenwärtige Ereignisse in der Antarktis sowie über Details seiner ersten Reise zum eisigen Kontinent an Bord eines Raumschiffs der Anshar, um unterirdische Industrieanlagen zu besichtigen.[4] Goodes antarktische Erkundungstour fand zwischen dem 27. und 30. April 2016 statt. Die Anlagen, die er sah, waren der Geheimen Weltraumprogramm-Allianz, die zum Solar-Warden-Programm der U.S. Navy gehört, großenteils unbekannt, weshalb Goode eine entscheidende Aufklärung erhielt, die er so schnell wie möglich weitergeben sollte. Aus diesem Grund briefte Goode mich, damit die Information umgehend verbreitet werden konnte. Schon am nächsten Tag, dem 16. Juni 2016, veröffentlichte ich einen langen Artikel auf www.Exopolitics.org, in dem ich die mir von Goode mitgeteilten Daten zusammenfasste. Der Titel lautete »Secret Space Programs Battle over Antarctic Skies during Global Elite Exodus« – »Geheime Raumfahrtprogramme kämpfen am antarktischen Himmel während des Exodus der globalen Elite«.

Im folgenden Monat beschrieb Goode seinen ersten Besuch in der Antarktis in einem Interview mit *Cosmic Disclosure*, das am 12. Juli 2016 veröffentlicht wurde, genauer.[5] Er schilderte darin, wie er in das Anshar-Raumschiff gebracht wurde, das über hoch entwickelte Beobachtungstechnik verfügte, um an einer Aufklärungsmission teilzunehmen, durch die er reale Informationen über die Geheime Weltraumprogramm-Allianz erhielt, die begann, seinen Wert für sie in Frage zu stellen. Goode erwähnte auch, dass er wieder von Ka Aree begleitet wurde:

> »Und sie wandte sich an mich und sagte: ›Die Technologie dieses Schiffes ist unglaublich intuitiv.‹ Sie sagte: ›Verliere dich nicht in den Daten.‹ … Und sie sagte das, kurz bevor wir geradewegs auf eine riesige Eiswand zuflogen, wie ein Eisschelf. Wir flogen geradewegs darauf zu, sehr schnell …

Und dann passierten wir sie, es muss eine Art Hologramm gewesen sein. Und als wir hindurch stießen, sahen wir ein ausgespartes Areal, durch das das größte Schiff, das wir hatten [ein Flugzeugträger], gepasst hätte, bis zur Decke des Torbogens hätte es noch zwei oder drei Mal hinein gepasst.

Aber es gab dort diesen, ich würde sagen, Dampf. Es war sehr nebelig.

Am Eingang kam dieser Nebel heraus. Und wir flogen direkt in die Eisröhre hinein. Wir flogen weiter und weiter und da gab es Bereiche … Man sah nichts als Eis, aber dann sah man auch etwas wie kleine Felsvorsprünge. Und so blieb es mehrere Kilometer weit, die wir dahinflogen, bis sich schließlich alles öffnete und ausdehnte.«[6]

Was Goode hier beschreibt, sind offenbar thermisch erhitzte Eishöhlen, die von Dampf gebildet werden, der von aktiven Vulkanen tief unter dem Eismantel aufsteigt. Das ist deshalb von Bedeutung, weil später, im September 2017, australische und neuseeländische Wissenschaftler bestätigten, dass es tatsächlich zusammenhängende Eishöhlen tief unter dem Eisschelf gibt, die durch die Hitze aktiver Vulkane gebildet wurden.[7] Die Wissenschaftler betonten, dass es dort bis zu etwa 25 Grad Celsius warm wurde und sie sehr wahrscheinlich Leben enthielten.

Anschließend erklärte Goode, wie das Anshar-Schiff einen verborgenen Wasserweg in der Tiefe unter den Eismassen überflog. Diese Wasserwege führen durch die thermisch erhitzten Eishöhlen bis in die offene See:

»Und dann flogen wir über Wasser. Wir flogen unter … über Wasser, unter dem Eis. Und dann kamen wir heraus über diesem kleinen Inselgebiet, das einen kleinen Außenposten hatte – es wirkte wie eine Industriestadt, war aber keine Stadt. Es war klein.

Und wir flogen immer noch in scharfem Tempo. Und auf einmal waren wir … war Land unter uns. Und man konnte es nicht wirklich gut sehen, denn es war sehr dunkel. Und dann gelangten wir in ein Gebiet und man sah Licht, sehr viel Licht über uns.

Und das Licht drang durch und wurde gebrochen und gespiegelt von dieser gigantischen Eiskuppel über dem Eis … und es gab Seen, aus denen Dampf aufstieg. Und es war offenbar sehr warm. Ich konnte ... Es gab Bäume, die vielleicht so groß wirkten [Corey zeigt mit den Fingern einen Abstand von etwa zehn Zentimetern], die aussahen wie ... an denen Tannennadeln waren. Aber es war so dunkel, dass ich sie nicht wirklich gut erkennen konnte.

Und wir kurvten um diesen Berg herum ... und da waren diese Berggipfel, die aus dem Boden aufragten und im Eis verschwanden, in der oberen Decke des Eises. Es war bizarr. Und es war offensichtlich ... diese Eistasche oder dieses kleine Iglu unter dem Eis war offenbar durch thermische Aktivität entstanden. Und wir befanden uns im Nordwesten der Antarktis.«[8]

Dies ist eine genaue Beschreibung, wie die Gipfel oder oberen Bereiche der Berge in der Antarktis von einer Eisdecke bedeckt sind, aber Teile der Oberfläche durch thermisch gebildete Eishöhlen am Fuß der Berge vielleicht noch sichtbar sind. Wissenschaftler gaben im August 2017 bekannt, dass das nordwestliche Gebiet der Antarktis von aktiven Vulkanen bedeckt ist (siehe Abb. 60), und erhärteten damit, was Goode auf seiner Reise im April 2016 sah.[9]

Als Nächstes beschrieb Goode, wie er während seiner antarktischen Erkundungsmission die erste große Industriestadt sah:

»Dann gelangten wir zur ersten wirklich großen Industriestadt, die ich dort unten sah. Und man konnte ... sie sah aus wie ... Sie war wohl einmal so groß gewesen [Corey hält die Handinnenflächen etwa fünfundzwanzig Zentimeter voneinander entfernt] und dann hatte man sie nach und nach ausgebaut [Corey breitet die Arme so weit wie möglich aus] ...

Und wir sahen noch etwas anderes, all diese großen dreieckigen Schiffe ... Wegen der Lichtbedingungen konnte ich nicht genau erkennen, ob sie über dem Boden schwebten oder dort abgestellt waren.

Es war ziemlich gut erleuchtet von all den industriellen Lichtern, die im gesamten Areal, wo sich der Komplex befand, vom Eis reflektiert wurden.«[10]

Goode sagte, dass er danach noch große U-Boote gesehen habe, die imstande waren, diese unterirdische Stadt durch verborgene, sich von der Küste erstreckende Wasserwege unter der antarktischen Eisdecke zu erreichen:

»Und als wir darüber weg flogen, sahen wir zwei konventionelle U-Boote und ein paar von den sehr langen schwarzen. Und da waren Kräne auf einer Art Eisenbahngleis, die in Position standen und einen Teil des fast eiförmigen schwarzen U-Boots entluden, so dass es oben zurückgeschoben war und das Innere zeigte. Und was sie da entluden ...«[11]

In Goodes Online-Report vom 14. Mai 2016 erwähnte er als Erstes, was ihm von »Gonzales« über die riesigen U-Boote, die Menschen und Fracht in die Antarktis transportieren, erzählt worden war:

»Gonzales bestätigte später, dass diese Menschen und Vorräte in vielen Fällen via ›Schwarze U-Boote‹ in die Antarktis transportiert wurden, die ›EM-getrieben‹ [elektromagnetisch angetrieben] und so groß wie Containerschiffe waren. Das wassergefüllte unterirdische Grabensystem ist so unglaublich riesig, dass sie auf ihrer Reise keine Probleme haben. Außerdem sagen die Berichte, dass die Gräben und Höhlen in alten Zeiten zu massiven gewölbten Tunneln ausgebaut wurden.«[12]

Auch Willliam Tompkins behauptete, dass das Höhlensystem unter dem Eis der Antarktis für U-Boote befahrbar ist und die Deutschen zu diesem Zweck gewaltige U-Boote gebaut haben:

»Ihre U-Boote ermöglichten ihnen den Zugang zu diesen [antarktischen] Höhlen. Die Deutschen bauten massige *Fracht*-U-Boote, gewaltige Teile, um all das Zeug hinunter in die Antarktis zu transportieren. Im Tauchgang drangen diese U-Boote durch die Unterwassertunnel in die antarktischen Höhlen ein. Sie kehrten durch die Tunnel zurück und gelangten in einen See, wo sie all diese Anlagen hatten, die Städte, die Schiffsbasen, Siedlungen und Tausende von Menschen.«[13]

Nachdem Goode die gigantischen U-Boote, groß wie Frachter, in der antarktischen Industriestadt beschrieben hatte, lieferte er noch weitere Details über das Flugschiff, das ihn und die innerirdische Mannschaft beförderte:

»Und da begann ich mich zu fragen, wie viele von diesen Außenposten es wohl gibt. Gibt es noch etwas unter dem Boden? Was … Weißt du, mir ging plötzlich alles Mögliche durch den Kopf. Und auf einmal, all diese Displays … wie holografische Bildschirme poppten sie überall auf.

Und was ich noch nicht erwähnt habe, ist dies: Als wir zuerst in dieses Gebiet unter dem Eis kamen, wurden die Decke und die Böden des Flugschiffs transparent.«[14]

Und während die holografischen Karten erschienen, an den Wandelementen des Anshar-Fahrzeugs, konnte Goode die Lage der Industriegebiete erkennen:

»All diese Darstellungen poppten auf und ich begann sie mir anzusehen und es war wie: ›Moment, ich muss mir das ansehen, weißt du, sehen, was ich sehen muss.‹ … Und ich verstand wirklich nicht alles, was ich da sah – alles, was da aufpoppte. Ich sah eine Art Karte des Gebietes, in dem wir uns aufhielten, und ich sah zwei große Gebiete und dann noch vier kleinere Außenposten auf der Karte.«[15]

Goode hat eine Karte zur Verfügung gestellt, auf denen die sechs Industriegebiete eingekreist sind, um deren annähernde Größe und Lage zu verdeutlichen.

Im Wesentlichen liegen die Orte alle an unterirdischen Wasserwegen und in einer Region der Antarktis, wo eine große Anzahl aktiver Vulkane vorkommt. Deshalb passt Goodes Bericht von der Zugänglichkeit für U-Boote und thermischer Aktivität in den unterirdischen Anlagen gut zu den wissenschaftlichen Daten über diese unterirdischen Antarktis-Regionen. Die sechs antarktischen Stützpunkte gehörten Goode zufolge zu einem der Geheimen Weltraumprogramme – dem Interplanetary Corporate Conglomerate (ICC).

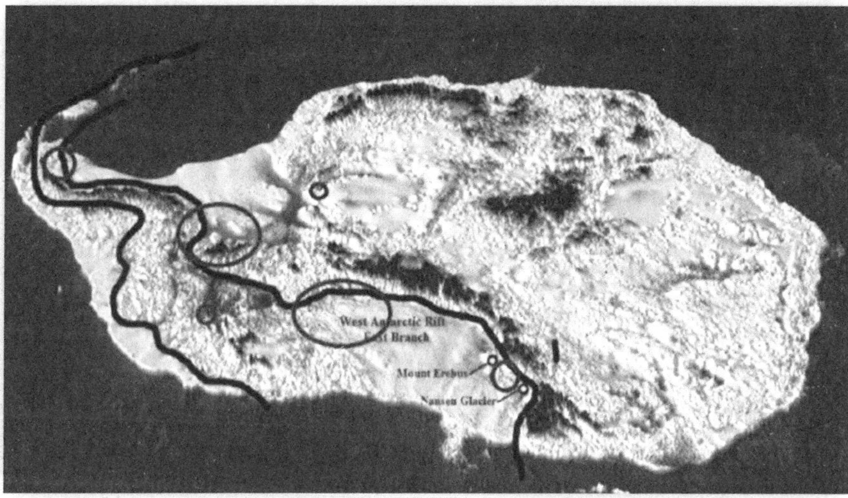

Abb. 54: Karte der Antarktis mit Kreisen, welche die Lage und relative Größe der industriellen Anlagen kennzeichnen. Mit freundlicher Genehmigung der Sphere Being Alliance

Goode fuhr damit fort, den nächsten ungewöhnlichen Ort, den sie sahen, zu beschreiben:

»Wir flogen also über diese Industriestadt hinweg. Es wurde wieder dunkler. Und dann auf einmal waren wir über einer Art Bucht. Und am Ende der Bucht konnten wir etwas erkennen, das aussah … Es war eine weitere Stadt, die auf der Karte auftauchte, die vor mir aufpoppte.

Und ich dachte, dass wir genau darauf zuflögen, aber wir hielten über dem Wasser an. Ich sah hoch und ich sehe diese riesige … Das Eis war in dem Bereich an den meisten Stellen über der Grundfläche des Bodens sechzig bis hundert Meter dick, aber in dieser Bucht waren es bis zu zweihundert Meter. Es war sehr viel dicker.

Und dann war da dieses große Loch, wissen Sie, siebzig bis neunzig Meter breit, das sich über uns in einem bestimmten Winkel öffnete und wieder schloss. Es war eine riesige … Dort entwich anscheinend all die thermische Hitze … Wir halten also darunter an. Und ich denke noch, wir werden gleich durch es hindurch hochschießen. Aber stattdessen, ›ffsst‹, tauchen wir ins Wasser ein, ganz flach, fast wie ein Bauchklatscher, einfach ab, ›ffuuh‹, ins Wasser. Und dann sind wir unter Wasser. Und es ist dunkel. Es ist stockfinster.«[16]

Von besonderem Interesse ist hier, dass das Loch, das Goode beschreibt, dem ähnelt, das der Navy-Techniker »Brian« am Südpol gesehen haben will. Goode sagt, das Loch sei siebzig bis neun Meter breit gewesen, was mit Brians Schätzung vergleichbar ist, dass ein C-130-Frachtflugzeug leicht in das Loch hätte hineinfliegen können. Da Brian während seines Navy-Dienstes Flugzeugtechniker bei der Antarctic Development Squadron Six war, der Antarktis-Entwicklungsstaffel Sechs, kann seine Schätzung als genau angesehen werden.

Dies zeigt, dass das Loch am Südpol durch thermische Energien aus dem Inneren entstand, die eine Höhle im Eis formten, welche sich dann über eine Entfernung von anderthalb bis drei Kilometer zur Oberfläche hin vergrößerte. Es ist sehr gut möglich, dass es viele thermisch gebildete Löcher gibt, die sich über große Entfernungen nach oben durch die Eisschichten zur Oberfläche erstrecken.

Goode schilderte dann genauer, wie das Anshar-Schiff durch einen unterirdischen Fluss fuhr, der für U-Boote zugänglich war, die von der Küste her kamen:

> »Und weißt du, wir reisten unter Wasser. Und auf einmal fuhren wir dann in dieses höhlenartige Gebilde ein, in das anscheinend auch diese U-Boote hineinfahren und aus dem sie hervorkommen … Und ich weiß nicht, wie weit, aber wir fahren ein ganzes Stück weit zurück. Und ich sehe zwei oder drei dieser U-Boote mit einer langen Linie kleiner Blasen hinter sich und einem Licht vorne. Und es war offenbar ein Graben.
>
> Und der Graben beschreibt einen Bogen und wir fahren in die Kurve hinein und dann sehen wir diesen riesigen Torbogen, der irgendwie … Keine Ahnung, er war so riesig. Und er … nun, da war diese Kurve und der Torbogen verband zwei Gräben oder Tunnelbereiche miteinander. Und er war uralt.«[17]

Goode hat eine künstlerische Darstellung des Tunnelsystems und des Torbogens vorgelegt, durch den U-Boote in die Antarktis reisen und

Abb. 55: Zeichnung der Unterwassertunnel, die nach Südamerika führen, wie von Goode beschrieben. Mit freundlicher Genehmigung von www.Gaia.com

sie wieder verlassen können. Wichtig ist hier, dass Goode sich auf ein Tunnelsystem bezieht, das sich den ganzen Weg von der Antarktis bis nach Südamerika erstreckt, wo ein weiteres Tunnelsystem den gesamten Kontinent hinauf bis nach Nordamerika reicht.

William Tompkins sprach von der Existenz eines ähnlichen Tunnelsystems, das den afrikanischen Kontinent durchzieht und ihn mit Europa und darüber hinaus verbindet. Tompkins zufolge transportierte Nazi-Deutschland während des Zweiten Weltkriegs Ausrüstung und Personal durch dieses Tunnelsystem von Europa nach Afrika und sodann in die Antarktis. Er sagte, dass die Hälfte des Personals und der Ressourcen, die in die Antarktis gebracht wurden, durch dieses alte Tunnelsystem gebracht wurde, das Europa, Afrika und die Antarktis verbindet. Tompkins erwähnte das Tunnelsystem auch in einem Interview und erklärte, wie U-Boote es benutzen, um die unterirdischen antarktischen Stützpunkte zu erreichen.[18]

Es ist zweifelsfrei belegt, dass NS-Deutschland eine eingehende Untersuchung über natürliche Höhlensysteme in Deutschland und dem besetzten Europa in Auftrag gab, um unterirdische Fabrikanlagen zu bauen. Daher ist es ziemlich wahrscheinlich, dass die Deutschen während der Erschließung dieser Höhlen in Europa auf das natürliche Höhlensystem des Kontinents gestoßen sind, das bis zur Antarktis reicht. Sicherlich haben die reptiloiden Verbündeten der Nazis ihnen geholfen, dieses Höhlensystem zu finden und zu nutzen, um dem Zusammenbruch des Dritten Reiches zu entgehen. Goodes Zeugnis eines Tunnelsystems, das unter Nord- und Südamerika verläuft, machen auch Tompkins' Behauptungen plausibler.

Die Informationen, die Goode während seines Antarktisbesuchs im April 2016 erhielt, waren hoch sensibel, da sie der GWP-Allianz neue Daten lieferten, um ihre laufenden Bemühungen zu unterstützen, die Aktivitäten der Dunklen Flotte und des Interplanetary Corporate Conglomerate (ICC) zu neutralisieren. Goode bestätigt, dass die GWP-Allianz diese Informationen sehr nützlich für ihre laufenden Operationen gegen die Kabale fand, von denen einige auch direkte militärische Konfrontationen umfassten. Während dieser Zeit hat Goode auch Informationen freigegeben, die ihm von der GWP-Allianz mitgeteilt wurden. Bevor nun Goodes zweite Reise in die Antarktis betrachtet wird, sollen die Erläuterungen zu einem Luftkampf über der Antarktis Anfang 2016, die er eigenen Worten nach erhielt, untersucht werden.

Die Schlacht über der Antarktis

Nach Goode stammten die Mitteilungen über das, was dort während seines Besuchs im April 2016 vor sich ging, aus zwei verschiedenen Quellen. Eine Quelle, »Gonzales« (ein Pseudonym), war seine erste Verbindung zur GWP-Allianz. Gonzales, angeblich ein Lieutenant Commander der U.S. Navy, war auch Goodes erster Kontaktmann zur GWP-

Allianz, die das Solar-Warden-Programm der Navy sowie Überläufer von anderen Geheimen Weltraumprogrammen umfasst.

Goodes zweite Quelle war »Sigmund«, angeblich ein höherer Offizier in einem Weltraumprogramm, das von der U.S. Air Force geleitet wird und zu dem das USAF Space Command, also das Weltraumkommando der amerikanischen Luftstreitkräfte, das Nationale Aufklärungsamt (NRO), die NSA und die Defense Intelligence Agency (DIA) gehören. Wie bereits erwähnt, war Sigmund daran beteiligt, Goode im Jahr 2016 zu entführen und zu verhören, denn die Genauigkeit seiner Enthüllungen hatte Führer des von der USAF geleiteten GWP erstaunt und viele Fragen aufgeworfen. Goode bezieht sich auf das USAF-Programm als ein »niedrigschwelliges GWP«, da die fortschrittlichen Weltraumtechnologien, die es benutzt, Weitergaben von anderen hochmodernen Raumfahrtprogrammen sind, die von der Navy (Solar Warden) und dem Interplanetary Corporate Conglomerate (ICC) geleitet werden.[19]

Goodes wichtigste Erklärungen während jener Zeit betrafen einen angeblichen Luftkrieg über der Antarktis, der Anfang 2016 stattfand. Über die Ereignisse, die zu dieser Konfrontation führten, schrieb Goode in seinem Online-Report vom 14. Mai 2016, in dem er darlegt, was Gonzales und Sigmund ihm von einem Exodus von Elitegruppen erzählt hatten, die gerade nach Südamerika und in die Antarktis flohen.

> »Etwa sechs Monate lang gingen Meldungen ein, denen zufolge hochrangige Syndikatsgruppen große Mengen von persönlichen Gegenständen und Vorräten zu unterirdischen südamerikanischen Stützpunkten brachten, meist in Brasilien. Jüngere Berichte besagten, dass Familien und hochrangige Syndikatsmitglieder in diese unterirdischen Stützpunkte einfielen wie Ameisen vor einem Sturm.«[20]

Als Goode mir im Juni das »Briefing« gab, führte er diese Ereignisse weiter aus und erklärte, dass Syndikatsgruppen (globale Eliten/Kabale/Illuminati) fürchteten, dass vorausgesagte große Sonnenstürme die Erde heimsuchen werden.[21] Ein sogenannter »solarer Todesschuss« wurde von Ed Dames, einem Hellseher, schon vor langer Zeit vorhergesagt; in einem Interview am 21. März 2016 teilte er schließlich mit, dass das Ereignis kurz bevorstünde.[22]

Goode stellte auch klar, dass Syndikatsgruppen nicht einfach die Erde verlassen könnten, um außerhalb von ihr Zuflucht zu suchen, da es seit kurzem für die »GWPs auf niedrigeren Ebenen« eine Sperrung des Luftraums »über der Erde und um sie herum« gäbe.[23] Dazu wurden Technologien eingesetzt, um ein »Erdverteidigungsgitter« zu errichten, das von einer »Luft-(und-Weltraum-)Verkehrskontrolle« namens Lunar Operations Command (LOC) auf dem Mond koordiniert wird.[24] Dieses LOC, gegenwärtig vom interplanetarischen Mischkonzern ICC kontrolliert, ist mit den niedrigschwelligen GWPs verbunden. Wegen des Erdverteidigungsgitters, das Raumschiffe stoppen kann, flohen die Kabale/Syndikatsgruppen nach Südamerika und in die Antarktis, wo unterirdische Orte einige Sicherheit garantieren. Goode sagt, dass während dieser Zeit die niedrigen GWPs angewiesen sind, keine Flüge der GWP-Allianz im Luftraum der Erde abzufertigen, was ein zeitlich begrenztes Mandat sei.

Zufälligerweise besuchte Präsident Obama am 24. März 2016 die Andenstadt Bariloche in Argentinien, das berüchtigte inoffizielle Hauptquartier des »Vierten Reiches«, in das Adolf Hitler nach dem Zweiten Weltkrieg geflohen war.

Im Februar 1960 war Präsident Eisenhower nach Bariloche gereist, wo er mit dem argentinischen Präsidenten die »Gemeinsame Erklärung von Bariloche« über Frieden und Freiheit in Nord- und Südamerika aushandelte.[25] Der wahre Gegenstand der Verhandlungen waren jedoch sehr wahrscheinlich die Abmachungen gewesen, die 1955 erzielt worden waren und nun geändert wurden, um den Militärisch-Industriellen Komplex der USA auch weiterhin sicher unter der Kontrolle des Vierten Reiches zu halten. Hier ist an das CIA-Dokument zu erinnern, das am Ende von Kapitel 3 behandelt wurde und ein Beweis dafür ist, dass Hitler im Februar 1955 von Kolumbien zurück nach Argentinien reiste. Durch das zusätzliche Dokumentarmaterial, das bestätigt, dass Hitler in Bariloche lebte, ist beinahe sicher, dass Eisenhower während seines Besuches Adolf Hitler traf, der vermutlich eine ehrenvolle Position im Vierten Reich innehatte.[26] Weiterhin ist es sehr gut möglich, dass Bari-

Abb. 56: Die Schlacht über der Antarktis. Mit freundlicher Genehmigung von www.Gaia.com

loche leichten Zugang zu dem unterirdischen Höhlensystem besitzt, das bis zur Antarktis reicht und von U-Booten genutzt wird, wie Goode es während seines Besuches 2016 sah. Wenn das stimmt, könnte der große See bei Bariloche eine Möglichkeit für U-Boote sein, um in die Antarktis und wieder zurück zu reisen.

Die Allianz der Deutschen in der Antarktis und des Militärisch-Industriellen Komplexes führte nicht nur zur Entstehung des interplanetarischen Mischkonzerns ICC, sondern auch zur Verantwortung für die deutschen Stützpunkte in der Antarktis. Daher ist es sehr wahrscheinlich, dass Präsident Obamas Besuch in Bariloche stattfand, um neue Abkommen mit dem ICC/den Deutschen zu schließen und ihrem Wunsch entgegenzukommen, für ihren Exodus eine große Menge Leute und Fracht an sichere Orte in Südamerika und der Antarktis zu bringen.

In seinem Online-Bericht beschreibt Goode eine Schlacht über der Antarktis als Folge des geheimen Transfers von Personal und Ressourcen zu den geheimen Industrieanlagen dort.

> »Eines der interessantesten Ergebnisse dieses Briefings [von Gonzales nun sicher in einem geheimen Stützpunkt im Kuipergürtel anberaumt, einer ringförmigen und relativ flachen Region außerhalb der Neptunbahn] bestand darin, dass es kürzlich Berichte von sechs großen (tränenförmigen) Kreuzern gegeben hatte, die im Begriff gewesen waren, die Atmosphäre zu verlassen, nachdem sie die Oberfläche des Ozeans nahe der Küste der Antarktis durchbrochen hatten. Dutzende ›unbekannter winkelförmiger Flugzeuge‹ umschwärmten die Kreuzer, griffen die beiden vorderen an und verursachten schwere und massive Schäden. Die Kreuzer brachen ihre Versuche ab, den Orbit zu verlassen, machten kehrt und verschwanden unter die Meeresoberfläche, woher sie gekommen waren.«[27]

Goode hat eine Zeichnung der Schlacht vorgelegt. Er sagte, die tränenförmigen Kreuzer gehörten zu Syndikatsgruppen. Sie seien mit der »Dunklen Flotte« (einem von Nazi-Deutschland/deutschen Geheimgesellschaften in der Antarktis betriebenen Weltraumprogramm) verbündet, die sich später mit dem Militärisch-Industriellen Komplex der USA zusammenschloss.

Goode fügte hinzu, dass die GWP-Allianz nicht sicher war, zu wem die winkelförmigen Raumschiffe gehörten, aber es wurde vermutet, dass sie mit der »Erdallianz« zusammenhingen, einem Konsortium von »Weißen Hüten« verschiedener nationaler Militärs, die eng mit den BRICS-Nationen zusammenarbeiten (siehe Abb. 1 zu den verschiedenen GWP-Allianzen).[28]

Nach Goode war die antarktische Schlacht kein isoliertes Ereignis:

> »Es gab eine größere Zunahme von Konflikten innerhalb und außerhalb unserer Atmosphäre zwischen Schiffen verschiedener Gruppen, bei denen eine Anzahl Schiffe abgeschossen wurde … Gonzales berichtet von Dutzenden von unterirdischen/unterseeischen Kämpfen, bei denen

Abb. 57: Die sphärischen UFOs auf der Zeichnung könnten russische Kosmosphären sein. Mit freundlicher Genehmigung von www.Gaia.com

exotische Waffen eingesetzt wurden, wie auch von einer Zunahme des Gebrauchs von Waffen zur Wetterveränderung sowohl bei den verschiedenen Syndikaten als auch bei Elementen der Erdallianz.«[29]

Die Ereignisse in der Antarktis wurden von verschiedenen Nationen und/oder Weltraumprogrammen genau beobachtet und Goode zufolge schienen große kugelförmige Schiffe über der Antarktis ebenfalls Überwachungsoperationen durchzuführen.

»Die Berichte erfolgten rund sechs Wochen lang mit genauen Beschreibungen ›großer kugelförmiger Schiffe‹ im geostationären Orbit über dem Kontinent Antarktis. Diese Berichte kamen von fünf verschiedenen Quellen und beschrieben die Kugeln als riesig, metallisch, glänzend und mit einer umlaufenden Reihe von Bullaugen. Man spekuliert, dass sie russischen Ursprungs sind.«[30]

Goode erklärte dann, dass die Schiffe in großen Gebieten der südlichen Hemisphäre operieren, auch in Australien.

Es ist möglich, dass die Schiffe mit den »Kosmosphären« zu tun haben, die angeblich von der Sowjetunion entwickelt worden sind und in den Audioberichten von Peter Beter ausführlich beschrieben werden.[31] Bemerkenswerterweise hatte Beter von 1961 bis 1967 die Position eines Erweiterten Rates der Export-Importbank der Vereinigten Staaten inne und verfügte über hochrangige Quellen, die ihm mitteilten, was bis in den frühen 1980er Jahren hinter den Kulissen im Weltraum so alles geschah. Die Kosmosphären, sofern sie denn sowjetisch waren, etablierten ihre Waffenüberlegenheit im erdnahen Orbit, wo sie sich militärische Scharmützel mit Schiffen des USAF Space Commands und der NRO lieferten. Nach Goode operieren sie etwa 650 Kilometer über der Erde und schicken ihre besten Schiffe gelegentlich auch zum Mond.

Es ist daher sehr wahrscheinlich, dass die großen runden Objekte, die die antarktischen Weltraumschlachten beobachteten, tatsächlich Kosmosphären waren, die nun unter dem Befehl von Präsident Putin und der Russischen Föderation stehen. Es ist möglich, dass sie Aufklärung betrieben. Die gesammelten Informationen könnten von den winkelförmigen Schiffen dazu genutzt worden sein, die großen tränenförmigen Schiffe zurückzudrängen, welche daraufhin mit ihren Passagieren der globalen Elite verschwanden.

Corey Goodes zweite Reise in die Antarktis

Goode sagte, dass er Anfang Januar 2017 von den Anshar zu einer zweiten Beobachtungsmission in die Antarktis mitgenommen worden sei. Diesmal sah er die erste wissenschaftliche Ausgrabung von Ruinen einer alten schockgefrorenen Zivilisation, begraben unter einer drei Kilometer dicken Eisschicht. Obwohl diese Entdeckung Goode zufolge bereits während der ersten NS-deutschen Expedition von 1939 erfolgte, sind erst seit 2002 Ausgrabungen von Archäologen und anderen Wissenschaftlern erlaubt.[32] Die Archäologen haben angeblich Dokumentarfilme gedreht und akademische Arbeiten über die Ruinen angefertigt, deren Erscheinen die wissenschaftliche Gemeinschaft in Erstaunen versetzen wird.

Zufälligerweise korrespondiert das mit den anfangs noch unbestätigten Berichten von Richard Hoagland und Mike Bara, wonach um 2002 am Wostoksee eine alte Stadt entdeckt worden sei. Goodes Treffen vom Januar stimmt auch mit den erfundenen Pressemeldungen über das Kamerateam von @lantis TV überein, das angeblich vermisst wurde, nachdem es eine unterirdische Stadt gefilmt hatte. Goodes außergewöhnliche Informationen werfen ein Licht auf diese verwirrenden Ereignisse von 2002, die den Stempel einer Geheimdienstaktion tragen, die bei voller Offenlegung die Wahrheit verbergen soll. Das heißt, dass die Kerngeschichte möglicherweise real ist, in diesem Fall aber viele Details der Entdeckung und das geheime Filmen erfunden worden sind, um ernsthafte Forscher wie Hoagland und Bara von ihrer Fährte abzulenken.

Goode wurde gesagt, dass am fraglichen Ort drei ovale Schiffe entdeckt worden seien, was zeigt, dass die Prä-Adamiten ursprünglich Außerirdische waren, die etwa vor 55.000 Jahren auf der Erde ankamen: »Es gab dort drei [vergrabene Schiffe], die extrem riesig waren. Es waren Mutterschiffe.«[33] Er führte weiter aus, »dass es außerdem ein kilometerlanges Schiff gab, fast fünf Kilometer lang und oval, sowie zwei kleinere Schiffe, wahrscheinlich Versorgungseinheiten.«[34]

Das größte der drei Schiffe war ausgegraben worden und enthielt in seinem Inneren viele kleine Schiffe. Diese kleineren Schiffe wurden nach Goode im großen Mutterschiff von Regierungsagenten zu Testzwecken geflogen. Erstaunlicherweise wurden in dem Mutterschiff auch Prä-Adamiten entdeckt:

> »Und im größten Schiff wurde tatsächlich eine Menge Wesen gefunden, die sich in Stasis befinden und bei denen es sich, schätze ich, um die ursprünglichen Wesen vom Mars handelt, die hierherkamen – die echten Prä-Adamiten.«[35]

Die prä-adamitische Zivilisation, zumindest der Teil von ihr, der in der Antarktis bestand, war bei einem kataklysmischen Ereignis, das etwa vor 12.000 Jahren stattfand, schockgefroren worden.

Eine Bestätigung für Goodes Behauptung von drei außerirdischen Schiffen unter dem antarktischen Eis stammt von Dr. Pete Peterson, der sagt, er arbeite bei vielen geheimen Regierungsprojekten mit. Peterson wurde der Öffentlichkeit bekannt, als im Jahr 2009 drei Interviews über *Project Camelot* mit ihm geführt wurden, in denen er über seine Beteiligung an geheimen Projekten sprach.[36] In seiner neuesten Reihe von Interviews in *Cosmic Disclosure* auf Gaia TV sprach Peterson über seine unmittelbare Kenntnis dreier außerirdischer Schiffe, die tief unter den antarktischen Eismassen begraben liegen. Er sagt:

> »Es gibt drei Schichten mit diesen Dingern … drei Abstürze. Und seltsamerweise liegt eines etwa eine Meile tief, eines etwa zwei Meilen und eines etwa drei Meilen … Es gab Dinge, die ähnlich waren, was mir sagte, dass wahrscheinlich Handel und Kommunikation zwischen diesen Gesellschaften stattfand … und ganz verschiedene Kontrollinstrumente. Diese Wesen hatten drei Finger, weshalb es auch eine Stelle gab, an der ihre Hand in eine Vertiefung auf einer Kontrolloberfläche passte. Und es war … Sie hatten zwei Daumen, einander entgegengerichtete Daumen, einen auf jeder Seite, sowie einen Hauptfinger.«[37]

Während Peterson abgestürzte Raumschiffe beschreibt, die auf drei verschiedenen Ebenen, getrennt durch eine Meile Eis, gefunden wurden, teilte man Goode mit, dass die drei Schiffe nahe beieinander lägen. Nichtsdestoweniger ist es bezeichnend, dass Goode und Peterson von der Entdeckung dreier großer außerirdischer Mutterschiffe in der Antarktis erzählt wurde, durch die eine oder mehrere Zivilisationen begründet worden waren.

Goode wurde von seinen Kontakten auch gesagt, dass die hoch entwickelte Technologie sowie die Überreste der Prä-Adamiten selbst von einer archäologischen Stätte entfernt wurden, die öffentlich gemacht werden soll. Teams von Archäologen haben mit den Resten gearbeitet und ihnen wurde befohlen, über andere Dinge, die sie sa-

Abb. 58: Leichen, die bei den Ausgrabungen im antiken Pompeji gefunden wurden

hen, Stillschweigen zu bewahren.[38] Dann wurden aus großen, streng bewachten Lagerhäusern ausgewählte alte Artefakte von anderen Fundorten dorthin gebracht und in die Ausgrabungsstätte hineingestellt, um sie bei der Veröffentlichung zu zeigen. Bei den bevorstehenden Ankündigungen der antarktischen Ausgrabungen wird die Betonung auf den irdischen Elementen der blitzartig eingefrorenen Kultur liegen, um die Öffentlichkeit nicht zu sehr zu schockieren.

Bis Anfang Januar 2017 stammte alles, was Goode über die antarktischen Ausgrabungen wusste, aus zweiter Hand von seinen Insiderquellen. Das änderte sich, als Goode in die Antarktis gebracht wurde, um die Ruinen und Ausgrabungen unmittelbar zu sehen. Ich traf Goode am 24. Januar 2017 in Boulder, Colorado, wo er mir einen persönlichen Bericht über seine zweite Antarktisreise gab.[39] Am nächsten Tag veröffentlichte ich einen Artikel auf www.Exopolitics.org mit dem Titel »Visit to Antarctica Confirms Discovery of Flash Frozen Alien Civilisation« oder »Besuch in der Antarktis bestätigt Entdeckungen einer schockgefrosteten außerirdischen Zivilisation«, der wichtige

Details seiner Reise zusammenfasst. Ka Aree leitete die Aufklärungsmission auf dem Anshar-Raumschiff auch diesmal, die, wie Goode erfuhr, zu seinem Wohl stattfand. Eine andere Schlüsselfigur auf dieser Reise war »Gonzales«. Goode hatte Gonzales während seiner unfreiwilligen Entführungen und Verhöre durch »Sigmund« 2016 entlarvt und Gonzales wurde danach ein Verbindungsmann zwischen einem geheimen Maya-Weltraumprogramm und der GWP-Allianz – ein Auftrag, der nicht länger seine Anwesenheit auf der Erde erforderte. (Siehe Abb. 1 zu den Maya und weiteren GWPs.)

Zwei andere Vertreter der innerirdischen Zivilisation waren bei der Aufklärungsmission ebenfalls anwesend. Goode und diese anderen wurden von Anshar-Schiffen zu einem nicht ausgegrabenen Teil der Ruinen gebracht. Dies war ein Gebiet, das die Ausgrabungsteams noch nicht erreicht hatten, daher war es noch unberührt und zeigte in vollem Umfang eine Kultur, die auf verheerende Weise blitzartig einfror. Goode beschrieb, dass er Körper sah, die in verschiedenen gefrorenen Zuständen verdreht und verrenkt waren und dadurch zeigten, dass die Katastrophe völlig unerwartet hereinbrach. Die Szenerie war ähnlich wie im alten Pompeji, das unter Tonnen von Vulkanasche und Lava begraben wurde, nur dass hier die prä-adamitische Kultur unter Tonnen von Schnee und Eis versank.

Goode stellte fest, dass die Prä-Adamiten sehr dünn waren. Die Untersuchung ihrer Körper machte deutlich, dass sie sich auf einem Planeten mit viel geringerer Schwerkraft entwickelt hatten. Außerdem sah Goode viele verschiedene Typen von normal großen Menschen, von denen einige kurze Schwänze hatten, während andere verlängerte Schädel ähnlich den Prä-Adamiten besaßen. Goode zog daraus den Schluss, dass die Prä-Adamiten biologische Experimente mit den einheimischen Menschen auf unserem Planeten angestellt haben.

Gonzales hatte ein Instrument, das er in verschiedene gefrorene Körper stieß, um biologische Proben zu entnehmen. Er hatte auch eine Kamera dabei und machte viele Fotos. Das biologische Material und die Fotos sollten an Wissenschaftler der GWP-Allianz zur Untersuchung weitergeleitet werden. Außerdem gab es Rollen aus einer metal-

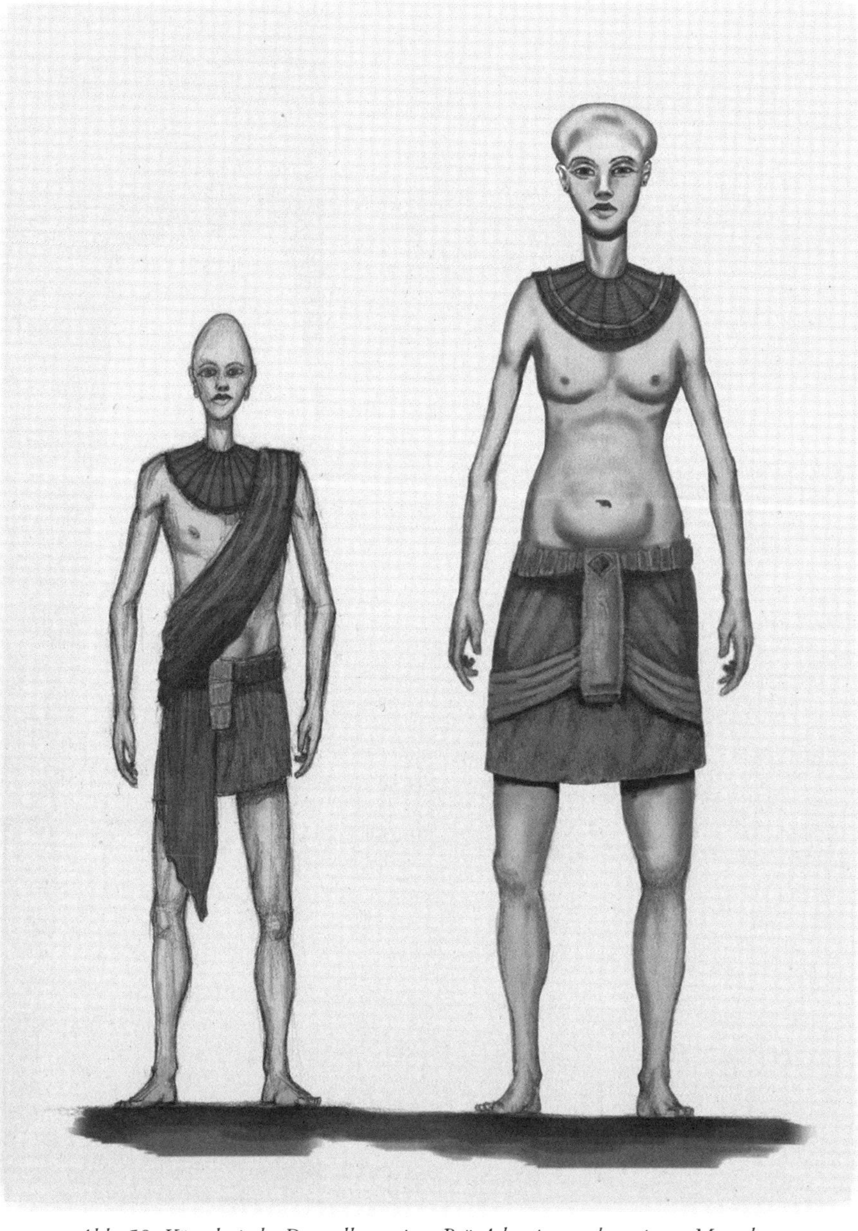

Abb. 59: Künstlerische Darstellung eines Prä-Adamiten neben einem Menschen in normaler Größe mit kegelförmigem Kopf. Mit freundlicher Genehmigung von www.Gaia.com

lischen Legierung, die aufgerollt waren und eine Schrift zeigten. Die Anshar und die anderen innerirdischen Repräsentanten sammelten so viele dieser Rollen wie möglich ein.

In früheren Berichten, die Goode veröffentlichte, beschrieb er die Bibliothek der Anshar als erstaunlich umfassend und voll mit alten Artefakten aus vielen Kulturen.[40] Die Anshar fügten die historischen Berichte dieser blitzartig eingefrorenen Kultur offenbar ihrer Bibliothek hinzu. Während das Team an der unberührten Stätte war, bemerkte Goode, dass seine Gruppe nicht von den Wissenschaftlern und Archäologen besucht wurde, die an Ausgrabungen in anderen Teilen der Ruinen arbeiteten. Das Anshar-Schiff war direkt durch das Eis gekommen, um zu den Ruinen zu gelangen, und Goode erinnerte sich, wie leicht das Schiff Wände durchdrang, indem es eine fortgeschrittene Technologie benutzte.

Die Bedeutung von Goodes Reise im Januar 2017 in die Antarkis liegt darin, dass sie seine früheren Erkenntnisse aus verschiedenen Quellen bestätigt und ebenso die Genauigkeit der Angaben des USAF-Offiziers Sigmund belegt.[41] Die antarktischen Ausgrabungen waren offenbar ziemlich real und Goode war nun ein Augenzeuge. Goodes Besuch und seine Bestätigung der antarktischen Entdeckungen sind also äußerst wertvoll. Er bietet auch eine beunruhigende Bestätigung von Charles Hapgoods Theorie, dass Polverschiebungen in der Erdgeschichte ganz gewöhnliche Ereignisse waren.[42] Die blitzschnell eingefrorene prä-adamitische Zivilisation ist nicht der einzige Fall dieser Art von Katastrophe, die eine alte Zivilisation trifft. Könnte so etwas heute wieder passieren?

Wird es zu einer Polverschiebung kommen, wenn die Vulkane der Antarktis aktiv werden?

Wissenschaftler, die die neu entdeckten Vulkane der Antarktis studieren, haben ein besorgniserregendes globales Muster beobachtet, das sich in der Antarktis wiederholen könnte:

»Der aktivste Vulkanismus, den es heute in der Welt gibt, ereignet sich in Regionen, die erst kürzlich ihre Eisdecke verloren haben – nach dem Ende der letzten Eiszeit. Dazu gehören Island und Alaska.

Die Theorie besagt, dass dies deshalb geschieht, weil die Vulkane der Region ohne eine Eisdecke über ihnen durch den Druck, der auf sie ausgeübt wird, aktiver werden.

Und das könnte auch in der westlichen Antarktis geschehen, wo durch den Klimawandel eine beträchtliche Erwärmung der Region eingesetzt hat, die beginnt, die Eisdecke anzugreifen. Wenn diese deutlich dünner wird, könnte das Druck auf die darunter liegenden Vulkane ausüben und zu Eruptionen führen, die dann die Eisdecken destabilisieren und den Anstieg des Meeresspiegels verstärken, der schon jetzt unsere Ozeane beeinflusst.«[43]

Wissenschaftliche Daten zeigen, dass dieser Erwärmungsprozess in der Antarktis schon seit Jahrzehnten abläuft. Eine Fünfzig-Jahre-Studie von 1956 bis 2006 belegt, dass die westantarktische Region sich schneller aufheizt als die östliche Antarktis. Eine Karte, die die Temperaturunterschiede pro Jahrzehnt aufführt, wurde von der NASA 2009 veröffentlicht (siehe Abb. 60).[44] Sie zeigt lebhaft, wie ein unbekannter geologischer Prozess die Westantarktis schneller erwärmt als die Ostantarktis.

Welcher geologische Prozess für die Erwärmung der Westantarktis verantwortlich ist, beantworten neue wissenschaftliche Studien. Die Karten mit den Temperaturerhöhungen in der Westantarktis verweisen genau auf die Region, die von den neu entdeckten Vulkanen eingenommen wird. Ein Vergleich der wissenschaftlichen Daten in beiden Karten zeigt die Temperaturerhöhung und die neu entdeckten Vulkane, was zu der Schlussfolgerung führt: Die Eisdecken der Westantarktis schmelzen durch eine stetig steigende vulkanische Aktivität unter dem Eis ab.

Das Abschmelzen der westantarktischen Eisdecke unterstreicht Goodes Behauptung, dass die gefrorenen Artefakte, die dort für Jahrtausende begraben waren, jetzt durch diesen Prozess sichtbar werden; und die Regierungen balgen sich darum, heimlich Ausgrabungsteams dorthin zu schicken, um die neuen Funde zu studieren. Wenn das Abschmelzen sich fortsetzt, ist es sehr gut möglich, dass die Vulkane der Antarktis zu einem kolossalen Mechanismus werden, der alte Zivilisationen, fortschrittliche Technologien und/oder außerirdisches Leben enthüllt.

Diese Möglichkeit wurde zuerst von dem Whistleblower Emery Smith erwähnt, der für die U.S. Air Force als Medizintechniker arbeitete, bevor er für verdeckte Operationen rekrutiert wurde. In einem Interview für *Cosmic Disclosure* vom Januar 2018 beschreibt Smith, was er über die Artefakte erfahren hat, die durch abschmelzendes Eis freigelegt wurden:

> »Wissen Sie, es werden nicht die Menschen sein. Nicht wir werden das freilegen. Es ist die Erde, die es aufgrund der Wärme tut. Sie können die Hitze nicht bekämpfen. Und weil sie die Hitze nicht bekämpfen können, wird es sehr schwer zu erklären sein, wenn der Schnee im nächsten Jahr schmilzt und dieses gigantische Ding und verschiedene Metalle freigesetzt werden … So wird Gaia die Offenlegung sein. Die Erde wird es enthüllen, was wunderschön ist.«[45]

Das Abschmelzen der antarktischen Eisdecke wird zwar die Enthüllung vieler gefrorenen Geheimnisse herbeiführen, die lange auf dem feindseligen Kontinent begraben lagen, aber es wird auch große globale Probleme hervorrufen. Am besten untersucht ist in diesem Zusammenhang der rapide Anstieg der Meeresspiegel, wenn die Eisdecken schmelzen, was zum Verschwinden vieler Küstenregionen auf dem Planeten führen kann.[46] Es gibt jedoch ein noch beunruhigenderes geologisches Ereignis, das uns bevorsteht. Wenn die westantarktische Eisdecke schmilzt, wird sich nämlich die Gewichtsverteilung um den geografischen Südpol dramatisch ändern. Das könnte sogar das kataklysmische geologische Ereignis auslösen, vor dem Hapgood die Welt warnte – eine Polverschiebung!

Wie eine solche Polverschiebung ablaufen könnte, hat Albert Einstein in seinem Vorwort zu Hapgoods 1958 erschienenem Buch *The Earth's Shifting Crust* (»Die sich verschiebende Erdkruste«, nicht auf

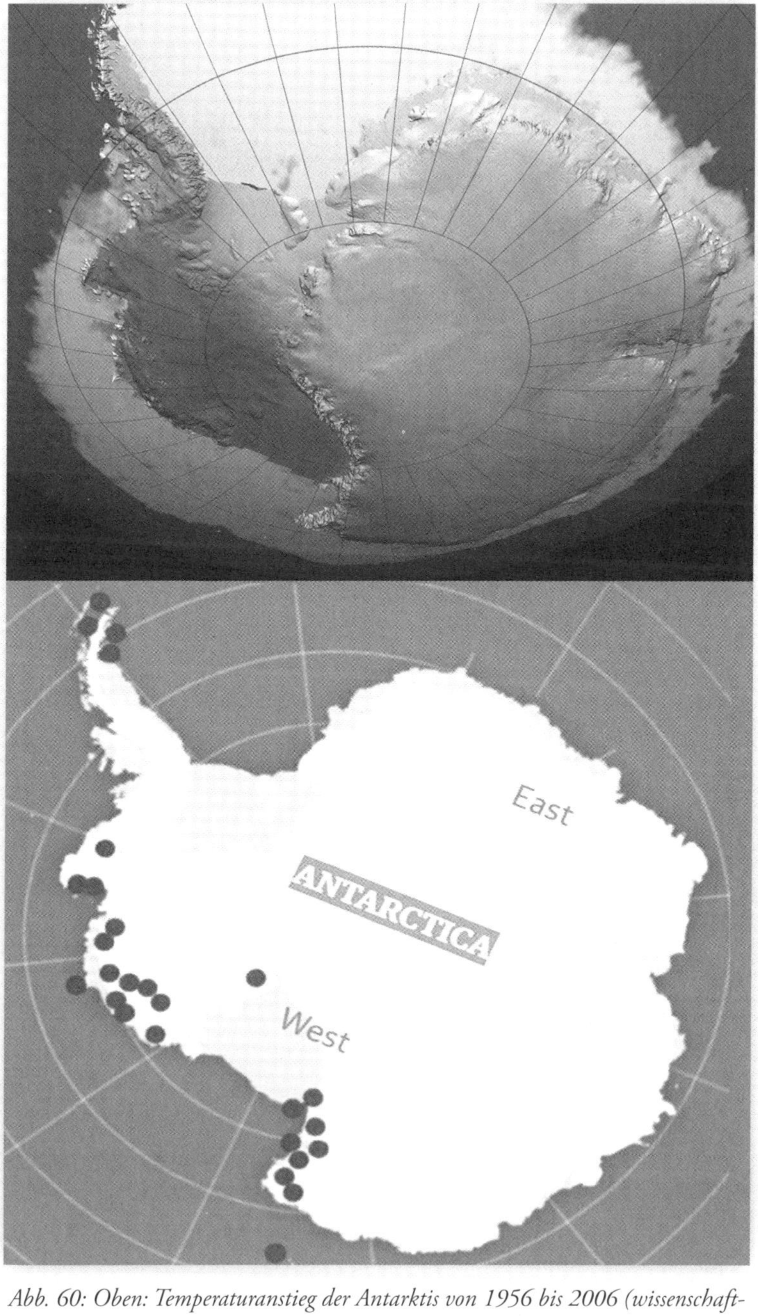

Abb. 60: Oben: Temperaturanstieg der Antarktis von 1956 bis 2006 (wissenschaftliche Darstellung im Studio des NASA/Goddard Space Flight Center). Unten: Entdeckung von neunzig neuen Vulkanen im Jahr 2017 in der Antarktis

Deutsch erschienen) zusammengefasst. Einstein beschrieb, wie die Gewichtsverteilung von Eis in den Polregionen direkt den zentrifugalen Schwung der Erde beeinflusst, der für die Rotationsachse zuständig ist. Er erklärte, wie Veränderungen des Gewichts durch ein Anwachsen des Eises zu einer Polverschiebung führen können, was auch das entgegengesetzte Phänomen des Abschmelzens einschließt:

> »In einer Polarregion gibt es eine ständige Ablagerung von Eis, das nicht symmetrisch um den Pol herum angeordnet ist. Die Erdrotation arbeitet mit diesen unsymmetrisch verteilten Massen und baut zentrifugalen Schwung auf, der auf die starre Erdkruste übertragen wird. Der ständig verstärkte zentrifugale Schwung, der auf diese Weise entsteht, wird, wenn er einen bestimmten Punkt erreicht hat, eine Bewegung der Erdkruste über den restlichen Erdkörper hervorrufen und das wird die Polarregionen in Richtung Äquator verschieben.«[47]

Einfach gesagt, wenn die Westantarktis abschmilzt, kann die neue Gewichtsverteilung am Südpol die Rotationsachse der Erde verschieben.

Schlussfolgerung

Goodes zwei Besuche in der Antarktis 2016 und 2017 sind, zusammen mit Petersons dortigen Einsätzen, die einzigen Augenzeugenberichte der ausgedehnten verdeckten Projekte, die tief unter der antarktischen Eisdecke stattfinden. Ihre Berichte werden durch die 2017 erfolgten wissenschaftlichen Entdeckungen eines ausgedehnten Systems von thermisch aufgeheizten Eishöhlen erhärtet, die von den unter Wasser oder unter dem Eis liegenden Vulkanen der Antarktis bewirkt werden.[48] Beschreibung der großen industriellen Stützpunkte des Interplanetary Corporate Conglomerate und der Dunklen Flotte trägt dazu bei, die in diesem Buch vorgelegten Indizien zu bekräftigen: Deutsche Mitglieder von Geheimgesellschaften und Nazis sind tatsächlich in die Antarktis geflohen und haben dort große Stützpunkte in Höhlen angelegt – verborgen unter einem Kilometer Eis oder noch tiefer.

Goodes Enthüllungen stützen auch die Existenz eines weiten Systems von unterirdischen Flüssen unter dem Eis der Antarktis, das für U-Boote vollständig befahrbar und durch ein unterirdisches Tunnelnetz verbunden ist, das bis weit nach Südamerika reicht und, wie Tompkins behauptet, möglicherweise auch nach Afrika und Europa. Schließlich wirft Goodes Bericht über die Entdeckung der Prä-Adamiten in Stasiskammern in Raumschiffen unter dem Eis der Antarktis viele faszinierende Fragen auf, etwa die nach der Verwandtschaft der globalen Eliten (Kabale) mit den Prä-Adamiten und nach einer möglichen Verbindung zwischen den Prä-Adamiten und den Gefallenen Engeln, die im apokryphen *Buch Henoch* beschrieben werden.

Anmerkungen

1 Kathryn Leishman schickte eine Liste mit Fragen, die ich vorbereitet hatte, an den Kongressabgeordneten Nicholas Lampson sowie an Dr. Rita Coleman; am 15. September 2017 bekam ich sie mitsamt den Antworten zurück.

2 Aus einer eMail-Korrespondenz von Kathryn Fleishman mit Brian auf meine Veranlassung hin.

3 Corey Goode, »Latest Intel and Update«; https://spherebeingalliance.com/blog/latest-intel-and-update.html (aufgerufen am 21.10.2017)

4 Siehe Michael E. Salla, »Secret Space Programs Battle over Antarctic Skies During Global Elite Exodus«; http://exopolitics.org/secret-space-programs-battle-over-antarctic-skies-during-global-elite-exodus/ (aufgerufen am 10.11.2017)

5 *Cosmic Disclosure*, »From Venus to Antarctica«, Season 5, Episode 8; https://spherebeingalliance.com/blog/transcript-cosmic-disclosure-from-venus-to-antarctica.html (aufgerufen am 21.10.2017)

6 Ebd.

7 Chris Pash, »Scientists are closing in on warm caves under Antarctica which could support secret life«; https://www.businessinsider.com.au/scientists-are-closing-in-on-warm-caves-under-antarctica-which-could-support-secret-life-2017-9

8 *Cosmic Disclosure*, »From Venus to Antarctica«, Season 5, Episode 8; https://spherebeingalliance.com/blog/transcript-cosmic-disclosure-from-venus-to-antarctica.html (aufgerufen am 21.10.2017)

9 Robert McKie, »Scientists discover 91 volcanoes below Antarctic ice sheet«; https://www.theguardian.com/world/2017/aug/12/scientists-discover-91-vo lcanos-antarctica

10 *Cosmic Disclosure*, »From Venus to Antarctica«, Season 5, Episode 8; https://spherebeingalliance.com/blog/transcript-cosmic-disclosure-from-venus-to-antarctica.html (aufgerufen am 21.10.2017)

11 Ebd.

12 Corey Goode, »Latest Intel and Update«; https://spherebeingalliance.com/blog/latest-intel-and-update.html (aufgerufen am 21.10.2017)

13 *Cosmic Disclosure*, »Deeper Disclosures from William Tompkins«; https://spherebeingalliance.com/blog/transcript-cosmic-disclosure-deeper-disclosures-from-william-tompkins.html (aufgerufen 10.11.2017)

14 *Cosmic Disclosure*, »From Venus to Antarctica«, Season 5, Episode 8; https://spherebeingalliance.com/blog/transcript-cosmic-disclosure-from-venus-to-antarctica.html (aufgerufen am 21.10.2017)

15 Ebd.

16 Ebd.

17 Ebd.

18 William Tompkins in einem Interview auf *Cosmic Disclosure* am 21. Februar 2017; https://spherebeingalliance.com/blog/transcript-cosmic-disclosure-deeper-disclosures-from-william-tompkins.html (aufgerufen am 9.11.2017)

19 Michael E. Salla, »Secret NRO Space Stations to be Revealed in Limited Disclosure Plan«; http://exopolitics.org/secret-nro-space-stations-to-be-revealed-in-limited-disclosure-plan/ (aufgerufen am 21.10.2017)

20 Corey Goode, »Latest Intel and Update«; https://spherebeingalliance.com/blog/latest-intel-and-update.html (aufgerufen am 21.10.2017)

21 See Michael E. Salla, »Secret Space Programs Battle over Antarctic Skies During Global Elite Exodus«; http://exopolitics.org/secret-space-programs-battle-over-antarctic-skies-during-global-elite-exodus/ (aufgerufen am 10.11.2017)

22 »Coast to Coast Radio Interview« vom 21. März 2016; https://www.coasttocoastam.com/show/2016/03/21 (aufgerufen am 21.10.2017)

23 Michael E. Salla, »Secret NRO Space Stations to be Revealed in Limited Disclosure Plan«; http://exopolitics.org/secret-nro-space-stations-to-be-revealed-in-limited-disclosure-plan/ (aufgerufen am 11.10.2017)

24 Michael E. Salla, »Secret Space Program Conferences discuss full disclosure & humanity's future«; http://exopolitics.org/secret-space-program-conferences-discuss-full-disclosure-humanitys-future/ (aufgerufen am 21.10.2017)

25 »The Declaration of San Carlos de Bariloche: Joint Declaration by the President and President Frondizi of Argentina«; http://www.presidency.ucsb.edu/ws/?pid=12127 (aufgerufen am 21.10.2017)

26 Siehe Harry Cooper, *Hitler in Argentina: The Documented Truth of Hitler's Escape from Berlin* (CreateSpace 2014)

27 Corey Goode, »Latest Intel and Update«; https://spherebeingalliance.com/blog/latest-intel-and-update.html (aufgerufen am 21.10.2017)

28 Michael E. Salla, »Alliance of Secret Space Programs Adopts Scaled Back Alien-UFO Disclosure Plan«; http://exopolitics.org/alliance-of-secret-space-programs-adopts-scaled-back-alien-ufo-disclosure-plan/ (aufgerufen am 21.10.2017)

29 Corey Goode, »Latest Intel and Update«; https://spherebeingalliance.com/blog/latest-inteland-update.html (aufgerufen am 21.10.2017)

30 Ebd.

31 Robert E. McElwaine, »Russian Cosmosphere: Operational Star Wars Defense System«; http://www.bibliotecapleyades.net/sociopolitica/esp_sociopol_firesky_01.htm (aufgerufen am 21.10.2017)

32 Siehe *Cosmic Disclosure*, »Antarctica: The Process for Disclosure«; https://spherebeingalliance.com/blog/transcript-cosmic-disclosure-antarctica-the-process-for-disclosure.html (aufgerufen am 11.11.2017)

33 *Cosmic Disclosure*, »Antarctica: The Process for Disclosure«, Season 7, Episode 8; https://spherebeingalliance.com/blog/transcript-cosmic-disclosure-antarctica-the-process-for-disclosure.html (aufgerufen am 22.10.2017)

34 *Cosmic Disclosure*, »Antarctica: The New Area 51«; https://spherebeingalliance.com/blog/transcript-cosmic-disclosure-antarctica-the-new-area-51.html (aufgerufen am 11.11.2017)

35 Ebd.

36 Interviews online zugänglich unter http://projectcamelot.org/pete_peterson.html (aufgerufen am 11.11.2017)

37 *Cosmic Disclosure*, »UFOs under Antarctica and the Five-Fingered Mystery«; https://spherebeingalliance.com/blog/transcript-cosmic-disclosure-ufos-under-antarctica-and-the-five-fingered-mystery.html (aufgerufen am 11.11.2017)

38 *Cosmic Disclosure*, »Antarctica: The Process for Disclosure«, Season 7, Episode 8; https://spherebeingalliance.com/blog/transcript-cosmic-disclosure-antarctica-the-process-for-disclosure.html (aufgerufen am 22.10.2017)

39 Michael E. Salla, »Visit to Antarctica Confirms Discovery of Flash Frozen Alien Civilization«; http://exopolitics.org/visit-to-antarctica-confirms-discovery-of-flash-frozen-alien-civilization/ (aufgerufen am 21.10.2017)

40 Michael E. Salla, »Sitchin's Sumerian Text Translations Contrived by Illuminati to Promote False Alien Religion«; http://exopolitics.org/sitchins-sumerian-text-translations-contrived-by-illuminati-to-promote-false-alien-religion/ (aufgerufen am 21.10.2017)

41 Corey Goode, »Endgame Part II: The Antarctic Atlantis & Ancient Alien Ruins«; https://spherebeingalliance.com/blog/endgame-part-ii-the-antarctic-atlantis-and-ancient-alien-ruins.html (aufgerufen am 21.10.2017)

42 Charles Hapgood, *Path of the Pole* (Adventures Unlimited Press, 1999 [1970])

43 *The Guardian*, »Scientists discover 91 volcanoes below Antarctic ice sheet«; https://www.theguardian.com/world/2017/aug/12/scientists-discover-91-volcanos-antarctica#img-1 (aufgerufen am 31.1.2018)

44 NASA, »Temperature Trends in Antarctica«; https://svs.gsfc.nasa.gov/3575 (aufgerufen am 31.1.2018)

45 »*Cosmic Disclosure* with David Wilcock«, Season 9, Episode 9 (23. Januar 2018); https://spherebeingalliance.com/blog/transcript-cosmic-disclosure-hybrid-creatures-and-secret-bases.html

46 National Geographic, »What the World Would Look Like if All the Ice Melted«; https://www.nationalgeographic.com/magazine/2013/09/rising-seas-ice-melt-new-shoreline-maps/ (aufgerufen am 31.1.2018).

47 Vorwort von Albert Einstein in: Charles Hapgood, *The Earth's Shifting Crust* (Pantheon Books, 1958); p 1; online zugänglich unter https://archive.org/stream/eathsshiftingcru033562mbp/eathsshiftingcru033562mbp_djvu.txt (aufgerufen am 31.1.2018)

48 Chris Pash, »Scientists are closing in on warm caves under Antarctica which could support secret life«; https://www.businessinsider.com.au/scientists-are-closing-in-on-warm-caves-under-antarctica-which-could-support-secret-life-2017-9

13 Die geheime Geschichte der Antarktis als außerirdische Flüchtlingskolonie

Galaktische Geschichte: die Verbindung Mars – Antarktis

Bald nach seinem zweiten Besuch der Antarktis gab Corey Goode noch mehr erstaunliches Wissen über die uralte Geschichte der Antarktis als außerirdische Flüchtlingskolonie preis, die vor etwa 60.000 Jahren gegründet wurde. In einer Episode von *Cosmic Disclosure*, die am 21. Februar 2017 ausgestrahlt wurde, beschreibt Goode, was er bei seiner zweiten Exkursion aus erster Hand erfuhr. Er gab auch Details über die Geschichte der Außerirdischen weiter, von denen er während seines angeblichen Dienstes im »20 Jahre und zurück«-Programm von Solar Warden gelesen hatte.[1] Er sagte, dass die Prä-Adamiten ursprünglich vom Mars und von einer Supererde kamen (einem Planeten mit mehrfachem Erddurchmesser), aus deren Überresten nun der Asteroidengürtel besteht.

In der langen Geschichte der Prä-Adamiten, als der Mars noch ein Mond der Supererde war, so erklärt Goode, führten die Bewohner des Mars und der Supererde mehrere HighTech-Kriege gegeneinander. Vor etwa einer halben Million Jahren kam es mit der Vernichtung der Supererde zu einem schrecklichen Höhepunkt dieser Kriege. Zu jener Zeit verfügte der Mars noch über reichlich Wasser und eine sauerstoffreiche Atmosphäre und konnte eine große Bevölkerung beherbergen. Erstaunlicherweise haben Wissenschaftler im Juli 2013 das Vorkommen von Wasser und Sauerstoff in ferner Vergangenheit auf dem Mars bestätigt.[2]

Nach den Berichten, die Goode einsehen konnte, löschten die Ereignisse, die zur Zerstörung der Supererde führten, auch einen Großteil der Bevölkerung auf dem Mars aus und beseitigten den Großteil seiner Atmosphäre:

> »Es wurde behauptet, dass der Mars höchstwahrscheinlich ein Mond der Supererde war und dass er auf einer Seite durch massive Einschläge schwer beschädigt wurde. Und dass ebenso auch seine Atmosphäre verschwand und nie wiederhergestellt wurde.«[3]

Die Wucht der Zerstörung der Supererde schleuderte den Mars in seine gegenwärtige Umlaufbahn. Aber gab es wirklich eine Supererde, die in einer titanischen Schlacht zerstört wurde, was dazu führte, dass einer ihrer Monde in eine neue Bahn geschleudert wurde – als Planet Mars?

Der erste Wissenschaftler, der ernsthaft die Möglichkeit untersuchte, dass der Asteroidengürtel aus den Überresten eines ehemaligen Planeten bestehen könnte, war Dr. Thomas C. van Flandern (1940-2009), Chefastronom am U.S. Navy Observatory. Er schrieb mehrere akademische Arbeiten über die von ihm so bezeichnete »Hypothese vom explodierten Planeten«, in denen er untersuchte, ob der Asteroidengürtel unseres Sonnensystems durch die Zerstörung eines großen Planeten entstanden sein könnte, der den Mars einst umkreiste:

> »Alle Beweise zusammengenommen, haben wir starke Hinweise auf ursprünglich zwei Planeten in der Nähe dessen, was nun der Asteroidengürtel ist: der hypothetische ›Planet V‹ und ›Planet K‹. Diese waren wahrscheinlich Gasriesen mit Monden von beachtlicher Größe, etwa so wie der Mars, bevor sie explodierten ... Das Vorige fasst Beweise zusammen, wonach der Mars ursprünglich kein Planet war, sondern vielmehr ein Mond im nahen Orbit eines später explodierten Planeten. Viele dieser Punkte sind die erwartbaren Folgen der massiven nahen Explosion eines Planeten, bei der die ihm zugekehrte Hemisphäre zerstört wurde und die geschützte Seite relativ unversehrt blieb. Besonders interessant ist in diesem Zusammenhang, dass die eine Hälfte des Mars mit Kratern übersät ist, die andere Hälfte hingegen nur geringfügig.«[4]

Van Flanderns »Hypothese vom explodierten Planeten« unterstützt Goodes Behauptung über den Mars als früheren Mond eines gigantischen Planeten, der vor langer Zeit zerstört wurde – der Supererde.

Eine enorme Masse von Trümmern der Supererde, so betont van Flandern, traf den Mars mit unglaublicher Wucht. Das bedeutete, dass die Städte an der Oberfläche der einen Seite völlig zerstört wurden und ein Großteil seiner Atmosphäre verlorenging. Das machte das Leben auf dem Mars sehr schwierig und führte nach Goode zur Evakuierung der marsianischen Überlebenden. Was diesem Szenario weitere Glaubwürdigkeit verleiht, ist ein freigegebenes CIA-Dokument, das am 8. August 2000 veröffentlicht wurde.[5]

Dieses Dokument enthüllt, dass die CIA 1984 einen medialen »Remote Viewer« beschäftigte, um eine Region des Mars zu betrachten, wie sie vor einer Million Jahren aussah. Der Remote Viewer, der nicht wusste, dass die Koordinaten, die er bekam, sich auf den Mars bezogen, schilderte, dass er Pyramiden sah, futuristische Technologien und eine sehr hoch gewachsene menschlich aussehende Spezies, die an schweren Umweltproblemen litt. Was das CIA-Dokument so bemerkenswert macht, ist, dass die Koordinaten für den Remote Viewer diejenigen der Cydonia-Region waren. Diese besondere Gegend wurde 1976 von der Sonde *Viking Orbiter* fotografiert, die die ersten scharfen Bilder vom Mars sandte. Cydonia wurde berühmt, nachdem einige Forscher behaupteten, dass die Bilder dieser Region ein Gesicht zeigten sowie die Ruinen einer Stadt und Pyramiden.

Die erste Erwähnung von künstlichen Bauwerken in Cydonia enthielt ein Artikel im *National Enquirer* vom 25. Oktober 1977: »Hat die NASA Ruinen einer alten Stadt auf dem Mars fotografiert?«[6]

Es lohnt sich zu erwähnen, dass der *National Enquirer* eine Boulevardzeitung gewesen ist, die von Gene Pope geleitet wurde, einem CIA-Angehörigen, der in psychologischer Kriegsführung ausgebildet war.[7] Von Pope überwacht, bestand der Hauptzweck des *National Enquirer* darin, die Wahrheit vor aller Augen zu verbergen, indem sie in Form von Sensationsmeldungen aus fragwürdigen Quellen daherkam, die in der Öffentlichkeit weitgehend lächerlich gemacht wurden. Anschließend wurden sämtliche Akademiker und Wissenschaftler, die solche sensationellen Behauptungen ernsthaft untersuchten, von ihren Kollegen verspottet und ihre Karrieren ruiniert.

Trotzdem richteten kompetente Forscher ihre Aufmerksamkeit auf die umstrittenen *Viking-Orbiter*-Fotos und stellten fest, dass sie in der Tat ein künstlich erschaffenes »Marsgesicht« zu zeigen scheinen, in der Nähe von Pyramiden und Ruinen, genannt Inka City. Die erste objektive Analyse der *Viking*-Daten wurde 1982 im *Omni Magazine* von den Forschern Vincent DiPietro, einem Elektrotechniker, und Gregory Molenaar, einem Computertechniker, publiziert. Ihr *Omni*-Artikel war ein Auszug ihres im selben Jahr erschienenen nur 77-seitigen Buches *Unusual Martian Surface Features* (»Ungewöhnliche Oberflächenformationen des Mars«, nicht auf Deutsch erschienen). Ihnen folgten andere unabhängige Forscher wie Richard Hoagland, der 1987 ein Buch veröffentlichte, das auf Deutsch als *Die Mars-Connection: Monumente am Rande der Ewigkeit* vorliegt.[8]

Diese kurze Übersicht der Geschichte der *Viking*-Bilder von Cydonia zeigt uns, dass die CIA Forschern wie DiPietro, Molenaar und

Abb. 61: Viking-Foto der Cydonia-Region mit den Google-Maps-Koordinaten für den Mars

Hoagland, während sie wegen ihrer Analysen und Folgerungen von ihren akademischen Kollegen lächerlich gemacht wurden, größte Aufmerksamkeit widmete. Freigegebene CIA-Dokumente bestätigen, dass Remote Viewing oder Fernwahrnehmung von der Agency und anderen Geheimdiensten sehr ernst genommen wurde. Bedeutende Mittel flossen in das Studium der Nützlichkeit von Remote Viewing als »ein Mittel zum Sammeln von Informationen«.

Die Schlussfolgerung lautete, dass Remote Viewing eine hinreichende Genauigkeit aufwies, um für Feldforschungen nützlich zu sein, wie das folgende CIA-Dokument vom 9. Mai 1984 eindeutig belegt:

> »a. Remote Viewing (RV) ist real, es ist genau, es ist wiederholbar, es wird mindestens angewandt von CIA, Navy, Army und Pentagon im Allgemeinen. Es wird zu Aufklärungszwecken und zur militärischen Verwendung genutzt.
>
> b. Das Interesse der Regierung am RV ist klar anwendungsorientiert.
>
> c. Das Stanford Research Institute International (SRI-I) ist das Schlüsselinstitut der Regierung zur Erforschung und Entwicklung von RV. Der Ansprechpartner dort ist Dr. Hal Puthoff (siehe Abb. 62).«

Unter den exaktesten Remote Viewern, die in den CIA-Dokumenten beschrieben wurden, war das berühmte Medium Ingo Swann. In seinem Buch *Geheimsache Mond: Von Außerirdischen beobachtet*, das 1988 auf Englisch erschien, beschrieb Swann, wie die CIA seine Fähigkeiten als Remote Viewer ausführlich nutzte.[9]

Im Jahr 1975 erhielt er zum Beispiel den Auftrag, geheime Stützpunkte auf dem Mond auszuspähen. Das fünfte Kapitel seines Buches eröffnet Swann mit der Beschreibung seiner Fernwahrnehmungen des Mondes für den CIA-Agenten Axelrod/Axel:

> »Wieder bei der Arbeit gab mir Axel Mondkoordinaten, von denen jedes Set für besondere Orte auf der Mondoberfläche stand. An einigen dieser Orte gab es nichts weiter zu sehen als Mondlandschaften. Aber an anderen Orten? – Nun, es gab einige Verwirrung, und ich empfing vieles, was ich beim besten Willen nicht verstehen konnte. Ich machte eine Menge

501-07

Approved For Release 2005/03/09 : CIA-RDP96-00788R001200030003-4

SECRET

IAGPA-F-SD 09 May 1984

MEMORANDUM FOR RECORD

SUBJECT: Security Review of "MIND WARS" (U)

1. (U) Reference; MIND WARS; The True Story of Secret Government Research into the Military Potential of Psychic Weapons; by Ron McRae; St. Martin's Press, New York; 1984.

2. (S/CL-1/NOFORN) There are twenty three (23) specific references to Remote Viewing, its use, or accuracy made in statements by; Barbara Honegger, Hal Puthof, Russel Targ, LTC John Alexander, Congressman Rose, Ingo Swann, G. Gordon Liddy, and two additional but unnamed individuals purportedly working in the area of psychoenergetics with the CIA (See attached Inclosure).

3. (S/CL-1/NOFORN) In reviewing the book the following statements can be determined as having a high reliability for truth:

a. Remote Viewing (RV) is real, it is accurate, is replicable, is being pursued by at least the CIA, Navy, Army and Pentagon in general. That it is being pursued for intelligence and military applications.

b. The government's interest in RV is clearly "applications" oriented.

c. Stanford Research Institute International (SRI-I) is the key institute involved with the government in RV research and Development. The specific individual is Dr. Hal Puthoff.

WARNING NOTICE: CENTER LANE SPECIAL ACCESS PROGRAM
RESTRICT DISSEMINATION TO THOSE WITH VERIFIED ACCESS
TO CATEGORY TWO (2)

SENSITIVE INTELLIGENCE SOURCES AND METHODS INVOLVED

NOT RELEASABLE TO FOREIGN NATIONALS

CLASSIFIED BY: CDR, INSCOM
DECLASSIFY ON: OADR

Abb. 62: Freigegebenes CIA-Dokument, das Remote Viewing belegt, die Fähigkeit zur Fernwahrnehmung

Skizzen, identifizierte sie als dies und das oder etwas ganz anderes. Kommentarlos nahm Axelrod jede einzelne der Skizzen an sich und ich habe sie nie wiedergesehen.

Ich fand Türme, Maschinen, Lichter in verschiedenen Farben, seltsam aussehende ›Gebäude‹. Ich fand Brücken, deren Funktion ich nicht verstand. Eine von ihnen wölbte sich vor – und kam nirgends an. Es gab viele Kuppeln unterschiedlicher Größe, runde Dinger, wie kleine Untertassen mit Fenstern. Sie waren neben Kratern gelagert, manch-

> mal in Höhlen, manchmal in etwas, was wie Flugzeughangars aussah. Ich hatte Probleme damit, die Größe zu schätzen. Aber einige dieser Dinge waren echt riesig.«[10]

Da die außerplanetarischen Koordinaten den besten Remote Viewern wie Swann übertragen wurden, ist es nicht überraschend, dass die CIA später interessierte, was ein Remote Viewer über die Ursprünge der Pyramiden und anderer künstlicher Bauwerke in der Region Cydonia enthüllen konnte.

Das Protokoll dieser Sitzung ist auf Seite 2 des CIA-Dokuments von 1984 festgehalten:

> »Der versiegelte Umschlag wurde der Versuchsperson kurz vor dem Interview übergeben. Der Umschlag wurde erst nach dem Interview geöffnet. Im Umschlag befand sich eine Karte (3 x 5) mit der folgenden Information:
>
> Der Planet Mars.
>
> Zeit von Interesse: ungefähr 1 Million Jahre v. Chr.
>
> Ausgewählte geografische Koordinaten, geliefert von den Gruppen, die die Informationen wünschten, erhielt die Versuchsperson während des Interviews mündlich.«[11]

Der Rest des CIA-Dokuments (Seite 3-9) ist eine Mitschrift der Antworten des Remote Viewers, der auf Fragen zu verschiedenen Orten und Zeitperioden antwortet, die ihm gegeben wurden (1984 waren alle bekannten Remote Viewer Männer). Der Remote Viewer wird als »SUB« für »Subject« (Versuchsperson) bezeichnet, während der Fragende »MON« für »Monitor« (Interviewer) heißt. Es folgt, was der Remote Viewer auf die erste Frage antwortete:

> »Mon (plus zehn Minuten, bereit zum Start): Alles klar, nach der Information in dem Umschlag, den ich Ihnen gegeben habe, richten Sie Ihre Aufmerksamkeit jetzt ausschließlich auf:
>
> 40,89 Grad Nord
>
> 9,55 Grad West

SUB: Ich würde sagen, es sieht aus wie … Keine Ahnung, scheint so eine Art … Irgendwie ist der Blick darauf trüb … Es ist eine Pyramide oder hat Pyramidenform. Sie ist sehr hoch und steht in einem … großen abgesenkten Gebiet.«[12]

Die Koordinaten bezogen sich auf die Cydonia-Region und sofort beschrieb der Remote Viewer eine Art Pyramide in einem Tal. Das stellt für viele Forscher, die auf den *Viking*-Bildern genau dieser Marsregion Pyramiden identifiziert haben, eine beachtliche Bestätigung dar.

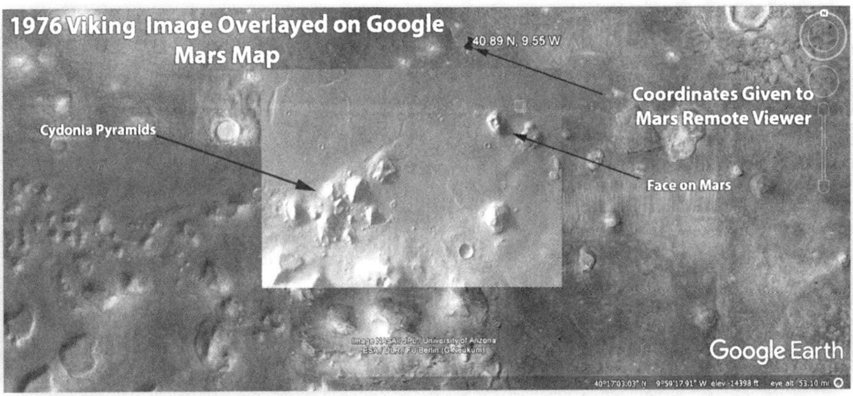

Abb. 63: Nahaufnahme der Region Cydonia auf dem Mars

Als Nächstes antwortete der Remote Viewer auf eine Reihe von Fragen nach der Bevölkerung, die in dieser Region lebte, kurz vor den planetarischen geologischen Ereignissen, die vor einer Million Jahren stattfanden. Er beschrieb den Versuch der Bevölkerung, den Wetterereignissen zu entkommen, zu denen auch heftige Stürme gehörten, indem sie eine Art Stasis-Technik oder kryonische Methode des Einfrierens einsetzten:

»MON: Gut. Gehen Sie in eine davon hinein und finden Sie eine Aktivität, über die Sie mir berichten können …

SUB: Verschiedene Räume … aber sie sind fast leergeräumt von irgendwelchen … Möbeln oder so, es ist irgendwie ein … rein funktionaler Ort zum Schlafen … aber das ist kein gutes Wort dafür – eher eine Art Winterstarre. Ich bekomme nur grobe Eindrücke … Stürme, verheerende Stürme und Schlafen während der Stürme.«[13]

Was der Remote Viewer identifizierte, waren pyramidenförmige Gebäude auf dem Mars, die als Zuflucht dienten, in der die Bevölkerung beabsichtigte, die planetarischen Wirren in irgendwelchen Stasiskammern schlafend zu überdauern.

Der Remote Viewer beschrieb sodann die Bevölkerung als sehr hoch gewachsen und dünn und nannte auch Details über ihren Kleidungsstil:

»Mon: Erzählen Sie mir von denen, die während der Stürme schlafen.

Sub: Sehr hoch gewachsene, sehr große … Menschen, aber sie sind dünn, sie sehen dünn aus wegen ihrer Größe und sie kleiden sich in, o Mann, es ist eine Art sehr leichte Seide, aber es ist keine fließende Kleidung, sie ist wie maßgeschneidert, sitzt genau.«[14]

Die Größe und Physiologie der Marsianer deuten darauf hin, dass die vergleichsweise niedrige Schwerkraft auf dem Mars Riesenwuchs unter der menschlichen Bevölkerung hervorbrachte. Der Remote Viewer berichtete als Nächstes, dass die marsianische Zivilisation im Sterben begriffen war und die Bevölkerung dies wusste:

»Mon: Gehen Sie nahe an einen von ihnen heran und bitten sie ihn, über sich zu erzählen.

Sub: Sie sind ein uraltes Volk. Sie, äh … sie sterben. Ihre Zeit ist abgelaufen.

Mon: Erzählen Sie mir mehr darüber.

Sub: Sie sehen das sehr philosophisch. Sie suchen einen Weg, äh … um zu überleben, aber sie finden einfach keinen.«[15]

Die Marsianer warteten darauf, woanders hin zu reisen, ins Unbekannte, um zu überleben. Und ein Teil konnte fliehen, vermutlich außerhalb des Planeten, wie das folgende Zitat nahelegt:

»Mon: Auf was warten sie denn noch?

Sub: Sie … Anscheinend gab es da eine Gruppe oder einen Trupp von ihnen, der abreiste, um einen … neuen Ort zum Leben zu finden. Ich bekomme alle Arten von überwältigenden Durchgaben … über die Zerstörung ihrer Umwelt. Sie geht sehr schnell zugrunde und diese Gruppe ging irgendwohin, ganz weit weg, um einen neuen Ort zum Leben zu finden.«[16]

Als Nächstes beschrieb der Remote Viewer deutlich ein Raumschiff, das Überlebende zu einem anderen Planeten bringt:

»Mon: Okay, als die anderen gingen, warteten diese Leute ab, und wie erging es ihnen, nachdem die anderen weg waren?

Sub: Ich bekomme einen Eindruck von … Keine Ahnung, was zur Hölle das ist. Sieht wie das Innere eines großen Bootes. Sehr rundliche Wände und glänzendes Metall.

Mon: Gehen Sie mit ihnen auf die Reise und finden Sie heraus, wohin sie sich wenden.

Sub: … den Eindruck eines echt verrückten Ortes mit Vulkanen und Gashöhlen und seltsamen Pflanzen, ein sehr unberechenbarer Ort. Sieht fast so aus, als käme man vom Regen in die Traufe. Der Unterschied ist, dass es dort viel Vegetation zu geben scheint, wohingegen die anderen Orte keine aufwiesen. Und eine andere Art von Sturm.«[17]

Diese Beschreibung deutet sehr stark darauf hin, wie die Erde zu jener Zeit ausgesehen haben mag. Sind also die fliehenden Marsianer zur Erde gereist und haben die Pyramiden und andere Überreste ihrer Zivilisation in der Gegend von Cydonia zurückgelassen, bis sie 1976 vom *Viking Orbiter* entdeckt und 1984 von einem Remote Viewer der CIA gesehen wurden?

Joseph McMoneagle, ein pensionierter Chief Warrant Officer der U.S. Army, hielt 2004 einen Vortrag über seine Teilnahme an Remote-Viewing-Experimenten, die vom Geheimdienst der Army am Stanford-Forschungsinstitut durchgeführt wurden.[18] Er beschrieb das oben erwähnte Mars-Vorkommnis und lieferte sogar zusätzliche Details, die bestätigen, dass er selbst der Remote Viewer war, der in dem CIA-Dokument von 1984 zitiert wird. In seinem Vortrag sagte McMoneagle, dass die Marsianer tatsächlich zur Erde geflohen waren, und schätzte sie auf doppelt so groß wie normale Menschen, also auf drei bis dreieinhalb Meter.

Zusätzlich hat sich Holmes »Skip« Atwater, damals McMoneagles Trainingsoffizier, zu den Marsvisionen von 1984 geäußert.[19] In einem Video erklärte er, dass die Marskoordinaten und die Anweisungen von Hal Puthoff stammten, dem Chef des Remote-Viewing-Programms des Stanford-Forschungsinstituts, und dass die Remote-Viewing-Sitzung im Auftrag eines der Geheimdienste stattfand.[20] Hinsichtlich der bei dieser Sitzung ausgewählten Zeitperiode sagte Atwater, dass die Anweisungen für das Remote Viewing sich zwar auf die Vergangenheit vor einer Million Jahren bezogen, McMoneagle aber gebeten worden war, während der Sitzung durch die Zeitlinie zu gehen, was bedeutet, dass die eigentliche Katastrophe und der Exodus vom Mars auch vor hunderttausend oder gar nur vor zehntausend Jahren stattgefunden haben könnten statt vor einer Million Jahren. Es ist wichtig, sich ins Gedächtnis zu rufen, dass die fliehenden Marsianer mit ziemlicher Sicherheit die Stasiskammer-Technologie mitbrachten, die ihre Vorfahren benutzt hatten, um die Katastrophe zu überleben.

Ein anderes bedeutsames Detail in dem CIA-Dokument ist McMoneagles Erwähnung einer sehr vulkanischen Umgebung, in der die Marsianer mit ihren metallischen »Booten« oder Weltraum-Archen ankamen. Wie schon betont, haben Wissenschaftler kürzlich herausgefunden, dass die Antarktis weltweit die höchste Konzentration von Vulkanen aufweist.[21] Diese vulkanische Aktivität wird heute durch das Gewicht der kilometerdicken Eisdecke unterdrückt, aber das war wegen der Polverschiebungen auf der Erde, die Charles Hapgood in *Path of the Pole* (»Der Weg des Pols«, nicht auf Deutsch erschienen) darlegt, nicht immer die geologische Gegebenheit.[22]

Im Vorwort zu diesem Buch drückte Albert Einstein seinen frühen Eindruck von Hapgoods Theorie folgendermaßen aus:

»Ich bekomme oft Nachricht von Menschen, die mich wegen ihrer unveröffentlichten Ideen um Rat fragen. Es muss nicht eigens erwähnt werden, dass diese Ideen sehr selten wissenschaftlichen Wert besitzen. Die allererste Nachricht aber, die ich von Mr. Hapgood bekam, elektrisierte mich sofort. Seine Idee ist originell, von großer Einfachheit und – wenn sie sich weiter bestätigt – von äußerster Wichtigkeit für alles, was mit der Geschichte der Erdoberfläche zu tun hat.«[23]

Einstein erklärte im Vorwort Hapgoods Theorie weiter in Verbindung mit der kritischen Rolle, die die massiven Eisdecken der Polarregionen bei der Verschiebung der Erdkruste spielen.[24] Hapgoods Theorie stellt klar heraus, dass die Antarktis, bevor sie am Südpol zu liegen kam, in einer gemäßigten Klimazone gewesen sein muss, wo ihre Vulkane nicht von riesigen Eismassen bedeckt waren. Folglich waren die Vulkane der Antarktis in vielen Perioden der geologischen Erdgeschichte höchst aktiv. Es gibt daher gute Gründe zu mutmaßen, dass der Ort, den die Marsianer wählten, um Zuflucht zu suchen, nachdem sie ihren sterbenden Planeten Mars verlassen hatten, die Erde war, wie MacMoneagle selbst schlussfolgerte, und die Antarktis im Besonderen, wie Goode behauptet.

Was die Ankunft vorgeschichtlicher außerirdischer und in Raumschiffen reisender Flüchtlinge in der einst gemäßigten Antarktis außerdem noch glaubhaft macht, ist die Aussage von Dr. Pete Peterson. Dieser sagt, dass er die Überreste eines abgestürzten Raumschiffs in der Antarktis entdeckt hat, und beschrieb in einem Interview im Jahr 2017 einige Details des Gesehenen:

»Es gab dort vor 200.000 Jahren einen Absturz. Zu der Zeit war es dort tropisch. Es gab dort Palmen. Wo der Absturz erfolgte, gab es Palmen. Das liegt nun alles drei Meilen unter dem Eis. Es wurde aber ausgegraben. Sie bohren einen großen Tunnel hinunter …

Das frühe Material, das untere Zeug, liegt unter zwei oder drei anderen Zivilisationsschichten und ist sehr alt. Es scheint eine äußerst alte Zivilisation zu sein, wahrscheinlich benutzten sie damals noch von Zahnrädern angetriebene Navigationsinstrumente. Aber die Navigationsinstrumente, die Zahnräder, die Übersetzungen waren alle auf diese Galaxis eingestellt …«

Man findet viele Schichten, verschiedene Schichten der Besiedlung. Man findet verschiedene Schichten, wie die Außenwelt aussah, als dort Zivilisation war. Nur die letzte Schicht war die echte antarktische. Vorher war es eine tropische Insel. Es war Teil einer viel größeren Insel. Große Teile davon waren wahrscheinlich Teile von Atlantis, das sich hob und dorthin bewegte.«[25]

Petersons Aussage beantwortet die Frage, wo sich die marsianischen Flüchtlinge, die in McMoneagles Remote-Viewing-Sitzung beschrieben wurden, nach ihrer planetarischen Katastrophe niederließen. Den Zeitpunkt, als das Ereignis stattfand, datiert Skip Atwater Zehntausende bis Hunderttausende von Jahren zurück. Petersons Schätzung von 200.000 Jahren stimmt auch mit McMoneagles Beschreibung überein. Deshalb scheinen sie alle das gleiche Ereignis in der Geschichte der Antarktis zu sehen, als der Kontinent noch in einer tropischen Zone des Planeten lag.

Peterson zeigt, dass es mehrere Landungen oder Abstürze außerirdischer Schiffe gab, wobei jedes einer anderen Kultur entspricht, die dort gegründet wurde, einschließlich Atlantis.

All diese Ähnlichkeiten stützen Goodes Behauptung, dass die präadamitische Kultur, die er unter dem antarktischen Eis sah, tatsächlich zu prähistorischen marsianischen Flüchtlingen gehörte. Aber während Peterson und das Remote-Viewing-Dokument der CIA nahelegen, dass die Marsianer vor etwa 200.000 Jahren ankamen, behauptet Goode, dass sie vor rund 55.000 Jahren via Mond hier eintrafen.

Der Erdmond wird zum Flüchtlingsschiff

Nach Goodes Informationen fanden Milliarden Flüchtlinge vom Mars und von der Supererde (alias Maldek) Zuflucht auf dem Mond, der ein weiterer Satellit der Supererde war, bevor sie zerstört und zum Asteroidengürtel wurde.[26] Goode sagt, der Mond wurde künstlich verändert, um in seinem Inneren riesige Lebensbereiche zu schaffen. Unterstützung für Goodes außergewöhnliche Behauptung liefert eine wissenschaftliche Studie von 2017 aus Japan über den Mond, die ein natürliches Höhlensystem in seinem Inneren entdeckt hat. Laura Geggel, eine Autorin von *Live Science,* schreibt über die Funde der japanischen Wissenschaftler:

> »Ein Lavatunnel von der Größe einer Stadt ist auf dem Mond entdeckt worden und Forscher sind der Meinung, er könnte Mondastronauten als Unterkunft dienen. Dieser Lavatunnel könnte Astronauten, die auf dem Mond leben, vor den gefährlichen Bedingungen auf der Mondoberfläche schützen, sagen die Forscher. Sie fügen hinzu, dass ein solcher Tunnel sogar eine Mondkolonie aufnehmen könnte ... Auch die Erde verfügt über Lavatunnel, aber sie sind nicht annähernd so groß wie derjenige, der jetzt auf dem Mond entdeckt wurde. Wenn die Schwerkraftanalysen der Wissenschaftler korrekt sind, könnte der Lavatunnel in der Nähe der Marius-Hügel leicht eine große US-Stadt wie Philadelphia aufnehmen, sagen sie.«[27]

Die entdeckten Mondhöhlen sind dermaßen groß, dass sie eine gewaltige Metropole aufnehmen könnten, wie das folgende Diagramm belegt, das zeigt, wie leicht etwa Philadelphia hineinpassen würde.

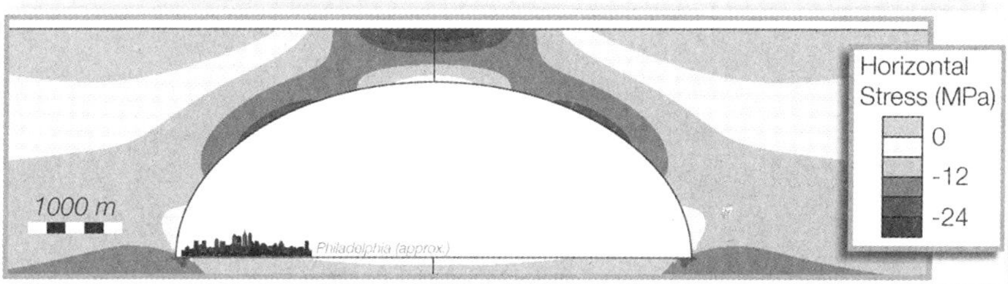

Abb. 64: Die Stadt Philadelphia könnte theoretisch leicht in den Lavatunnel auf dem Mond hineinpassen. Quelle: David Blair/Purdue University

Goode las im Datenarchiv der Geheimen Weltraumprogramme, dass die Prä-Adamiten den Mond etwa 440.000 Jahre lang bewohnten und dass irgendwann während dieser Zeit der Mond in die gegenwärtige Erdumlaufbahn gebracht wurde. Eine überzeugende Verifikation für die Auffassung, dass der Mond erst vor etwa 60.000 Jahren in seine Erdumlaufbahn eintrat, entstammt einer Anzahl historischer Texte. Der Forscher Immanuel Velikovsky fand antike Verweise auf prälunare Kulturen auf der Erde, die er wie folgt beschreibt:

»Die Epoche, als die Erde mondlos war, ist wahrscheinlich die fernste Erinnerung der Menschheit. Demokrit und Anaxagoras lehrten, dass es eine Zeit gab, in der die Erde ohne Mond war. Aristoteles schrieb, dass Arkadien in Griechenland, bevor es durch die Griechen besiedelt wurde, von den Pelasgern bewohnt war und dass diese Ureinwohner das Land bewohnt hätten, noch bevor ein Mond am Himmel stand, weshalb sie auch Proselenen hießen.

Apollonios von Rhodos erwähnt eine Zeit, ›als noch nicht alle Sphären an den Himmeln standen, bevor die Danaer und Deukalions Völker ins Sein traten und nur die Arkadier lebten, von denen gesagt wird, dass sie auf Bergen hausten und sich von Eicheln ernährten, bevor es einen Mond gab‹. Plutarch schrieb in *Römische Fragen*: ›Es gab Arkadier von Evanders Nachkommenschaft, die sogenannten prälunaren Völker.‹«[28]

Diese historischen Berichte machen, neben der kürzlichen wissenschaftlichen Entdeckung großer lunarer Höhlen, Goodes bemerkenswerte Behauptung über den Mond als Flüchtlingsschiff von einer zerstörten Supererde sehr plausibel.

Die Prä-Adamiten fliehen vom Mond und erreichen die Antarktis

Die Prä-Adamiten (Marsianer) fanden Zuflucht auf dem Mond, aber dort kam es zu einem neuen Konflikt und sie mussten schnell zur nahen Erde auswandern. Nach Goode wählten sie die Antarktis, um ihre Zivilisation wieder aufzubauen, zum Teil auch wegen der dortigen Verfügbarkeit von Technologien der »Alten Gründerrasse«, die noch einsatzfähig waren:

»Dann blieben sie [die Prä-Adamiten] für eine gewisse Zeit auf dem Mond. Doch bald wurden sie vom Mond verjagt. Es gab einige Angriffe und danach flohen sie, aber ihre Schiffe waren zu stark beschädigt, um unser Sonnensystem zu verlassen oder um in eine andere Planetensphäre zu gelangen. Also mussten sie eine Bruchlandung auf der Erde wagen und entschieden, zu diesem einen Kontinent zu gehen, der noch über Technologie der »Alten Gründerrassen« verfügte, die … eins Komma acht Milliarden Jahre alt war.«[29]

Nach einer Bruchlandung in der Antarktis besaßen die Prä-Adamiten nur noch drei Mutterschiffe, um eine neue Kolonie auf der Erde zu errichten. Die Technologie in diesen Mutterschiffen gab den Prä-Adamiten Hoffnung, dass sie ihre Zivilisation wiederaufbauen könnten:

»Nun, sie hatten nur die Technologie, die sie in den drei Raumschiffen mitgebracht hatten. Das war alle Technologie, die sie besaßen. Deshalb mussten sie diese Technologie ausschlachten und neu verwenden, nachdem sie notgelandet waren.«[30]

David Wilcock interviewte Goode über diese vorzeitlichen Ereignisse auf *Cosmic Disclosure* und konnte einige ergänzende Informationen von Dr. Pete Peterson beitragen, die sich auf die Größe und Lage eines der entdeckten Mutterschiffe bezogen:

»David: Und ich möchte darauf hinweisen, dass dies eines der absolut erstaunlichsten Details war, als ich Pete am Telefon fragte: ›Weißt du irgendetwas über die Antarktis?‹

Er sagte von sich aus sofort: ›Sie werden verkünden, dass sie ein Mutterschiff gefunden haben.‹

Er wusste nur von einem – einem Mutterschiff, das dreißig Meilen [fast 48 Kilometer] breit war, größtenteils rundlich geformt –, das unter dem Eis gefunden worden war.«[31]

Anders als Peterson sagt Goode jedoch, dass das größte der Mutterschiffe nur drei Meilen lang war.

In diesem Interview beschrieb Goode die Prä-Adamiten, die sich in der Antarktis ansiedelten, so: »Sie sind drei bis dreieinhalb Meter groß. Sie haben verlängerte Schädel. Sie waren spindeldürr, dünn.«[32] Bemerkenswerterweise ähnelt diese Beschreibung derjenigen der Bewohner des Mars in dem Remote-Viewing-Dokument der CIA vom Mai 1984.[33] Nachdem die Prä-Adamiten mehr als 400.000 Jahre auf dem Mond mit seiner noch schwächeren Schwerkraft verbracht hatten, könnten sie weiter an Körpergröße gewonnen haben, so dass sie schließlich ihre spindeldürre Statur von drei bis dreieinhalb Meter Größe erreichten.

Auf der Erde hatten die Prä-Adamiten wegen der stärkeren Schwerkraft einen klaren Nachteil gegenüber den Einheimischen in Bezug auf physische Kraft, Schnelligkeit und Ausdauer. In Begriffen geopolitischer Macht bedeutete das, dass sie sich auf ihre fortschrittliche Technologie und die entwickelte Technologie der »Gründerrasse« in der Antarktis verlassen mussten.

Folglich könnten Hinweise auf Atlantis und andere technologisch fortgeschrittene Kulturen überall auf dem Planeten Zeichen einer dominanten globalen Zivilisation sein, die von den Prä-Adamiten errichtet wurde und deren Zentrum die Antarktis war. Bei den Prä-Adamiten könnten es sich sogar durchaus um die legendären »Gefallenen Engel« gehandelt haben, wie sie im *Buch Henoch* beschrieben werden, deren hoch entwickelte Technologie zu einem gewaltigen Kampf in der vorsintflutlichen Welt führte.

Anmerkungen

1 *Cosmic Disclosure*, »Antarctica: The Process for Disclosure«, Season 7, Episode 8; https://spherebeingalliance.com/blog/transcript-cosmic-disclosure-antarctica-the-process-for-disclosure.html (aufgerufen am 21.10.2017)

2 *Voice of America*, »Mars Once Had Oxygen-Rich Atmosphere«; https://www.voanews.com/a/mars-oxygen/1713223.html (aufgerufen am 21.10.2017)

3 *Cosmic Disclosure*, »Super Earth«, Season 4, Episode 1 (28. Mai 2016); https://spherebeingalliance.com/blog/transcript-cosmic-disclosure-super-earth.html (aufgerufen am 21.10.2017)

4 Thomas van Flandern, »The Exploded Planet Hypothesis 2000«; http://tinyurl.com/y9sveesj (aufgerufen am 21.10.2017)

5 »Mars Exploration«; https://www.cia.gov/library/readingroom/docs/CIA-RDP96-00788R001900760001-9.pdf

6 Im Original: »Did NASA Photograph Ruins of an Ancient City on Mars?«. Siehe Martin Gardner: »The Great Stone Face and Other Nonmysteries«; http://archive.li/UmiAV#selection-227.0-231.14 (aufgerufen am 21.10.2017)

7 John Connolly, »The Secret History of the National Enquirer«; http://dujour.com/news/national-enquirer-history-scandal/ (aufgerufen am 21.10.2017)

8 Richard C. Hoagland, *The Monuments of Mars: A City on the Edge of Forever* (Frog Books; 5th ed. edition, 2001). – Dt. Ausgabe: *Die Mars-Connection. Monumente am Rande der Ewigkeit*, Herbig Verlag, München 2000; mit einem Vorwort von Johannes von Buttlar.

9 Ingo Swann, *Penetration: The Question of Extraterrestrial and Human Telepathy* (Ingo Swann Books, 1998). – Dt. Ausgabe: *Geheimsache Mond. Von Außerirdischen beobachtet*, Kopp Verlag, Rottenburg 1999.

10 Ingo Swann, *Penetration*, Chapter 5. – Dt. Ausgabe: *Geheimsache Mond. Von Außerirdischen beobachtet*, Kopp Verlag, Rottenburg 1999.

11 »Mars Exploration«; https://www.cia.gov/library/readingroom/docs/CIA-RDP96-00788R001900760001-9.pdf (aufgerufen am 21.10.2017)

12 Ebd.

13 Ebd.

14 Ebd.

15 Ebd.

16 Ebd.

17 Ebd.

18 Ein Auszug des Vortrages wurde auf YouTube veröffentlicht: »Joe McMoneagle – Remote viewing of Mars« (2004); https://youtu.be/HlLq7KDU2HY (aufgerufen am 7.11.2017)

19 Holmes Skip Atwater, »Mars«; http://www.skipatwater.com/training.html#mars (aufgerufen am 12.11.2017)

20 Holmes Skip Atwater, »Remote Viewing Mars«; https://youtu.be/t8UG0Asa7jY (aufgerufen am 12.11.2017)

21 Chris Pash, »Scientists are closing in on warm caves under Antarctica which could support secret life«; https://www.businessinsider.com.au/scientists-are-closing-in-on-warm-caves-under-antarctica-which-could-support-secret-life-2017-9 (aufgerufen am 22.10.2017)

22 Charles Hapgood, *Path of the Pole* (Adventures Unlimited Press, 2015 [1970]).

23 Online zugänglich unter https://wireofinformation.wordpress.com/tag/einstein-foreword-to-earths-shifting-crust/ (aufgerufen am 23.10.2017)

24 Ebd.

25 *Cosmic Disclosure*, »Testimony on Pyramids and Underground Cities«; https://spherebeingalliance.com/blog/transcript-cosmic-disclosure-testimony-on-pyramids-and-underground-cities.html (aufgerufen am 11.11.2017)

26 Siehe Michael E. Salla, »Moon is Artificial & Arrived with Refugees from Destroyed Planet in Asteroid Belt«; http://exopolitics.org/moon-is-artificial-arrived-with-refugees-from-destroyed-planet-in-asteroid-belt/ (aufgerufen am 22.10.2017)

27 Laura Geggel, »City-Size Lunar Lava Tube Could House Future Astronaut Residents«; https://www.livescience.com/60733-moon-lava-tube-could-shelter-astronauts.html (aufgerufen am 22.10.2017)

28 Immanuel Velikovsky, »The Earth Without the Moon«; http://www.varchive.org/itb/sansmoon.htm (aufgerufen am 22.10.2017)

29 *Cosmic Disclosure*, »Antarctica: The Process for Disclosure«, Season 7, Episode 8; https://spherebeingalliance.com/blog/transcript-cosmic-disclosure-antarctica-the-process-for-disclosure.html (aufgerufen am 22.10.2017)

30 Ebd.

31 Ebd.

32 Ebd.

33 »Mars Exploration«; https://www.cia.gov/library/readingroom/docs/CIA-RDP96-00788R001900760001-9.pdf (aufgerufen am 21.10.2017)

14 Die Antarktis, Halbgötter & das Buch Henoch

Herrscher aus Elite-Blutlinien stammen von außerirdischer Kolonie

Nachdem sie vor etwa 55.000 Jahren vom Mond in die Antarktis gekommen waren, fanden die Prä-Adamiten einen reichen fruchtbaren Planeten mit einer großen einheimischen Bevölkerung vor, die technologisch weniger entwickelt war als sie.

Bald darauf entschlossen sich die Prä-Adamiten, mithilfe ihrer weit entwickelten Gentechnik eine Rasse von Hybriden (Mischlingswesen) zu erschaffen, die als Vermittler zum Rest der Erdbevölkerung dienen sollte, wie Corey Goode erklärt:

> »Sie hatten Hybriden geschaffen, denn sie konnten in unserer Umwelt nicht besonders gut funktionieren. Und sie schufen Hybriden aus ihnen selbst und den Menschen, die hier auf der Erde waren … Alle wichtigen Prä-Adamiten von reinem Blut befanden sich in der Antarktis … Es gab eine Gruppe dieser Prä-Adamiten, dieser prä-adamitischen Blutlinie, in Mittelamerika, in der Gegend von Südamerika, und es gab eine weitere, ganz und gar andere Blutlinien-Gruppe – beide von königlicher Art – in Asien und Europa.«[1]

Während die reinblütigen Prä-Adamiten hauptsächlich in der Antarktis blieben, in der Nähe der fortschrittlichen Technik in ihren großen Mutterschiffen, wurden die hybriden Prä-Adamiten gebraucht, um über die Menschen in den verschiedenen Kolonien rund um den Planeten zu herrschen.

Goodes historische Informationen entsprechen denen des altägyptischen Historikers Manetho, der über die prädynastischen Zeiten schrieb – als die »Götter« unmittelbar über Ägypten herrschten. Diese Götter brachten ihre genetischen Nachkommen, Hybriden oder Halbgötter, in führende Positionen. Manethos Schriften werden in vielfältigen historischen Fragmenten aufbewahrt, die von antiken Schriftstellern wie Eusebius nacherzählt werden, der Folgendes ausführte:

> »Von der ägyptischen Geschichte des Manetho, der seinen Bericht in drei Bücher aufteilte. Diese handeln von den Göttern, den Halbgöttern, den Geistern der Toten und den sterblichen Königen, die Ägypten bis zum Perserkönig Darius beherrschten … Nach den Göttern regierten 1.225 Jahre lang Halbgötter, dann kam für 1.817 Jahre eine andere Linie von Königen an die Macht. Darauf folgten dreißig Könige aus Memphis, die 1.790 Jahre lang regierten, und schließlich wieder zehn Könige, die für 350 Jahre regierten.«[2]

Es sollte beachtet werden, dass antike Bilder von ägyptischen Herrschern wie dem Pharao Echnaton und Königin Nofretete sie mit verlängerten Schädeln zeigen. Goode beschreibt die Prä-Adamiten in der Antarktis als Wesen mit verlängerten Schädeln, die größere Gehirne enthielten. Wissenschaftler betonen heute, dass die Gehirnkapazität ein direktes Anzeichen für Intelligenz und folglich von Führungseigenschaften ist.

Im Jahr 1913 wurden verlängerte Schädel in der Stadt Boskop in Südafrika entdeckt, die zeigten, dass eine Rasse dieses Gebiet bewohnt hat, die eine 30 Prozent größere Hirnkapazität hatte als der moderne *Homo sapiens*. Die Relikte von Boskop und ähnliche Entdeckungen verlängerter Schädel an Orten rund um die Welt haben Wissenschaftler dazu gebracht, Mutmaßungen anzustellen, wie viel klüger diese Gruppe im Vergleich mit dem normalen *Homo sapiens* gewesen sein könnte. Zwei berühmte Neurochirurgen veröffentlichten ein Buch über die Entdeckung des Boskop-Schädels, das einiges Licht auf den Zusammenhang von Gehirngröße und Intelligenz wirft.[3] In einem Auszug, der im *Discover Magazine* veröffentlicht wurde, schrieben sie:

»Selbst, wenn die Gehirngröße nur über 10 bis 20 Prozent eines IQ-Testergebnisses entscheidet, sind Vermutungen möglich, welche durchschnittlichen Ergebnisse von einer Gruppe mit 30 Prozent größeren Gehirnen erreicht werden könnten. Es lässt sich leicht ausrechnen, dass eine Bevölkerung mit einer mittleren Gehirngröße von 1.750 Kubikzentimeter einen durchschnittlichen IQ von 149 haben sollte.

Dies ist ein Wert, bei dem man einen Menschen als genial bezeichnet. Und wenn es eine normale Variabilität unter den Boskops gab, wie bei dem Rest von uns, dann hätten vielleicht 15 bis 20 Prozent einen IQ von mehr als 180 gehabt. In einer Klasse mit 35 großköpfigen Boskop-Kindern mit Babygesichtern würde man wahrscheinlich fünf oder sechs mit IQ-Werten im oberen Bereich dessen finden, was in der menschlichen Geschichte jemals festgestellt wurde.[4]

Beruhend auf wissenschaftlichen Studien lässt sich also folgern, dass Menschen mit verlängerten Schädeln und größerer Gehirnkapazität die natürlichen Führer der alten Welt waren. Als Mitglieder der herrschenden menschlichen Dynastien Ägyptens besaßen Echnaton und Nofretete eine genetische Spur, die zu den ursprünglichen Göttern zurückverfolgt werden konnte, zu den Prä-Adamiten, die sich durch ihre beachtliche Körpergröße und verlängerten Schädel auszeichneten. Diese Gen- oder Abstammungsverbindung zu den Göttern/Prä-Adamiten ist, wie Goode behauptet, die Ursache, von der sich die alte Idee des göttlichen Rechts der Könige herleitet.

Ein ähnliches Szenario wird in den sumerischen Königslisten beschrieben, in denen die Herrschaft der Könige vor und nach der Großen Flut verzeichnet ist, ein katastrophales Ereignis, das nicht zuletzt im Alten Testament und in sumerischen Texten wie dem *Gilgamesch-Epos* beschrieben wird.[5] Die Darstellung der ersten Königsliste beginnt folgendermaßen:

»Nachdem das Königtum vom Himmel herabstieg, war es in Eridug. In Eridug wurde Alulim König; er herrschte 28.800 Jahre lang. Alaljar herrschte für 36.000 Jahre. Zwei Könige; sie herrschten 64.800 Jahre lang. Dann fiel Eridug und das Königtum wurde nach Bad-tibira gebracht. In

Abb. 65: Detail einer Wandmalerei, die die Töchter von Pharao Echnaton und Königin Nofretete zeigt – 18. Dynastie, ca. 1345 bis 1335 v. Chr.

Bad-tibira herrschte En-men-lu-ana für 43.200 Jahre. En-men-gal-ana herrschte 28.800 Jahre lang. Dumuzid, der Hirte, herrschte für 36.000 Jahre. Drei Könige; sie herrschten 108.000 Jahre lang …«[6]

Die Königsliste lässt hier keinen Zweifel, dass die Könige, die vor der Großen Flut kamen, mit himmlischen Wesen verbunden waren, und ihre fantastisch langen Regierungszeiten zeigen auch, dass diese Könige als Götter oder Engel angesehen wurden, die wir heute wahrscheinlich als außerirdische Besucher bezeichnen würden.

Bei den Herrschern nach der Großen Flut geht die Königsliste auf die folgende Weise weiter:

»Nachdem die Flut gewichen und das Königtum vom Himmel herabgestiegen war, herrschte das Königtum in Kisch. In Kisch wurde Jucur König; er herrschte 1.200 Jahre lang. Kullasasina-bel herrschte für 960 *(in den Manuskripten P2+L2 steht stattdessen 900)* Jahre. Nanjiclicma herrschte *(laut Ms. P2-L2)* für 670 (?) Jahre. Und En-tarah-ana herrschte *(laut Ms. P2-L2)* 420 Jahre lang.«[7]

Dieser Abschnitt legt ein weiteres Mal das Fundament für das göttliche Recht der Könige, die sich eine bestimmte Verbindung zu den himmlischen Wesen bewahrt haben. Jetzt regieren die Könige jedoch nicht mehr so lange wie die ursprünglichen Herrscher, aber immer noch länger als menschliche Könige. Auch das legt nahe, dass diese Könige Halbgötter waren, wie von Manetho beschrieben, oder menschlich-außerirdische Hybriden, wie Goode sie schildert, die bis zu tausend Jahre alt werden konnten.

Im weiteren Verlauf der Königsliste werden die Regierungszeiten der Herrscher immer kürzer, wie etwa bei Sargon von Akkad, der von 2340 bis 2284 v. Chr. herrschte:

»In Akkad wurde Sargon, dessen Vater ein Gärtner war, der Mundschenk von Ur-Zababa; er wurde König, der König von Akkad, der Akkad erbaute *(in den Manuskripten L1+N1 steht stattdessen: unter dem Akkad erbaut wurde)*; er herrschte 56 *(laut Ms. L1+N1 stattdessen 55; laut Ms. TL stattdessen 54)* Jahre lang. Rimuc, der Sohn des Sargon, herrschte neun *(laut Ms. IB stattdessen sieben; laut Ms. L1+N1 stattdessen fünfzehn)* Jahre. Man-icticcu, der ältere Bruder von Rimuc, der Sohn des Sargon, herrschte fünfzehn *(laut Ms. L1+N1 stattdessen sieben)* Jahre. Naram-Suen, der Sohn des Man-icticcu, regierte *(laut Ms. L1+N1, P3+BT14)* 56 Jahre lang. Car-kalicarri, der Sohn des Naram-Suen, regierte *(laut Ms. L1+N1, Su4+Su4)* 25 *(laut Ms. P3+BT14 stattdessen 24)* Jahre lang.«[8]

Zu Sargons Zeiten werden menschliche Könige eindeutig mit ähnlichen Lebensspannen wie moderne Menschen gekennzeichnet. Aber was führte zu diesem bemerkenswerten Übergang von Gottkönigen (Außerirdischen), die Tausende von Jahren regierten, über Halbgötter (menschlich-außerirdische Hybriden), die Jahrhunderte lang herrschten, bis hin zu menschlichen Königen (mit genetischen Verbindungen zu ihren Vorfahren), die nur Jahrzehnte lang regierten?

Sowohl Manethos Geschichte als auch die Königsliste zeigen, dass es eine stetige Abnahme der genetischen Reinheit und damit der Langlebigkeit der Herrscher in den antiken Kulturen gab, die Hunderttausende von Jahren zurückreicht. Auch das Alte Testament überliefert ein ähnliches Phänomen, da vorsintflutliche Gestalten wie Adam, Jared, Methusalem und Noah mehr als 900 Jahre lang lebten.[9]

In der Epoche unmittelbar nach der Großen Flut nennt das Alte Testament Patriarchen, deren Lebenszeit immer mehr abnahm. Zum Beispiel lebte Sem, einer von Noahs Söhnen, noch 600 Jahre lang, sein Sohn Arpachshad erreichte 438 und sein Enkel Shelah nur noch 403 Jahre.[10] Zur Zeit des Amram, des Vaters von Moses (ca. 1400 v. Chr.), war die Lebensdauer noch kürzer; Amram wurde 137 und Moses 120 Jahre alt.

Konventionelle Gelehrte verwerfen diese ausgedehnten Zeitperioden, die in alten Quellen und Mythen berichtet werden. Goodes Informationen sagen etwas anderes. Eine oder mehrere Gruppen von außerirdischen Besuchern ließen sich in verschiedenen historischen Epochen auf der Erde nieder. Zunächst herrschten sie über die Menschen, dann vermischten sie sich mit ihnen, um die folgenden Dynastien der Könige, Kaiser und biblischen Patriarchen zu erschaffen. Es ist ziemlich wahrscheinlich, dass die ersten Könige etwa von Ägypten und Sumer ihre Autorität und Macht entweder von den Marsianern/Prä-Adamiten bezogen, die in der Antarktis gesiedelt hatten, oder selbst Prä-Adamiten waren.

Die Große Flut, die sich um 10.000 v. Chr. ereignete, war ein einschneidendes Ereignis am Übergang vom Zeitalter der direkten Herrschaft der Gottkönige zur nachfolgenden Epoche der halbgöttlichen Könige und schließlich der menschlichen Könige und Patriarchen. Wie die Königsliste eindeutig zeigt, ist die Große Flut der historische Marker für den Übergang vom Zeitalter der unmittelbar herrschenden Götter (die individuell für Tausende von Jahren regierten) zu den Halbgöttern (die Jahrhunderte lang regierten). Das wird im Alten Testament sehr deutlich bezüglich der Patriarchen vor und nach der Großen Flut wiedergegeben.

Anscheinend war die Große Flut, die in den sumerischen, biblischen und anderen Traditionen der Welt beschrieben wird, ein Katalysator für diesen bedeutenden Übergang in der menschlichen Geschichte. Graham Hancock behandelt in seinem Buch *Die Magier der Götter: Die vergessene Weisheit einer verschollenen Erdzivilisation* mehrere mögliche Erklärungen für die letzte Große Flut, darunter etwa wiederholte Asteroideneinschläge.[11] Sehr detailliert beschreiben die wissenschaftlichen Daten, die Hancock liefert, wie die Große Flut, die durch historische Texte belegt ist, von mehreren Asteroideneinschlägen während der jüngeren Dryaszeit vor 12.900 bis 11.700 Jahren ausgelöst wurde.

Charles Hapgoods Theorie einer Polarverschiebung bietet jedoch eine noch überzeugendere Erklärung für die letzte Große Flut. Nicht nur kann ein Polsprung erklären, wie es überhaupt zu der Flut kam, sondern auch einen wichtigen Weg aufzeigen, um den Übergang der Zeitalter von der direkten Herrschaft der Götter zu jener der Halbgötter und Menschen zu verstehen, wie er in den sumerischen Königslisten und Manethos Geschichte Ägyptens beschrieben wird.

Wenn die Prä-Adamiten vor 55.000 Jahren in der Antarktis landeten und dort ihr technologisches Drehkreuz errichteten, wie Goode behauptet, dann verstehen wir, warum die letzte Große Flut/der Polsprung einen Wendepunkt in der menschlichen Geschichte markiert. Die Antarktis ist wieder in der Polarregion positioniert und liegt nun unter Eis, das mit den Jahren schnell dicker wurde und zu einer massiven Eisdecke anwuchs. Die Prä-Adamiten/Marsianer konnten nicht viel mehr tun, als das kataklysmische Ereignis zu überstehen, indem sie ihre Stasiskammer-Technologie nutzten, die sie vom Mars mitgebracht hatten, wie McMoneagles in Kapitel 13 beschriebene »Reise« als Remote Viewer zum Mars im Mai 1984 illustriert. Wahrscheinlich befähigten diese Stasiskammern die Prä-Adamiten/Marsianer auch dazu, Zehntausende von Jahren zu leben, wie in der Königsliste dargestellt wird.

Nicht nur hat die Große Flut die Mutterkolonie der prä-adamitischen Zivilisation unter Eis begraben, sie schnitt ihre hybriden Vasallen außerdem von den fortschrittlichen Technologien ab, die angewandt wurden, um die Kontrolle über die Kolonien auf der Erde aufrecht zu erhalten. Das führte dazu, dass der größte außerirdische Rivale der Prä-

Adamiten, der um direkten Einfluss auf die Menschen wetteiferte, nun hervortrat, um das Vakuum zu füllen.

Die Prä-Adamiten waren nicht die einzige außerirdische Rasse, die nach Goodes Quellen vor 55.000 Jahren auf der Erde aktiv war. Es gab noch zahlreiche andere und er sagt, darunter sei auch eine nichtmenschliche Spezies gewesen, die Reptiloiden, die bald zum Hauptrivalen der Prä-Adamiten im Kampf um die planetarische Vorherrschaft werden sollte. Goode beschreibt den Konflikt zwischen Prä-Adamiten und Reptiloiden näher und erläutert, wie die Prä-Adamiten zu Beginn dank ihrer fortschrittlichen Technologie zwar die Oberhand hatten, aber allmählich erlangten die Reptiloiden einen Vorteil, nachdem eine Reihe »kleiner Katastrophen« erfolgt war, bei denen es sich um Vorboten des viel zerstörerischen geologischen Ereignisses handelte, das später folgte, nämlich der Großen Flut:

> »Anscheinend standen die Prä-Adamiten eine Zeitlang im Konflikt mit den Reptiloiden. Die Prä-Adamiten waren nicht die Guten, aber sie führten eine Auseinandersetzung mit den Reptiloiden und hatten sie auf der Erde tatsächlich in Schach gehalten, seit sie hier ihre Bruchlandung hinlegten.
>
> Es ereigneten sich noch einige andere kleinere Katastrophen, durch die sie ihre Macht verloren, und die Reptiloiden finden immer eine Gelegenheit, in einem Augenblick der Schwäche zurückzukehren.«[12]

Als sich der antarktische Kontinent während der großen Katastrophe (vor etwa 12.000 Jahren) durch den jähen Polsprung der Erde in kürzester Zeit, geradezu blitzartig, mit Eis bedeckte, wurden die prä-adamitischen Vorposten überall auf der Welt von ihrer dominierenden Machtbasis abgeschnitten.

Nun sollten die Reptiloiden zur Vorherrschaft auf dem Planeten gelangen:

> »… aber nach diesen Kataklysmen, die sich auf der Erde ereigneten, hatten die Prä-Adamiten und die Reptiloiden einen Waffenstillstand oder Vertrag. Und ab diesem Zeitpunkt kontrollierten die Reptiloiden die

ganze Antarktis und die Prä-Adamiten hatten keine Möglichkeit mehr, Zugang zu ihrer alten Technologie und ihren Archiven zu bekommen. Alles dort war verloren.

Hybride Nachkommen der Prä-Adamiten konnten der Katastrophe in ihren globalen Vorposten entkommen, aber diejenigen der reinen Blutlinie saßen in der Antarktis in ihren riesigen Mutterschiffen fest.

Diese [prä-adamitischen] Zivilisation kontrollierte den ganzen Planeten. So geringe Ressourcen sie auch besaßen, sie kontrollierten dennoch den Planeten. Nach dem letzten Kataklysmus hatte keiner der überlebenden Prä-Adamiten mehr Zugang zu ihrer Technologie.

Wir erwähnten die Gruppe in Asien, eine Prä-Adamiten-Gruppe, und es gab eine weitere in Südamerika, in Mittelamerika. Sie konnten nicht mehr länger miteinander in Kontakt bleiben, sie waren voneinander abgeschnitten.«[13]

Die verlängerten Schädel, die in Süd- und Mittelamerika gefunden wurden, gehen zurück auf die prä-adamitischen Hybriden, die über ihre Kolonien in diesen Gebieten herrschten:

»In Süd- und Mittelamerika hatten sie die meisten ihrer Enklaven. Diese waren um andere Bauwerke der Prä-Adamiten herum gebaut, die nun aufgrund des Kataklysmus zerstört waren. Es gab große Erdbeben, die den Boden und eine große Zahl von Gebäuden regelrecht auflösten – massive Gebäude, die auseinandergefallen und im Boden versunken waren. Diese Gruppen regierten die Hemisphäre. Sie mischten ihre Gene mit denen der einheimischen Menschen von Süd- und Mittelamerika. Deshalb gibt es dort Wesen mit verlängerten Schädeln, die eine andersfarbige Haut haben und eine andere genetische Mischung aufweisen.«[14]

Die zwei größten prä-adamitischen Kolonien – die eine in Asien und Europa, die andere in Süd- und Mittelamerika – wetteiferten miteinander in der Rivalität ihrer beiden Blutlinien, die in den zwei Hauptgruppen der Illuminaten bis heute andauert:

»Und es gab vor dem Kataklysmus immer schon eine Art Konkurrenz zwischen diesen beiden Blutlinien. Die ganze Blutlinie der Kabale oder illuminatenartigen Menschen führt seine Abstammung auf die Prä-Adamiten zurück.«[15]

Die Rivalität zwischen den prä-adamitischen Abstammungsgruppen und ihr Konflikt mit den Reptiloiden geben eine Antwort auf die Frage, was mit den Hybriden mit den verlängerten Schädeln geschehen ist, die die herrschende Elite der Menschheit bildeten.

In ihrem Buch *Big Brain: The Origins and Future of Human Intelligence* (»Großes Gehirn: Die Ursprünge und Zukunft der menschlichen Intelligenz«, nicht auf Deutsch erschienen), versuchen Gary Lynch und Richard Granger die Frage zu beantworten, was mit den Boskop-Menschen geschah, deren verlängerte Schädel größere Gehirne enthielten, die ihnen eine bedeutend höhere Intelligenz verliehen als modernen Menschen. Bis zu einem gewissen Zeitpunkt stellten sie die führende Klasse, wie ägyptische Kunstwerke eindeutig zeigen, aber in der modernen Zeit sind sie verschwunden.

Lynch und Granger fragen sich, warum diese kindlichen Langschädelmenschen eigentlich verschwunden sind?

»Die Boskops koexistierten mit unseren *Homo-sapiens*-Vorfahren. So, wie wir den alten *Homo erectus* für einen wilden Primitiven halten, könnte der Boskop vielleicht uns gesehen haben. Sie starben aus und wir lebten weiter; und wir können die Frage nicht beantworten, warum. Warum haben sie uns kleinhirnige Hominiden nicht übertrumpft und sich über den Planeten ausgebreitet?«[16]

Wenn man bedenkt, was Goode über den Konflikt von Reptiloiden und Prä-Adamiten sagt, können wir mutmaßen, dass die *Homo-sapiens*-Menschen nach der Flut von den Reptiloiden angestiftet wurden, sich gegen die Prä-Adamiten-Hybriden zu erheben. Das spiegelt sich im Alten Testament in der Geschichte wider, in der Adam und Eva von der Schlange überredet werden, vom Baum der Erkenntnis zu essen, worauf sie dann aus dem Garten Eden vertrieben werden. Nach der Großen

Abb. 66: Grafische Darstellung von Corey Goode beim Besuch der Ausgrabungen in der Antarktis mit Körpern prä-adamitischer Hybriden. Mit freundlicher Genehmigung von www.Gaia.com

Flut begingen überlebende *Homo-sapiens*-Menschen später archaische Pogrome, um die meisten der prä-adamitischen Hybriden (Boskops) zu töten und die Überlebenden unter die Erde zu treiben.

Wenn wir akzeptieren, dass Reptiloide eine andere außerirdische Gruppe sind, die durch ihre eigenen Hybriden großen Einfluss hinter den Kulissen ausgeübt haben, dann wird deutlich, dass die geheimen Herrscher der Erde in unterschiedliche Gruppen aufgespalten sind, mit einer langen Geschichte von Kämpfen unter ihren menschlichen Marionetten. Das ist vielleicht nirgends besser dargelegt worden als im *Buch Henoch*, das verschiedene Gruppen von »Engeln« beschreibt, die miteinander Krieg führen. In einem Interview mit *Cosmic Disclosure* tauschten sich Goode und Wilcock folgendermaßen über das Thema aus:

»David: Im *Buch Henoch* wird diese Gruppe demnach als die Gefallenen Engel beschrieben?

Corey: Ah-ha.

DAVID: Du sagst also, dass diese Geschichte der Prä-Adamiten mit verlängerten Schädeln die der Gefallenen Engel ist?

COREY: Es ist die Geschichte der Gefallenen Engel, ja. Viele der ursprünglich geflüchteten Prä-Adamiten befinden sich derzeit noch in Stasis, in völliger Erstarrung in ihren Mutterschiffen unter dem Eis der Antarktis ... Nun, es gab eine ganze Anzahl von Wesen, die sich in Stasis befanden. Die Informationen, die ich bekam, besagen, dass die überlebenden Prä-Adamiten, die Blutlinie, die ursprünglich von jenem anderen Planeten kam, sich vor dem Kataklysmus vor 12.800 Jahren selbst in Stasis versetzten. Sie haben sie bis heute nicht geweckt. Sie wollen erst noch entscheiden, was sie tun werden.«[17]

Was Goode mitgeteilt wurde und was er persönlich in der Antarktis sah, verrät uns eine Menge über die geheime Geschichte der Antarktis und die Rolle der verschiedenen außerirdischen Gruppen, die die Kontrolle über den weiten eisigen Kontinent ausübten, der fast doppelt so groß ist wie die achtundvierzig Staaten der USA. Goode lässt uns mit einer grundsätzlichen Frage zurück, über die wir nachdenken sollten: »Was passiert, wenn die Prä-Adamiten in ihren Stasis-Kammern erwachen und herausfinden, dass die gegenwärtige globale Zivilisation ganz anders ist als das, was sie sich gewünscht haben?«

Die Antarktis & die eingekerkerten Gefallenen Engel aus dem Buch Henoch

Am 14. Mai 2017 brachte die *Israeli News Live* eine provokante Story mit dem Titel: »Die Gefallenen Engel sind in der Antarktis gefangen und leben noch.«[18] Der Autor Steven Ben-Nun, ein politischer Journalist und Bibelgelehrter, analysierte das apokryphe *Buch Henoch*, das die Erfahrungen Henochs beschreibt, einer vorsintflutlichen biblischen Gestalt, die in den Himmel entrückt wurde, um Zeuge eines gewaltigen himmlischen Kampfes zu sein und darin eine Schlüsselrolle zu spielen. Da Goode behauptet, dass die Informationen über gefallene Engel im *Buch Henoch* für die Entdeckung der

Prä-Adamiten in der Antarktis wichtig sind, soll das Thema hier ein wenig eingehender untersucht werden.

Dem alten Text zufolge wurde Henoch zum ersten Vermittler zwischen zwei Parteien in jenem Kampf der »Gefallenen« und der »Gerechten Engel«, die einer allwissenden Gottheit dienten, welche als »der Herr« bezeichnet wird. Mehrere Probleme führten zum Konflikt, besonders die Praxis der Gefallenen Engel, sich mit den Menschen zu vermischen und/oder genetische Experimente an ihnen durchzuführen, sowie ihre Weitergabe von verbotenem Wissen und Technologie an die sich noch entwickelnde menschliche Zivilisation.

Das *Buch Henoch* beginnt mit der Ankunft von zweihundert Gefallenen Engeln in der Gegend des Berges Hermon, an der heutigen Grenze des Libanon zu Syrien. Die Gefallenen Engel begannen sich zu kreuzen und die Einheimischen genetisch zu verändern.

»6.1 Und es geschah, als die Söhne der Menschen mehr wurden, dass ihnen in jenen Tagen liebliche und schöne Töchter geboren wurden.

6.2 Und die Engel, die Söhne des Himmels, sahen sie und begehrten sie. Und sie sagten zueinander: »Kommt, lasst uns Frauen wählen aus den Kindern der Menschen und lasst uns für uns selbst Kinder zeugen« …

6.6 Und sie waren insgesamt zweihundert und sie kamen herab auf Ardis, welches ist der Gipfel des Berges Hermon. Und sie nannten den Berg Hermon, weil sie auf ihm schwuren und einander mit Eiden banden.«[19]

Die Gefallenen Engel errichteten auf dem Berg Hermon einen Vorposten, wurden jedoch letztlich in der Antarktis untergebracht, nachdem sie, laut Ben-Nuns Analyse des *Buches Henoch*, die himmlische Schlacht mit den gerechten Engeln verloren hatten.

Ben-Nun zitiert Passagen aus dem *Buch Henoch*, die sehr deutlich zeigen, dass die Antarktis der Ort ist, zu dem Henoch gebracht wurde, um Zeuge der himmlischen Ereignisse zu werden:

»18.5 Und ich sah die Winde der Erde, die die Wolken tragen, und ich sah die Wege der Engel. Ich sah ans Ende der Erde, das Firmament des Himmels über mir.

18.6. Und ich ging nach Süden und es brannte Tag und Nacht, wo sieben Berge von Edelsteinen waren, drei nach Osten und drei nach Süden.

18.7 Und jene nach Osten waren aus farbigen Steinen und einer war aus Perlen und einer aus Heilstein und die nach Süden aus rotem Stein.

18.8 Und der mittlere reichte bis in den Himmel, wie der Thron des Herrn, aus Antimon, und die Spitze des Thrones war aus Saphir.«[20]

Es ist interessant an der obigen Passage, dass Henoch einen Ort erwähnt, der »Tag und Nacht brannte«. Ben-Nun glaubt, dass dies zu den Bedingungen der Antarktis passt, wenn die Sonne während des antarktischen Sommers vierundzwanzig Stunden lang scheint.

Von den sieben Bergen, die an diesen Stellen des Buches erwähnt werden, könnte nach Ben-Nun »der Berg, der bis in den Himmel reichte« der Mount Vinson in der antarktischen Sentinel Range sein. Er verweist außerdem auf sechs nahe gelegene Berge in diesem Massiv als die anderen Berge, die im alten Text beschrieben werden. Der Mount Vinson ist der höchste Berg der Antarktis und liegt in der Mitte der Sentinel Range. Er hätte in alten Zeiten genauso wie heute mit seiner gewaltigen Höhe von 4892 Metern herausragen müssen. Ben-Nun vermutet, dass die südliche und östliche Reihe der sechs an den Zentralberg angrenzenden Berge, die im *Buch Henoch* beschrieben werden, dem Mount Vinson und seinen sechs höchsten benachbarten Bergen *vor* der katastrophalen Flut entsprechen (die mit einer Verschiebung der Erdrotationsachse zusammenfiel).

Dies wiederum verweist direkt auf die Forschung von Sir Charles Hapgood, der davon ausgeht, dass der Polsprung am Ende der letzten Eiszeit stattfand, etwa 11.000 v. Chr.[21] Ben-Nuns Vermutung ist interessant, aber wie man auf der Karte der Sentinel Range sieht, auf der auch der Mount Vinson eingetragen ist (siehe Abb. 67), bilden dort weit mehr als sieben Berge eine Gebirgskette.

Folglich ist Ben-Nuns Theorie nicht schlüssig, wie er selber betont. Trotzdem nennt er uns einen möglichen Ort, an dem die Gefallenen Engel festgehalten werden, nämlich Mount Vinson und/oder sechs andere Berge in der Sentinel Range.

Abb. 67: Der Mount Vinson und benachbarte Berge

Ben-Nun diskutiert den Hinweis im *Buch Henoch* auf die gefangenen Gefallenen Engel noch weiter und kommt zu dem Schluss, dass sie vom Berg Hermon in die Antarktis (Mount Vinson/Sentinel Range) gebracht wurden:

> »18.14 Und wie ein Geist, der mich fragte, sprach der Engel: Dies ist der Ort, an dem Himmel und Erde enden; dies ist das Gefängnis für die Sterne des Himmels und die Heerschar des Himmels.
>
> 18.15 Und die Sterne, die über dem Feuer rollen, das sind die, welche das Gesetz des Herrn übertreten haben, vom Anfang ihres Aufgangs, denn sie kamen nicht heraus zur rechten Zeit.
>
> 18.16 Und er war zornig auf sie und band sie bis zur Zeit der Vollendung ihrer Sünden im Jahr des Geheimnisses.«[22]

Ben-Nuns Verweis auf die Gefallenen Engel, die immer noch in ihrem antarktischen Kerker leben, führt zu einer faszinierenden Möglichkeit. Ist die vorausgesagte Befreiung der Gefallenen Engel im »Jahr des Geheimnisses« ein Ereignis, das wir bald erleben werden?

Um eine Antwort zu bekommen, müssen erst einige faszinierende Parallelen zwischen Ben-Nuns Studien des *Buchs Henoch* und den jüngsten Enthüllungen von Corey Goode über die Antarktis analysiert werden. Wie die vorsintflutliche biblische Gestalt Henoch sagt auch Goode, dass er mitgenommen wurde, um Augenzeuge der himmlischen Ereignisse einer kürzlich eingetroffenen Gruppe hoch entwickelter Außerirdischer zu werden – genannt die »Sphärenwesen-Allianz«. Ebenso wie Henoch wurde Goode angeblich gebeten, als Vermittler zwischen zwei Seiten in einem »himmlischen« Konflikt zu dienen, der anscheinend das gesamte Sonnensystem betrifft.

Goode behauptet, dass dies alles im März 2015 begann, als er die Aufgabe eines Delegierten für die Sphärenwesen-Allianz in fortdauernden Verhandlungen zwischen verschiedenen Gruppen der Erde und außerweltlichen Zivilisationen annahm.[23] Die Ereignisse entwickelten sich im Laufe der nächsten zwei Jahre, bis Goode zwei Mal in die Antarktis gebracht wurde, um Augenzeuge bestimmter Ereignisse zu werden. Goode sagt, dass zur letzten Reise im Januar 2017 auch ein geheimer Abstecher gehörte, um die Überreste der Zivilisation der Prä-Adamiten zu sehen, die eine Blütezeit erlebt hatte, bis eine globale Katastrophe sie zerstörte – zurzeit der Großen Flut, die etwa vor 12.000 bis 13.000 Jahren überall auf der Erde Küstenstädte und tief liegende Länder verschlang.[24]

Goode erklärt, dass die Prä-Adamiten überlebten, weil sie sich in Stasiskammern im größten der drei Mutterschiffe aufhielten, das auf der Erde vor rund 60.000 Jahren gelandet war, nachdem die Prä-Adamiten wegen eines Konflikts mit den dort herrschenden außerirdischen Gruppen vom Mond vertrieben worden waren. Die Prä-Adamiten errichteten ihre größte Operationsbasis in der Antarktis und gründeten Vorposten in Asien, Europa sowie Nord- und Südamerika.[25] Goode behauptet weiter, dass bald darauf ein Konflikt zwischen den Prä-Adamiten und anderen menschlich aussehenden außerirdischen Gruppen ausbrach, die im Laufe von etwa einer halben Million Jahren zweiundzwanzig spezielle genetische Experimente durchgeführt hatten, auch an den Menschen, die an der Oberfläche lebten.

Goode diskutierte die zweiundzwanzig genetischen Langzeitexperimente in einem Facebook-Post vom 17. Mai 2015:

»Bei der letzten Föderationskonferenz der Menschenähnlichen … folgten auf eine kurze Präsentation, die ich zu halten gebeten wurde, Berichte von jedem der über sechzig anwesenden Wesen (normalerweise sind nie mehr als vierzig Wesen zugegen). Unter ihnen befanden sich auch jene, die an den zweiundzwanzig wissenschaftlich dokumentierten Präsentationen teilgenommen hatten, die Jahrzehnte vorher abgehalten worden waren, und behaupteten, die Erdenmenschen genetisch geschaffen/verändert zu haben. Jedes der anwesenden Wesen lieferte eine kurze Darstellung von dem, was sie während der Tausende von Jahren, in denen sie sich um die menschlichen Belange gekümmert hatten, für ihren »Beitrag für die Menschheit« hielten. Es war genau das gleiche Setting, an dem ich einmal als unterstützender intuitiver Empath teilgenommen hatte, als ich jünger war und noch nicht begriff, was vor sich ging. Diesmal, als richtiger ›Delegierter‹, verstand ich alles, was geschah und gesagt wurde. Es war interessant, dass jede Gruppe von sich behauptete, einen positiven Einfluss auf die Erschaffung und Steuerung der Menschheit gehabt zu haben. Natürlich war das ihre ganz eigene Sichtweise und die IEs [intuitiven Empathen], die zu unserer Unterstützung anwesend waren, nahmen keine Gefahr wahr und auch keinen Täuschungsversuch.«[26]

Alex Collier, der behauptet, einen Austausch mit einer Gruppe Außerirdischer aus dem Sternbild Andromeda gehabt zu haben, sagt, sie hätten ihm von über zweiundzwanzig genetischen Experimenten erzählt, die von verschiedenen menschenähnlichen Alien-Gruppen geleitet wurden und weit in die menschliche Geschichte zurückreichen:

»Kurz gesagt sind wir aus einer Menge verschiedener Rassen zusammengesetzt, zweiundzwanzig genau. Es ist eine physiologische Tatsache, dass es zweiundzwanzig verschiedene Körpertypen auf dem Planeten gibt. Und das ist das Ergebnis der außerirdischen Rassen.«[27]

Goodes und Colliers historische Berichte besagen, dass diese menschenähnlichen außerirdischen Gruppen schließlich in Konflikt mit den Prä-Adamiten von der Antarktis gerieten.

Hier stimmt Goodes Erklärung der historischen Ereignisse mit Ben-Nuns Analyse der Ereignisse, die im *Buch Henoch* stehen, überein. Goodes Prä-Adamiten scheinen dieselben »Gefallenen Engel« zu sein, die im Zusammenhang mit den Züchtungen und genetischen Experimenten an der menschlichen Bevölkerung in dem uralten Buch beschrieben werden. Auch die Landung von zweihundert Gefallenen Engeln auf dem Berg Hermon und der Bericht über ihre darauffolgenden Aktivitäten in dem historischen Text stimmt mit Goodes Behauptung überein, der zufolge die Prä-Adamiten überall auf der Erde Kolonien errichteten, die Menschen genetisch veränderten und hybride Nachkommen in Führungspositionen brachten.[28]

Bei den Gerechten Engeln, die im *Buch Henoch* beschrieben werden, scheint es sich um eine außerirdische Gruppierung gehandelt zu haben, die die zweiundzwanzig genetischen Langzeitexperimente durchführte, woran sie später von den Prä-Adamiten gehindert wurden. Kürzlich hat die Sphärenwesen-Allianz das Feld für konstruktive Verhandlungen zwischen verschiedenen Weltraumprogrammen und außerirdischen Gruppen geebnet, den heutigen Gefallenen und Gerechten Engeln, was bedeutet, dass sie jetzt offenbar eine ähnliche Rolle spielt wie der allwissende »Herr« aus dem *Buch Henoch*. Ben-Nuns analytische Folgerung, dass die Gefallenen Engel in der Antarktis festgehalten werden und noch am Leben sind, stimmt mit Goodes Behauptung überein, dass die Prä-Adamiten sich in Stasiskammern auf einem ihrer drei Raumschiffe tief unter dem Eis der Antarktis befinden. Goode hat außerdem enthüllt, dass Ausgrabungen in der Antarktis laufen und die Stasiskammern mit den Prä-Adamiten bereits gefunden wurden.[29] Er sagt, dass die Entscheidung erst noch fallen muss, ob sie geweckt werden sollen oder nicht.[30]

Die hybriden Nachkommen der Prä-Adamiten, welche sich unter den Familien mit Elite-Blutlinien finden, die insgeheim die Menschheit regieren, wollen *unbedingt* Zugang zu diesen Stasiskammern erlangen und ihre Vorfahren aufwecken. Das mag auch erklären, warum 2016/17 eine ganze Anzahl prominenter Besucher in der Antarktis war, darunter zum Beispiel der ehemalige amerikanische Außenminister John Kerry, der Ex-Astronaut Buzz Aldrin, der russische Patriarch Kirill, Australiens Generalgouverneur Sir Peter Cosgrove und andere.

Die Prä-Adamiten zu wecken scheint den Zweck zu haben, dass sie wieder ihre frühere Herrschaft auf dem Planeten übernehmen und dabei ihren hybriden Nachkommen erlauben, aus dem Schatten zu treten und direkt über die Menschheit zu herrschen. Das bedeutet, dass das »Jahr des Geheimnisses« aus dem *Buch Henoch*, in dem die »Gefallenen Engel« befreit werden, schon sehr nahe sein kann.

All das führt zu einer faszinierenden Frage: Ist Goode selbst ein Henoch unserer Zeit, der die Schlüsselrolle hat, zwischen verschiedenen menschlichen und außerirdischen Gruppen zu vermitteln, als Delegierter der Sphärenwesen-Allianz, die anscheinend genauso agiert wie die allwissende Gottheit aus dem *Buch Henoch*? Wenn das zutrifft, würde dies bedeuten, dass Henoch vor 13.000 Jahren selbst ein außerirdisch Kontaktierter der Sphärenwesen-Allianz oder einer ähnlichen außerirdischen Gruppe gewesen ist. Wenn die Prä-Adamiten/Gefallenen Engel geweckt/befreit werden, wird es sicherlich nötig sein, mit ihnen und ihren hybriden Nachkommen hinsichtlich der Rollen zu verhandeln, die sie spielen, wenn die Menschheit zur Wahrheit ihrer Geschichte erwacht und die Manipulationen durch viele außerirdische Gruppen und Familien der Elite-Blutlinien erkennt.

Schlussfolgerung

Laut der Geschichte, die von Goode und Tompkins mitgeteilt wird, gibt es im Wesentlichen drei Gruppen von Außerirdischen, die in den letzten Jahrtausenden mit der Menschheit in Verbindung standen und sich in der alten Geschichte der Antarktis kreuzen. Die ersten sind die menschenähnlichen oder nordischen Außerirdischen. Sie sind verantwortlich für zweiundzwanzig genetische Langzeitexperimente im Laufe von 500.000 Jahren, während der die menschliche Genetik entsprechend den globalen Erfordernissen verändert wurde. Anscheinend sind einige dieser Änderungen – nach Goode – verbunden mit dem Gebrauch der uralten Technologie der »Gründerrasse« und mit innerirdischen Wesen, die behaupten, sie seien unsere Nachkommen aus ferner Zukunft, die achtzehn Millionen Jahre in der Zeit zurückgeschickt wurden, um die Zeitachsen zu schützen.

Die Antarktis ist ein unermesslich großes Depot für die vorzeitliche Technologie der Gründerrasse, die von den Nordischen und Gruppen der Inneren Erde heiß begehrt oder unter Verschluss gehalten wird. Diese beiden Gruppen unterstützen offenbar die menschliche Freiheit und Schöpferkraft als notwendige Bestandteile der menschlichen Evolution, die während der letzten Jahrtausende in Form planetenweiter Experimente stattfand, bis sie durch eine globale Naturkatastrophe zurückgeworfen wurde. Das entspricht historischen Verweisen beispielsweise der alten Griechen, der Maya, der vedischen Inder und amerikanischen Ureinwohner auf die verschiedenen planetarischen Zeitalter, in denen die menschliche Zivilisation große Fortschritte machte. Dieser ziemlich wohlmeinende Blick auf die menschliche Entwicklung wird von den anderen beiden großen außerirdischen Gruppen anscheinend nicht geteilt. Sie benutzen die Menschheit rücksichtslos als Werkzeug, um ihre Macht und ihren Einfluss weiter auszudehnen.

Die zweite Gruppe sind die Prä-Adamiten, die nach Goodes Zeugnis vor etwa 55.000 Jahren in der Antarktis landeten und Kolonien überall auf der Erde errichteten, wo ihre Hybriden zu Machtpositionen gelangten. Die menschlichen Kolonien, die von Prä-Adamiten kontrolliert wurden, waren anscheinend Sklavenhaltergesellschaften, in denen es ein strenges hierarchisches Machtsystem gab und die Stellung einer Person von ihrer Blutlinie abhing. Das ist der Ursprung der heutigen Familien mit Elite-Abstammungslinien, die die Menschheit hinter den Kulissen manipulieren.

Das *Buch Henoch* beschreibt den Konflikt zwischen den Prä-Adamiten und den Nordischen, der zur Einkerkerung der ersteren in der Antarktis führte. Dies lässt vermuten, dass der Polsprung, der die Antarktis blitzartig gefrieren ließ, ein Ergebnis von *Geo Engineering* der Nordischen oder höherdimensionaler Wesen war, die die Menschheit, für ein neues planetenweites Experiment, von der Vorherrschaft der Prä-Adamiten befreien wollten.

Die dritte außerirdische Gruppe sind die Reptiloiden, deren Geschichte auf der Erde ebenfalls viele Jahrtausende zurückreicht. Es ist möglich, dass das Ende des Dinosaurierzeitalters vor fünfundsechzig Millionen Jahren ein anderes *Geo-Engineering*-Ereignis war, das die überlebenden Reptilien unter die Erdoberfläche trieb. Auch das kann auf eine Handlung der nordischen und/oder höherdimensionalen Wesen zurückgegangen sein, die *Geo Engineering* anwandten, um die Lebensbedingungen für eine neuerliche Reihe globaler genetischer Experimente zu erneuern – diesmal, um die Evolution von Menschen auf der Oberfläche des Planeten zu ermöglichen.

Die reptiloide Präsenz in der Antarktis war durch die Naturkatastrophe, die vor etwa 12.000 Jahren stattfand, möglich geworden, der ihren größten globalen Rivalen von der Bühne fegte und unter die Erde verbannte – die Prä-Adamiten. Mit dem Untergang der Prä-Adamiten konnten die Reptiloiden ihre Macht ausdehnen und durch endlose Eroberungskriege mit menschlichen Stellvertretern ihren weltweiten Einfluss sichern. Das ist der Hintergrund des Szenarios, das in Büchern wie Jim Marrs *Heimliche Herrscher: Wie verborgene Mächte das Schicksal der Menschheit bestimmen* und William Bramleys *Die Götter von Eden: Eine neue Betrachtung der Menschheitsgeschichte* beschrieben wird.

Weiter oben im vorliegenden Buch wurde gezeigt, dass eine Gruppe reptiloider Außerirdischer namens »Dracos« sich in der Antarktis festgesetzt und in zahlreichen großen Höhlen eingerichtet hatte und sich später, während des Zweiten Weltkriegs, einige dieser Orte mit deutschen Geheimgesellschaften teilte. Das bildete den Grundstein für eine deutsch-draconische, reptiloide Allianz, die durch geheime Abkommen mit Führern der USA und Europas stetig zu einer Weltmacht heranwuchs – zum Vierten Reich. Heute ist die Antarktis durch zwei miteinander verbundene Weltraumprogramme eine Machtbasis des Vierten Reiches.

Das erste Programm, die »Dunkle Flotte«, ist ein direkter Ableger von Flugscheibenprojekten Hitlers und der deutschen Geheimgesellschaften, die sich später mit den draconischen Reptiloiden der

Antarktis verbündeten. Das zweite Programm wird vom Interplanetary Corporate Conglomerate (ICC) geleitet, das aus den geheimen Abkommen des Vierten Reiches mit der Eisenhower-Administration entstand. Diese Abkommen erlaubten die schnelle Erweiterung der deutschen Antarktisstützpunkte zu großen Industriegebieten, von denen Goode bei seinen zwei Reisen in die Antarktis 2016 und 2017 angeblich sechs sah.

Heute wird die Antarktis weithin vom Vierten Reich (der »Dunklen Flotte«)[31] und seinem Partner, dem planetenweit tätigen Mischkonzern ICC, kontrolliert – beide sind mit den Dracos verbündet. Das führt zu der Frage: Was wird geschehen, wenn die früheren Feinde der Reptos, die Prä-Adamiten, von ihren Kabale/Illluminati-Nachkommen in den Stasiskammern geweckt werden? Wird es zu einem echten Krieg kommen, der zur Vernichtung des Planeten führt, oder zu einer »zweckdienlichen Allianz« zwischen Reptiloiden und Prä-Adamiten, um den Rest der Menschheit zu unterwerfen?

Sowohl Goode als auch Tompkins vermuten, dass die Sklavenarbeit, die das Vierte Reich in der Antarktis ausgiebig betreibt, wahrscheinlich von den Prä-Adamiten begrüßt wird. Solche gemeinsamen Ideologien können eine zweckdienliche Allianz beschleunigen, um den Rest der Menschheit zu versklaven, die weiterhin ein Objekt genetischer Langzeitexperimente sein wird. In Kapitel 15 werde ich das ganze Ausmaß der Experimente an Menschen in der Antarktis darstellen und verdeutlichen, warum sie öffentlich gemacht werden müssen: Nämlich aus keinem anderen Grund als dem zu verhindern, dass dermaßen schreckliche Praktiken klammheimlich auf dem Rest des Planeten eingeführt werden.

Anmerkungen

1 *Cosmic Disclosure*, »Antarctica: The Process for Disclosure«, Season 7, Episode 8; https://spherebeingalliance.com/blog/transcript-cosmic-disclosure-antarctica-the-process-for-disclosure.html (aufgerufen am 22.10.2017)

2 Manetho, Book I, p. 2; https://archive.org/stream/manethowithengli00maneuoft/manethowithengli00maneuoft_djvu.txt (aufgerufen am 22.10.2017)

3 Gary Lynch und Richard Granger, *Big Brain: The Origins and Future of Human Intelligence* (St. Martin's Press, 2008).

4 Gary Lynch und Richard Granger im *Discover Magazine*: »What Happened to the Hominids Who May Have Been Smarter Than Us?«; http://discovermagazine.com/2009/the-brain-2/28-what-happened-to-hominids-who-were-smarter-than-us (aufgerufen am 23.10.2017)

5 Zur Beschreibung der Großen Flut in sumerischen Texten siehe »The Great Flood: Sumerian version«; http://www.livius.org/articles/misc/great-flood/flood2/

6 »The Sumerian king list: translation«; http://etcsl.orinst.ox.ac.uk/section2/tr211.htm (aufgerufen am 22.10.2017)

7 Ebd.

8 Ebd.

9 Zu Textpassagen in der Bibel, die sich auf das Alter dieser vorsintflutlichen Personen ziehen, siehe »Longevity«; https://bible.knowing-jesus.com/topics/Longevity (aufgerufen am 11.11.2017)

10 Ebd.

11 Graham Hancock, *Magicians of the Gods* (A Thomas Dunne Book for St. Martin's Griffin, 2017). – Dt. Ausgabe: *Die Magier der Götter. Die vergessene Weisheit einer verschollenen Erdzivilisation*, Kopp Verlag, Rottenburg 2018.

12 *Cosmic Disclosure*, »Antarctica: The Process for Disclosure«, Season 7, Episode 8; https://spherebeingalliance.com/blog/transcript-cosmic-disclosure-antarctica-the-process-for-disclosure.html (aufgerufen am 22.10.2017).

13 Ebd.

14 Ebd.

15 Ebd.

16 Gary Lynch und Richard Granger im *Discover Magazine*: »What Happened to the Hominids Who May Have Been Smarter Than Us?«; http://discovermagazine.com/2009/the-brain-2/28-what-happened-to-hominids-who-were-smarter-than-us (aufgerufen am 23.10.2017)

17 *Cosmic Disclosure*, »Antarctica: The Process for Disclosure«, Season 7, Episode 8; https://spherebeingalliance.com/blog/transcript-cosmic-disclosure-antarctica-the-process-for-disclosure.html (aufgerufen am 22.10.2017)

18 Im Original: »The Fallen Angels Imprisoned in Antarctica and are still Alive!«; https://www.youtube.com/watch?v=Bez4DKZI7yU&feature=youtu.be (aufgerufen am 1.11.2017)

19 »The Book of Enoch«; http://www.markfoster.net/rn/texts/AllBooksOfEnoch.pdf (aufgerufen am 1.11.2017); online zugänglich unter https://archive.org/stream/eathsshiftingcru033562mbp/eathsshiftingcru033562mbp_djvu.txt (aufgerufen am 1.11.2017)

20 Ebd.

21 Online zugänglich unter https://archive.org/stream/eathsshiftingcru033562mbp/eathsshiftingcru033562mbp_djvu.txt (aufgerufen am 1.11.2017)

22 »The Book of Enoch«; http://www.markfoster.net/rn/texts/AllBooksOfEnoch.pdf (aufgerufen am 1.11.2017)

23 »Whistleblower reveals multiple secret space programs concerned about new alien visitors«; http://exopolitics.org/whistleblower-reveals-multiple-secret-space-programs-concerned-about-new-alien-visitors/ (aufgerufen am 1.11.2017)

24 »Visit to Antarctica Confirms Discovery of Flash Frozen Alien Civilization«; http://exopolitics.org/visit-to-antarctica-confirms-discovery-of-flash-frozen-alien-civilization/

25 *Cosmic Disclosure*, »Antarctica: The Process for Disclosure«, Season 7, Episode 8; https://spherebeingalliance.com/blog/transcript-cosmic-disclosure-antarc tica-the-process-for-disclosure.html (aufgerufen am 22.10.2017)

26 Siehe https://www.facebook.com/BlueAvians/posts/1453552121609246 (aufgerufen am 1.11.2017)

27 Alex Collier, »An Andromedan Perspective on Galactic History«; http://www.exopoliticsjournal.com/vol-2/vol-2-2-Collier.pdf (aufgerufen am 1.11.2017)

28 *Cosmic Disclosure*, »Antarctica: The Process for Disclosure«, Season 7, Episode 8; https://spherebeingalliance.com/blog/transcript-cosmic-disclosure-antarc tica-the-process-for-disclosure.html (aufgerufen am 22.10.2017)

29 Corey Goode, »Endgame Part II: The Antarctic Atlantis & Ancient Alien Ruins«; https://spherebeingalliance.com/blog/endgame-part-ii-the-antarctic-atla ntis-and-ancient-alien-ruins.html (aufgerufen am 1.11.2017)

30 *Cosmic Disclosure*, »Antarctica: The Process for Disclosure«, Season 7, Episode 8; https://spherebeingalliance.com/blog/transcript-cosmic-disclosure-antarc tica-the-process-for-disclosure.html (aufgerufen am 22.10.2017)

31 Näheres dazu, von ihrer Entstehung bis zu ihren Aufgaben und heutigen Tätigkeitsbereichen, finden Sie in dem Buch *Die Dunkle Flotte* von Len Kasten, Amra Verlag, Hanau 2020.

15 Illegale Forschung & Entwicklung in der Antarktis

Offiziell geleugnete Projekte unter speziellem Zugriff & der Antarktisvertrag

Wenn es um irgendwelche geheimen Projekte in der Antarktis geht, die den Antarktisvertrag von 1961 verletzen, gibt es grundsätzlich zwei Arten von »offiziell geleugneten« Forschungs- und Entwicklungsprogrammen, die betrachtet werden müssen. Die erste bezieht sich auf offiziell geleugnete Projekte, die mit verschiedenen nationalen Militärs und Geheimdiensten in Verbindung stehen, deren Inhalte diesen nach Maßgabe der verschiedenen Sicherheitsfreigaben zugeordnet sind. Innerhalb des amerikanischen Verteidigungsministeriums und der Geheimdienste sind solche geheimen Programme als Projekte unter speziellem Zugriff (Special Access Projects: SAP) bekannt. Einige dieser Geheimprogramme sind allerdings »unacknowledged«, also USAPs, das heißt ihre Existenz wird öffentlich nicht zugegeben.

Ein Handbuch des Verteidigungsministeriums von 1995 mit dem Titel *National Industrial Security Program Operating Manual* (»Arbeitshandbuch des nationalen Programms für Industriesicherheit«) unterscheidet sie so:

> »Es gibt zwei Typen von SAPs, offiziell anerkannte [acknowledged] und offiziell geleugnete [unacknowledged]. Ein anerkanntes SAP ist ein Programm, das offen anerkannt wird oder bekannt ist, aber Besonderheiten innerhalb des SAPs sind geheim. Die Existenz eines offiziell geleugneten SAPs oder eines offiziell geleugneten Teils eines anerkann-

> ten Programms wird keiner Person bekannt gemacht, die nicht für diese Informationen autorisiert ist.«[1]

Das Handbuch des Verteidigungsministeriums erklärt darüber hinaus die Methoden, mit denen die Existenz von offiziell geleugneten Programmen geheim gehalten wird:

> »Offiziell geleugnete SAPs benötigen ein beträchtlich höheres Maß an Schutz als offiziell anerkannte SAPs ... ein SAP mit Schutzkontrollen, die die Existenz des Projekts sicherstellen, wird gegenüber Personen, die für solche Informationen nicht autorisiert sind, geleugnet. Seine Existenz wird auf keinen Fall zugegeben oder ihnen bekannt gemacht. Sämtliche Aspekte (zum Beispiel technische, operative und logistische) werden offiziell geleugnet.«[2]

Ein offiziell geleugnetes SAP (USAP) wird durchgängig Sicherheitsvorkehrungen aufweisen, aber es kann sogar noch strengerer Geheimhaltung unterliegen, dann ist von einem »waived« USAP die Rede. »To waive a claim« ist Juristen-Englisch dafür, dass auf einen Rechtsanspruch verzichtet wird, »to waive a right« bedeutet von einem Recht zurückzutreten. Ein »waived« USAP ist also ein Projekt unter speziellem Zugriff, auf dessen Möglichkeit zur Kenntnisnahme gänzlich verzichtet wird. Eine Senatsuntersuchung von 1997 hat es folgendermaßen auf den Punkt gebracht:

> »Unter schwarzen Programmen wird weiterhin die Unterscheidung von ›waived‹ Projekten getroffen, die für so sensibel gehalten werden, dass sie vom Prozedere der üblichen Berichterstattung an den Kongress ausgenommen sind. Der Vorsitzende, hochrangige Mitglieder und gelegentlich auch andere Mitglieder sowie der Stab von relevanten Kongressausschüssen dürfen über die Existenz dieser Programme *nur mündlich* informiert werden.«[3]

Für diese Art von Programmen sind lediglich mündliche Briefings zugelassen, weil sie so geheim sind, dass US-Kongressabgeordnete und andere, die davon erfahren, deren Existenz nicht zugeben und niemanden um fachkundigen Rat bitten dürfen. Das bedeutet, dass über USAPs keine effektive Aufsicht des Kongresses ausgeübt wird. Der Kongress muss *das Wort* des finanzierenden militärischen Dienstes oder Geheimdienstes akzeptieren, dass das Programm gemäß US-Recht und Antarktisvertrag verantwortungsvoll umgesetzt wird. Darüber hinaus wird von jedem Kongressmitglied verlangt, die Existenz eines solchen Programmes zu leugnen und stattdessen eine Tarngeschichte zu verwenden. Diesbezüglich stellt ein Zusatz von 1992 zu einer früheren Version des Handbuches des Verteidigungsministeriums fest:

> »Programm-Tarngeschichten (OFFIZIELL GELEUGNETES Programm). Tarngeschichten können bei offiziell geleugneten Programmen eingesetzt werden, um die Integrität des Programms vor Individuen zu schützen, die kein ›need to know‹ haben [also nichts von dem Programm zu wissen brauchen]. Tarngeschichten müssen glaubhaft sein und dürfen keine Informationen enthalten, welche die wahre Natur des Vertrags betreffen. Tarngeschichten für Projekte unter speziellem Zugriff müssen vor der Anwendung die Genehmigung des PSO [des Programm-Sicherheitsoffiziers] haben.«[4]

Die zweite Art von Programmen, die sich mit offiziell geleugneten Aktivitäten befassen, schließt private Unternehmen ein. Unternehmensgeführte USAPs bedienen sich ähnlicher Sicherheitsprozeduren wie das US-Militär oder Geheimdienste für die Arbeit an streng geheimen Aufträgen. Die Standard-Sicherheitsprozeduren des Verteidigungsministeriums für die Industrie sind im *National Industrial Security Program Operating Manual* (»Arbeitshandbuch des nationalen Programms für Industriesicherheit«) beschrieben. So fasst der Bericht des US-Senats von 1997 die gegenwärtige Situation zusammen:

> »Vertragspartner aus der Industrie, die an geheimen Aufträgen arbeiten, werden vom National Industrial Security Program (NISP) verwaltet, das 1993 durch Exekutivbefehl 12829 geschaffen wurde, um ›als alleiniges, integriertes zusammenhängendes Industriesicherheitspro-

> gramm zu dienen und geheime Informationen zu schützen‹. Ein Zusatz zum [Arbeitshandbuch] NISP Operating Manual (NISPOM) wurde im Februar 1995 in Form eines ›Menüs von Optionen‹ verabschiedet, aus denen Programmmanager der Regierung wählen können, wenn sie Standards für Partner setzen, die an Programmen beteiligt sind, die unter speziellem Zugriff stehen.«[5]

Es ist für nationale Streitkräfte und Geheimdienste normal, Aufträge an Privatunternehmen zu vergeben, um Aspekte offiziell geleugneter Programme durchzuführen wie etwa Aktivitäten in der Antarktis oder im Weltraum. Lockheed Martin, Raytheon, die Science Application International Corporation (SAIC) und General Dynamics sind einige dieser vielen US-Firmen, die militärische/geheimdienstliche Aufträge für Forschung und Entwicklung innerhalb streng geheimer Programme erhalten haben, zu denen auch Operationen in der Antarktis gehörten.

Andere Unterzeichnerstaaten des Antarktisvertrags haben ihre eigenen Entsprechungen zu den offiziell geleugneten USAP-Aktivitäten, darunter solche, die von nationalen Streitkräften und Geheimdiensten ausgeführt werden – wobei private Unternehmen sie dabei unterstützen. Umfang und Budgets dieser offiziell zwar sanktionierten, aber ebenso offiziell auch geleugneten Programme sind nicht genau bekannt und traditionell Teil der nebulösen Welt der »schwarzen Programme«, die auf undurchsichtige Weise gegründet werden, wie von Tim Weiner in *Blank Check: The Pentagon's Black Budget* (»Blankoscheck: Das schwarze Budget des Pentagons«, nicht auf Deutsch erschienen) dargelegt wurde:[6]

Dieses »tiefschwarze Budget« des Pentagons wurde am Ende der Clinton-Regierung im Januar 2001 auf 1,7 Billionen US-Dollar pro Jahr geschätzt.[7] Um die Bedeutung so einer Riesensumme voll erfassen zu können, bedenken Sie bitte, dass der vorgeschlagene Etat des Pentagons für 2018 nur 639 Milliarden Dollar umfasste.[8] Das bedeutet, dass das tiefschwarze Budget, das die USAPs finanziert, schon im Jahr 2000 *fast den dreifachen Gesamtetat des Pentagons von heute* ausmachte. Zu dieser erstaunlichen Statistik müssen wir eine neue beunruhigende Bekanntgabe des Pentagons hinzufügen, wonach

44.000 Angehörige des Militärpersonals »nicht gefunden werden können«.[9] Wo könnten die fehlenden Gelder und Soldaten wohl stecken? Die wahrscheinlichste Antwort führt uns zu den USAPs, die in der Antarktis und anderswo durchgeführt werden.

Daraus folgt, dass solange die USA und andere Nationen viele öffentliche wissenschaftliche Projekte in der Antarktis durchführen, jedes von ihnen die Tarnung für USAPs sein könnte, ohne dass die beteiligten Mainstreamwissenschaftler auch nur Kenntnis von dieser Situation haben. Zweifellos ist das die Folgerung, die aus der Whistleblower-Aussage des ehemaligen U.S. Navy-Technikers Brian gezogen werden muss, der von der NSA gewarnt wurde, irgendetwas über die Ereignisse weiterzugeben, die er in der Antarktis sah, was sicherlich auf streng geheime Projekte hinweist, an denen man dort arbeitet.

Nach den Informationen, die im vorliegenden Buch bisher offengelegt wurden, gibt es eine sehr große Anzahl rätselhafter Dinge, die auf dem vereisten Kontinent vorgehen, und zumindest einige davon dürften mit streng geheimen Projekten zu tun haben. Besonders beunruhigend ist in diesem Zusammenhang die Möglichkeit, dass manche dieser Projekte unter dem Antarktisvertrag illegal sind und andere internationale und ethische Gesetze verletzen. Das steht zweifelsfrei fest bei der Situation, von der William Tompkins und Corey Goode berichten: Zwangsarbeit in versteckten Antarktisstützpunkten, die vor langer Zeit von NS-Deutschland errichtet wurden. Genauere Recherchen darüber, welche Firmen in der Antarktis tätig sind, werden sicher beträchtlich zu der Erkenntnis beitragen, ob sich dies auf USAPs bezieht und diese Programme den Antarktisvertrag verletzen.

Große US-Auftragsunternehmen beginnen Operationen in der Antarktis

Bald nachdem Anfang 1956 durch *Operation Deep Freeze* die ersten ständigen Stützpunkte errichtet wurden, übernahm die U.S. Navy die logistische Betreuung des gesamten amerikanischen Antarktisprogramms. Zwei Jahre später begann die National Science Foundation

(NSF), Aufträge an Privatunternehmen zu vergeben, die in den neuen US-Stationen der Antarktis wissenschaftliche und nichtmilitärische Projekte unterstützten. 1958 übernahm die NSF die Leitung des amerikanischen Antarktisprogramms, das der Schirm für sämtliche wissenschaftliche Forschungen und Entdeckungen auf diesem Kontinent war. ITT war unter den ersten Unternehmen, die von der NSF finanziert wurden, und gründete 1958 eine Tochtergesellschaft, ITT Antarctic Services. Mit Sitz in Colorado Springs war sie hervorragend aufgestellt, um an offiziell geleugneten Projekten unter speziellem Zugriff zu arbeiten, die Teil des sich entwickelnden Weltraumprogramms der U.S. Air Force waren.[10] In Kapitel 2 wurde bereits erwähnt, dass ITT eine der US-Firmen war, die vor und nach dem Zweiten Weltkrieg Zweigstellen und Partnerschaften in Bezug auf Telekommunikation aufbauten. Aufgrund der frühen Gründung von ITT Antarctic Services gibt es gute Gründe anzunehmen, dass ITT infolge des Abkommens von 1955 zwischen dem Viertem Reich und der Eisenhower-Administration die Arbeit mit seinen früheren deutschen Zweigstellen und Partnern, die geheim in Amerika operierten, rasch wieder aufnahm.

Es ist wichtig zu verstehen, dass die Deutschen den größten Teil der Zuständigkeit für die Erforschung der alten Artefakte, die in der Antarktis entdeckt worden waren, dem amerikanischen Militärisch-Industriellen Komplex übergaben. Dies geschah, nachdem die Abkommen mit der Regierung Eisenhower schließlich geschlossen waren. Hinsichtlich dieser Ereignisse schreibt Goode:

> »Nachdem die Deutschen das alles entdeckt hatten, begannen sie mit etwas, was eigentlich keine Ausgrabungen im archäologischen Sinn waren, vielmehr räumten sie die Gebiete und verwendeten, was ihnen unter die Finger kam. In Höhlenbereichen fanden sie Artefakte uralter Kulturen, nahmen sie mit, brachten ihre militärischen Truppen rein und errichteten dort Stützpunkte. Sie waren anfangs gar nicht so sehr an Archäologie interessiert, was weniger nach den Nazis klingt, denn die hatten immer Archäologen, die ... Nun, sie durchkämmten auch Asien auf der Suche nach bestimmten ... Anscheinend lautete die Mission, schnellstens den Antarktisstützpunkt auszubauen. Das war ihr Haupt-

job … Sie schauten also überall rein und gruben im Laufe der Jahrzehnte mal hier und mal da, was schließlich zur Zusammenarbeit mit den Amerikanern führte, dem Militärisch-Industriellen Komplex. Und während der ganzen Zeit wurden Ausgrabungen durchgeführt, seit den 1950ern und 1960ern.«[11]

Ganz ähnlich sagt etwa Dr. Pete Peterson, dass die amerikanische Entdeckung und Ausgrabung der drei Raumschiffe, die in der Antarktis gefunden wurden, bereits auf die 1950er Jahre zurückgeht, und dass die Deutschen diese Entdeckung als Erste gemacht hatten.[12]

In Anbetracht der historisch engen Beziehungen von ITT zu deutschen Unternehmen, der Gründung der antarktischen Tochterfirma im Jahr 1958, der Erfahrungen von ITT in fortgeschrittener Kommunikationstechnologie und schließlich der engen Verbindung zu den Reptiloiden stets Bill Tompkins zufolge eigentlich außer Frage, dass ITT in die damalige Ausgrabung der außerirdischen Zivilisation in der Antarktis verwickelt war.[13]

Die Rolle von privaten Auftragnehmern wurde während der 1960er und 1970er stetig größer, weil das Projekt wuchs und immer notwendiger einer Unterstützung durch Unternehmen bedurfte.[14] Deshalb wurde 1972 von der National Science Foundation der Antarctic Support Contract aufgesetzt, ein Vertrag zur Versorgung der Antarktis. Geschlossen wurde er mit einem einzigen Hauptauftragnehmer, der sich um alle wissenschaftlichen und nichtmilitärischen Projekte in den amerikanischen Antarktis-Stationen kümmern sollte. Ein solcher Auftragnehmer aus der Rüstungsindustrie, der dem Antarctic Support Contract beitrat, konnte zusätzliche Erfahrungen und Personal einbringen, um bei den geheimen Ausgrabungen zu helfen, die unter der Leitung führender Unternehmen wie ITT stattfanden.

Im Jahr 1972 war also Holmes & Narver die erste Firma, die den Antarctic Support Contract unterschrieb, der Nachschubdienste für alle drei permanenten ganzjährigen US-Stützpunkte umfasste – die McMurdo-Station, die Amundsen-Scott-Südpolstation und die Palmer-Station.[15] Übrigens war Holmes & Narver auch eines der Rüstungsunternehmen, die am Manhattan-Projekt arbeiteten.[16]

In den folgenden Jahrzehnten tat sich sich Holmes & Narver, wenn es um die Verlängerung des Antarctic Support Contract ging, mit großen Luft- und Raumfahrt- sowie Technologieunternehmen wie Raytheon und EG&G zusammen.[17] Im Jahr 2000 ging Holmes & Narver dann in dem Technologiegiganten AECOM auf.[18] Zieht man Holmes & Narvers Beteiligung am Manhattan-Projekt in den 1940er Jahren in Betracht, am Bau der Atombombe, ist der Schluss naheliegend, dass dieses Unternehmen eng mit den Sicherheitsregeln für offiziell geleugnete Projekte unter speziellem Zugriff vertraut war. Das hätte sicher auch die Notwendigkeit eingeschlossen, die Existenz eines aktiven deutschen Weltraumprogramms tief unter dem antarktischen Eis, mit dem der Militärisch-Industrielle Komplex der USA in geheimer Absprache zusammenarbeitete, zu verheimlichen.

Im Jahr 1980 schloss ITT über seine Tochterfirma ITT Antarctic Services den nächsten Antarctic Support Contract ab.[19] Ein Bericht über ITTs Versorgungsaktivitäten in den Jahren 1980 und 1981 besagt, dass sie siebenundsiebzig wissenschaftliche Projekte während der Sommerperiode und fünf im polaren Winter unterstützten.[20] Mit dem Auftrag von 1980 war ITT perfekt aufgestellt, um seine verdeckten Aktivitäten weiterzuführen, indem es Unterverträge an Firmen vergab, die bei den Ausgrabungen helfen konnten. Außerdem konnte ITT sicherstellen, dass sich das wissenschaftliche Engagement der USA in der Antarktis nicht negativ auf die operative Geheimhaltung der deutschen Antarktis-Unternehmungen auswirkte, die eng mit den großen US-Rüstungsunternehmen verflochten waren.

Im Jahr 1990 ging Holmes & Narver eine Partnerschaft mit EG&G ein, um Antarctic Support Associates zu gründen und so den Auftrag der NSF zu bekommen.[21] 1947 gegründet, war EG&G mittlerweile ein größeres Rüstungsunternehmen geworden und arbeitete an einer Reihe streng geheimer Nuklearprojekte. Seine Abteilung für »Spezialprojekte« war der Betreiber des berüchtigten JANET-Terminals in Las Vegas, über das mit einer eigenen Flugzeugflotte Arbeiter nach Area 51 in Nevada gebracht wurden, wo unter strenger Geheimhaltung zahlreiche USAPs durchgeführt wurden.[22] Tatsächlich war EG&G auch die Firma, die Bob Lazar anstellte, um in der berüchtigten Anlage am Papoose Lake in Area 51 zu arbeiten, wo er neun Typen Fliegender Untertassen sah.[23] Gut versiert in USAPs, war EG&G ein natürlicher Partner, um ähnliche Programme in der Antarktis zu beaufsichtigen, wobei wissenschaftliche Projekte als Tarnprogramme benutzt wurden, wie vom Gesetz verlangt.[24]

1999 bekam Raytheon den Vertrag zur Versorgung der Antarktis durch die National Science Foundation zugesprochen. Raytheon hatte lange Zeit eng mit der U.S. Air Force zusammengearbeitet, die nun von der U.S. Navy die Kontrolle über die Antarktis-Versorgungsaktivitäten übernommen hatte. Raytheons Website Polar Services beschreibt ihre Hauptfunktion so:

> »Raytheon Polar Services existiert insbesondere, um die Bedürfnisse des Büros für Polar-Programme [Office of Polar Programs] der National Science Foundation zu erfüllen. Die Hauptfunktion des RSPC besteht darin, die Versorgung des amerikanischen Antarktisprogramms zu gewährleisten ... das sich der Erhaltung der antarktischen Umwelt widmet und Wissenschaftler finanziert, die in der Antarktis Forschungen betreiben.«[25]

Raytheon wurde 1922 gegründet und wuchs zu einem Giganten der Luft- und Raumfahrtindustrie heran. 2015 wurde es das drittgrößte Rüstungsunternehmen in den USA und das fünftgrößte weltweit.[26] Folgendermaßen beschreibt sich Raytheon auf seiner Website selbst:

> »Die Raytheon Company ist ein Technologie- und Innovationsführer, spezialisiert auf Verteidigung, Zivilverwaltung und Cyber-Sicherheitslösungen. Gegründet 1922, bietet Raytheon modernste Elektronik, Missionssystemintegration, Fähigkeiten in C5I (Command, Control, Communication, Computing, Cyber und Intelligence), Erfassungswirkung und Missionsunterstützungsdienste. Die Zentrale von Raytheon liegt in Waltham, Massachusetts.«[27]

Raytheons Website fügt hinzu, dass 2017 dort 63.000 Menschen beschäftigt waren und über 24 Milliarden Dollar Umsatz gemacht wurden. Die Firma schreibt regelmäßig Jobs aus, für die die Beschäftigten Sicherheitsfreigaben für Programme unter speziellem Zugriff haben müssen.[28]

Buchprüfungen von Raytheon Polar Services über die Kalenderjahre von 2000 bis 2004 zeigten, dass sie tatsächlich verdeckte Operationen in der Antarktis durchführten, wie von Richard Hoagland und Mike Bara behauptet wurde.[29] Die finanzielle Unterstützung verdeckter Operationen wurde durch ein schwarzes Budget erreicht, das Raytheon aufgebaut hatte, was Unregelmäßigkeiten beweisen, die bei der Prüfung entdeckt wurden:

> »Nach unserer Meinung sind das System von indirekten Kosten und anderen direkten Kosten sowie damit verbundene interne Kontrollen von Raytheon Polar Services Company unverhältnismäßig. Unsere Überprüfung ergab bestimmte bezeichnende Defizite in der Anlage oder Operation dieser geheimen Kontrollstruktur.
>
> Nach unserer Meinung könnten diese Defizite die Fähigkeit der Organisation, indirekte und ODC-Kosten zu erfassen, zu verarbeiten, zusammenzufassen und darüber auf eine Art zu berichten, die mit anzuwendendem Auftragsrecht und mit Vorschriften der Regierung zu vereinbaren ist, negativ beeinflussen.«[30]

Trotz der Unregelmäßigkeiten bei den Prüfungen, über die 2004 zuerst berichtet wurde, bekam Raytheon weiterhin Aufträge, um seine Versorgungsdienste in der Antarktis fortzusetzen, wie eine Pressemeldung vom 5. April 2010 zeigt, die eine Verlängerung der Operationen um ein Jahr ankündigt:

> »Raytheon Polar Services hat seit 2000 exzellente Leistungsbeurteilungen als Hauptauftragnehmer des amerikanischen NSF-Antarktisprogramms. Die Verlängerung für den Auftrag gilt bis 31. März 2011.
>
> ›Wir freuen uns über die Gelegenheit, unsere Unterstützung der wertvollen wissenschaftlichen Forschung am Ende der Welt fortzusetzen. Dies ist ein Schlüsselprogramm für uns‹, sagte Sam Feola, der Programmleiter von Polar Services.

> Raytheon Polar Services beschäftigt rund 350 Vollzeitmitarbeiter und warb über seine Büros in Centennial, Colorado, etwa 1.400 Vertragsmitarbeiter an …«[31]

Am 20. September 2010 wurde bekannt gegeben, dass Raytheon eine weitere Verlängerung um ein Jahr von der National Science Foundation bewilligt bekam – trotz der Unregelmäßigkeiten und Kontroversen wegen seiner Geschäftspolitik.[32] Raytheons Vertrag endete am 30. März 2012, nachdem der Zehnjahresvertrag zwei Mal um ein weiteres Jahr verlängert worden war.

Am 28. Dezember 2011 wurde mitgeteilt, dass Lockheed Martin den Antarctic Support Contract der NSF über zwei Milliarden Dollar erhielt.[33] Lockheed Martin unterzeichnete am 1. April 2012 für eine vorläufige Vertragslaufzeit von viereinhalb Jahren, die auf achteinhalb Jahre verlängert werden kann. Lockheed Martin ist das weltweit größte Rüstungsunternehmen mit 97.000 Angestellten überall auf dem Planeten und Regierungsaufträgen von über 45 Milliarden Dollar im Jahr 2009.[34]

Einer der beiden Vorgänger von Lockheed Martin, die Lockheed Corporation, gehörte zu den US-Unternehmen, an die William Tompkins angeblich Briefingpakete mit Informationen über deutsche Flugscheibenentwicklungen im Zweiten Weltkrieg weitergab. Tompkins nahm die Pakete mit zu Lockheeds Advanced Development Projects (alias Skunkworks), das im Juni 1943 von dem legendären Clarence Kelly Johnson geschaffen worden war.[35] Von Dezember 1942 bis Januar 1946 besuchte Tompkins angeblich mehrmals Lockheeds moderne Forschungs- und Entwicklungseinrichtungen.[36] Tompkins sagte ausdrücklich, dass die Briefingpakete Informationen über die geheimen Antarktisaktivitäten der Deutschen enthielten.[37] In seiner Antwort auf die Frage, welche US-Unternehmen denn am engsten mit den deutschen Antarktisstützpunkten zusammenarbeiten, nannte Tompkins auch die Lockheed Corporation.[38]

Lockheeds Skunkworks war beim Bau von modernsten Flugzeugen in Area 51, die streng geheime Projekte unter speziellem Zugriff gewesen sind, lange mit der U.S. Air Force und der CIA verbunden gewesen.[39] Freigegebene Berichte belegen sogar, dass Kelly Johnson ein Mitglied des ursprünglichen Teams war, das Area 51 als passenden Ort zur Durchführung von USAPs, wie des U-2 Spionageflugzeugs und der SR 71 *Blackbird*, gegründet hatte.[40] In seiner Autobiografie beschreibt Ben Rich, wie Lockheeds Skunkworks überwiegend an streng geheimen Aufträgen der U.S. Air Force gearbeitet hatte und wie schwierig es gewesen ist, mit der Navy klar zu kommen.[41]

Unterdessen hatte Lockheed Martin wie seine Vorgänger Raytheon und EG&G (jetzt URS) eine lange Geschichte bei der Umsetzung von USAPs. Die Firma war mehr als fähig, streng geheime Antarktisoperationen durchzuführen, darunter Tarnprogramme, die über den Antarctis Support Contract finanziert wurden.

Am 22. August 2016 gab die National Science Foundation bekannt, den Auftrag von Lockheed Martin an die kürzlich infolge eines Konzernzusammenschlusses neu aufgestellte Firma Leios Holdings vergeben zu haben:

> »Leidos Holdings Inc. wird den Auftrag der National Science Foundation zur Versorgung des US-Antarktisprogramms (USAP) bekommen. Der Wechsel folgt auf die Fusion von Leidos mit Lockheed Martins Geschäftsbereich Information Systems & Global Solutions am 16. August. Lockheed Martin hielt den Auftrag, seit die NSF den Preis im Dezember 2011 erstmals ausgeschrieben hatte.«[42]

Leidos Holdings wurde am 27. September 2013 als Ausgliederung der Science Applications International Corporation (SAIC) gegründet, die sich in zwei Unternehmensbereiche geteilt hatte. Die SAIC wurde 1969 von Dr. J. Robert Beyster, einem früheren Offizier der U.S. Navy und führenden Nuklearphysiker, gegründet.[43] Er arbeitete eng mit der NSA und dem militärischen Geheimdienst zusammen, um Aufträge für seine neue Firma zu bekommen, die hauptsächlich auf seiner Expertise in der Atomindustrie beruhten.

Nach der Unternehmensteilung der SAIC im Jahre 2013 spezialisierte sich Leidos weiter im Bereich der früheren Tätigkeit der SAIC, auf dem Gebiet nationaler Sicherheits- und Verteidigungsaufträge, während die Rumpf-SAIC den Namen der Mutterfirma behielt und sich auf Informationstechnologie konzentrierte.[44] In einem Deal über fünf Milliarden Dollar kaufte Leidos dann Lockheeds Abteilung Information Systems & Global Solutions und verfügte nun über den Antarctis Support Contract, der bis 2015 lief.[45] In der früheren Form als SAIC hatte Leidos viel Erfahrung mit der Ausführung offiziell geleugneter SAPs gesammelt. Die SAIC war, dem verstorbenen Whistleblower Colonel Steve Wilson nach, auch an der Entwicklung von Antigravitationsflugzeugen für die U.S. Air Force beteiligt gewesen.[46] Darüber hinaus war Admiral Robby Ray Inman ihr Direktor, der William Tompkins zufolge eine Schlüsselfigur bei der Entwicklung zukünftiger Flotten von Antigravitationsraumschiffen der Navy war.

Admiral Robby Inman & die NSA-Verbindung von SAIC/Leidos zur Antarktis

Tompkins, der von 1950 bis 1963 in der Denkfabrik für Advanced Design der Douglas Aircraft Company tätig war, beschrieb, wie Inman unverlangt entstandene Entwürfe zum Bau von Raumschiffen, die bei Douglas entwickelt wurden, an eine Gruppe sehr hochrangiger Navy-Geheimdienstoffiziere weitergab. In seinem Buch *Selected by Extraterrestrials* (»Ausgewählt von Außerirdischen«, nicht auf Deutsch erschienen) verweist Tompkins bei mehreren Gelegenheiten auf Admiral Inman als Schlüsselfigur für die Entwicklung unaufgefordert bei der Navy eingereichter Entwürfe zum Bau von Antigravitationsraumschiffen.[47] Im folgenden Zitat erinnert sich Tompkins daran, was ihm von seinem Boss bei der Flugzeugfirma Douglas, Elmer Wheaton, über Inmans Rolle gesagt wurde:

> »Jetzt, Bill, will ich, dass du verstehst, warum dir – seit deinem ersten streng geheimen Vermittlungsauftrag im Navy-Geheimdienst – niemals der Zugang zu einer geheimen militärischen Einrichtung verwehrt wurde und man dich sogar einlud, sie zu besuchen und dort zu arbeiten. Selbst Admiräle, die Kampfgruppen im Gefecht kommandieren, wurde

der Zugang verwehrt, während du einfach dort hineinspazieren konntest. Der Junge mit dem fotografischen Gedächtnis war weit besser über die Weltraumkämpfe der Navy im Bilde als sie.

Du bist stets von Außerirdischen und einer Elite-Aufklärungsoperation der Navy beschattet worden, seit Commander Perry 1940 deine Ausstellung der Sammlung von Navy-Schiffsmodellen inspizierte. Du wurdest über deine Verbindung mit der Alien-Allianz nicht informiert und auch nicht über deine höchste Sicherheitseinstufung als Kontaktierter, der von einem kleinen Kern älterer Navy-Offiziere, deren Chef wahrscheinlich Bobby Ray Inman war, überwacht wurde.«[48]

Der Herausgeber von *Selected by Extraterrestrials*, Dr. Robert Wood, arbeitete während Tompkins' Tätigkeit für Douglas ebenfalls dort. In Bezug auf Inmans Rolle hinsichtlich dessen, was im geheimen Think Tank von Douglas geschah, schrieb er:

»*Anmerkung des Herausgebers Wood:* Meine Interpretation dieser Bemerkungen und ihrer Chronologie ist diese: Elmer Wheaton hatte Kontakt mit der Navy-Gruppe, die eine UFO-Freigabe hatte und die er als ›Forrestals Leute‹ bezeichnete, also mit denjenigen, die über die UFO-Fragen Bescheid wussten. Einer der neuen jungen Navy-Offiziere, die eine UFO-Freigabe hatten, war anscheinend Bobby Ray Inman, und sein Insiderwissen über das UFO-Problem kann sehr wohl die besondere Grundlage seiner späteren, äußerst erfolgreichen Karriere gewesen sein. Offenbar war Bobby Ray zur Zeit dieser Gespräche mit dem Wheaton Think Tank die ausschlaggebende Person gewesen. Da Bill Tompkins' Zeit in diesem Gewölbe mehrere Jahre umspannt, ist nicht klar, ob die Gespräche 1952 stattfanden oder vielleicht ein Jahr später.«[49]

Am 1. Dezember 2016 telefonierte ich mit Admiral Inman und er bestritt, während der 1950er und 1960er Jahre irgendetwas mit der Douglas Aircraft Company zu tun gehabt zu haben.[50] Allerdings betonte er die Chronologie seiner Navy-Karriere sowie die spätere Zusammenarbeit mit der NSA und SAIC, was Tompkins' Behauptung Gewicht verleiht. Wegen seiner historischen Rolle beim Geheimdienst und der späteren Arbeit an USAPs für mehrere Unternehmen erscheint Tompkins' Behauptung äußerst plausibel – und dies trotz Inmans Leugnung irgendwelcher Verbindungen zu Douglas, zu der er aus juristischen Gründen, aufgrund der Standardsicherheitsprozeduren für USAPs, natürlich verpflichtet war.

Inman sagte, dass er nach seiner Teilnahme an einem weiterführenden Programm des Navy-Geheimdiensts in Washington, DC, im Jahre 1958 noch bis 1960 im Pentagon als Geheimdienst-Instrukteur blieb und danach auf einem Zerstörer im Atlantik diente. Von Oktober 1961 bis 1965 arbeitete er in einer Flottenbehörde innerhalb der NSA. Danach wechselte er zum Pacific Command auf Hawaii, wo er bis Juli 1967 Leiter des Navy-Geheimdienstes war. Im Anschluss an seine Berufung nach Hawaii war er von Mai 1969 bis August 1971 Geheimdienstoffizier der 7. Flotte.

Im Januar 1974 bekam Inman seinen ersten Stern als Rear Admiral Lower Class und wurde sowohl Direktor der Navy-Aufklärung als auch Chef des National Underwater Reconnaissance Office, also des nationalen Amtes für Unterwasseraufklärung, verließ diese Position aber im Juli 1976 wieder. Er ging zur Defense Intelligence Agency (DIA), wo er bis 1977 Vizedirektor war, und wurde anschließend Direktor der NSA. Schließlich, im Februar 1981, wurde er stellvertretender Direktor der CIA und blieb dies bis Juni 1982.

Admiral Inman bestätigte in unserem Telefonat, dass während seiner Flottenkarriere viele Firmen für ihn an zahlreichen Aufträgen gearbeitet hatten, die sie von der Navy bekamen. Zu dem Bewerbungsprozess für Flottenaufträge sagte er, dass er die Anforderungen für ein Firmengebot entwickelt und danach die Arbeit der Unternehmen beaufsichtigt habe, sobald sie ein Gebot abgegeben hatten.

Unter den Firmen, die sich erfolgreich für Navy-Aufträge bewarben, war auch die Science Applications International Corporation, in deren Vorstand Inman nach seiner offiziellen Entlassung aus dem Regierungs- und Militärdienst 1982 aufgenommen wurde.[51] Inman tat noch weitere 21 Jahre Dienst im Vorstand von SAIC, bis er sich am 1. Oktober 2003 zur Ruhe setzte.[52] Hier ist es hilfreich, die enge Verbindung zwischen der NSA und der SAIC zu verstehen, die zu einer

Drehtür geworden war, durch die ältere NSA-Beamte hindurch gingen, um SAIC-Manager zu werden und später auf höheren Posten in die NSA zurückzukehren. In dem Buch *The Shadow Factory: The Ultra-Secret NSA from 9/11 to the Eavesdropping on America* (»Die Schattenfabrik: Die ultrageheime NSA vom 11. September bis zum Abhören Amerikas«, nicht auf Deutsch erschienen) beschreibt James Bamford, wie die Drehtür zwischen NSA und SAIC funktionierte:

> »Nachdem der ehemalige NSA-Direktor Bob Inman bei der SAIC Vorstand geworden war, stellte diese nach seiner Entlassung 1997 den leitenden Beamten der NSA William B. Black jr. als Vizepräsidenten ein. Dann holte ihn Mike Hayden zurück, damit er 2000 stellvertretender Direktor der Agency wurde. Zwei Jahre später erhielt die SAIC den wegweisenden Auftrag über 280 Millionen Dollar, um die nächste Generation der NSA-Abhörtechnologie zu entwickeln, die Black managte. Ein weiteres offizielles Hin und Her zwischen der Firma und der Agency betraf Samuel S. Visner. Von 1997 bis 2001 war er SAIC-Vizepräsident für Unternehmensentwicklung. Dann ging er als NSA-Chef für Programme zur Funksignalaufklärung nach Fort Meade und kehrte zwei Jahre später als Senior Vice President und Direktor der strategischen Planung und Geschäftsentwicklung von SAIC zur Geheimdienstgruppe des Unternehmens zurück.«[53]

Die SAIC wurde lange Zeit für eines der am stärksten spionageverseuchten Unternehmen gehalten, das an streng geheimen Programmen des amerikanischen Militärgeheimdienstes beteiligt war.[54] Wenn wir bedenken, was wir über die Rolle der NSA für das Schweigegebot des Navy-Whistleblowers Brian wissen, ganz zu schweigen über seine Antarktis-Erfahrung von 2016, dann ist klar, dass Leidos (vormals SAIC) den Antarctis Support Contract zur selben Zeit erhielt, als Brian zum Schweigen verdonnert wurde. Das zeigt die historisch enge Verbindung zwischen Leidos, der NSA und der U.S. Navy.

Als Inman im Vorstand der SAIC war (1983/84), bekam das Unternehmen den Auftrag, in der Antarktis Meteoritenstudien durchzuführen, um die Bedingungen für zukünftige Marsoperationen besser einschätzen zu können. So beschrieb die *Antarctic Sun* das neue SAIC-Projekt:

> »Wie die Antarktis ist der Mars eine polare Wüste. Ohne Wasser, das die Oberfläche erodieren lässt, geht die gesamte Witterung auf Wind und Sonne zurück, ähnlich wie in den antarktischen Trockentälern, sagte Dean Eppler, ein Berater der NASA bei der Science Applications International Corporation, die 1983 und 1984 die Wettermuster in den Tälern studierte, um den Mars besser zu verstehen. Die Trockentäler sehen fast genauso aus wie Fotos, die die *Viking*-Sonde vom Mars zur Erde sandte, bis hin zu den Felsen dort, sagte Eppler.«[55]

Es ist fast sicher, dass die SAIC-Studie ein Tarnprogramm für ein geheimeres Projekt war, das unter der Schirmherrschaft von NASA und ITT Antarctic Services stand, die zu jener Zeit den Antarctis Support Contract hielten.[56]

An diesem Punkt sollte man daran erinnern, was Joseph McMoneagle während seiner Remote-Viewing-Sitzung berichtete. Er wurde Zeuge eines Exodus vom Mars zu einem vulkanischen Gebiet auf einer anderen Welt, vermutlich in die Antarktis.[57] Die Sitzung fand im Mai 1984 statt, zur selben Zeit, als die SAIC sich mit Mars- und Antarktisforschung beschäftigte. In einem Vortrag von 2004 sagte McMoneagle, dass in seinem letzten Jahr bei *Project Stargate* sein Ausbilder F. Holmes »Skip« Atwater die Marskoordinaten einführte. Atwater sagte über die Remote-Viewing-Sitzung von 1984, dass Dr. Hal Puthoff die Koordinaten beigesteuert habe, der Leiter des Remote-Viewing-Programms am Stanford Research Institute, *Project Stargate*, das 1972 offiziell und mit CIA-Finanzierung als *Project Scanate* (»scan by coordinate«, Scannen nach Koordinaten) begonnen hatte.[58]

Die Beteiligung des militärischen Geheimdienstes an *Project Stargate* begann 1977 mit dem so genannten Gondola-Wish-Programm, das vom Geheimdienst der U.S. Army und der Defense Intelligence Agency (DIA) in Fort Meade, Maryland, durchgeführt wurde.[59] Erinnern wir uns, dass Inman von 1976 bis 1977 Vizedirektor der DIA war. Es ist also möglich, dass er von der Bedeutung des Remote Viewing und den formal partnerschaftlichen Gesprächen mit der SAIC damals wusste.

Die SAIC war eine der Organisationen, die das Remote Viewing aktiv als Mittel zum Erwerb von Aufklärungsdaten einsetzten.[60] Entweder während seiner Zeit in der DIA und/oder als Direktor des NSA (1977 bis 1981) und/oder als stellvertretender Direktor der CIA (1981/82) war Inman zweifelsfrei über das Remote Viewing und seine angebliche Genauigkeit informiert. Nachdem er nach seiner Entlassung 1982 dem Vorstand der SAIC beitrat, empfahl Inman wahrscheinlich den Gebrauch des Remote Viewing für die Geheimdienstarbeit der SAIC.

In dieser Situation ist es sehr wahrscheinlich, dass die SAIC an McMoneagles Remote-Viewing-Sitzung beteiligt war oder zumindest von deren Resultaten erfuhr, um besser zu verstehen, was in der Antarktis ausgegraben wurde. Der Schluss liegt somit nahe, dass die Marsmeteoritenstudie der SAIC ein Tarnprogramm für ihre Teilnahme an geheimen Untersuchungen der Überreste der marsianischen Kultur tief unter dem antarktischen Eis war. Inmans Beteiligung durch eine Position im Vorstand lässt vermuten, dass die SAIC weit mehr tat, als nur nach Marsmeteoriten auf der eisigen Oberfläche der Antarktis zu suchen.

Die Kenntnis der Geschichte der SAIC in der Antarktis, im Zusammenhang mit Inmans Teilhabe, liefert eine wichtige Hintergrundinformation, um die Entscheidung von 2013, die Firma zu teilen, richtig einzuordnen. Beim Verzicht auf die Komponenten, die nicht der nationalen Sicherheit dienten, durch die Unternehmensteilung von 2013, wurde Leidos besser aufgestellt, um seine eher traditionellen nationalen Sicherheitsprogramme unter den erforderlichen Sicherheitsvorgaben auszuführen. Folglich gibt es Grund zu der Annahme, dass Leidos ermutigt oder gestattet wurde, den Antarctis Support Contract zu übernehmen, damit es die USAPs, die dort betrieben wurden, besser leiten konnte.

Vielleicht noch wichtiger ist Leidos' historische Verquickung mit Interessen der U.S. Navy – im Gegensatz zu Lockheed Martins engerer historischer Verbindung zur U.S. Air Force. Deshalb könnte, als die laufenden Ereignisse einen kritischen Punkt erreichten, die Übergabe des Antarctis Support Contract von Lockheed Martin an Leidos ein direktes Ergebnis des Wunsches der U.S. Navy gewesen sein, ihre frühere Autorität über streng geheime Programme in der Antarktis zurückzuerlangen.

Einsatz von Zwangsarbeit bei Forschung & Entwicklung am Antarktisprojekt durch transnationale Konzerne

Am 31. Juli 2017 sandte mir Corey Goode die folgende Skype-Nachricht, in der er ein Briefing erläuterte, das er gerade von »Gonzales« erhalten hatte, dem angeblichen Lieutenant Commander der U.S. Navy, Goodes hauptsächlichem Kontaktmann zur »Allianz der Geheimen Weltraumprogramme«:

> »Ich sprach mit Gonzales eingehender als zuvor. Er sagte mir, dass er damals einigen der Anlagen, die während der 1960er Jahre in der Antarktis gebaut wurden, zugewiesen worden war. Er wollte mich wissen lassen, warum die Kabale so heftig auf unsere Enthüllung der Informationen reagiert hatte, die Sigmund uns über die Forschungs- und Entwicklungsanlagen unter dem Eis gab. Es ist VIEL schlimmer als das, was man mich anfangs glauben lassen wollte. Es gibt buchstäblich Tausende entführter Menschen dort unten, die für Experimente benutzt werden.«[61]

In seiner Skype-Nachricht führte Goode das Thema der gefangenen Menschen, die in diesen geheimen Forschungs- und Entwicklungsanlagen tief unter den antarktischen Eismassen versteckt werden, noch weiter aus:

> »Gonzales sagte, dies sei ein Teil seines Dienstes, mit dem er kaum umgehen könne. Er sagte, dass die Menschen, die dort arbeiten, die Betreffenden entmenschlichten, damit sie ihre Arbeit leisten könnten. Menschen,

die gar keine Psychopathen wären, würden sich trotzdem wie solche benehmen, um ihren Job überhaupt machen zu können … Massenweise medizinische und genetische Forschung. Sie testen diese Menschen auf viele schreckliche Arten zu Tode … Mir wurde gesagt, dass die Anzahl derer, die benutzt werden, bis sie in diesen Anlagen sterben, die wie Bienenwaben ein großes Gebiet bedecken, sich von der vergleichsweise niedrigen Zahl von 10.000 bis zu 40.000 Menschen gesteigert habe … meist aus dem menschlichen Sklavenhandel.«[62]

In seiner Antwort auf meine Frage, was für Menschenrechtsverletzungen und Experimente in geheimen Stützpunkten der Antarktis denn so vorkämen, antwortete Goode:

»Diese Forschungs- und Entwicklungsstützpunkte führen nukleare, biologische und Strahlenexperimente mit Menschen durch. Es gibt in diesen und anderen Stützpunkten auch eine Anzahl Klon-Operationen an Menschen.«[63]

Diese Aussage von Goode mag nicht überraschen, wenn man die Beschreibung in Kapitel 6 zur Praxis der Zwangsarbeit in der Antarktis betrachtet, die zuerst von den Deutschen eingeführt und später vom industriell-militärischen Komplex der USA übernommen wurde. Dann erklärte Goode die herausragende Rolle der Rüstungsfirmen bei den Menschenrechtsverletzungen in der Antarktis:

»Superkrankes Zeug und praktisch alle Forschungen, die dort unten von Rüstungsunternehmen durchgeführt werden, sind weit jenseits … komplett illegal/unethisch. Kranke Scheiße! Er [Gonzales] sagte, wenn wir aufhörten, über den MIC-Weltraumhafen und die Forschungs- und Entwicklungsanlagen zu sprechen, würde unser Leben wieder normal werden. Er sagte, es hinge davon ab, welche Art von Enthüllungen wir durchführen wollen.«[64]

Goode bezieht sich hier auf Rüstungsunternehmen, die an besonders geheimen Projekten in der Antarktis arbeiten, bei denen illegale Experimente und Missbrauch eine Rolle spielen. Ein solcher systematischer Missbrauch in USAPs, das sollte betont werden, konnte allein dadurch entstehen, weil diese Firmen die notwendige unabhängige Aufsicht und Überprüfung durch Dritte verhindern, die typischerweise dazu führen würde, dass derartige Missbräuche unterbunden werden. Bei einem »waived« USAP wird den Chefs des Kongressausschusses mündlich Bericht erstattet, worauf sie die Existenz derartiger Programme aus juristischen Gründen öffentlich zu leugnen haben. Der US-Kongress scheitert daher traurigerweise daran, im Fall der USAPs irgendeine Art von effektiver Aufsichtsrolle zu erfüllen.

Es ist wichtig, hier zu betonen, dass alle Unternehmen, die den Auftrag des Antarctic Support Contract bekamen, Rüstungsfirmen mit großer Erfahrung in der Leitung von USAPs sind. Holmes & Narver (jetzt AECOM), ITT (jetzt Exelis),[65] Raytheon, EG&G (jetzt URS), Lockheed Martin und neuerdings Leidos (ehemals SAIC) werden daher alle im Zusammenhang mit Behauptungen genannt, dass jahrzehntelang systematische Menschenrechtsverletzungen durch US-Rüstungsunternehmen tief unter den antarktischen Eismassen vorkamen.

Tompkins zufolge sind außerdem Firmen wie Northrup Grumman und Boeing ebenfalls darin verstrickt aufgrund ihrer Bereitstellung und Lieferung von Personal und Ressourcen an die antarktische deutsche Kolonie, um neue Generationen von Raumschiffen zu bauen. In einem Interview vom April 2016 fragte ich Tompkins, ob Northrup Grumman und Boeing Raumschiffträger für die U.S. Navy oder für die Deutschen in der Antarktis bauen? Er antwortete:

> »Offenbar für beide, Michael, denn wir schicken eine große Menge Leute aus den hiesigen Unternehmen dorthin [in die Antarktis]. Und wir haben Programme, die wir anwenden und nutzen sollen. Und dann haben wir noch unsere eigenen Leute hier, die sich fragen: ›OK. Wie können wir Vorteile aus dem ziehen, was wir dort unten gelernt haben, um hier Geld zu machen?‹ Und dann rechnen sie sich das aus: ›OK, wir können hier Geld mit dem verdienen, was wir dort lernten, und auch dort könnte etwas sein, was wir hier kommerziell nutzen können.‹«[66]

Es ist wichtig zu erwähnen, dass keine der gerade genannten US-Unternehmen angeklagt werden kann, mit der Praxis der Zwangsarbeit in der Antarktis begonnen zu haben, denn die deutsche Abtrünnigengruppe hat damit begonnen. Zwangsarbeit wird genutzt, weil deutsche Unternehmen als Folge der staatlichen Politik der Nazis die Zwangsarbeit zur Tradition erhoben haben, die sich als sehr profitabel erwies, nachdem Hans Kammler sie zur Geheimhaltung fortgeschrittener Waffenprojekte eingesetzt hatte. Kammler zeigte im Zweiten Weltkrieg, dass Geheimhaltung am besten funktioniert, wenn man statt einheimischer deutscher Arbeiter Sklavenarbeiter einsetzte. Daher war in den gemeinsamen Antarktisprojekten der Einsatz von Sklavenarbeitern anstelle von amerikanischen Arbeitern sehr wahrscheinlich eine »politische Erfordernis« für die US-Rüstungsunternehmen.

Durch das Geheimabkommen unter Eisenhower wurden US-Unternehmen in unterschiedlichem Maße infiltriert und stimmten zu, das bestehende deutsche Antarktisprogramm auf eine höhere Ebene der Industrieproduktion zu bringen. Zum Ausmaß der Infiltration des amerikanischen Militärisch-Industriellen Komplexes stellte Bill Tompkins fest:

> »Das Abkommen, das Eisenhower erreichte, bedeutete im Grunde, dass den Wissenschaftlern der *Operation Paperclip* erlaubt wurde, an die Spitze des amerikanischen Militärisch-Industriellen Komplexes zu gelangen.«[67]

Seit Mitte der 1950er Jahre wurde Forschung und Entwicklung für das deutsche Weltraumprogramm zu einem Joint Venture mit dem Militärisch-Industriellen Komplex der USA. Die Akzeptanz der zuvor bereits eingeführten Sklavenarbeit und der Menschenversuche der Deutschen war der Preis, der gezahlt wurde für die volle Zusammenarbeit bei Projekten, die im Hinblick auf die Entwicklung der zukünftigen US-Weltraumprogramme für essenziell gehalten wurden.

Das Problem, Behauptungen über Sklavenarbeit in der Antarktis zu beweisen

Wenn man versucht herauszufinden, wie zuverlässig Goodes und Tompkins' Aussagen über Rüstungsfirmen sind, die mit fortschrittlichen Technologieprogrammen zu tun haben, bei denen Sklavenarbeit und andere Missbräuche von Menschen vorkommen, stößt man auf eine Anzahl von Hindernissen.

Erstens: *Der Freedom of Information Act* (5. U.S.C. § 552) wird nur teilweise auf private Körperschaften wie Rüstungsunternehmen angewandt. Einzig solche Dokumente, die Firmen an das US-Militär oder an die Regierung geschickt haben, sind Gegenstand von Nachfragen mit Bezug auf den *Freedom of Information Act* (FOIA), der jedem das Recht gibt, Zugang zu Dokumenten von staatlichen Behörden zu verlangen. Außerdem sind öffentliche Nachfragen für diese Kategorie von Dokumenten Gegenstand einer Ausnahme, die geschaffen wurde, um Handelsgeheimnisse zu schützen:

> »Ausnahme 4 schützt zwei Kategorien von Informationen: (1) Handelsgeheimnisse und (2) geschäftliche oder finanzielle Informationen, die von einer Person stammen, die privilegiert ist oder als vertraulich gilt. Ausnahme 4 ist darin einmalig, dass sie entworfen wurde, um die Zugänglichkeit und Verlässlichkeit von Informationen zu sichern, die der Regierung zugeschickt werden und dabei den Absendern zu versichern, dass ihre Informationen geschützt bleiben, um Nachteile gegenüber der Konkurrenz zu vermeiden.«[68]

Es ist höchst zweifelhaft, dass Rüstungsunternehmen, die mit dem Einsatz von Zwangsarbeit zu tun haben, in dokumentierter Korrespondenz mit dem Auftraggeber im Verteidigungsministerium oder der National Science Foundation solche Praktiken mitteilen. Da ist es schon viel wahrscheinlicher, dass solche schrecklichen Praktiken hinter den undurchsichtigen Verfahrensweisen einer USAP verborgen werden.

Das zweite Problem sind die Hinweisgeber oder Whistleblower. Es gibt einfach keinen Weg für Unternehmensmitarbeiter, Angaben über Missbräuche zu machen, ohne Schlüsseldetails der relevanten USAPs zu enthüllen, was illegal ist und schwere Strafen nach sich zieht. Sämtliches Militär- und Unternehmenspersonal in einer USAP unterschreibt eine verbindliche Vereinbarung zur Nichtaufdeckung, die Strafen für nicht autorisierte Enthüllungen und den Besitz von Beweismaterial festlegt, das mit der Existenz des USAPs zu tun hat. Daher ist der physische Besitz von Beweisen oder Unterlagen über Missbräuche in einem USAP eine Verletzung der Nichtaufdeckungsvereinbarung, die vom Hinweisgeber unterschrieben wurde, und kann zu Verhaftung und Inhaftierung führen, ohne dass die Öffentlichkeit jemals die Wahrheit über angebliche Missbräuche erfahren würde.

Weiterhin gewährt ein 2013 verabschiedetes Genehmigungsgesetz zur nationalen Verteidigung, der *National Defense Authorization Act* (NDAA), lediglich solchen Whistleblowern von Unternehmen oder Subunternehmen Schutz, die Betrug, Verschwendung oder Missbrauch im Auftrag des Verteidigungsministeriums anzeigen. Weder der NDAA noch der *Whistleblower Protection Enhancement Act* vom November 2012 schützen Hinweisgeber bei geheimdienstlichen Auftraggebern.[69] Das bedeutet, dass Aufträge von Geheimdiensten wie der NSA keinen Hinweisgeberschutz für Personen, die Missbrauch melden wollen, enthalten, wenn interne Kanäle nicht reagieren.

Fälle wie der von Brian, dem Navy-Flugingenieur, sind selten. Er unterschrieb keine Nichtaufdeckungsvereinbarung, wurde aber, nachdem es zu gewissen Vorfällen gekommen war, gewarnt, von dem, was er gesehen hatte, nur nichts zu verraten. Nichtsdestoweniger blies er mutig in die Pfeife angesichts dessen, was er in seiner vierzehnjährigen Karriere in der Antarktis (1983 bis 1997) erlebt hatte. Und obwohl Brian keine Beweise besaß, die bestätigten, was er wirklich gesehen hatte, wurde er von der NSA mundtot gemacht, als er versuchte, mehr Einzelheiten über die rätselhaften Ereignisse, deren Zeuge er gewesen war, bekannt zu machen. Solche Bedrohungstaktiken sind immer gleich, wenn USAPs allgemein Geheimhaltung wahren, und zeigen in diesem Fall, dass derartige Programme, wie Tompkins und Goode behauptet haben, in der Antarktis tatsächlich ablaufen.

Als die Kongressabgeordneten Nicholas Lehman und Dr. Rita Colwell, die 2002 als Mitglieder einer Kongressdelegation in die Antarktis reisten,[70] über das große Loch am Südpol befragt wurden, das Brian gesehen hatte, gab keiner zu, eine wie auch immer geartete Kenntnis davon zu haben.[71] Auf weitere Fragen zu Geheimprogrammen in der Antarktis gab ebenfalls keiner der beiden zu, jemals irgendetwas von der Existenz solcher Programme gehört zu haben.

Drittens enthüllen die Jahresberichte der Rüstungsunternehmen, die den Antarctic Support Contract unterschrieben haben, nur wenige Details über die Geheimprogramme, in die die Unternehmen gegenwärtig verstrickt sind. Die Berichte beziehen sich hauptsächlich auf die Geschäftsrisiken solcher Programme in Begriffen von Profitentwicklungen, aber nicht hinsichtlich ethischer Risiken. Beispielsweise gab Leidos in seinem Jahresbericht von 2016 seine Abhängigkeit von Geheimprogrammen für seinen Erfolg zu und bejahte auch das Risiko, das für Investoren entsteht, die nicht herausfinden können, was vor sich geht:

> »Wir erzielen einen Teil unserer Einnahmen aus Programmen der US-Regierung, die Gegenstand von Sicherheitsauflagen sind (klassifizierte Programme) und daher die Verbreitung von Informationen ausschließen, welche aus Gründen der nationalen Sicherheit geheim sind. Unsere Möglichkeiten sind begrenzt, Informationen über solche geheimen Programme, über ihre Risiken und Fragen oder Behauptungen, die damit verbunden sind, weiterzugeben. Im Ergebnis haben die Investoren weniger Einblick in unsere geheimen Programme als in die anderen Geschäftsfelder und somit weniger Möglichkeiten, die Risiken voll zu ermessen, die mit unseren klassifizierten Geschäften verbunden sind.«[72]

Ähnlich schrieb Exelis/Harris in seinem Jahresbericht 2017:

> »Obwohl klassifizierte Programme in diesem Bericht im Allgemeinen nicht diskutiert werden, sind die Arbeitsergebnisse von klassifizierten Programmen Teil der konsolidierten Finanzaufstellung. Wir glauben, dass die Geschäftsrisiken, die mit unseren klassifizierten Programmen ver-

> bunden sind, sich materiell nicht von den geschäftlichen Risiken unserer anderen US-Regierungsprogramme unterscheiden.«[73]

Viertens vergeben die ursprünglichen Rüstungsunternehmen Unteraufträge an andere Firmen, die verschiedene Unterstützungsfunktionen bieten, sowohl bei den offenen wissenschaftlichen Programmen als auch bei den streng geheimen Programmen (USAPs) in der Antarktis. So kann der ursprüngliche Unternehmer die volle Kontrolle über eine besondere USAP an einen Subunternehmer weitergeben, welche dann außerhalb der Bücher durch Schwarzgeldfonds finanziert wird, die durch die CIA zum Unternehmer oder Subunternehmer geschleust werden.[74]

Schließlich gibt es noch die verschiedenen Rollen, die NSA, CIA und NASA in den USAPs der Antarktis spielen und die an die verschiedenen Auftragnehmer vergeben wurden. Die NSA war, wie schon in Brians Fall erwähnt, an der Aufrechterhaltung der Sicherheit für USAPs in der Antarktis beteiligt. Ähnlich war die NSA, laut Hoagland und Bara, an den geheimen Programmen beteiligt, die die magnetische Anomalie des Wostoksees untersuchen sollten. Die NSA war folglich institutionell an der Geheimhaltung von USAPs in der Antarktis und der illegalen Forschung und Entwicklung dort beteiligt.

Die CIA unter der Führung von Allen Dulles spielte eine entscheidende Rolle bei den Verhandlungen, die zum Abkommen der Eisenhower-Regierung mit dem deutschen Antarktis-Weltraumprogramm führten. Weiter verschafft die Rolle der CIA, als amerikanischer Akteur Schwarzgeldfonds durch verschiedene US-Agenturen zu schleusen, ihr bedeutende Autorität bei USAP-Operationen und deren jeweiliger Ausführung.[75]

Die NASA war, laut Tompkins, McClelland und Goode, vollständig mit deutschen Wissenschaftlern durchsetzt, die an öffentlichen Weltraumprogrammen teilhatten, in Wahrheit aber die fünfte Kolonne des deutschen Antarktis-Weltraumprogramms bildeten. Sie ist an einer Anzahl öffentlicher wissenschaftlicher Programme in der Antarktis beteiligt, wie dem Programm zum Sammeln von Meteoriten in der Tiefe unter den Eismassen, das genutzt werden kann, um die Verwicklung in die USAPs tief unter dem Eis zu verdecken.[76]

Trotz der Hindernisse, die es dabei gibt, illegale Forschung und Entwicklung sowie den vermutlichen Einsatz von Sklavenarbeit in der Antarktis zu untersuchen, deuten die bislang vorliegenden Beweise darauf hin, dass Sklavenarbeit genutzt wird und nicht ignoriert werden kann. Deshalb muss eine Strategie gefunden werden, wie man mit solchen Verbrechen umgeht, und ebenso, wie eine vollständige Offenlegung der konzerngeführten Weltraumprogramme und der verborgenen Geschichte der Antarktis erreicht werden kann.

Anmerkungen

1 »National Industrial Security Program Operating Manual Supplement«: DOD 5220.22-M-Sup. 1, Februar 1995, p. 1-1-2; online zugänglich unter https://www.fas.org/sgp/library/nispom_sup.pdf (aufgerufen im Dezember 2013)
2 Ebd.; pp. 3-1-2 & A-4; online zugänglich unter https://www.fas.org/sgp/library/nispom_sup.pdf (aufgerufen im Dezember 2013)
3 »Report of the Commission on Protecting and Reducing Government Secrecy«: Senatsdokument vom 3. Dezember 1997; p. 105-2 (26); online zugänglich unter http://www.gpo.gov/fdsys/pkg/GPO-CDOC-105sdoc2/pdf/GPO-CDOC-105sdoc2-7.pdf (aufgerufen im Dezember 2013)
4 »Special Access Program Supplement to the National Industrial Security«: Entwurf vom 29. Mai 1992; p. 3-1-5; online zugänglich unter https://www.fas.org/sgp/library/nispom/sapsup-draft92.pdf (aufgerufen im Dezember 2013)
5 »Report of the Commission on Protecting and Reducing Government Secrecy«; online zugänglich unter https://www.fas.org/sgp/library/moynihan/chap2.pdf (aufgerufen im Dezember 2013)
6 Tim Weiner, *Blank Check: The Pentagon's Black Budget* (Grand Central Publishing, 1990)
7 Zur Diskussion um den tiefschwarzen Etat siehe Michael E. Salla, »The Black Budget Report: An Investigation into the CIA's ›Black Budget‹ and the Second Manhattan Project«; http://exopolitics.org/Report-Black-Budget.htm
8 »Department of Defense (DoD) Releases Fiscal Year 2018 Budget Proposal«; http://www.defense.gov/News/News-Releases/News-Release-View/Article/1190216/dod-releases-fiscal-year-2018-budget-proposal (aufgerufen am 20.12.2017)
9 *Stars and Stripes*, »Report: 44,000 ›unknown‹ military personnel stationed around the world«; https://www.stripes.com/report-44-000-unknown-military-personnel-stationed-around-the-world-1.501292 (aufgerufen am 20.12.2017)
10 »Company Overview of ITT Antarctic Services, Inc.«; https://www.bloomberg.com/research/stocks/private/snapshot.asp?privcapId=34119998 (aufgerufen am 1.11.2017)
11 *Cosmic Disclosure*, »Antarctica: The Process for Disclosure«; https://spherebeing

alliance.com/blog/transcript-cosmic-disclosure-antarctica-the-process-for-disclosure.html (aufgerufen am 11.11.2017)

12 Siehe *Cosmic Disclosure*, »UFOs under Antarctica and the Five-Fingered Mystery«; https://spherebeingalliance.com/blog/transcript-cosmic-disclosure-ufos-under-antarctica-and-the-five-fingered-mystery.html

13 Privates Interview mit William Tompkins am 30. Juli 2017

14 Jonathan Shikes, »Life in Antarctica is cold – but bloggers there can still get burned«; http://www.westword.com/news/life-in-antarctica-is-cold-but-bloggers-there-can-still-get-burned-5105529 (aufgerufen am 1.11.2017)

15 »Pole postcards ... old and new«; http://www.southpolestation.com/postcard/index.html (aufgerufen am 1.11.2017)

16 AECOM; http://www.aecom.com/markets/government/energy/ (aufgerufen am 5.11.2017)

17 »Pole postcards ... old and new«; http://www.southpolestation.com/postcard/index.html (aufgerufen am 1.11.2017)

18 Siehe http://www.referenceforbusiness.com/history2/12/AECOM-Technology-Corporation.html (aufgerufen am 1.11.2017)

19 »Company Overview of ITT Antarctic Services, Inc.«; https://www.bloomberg.com/research/stocks/private/snapshot.asp?privcapId=34119998 (aufgerufen am 1.11.2017)

20 Rodney E. Gray, »Support operations of ITT/Antarctic Services«; http://tinyurl.com/yb44fh6e (aufgerufen am 12.11.2017)

21 Jonathan Shikes, »Life in Antarctica is cold – but bloggers there can still get burned«; http://www.westword.com/news/life-in-antarctica-is-cold-but-blog gers-there-can-still-get-burned-5105529 (aufgerufen am 1.11.2017)

22 »Janet Airline/EG&G/JT3«; http://www.dreamlandresort.com/info/janet.html (aufgerufen am 2.11.2017)

23 Gene Huff, »The Lazar Synopsis«; http://www.otherhand.org/home-page/area-51-and-other-strange-places/bluefire-main/bluefire/the-bob-lazar-cor ner/the-lazar-synopsis/ (aufgerufen am 11.11.2017)

24 »Special Access Program Supplement to the National Industrial Security«: Entwurf vom 29. Mai 1992; p. 3-1-5; online zugänglich unter https://fas.org/sgp/library/nispom/sapsup- draft92.pdf (aufgerufen am 1.11.2017)

25 Siehe https://web.archive.org/web/20120208073024/ und http://rpsc.raytheon.com/ (aufgerufen am 1.11.2017)

26 »Raytheon«, Wikipedia; https://en.wikipedia.org/wiki/Raytheon (aufgerufen am 1.11.2017)

27 Raytheon, »Who We Are«; https://www.raytheon.com/ourcompany/ (aufgerufen am 1.11.2017)

28 William Maarkin, »We are SAPs: forty companies currently working on ›special access programs‹«; https://williamaarkin.wordpress.com/2012/05/31/we-are-saps-forty-companies-currently-working-on-special-access-programs/ (aufgerufen am 1.11.2017)

29 Richard Hoagland und Mike Bara, »What is Happening at the South Pole?«; http://www.enterprisemission.com/antarctica.htm (aufgerufen am 15.8.2017)

30 National Science Foundation, »Auditors Report«; https://www.scribd.com/document/1001101/National-Science-Foundation-06-1-004-RPSC (aufgerufen am 1.11.2017)

31 »Raytheon Awarded a One-Year Extension to United States Antarctic Program Support Contract«; http://raytheon.mediaroom.com/index.php?item=1529 (aufgerufen am 1.11.2017)

32 »Raytheon censors Antarctic bloggers«; https://dearkitty1.wordpress.com/2009/10/08/raytheon-censors-antarctic-bloggers-2/ (aufgerufen am 2.11.2017)

33 Jeffrey Mervis, »Updated: NSF Picks Lockheed for Huge Antarctic Support Contract«; http://www.sciencemag.org/news/2011/12/updated-nsf-picks-lockheed-huge-antarctic-support-contract (aufgerufen am 1.11.2017)

34 »Lockheed Martin«, Wikipedia; https://en.wikipedia.org/wiki/Lockheed_Martin (aufgerufen am 1.11.2017)

35 Clarence L. »Kelly« Johnson, *Kelly: More Than My Share of It* (All Smithsonian Books, 1989)

36 William Tompkins, *Selected by Extraterrestrials* (CreateSpace, 2015); p. 427.

37 Privates Interview mit William Tompkins am 17. April 2017.

38 Ebd.

39 Zur Beschreibung der USAPs bei Lockheed siehe Ben Rich, *Skunk Works: A Personal Memoir of My Years at Lockheed* (Little, Brown and Company, 2013); pp. 96-98.

40 Jeffrey Richelson, »The Secret History of the U-2 – and Area 51«; http://nsarchive.gwu.edu/NSAEBB/NSAEBB434/ (aufgerufen am 2.11.2017)

41 Ben Rich, *Skunk Works: A Personal Memoir of My Years at Lockheed* (Back Bay Books, 1996)

42 National Science Foundation, »New manager for US Antarctic Program logistics contract«; https://www.nsf.gov/news/news_summ.jsp?cntn_id=189574&org=NSF&from=news (aufgerufen am 2.11.2017)

43 Leidos, »A Visionary Leader with a Lasting Legacy«; https://www.leidos.com/about/history/beyster (aufgerufen am 2.11.2017)

44 Amrita Jayakumar, »One year later: The tale of SAIC and Leidos«; https://www.washingtonpost.com/business/capitalbusiness/one-year-later-saic-and-leidos/2014/09/26/d1fefd68-4273-11e4-b437-1a7368204804_story.html (aufgerufen am 2.11.2017)

45 Nick Wakeman, »What's Leidos getting for $5B?«; https://fcw.com/articles/2016/01/28/wakeman-leidos-analysis.aspx (aufgerufen am on 2.11.2017)

46 Richard Boylan, »Inside Revelations on the UFO Cover-Up«; http://ufoevidence.org/documents/doc1861.htm (aufgerufen am 2.11.2017)

47 Siehe William Tompkins, *Selected by Extraterrestrials*; pp. 12, 224 und 312f.

48 Ebd.; p. 312f.

49 Ebd.; p. 12.

50 Privates Interview mit Admiral Bobby Ray Inman vom 1. Dezember 2016.

51 Eine vollständige Liste der Firmen, für die Admiral Bobby Ray Inman gearbeitet hat, findet sich unter http://www.nndb.com/people/392/000058218/ (aufgerufen am 3.11.2017)

52 Zur Mitteilung seiner Pensionierung siehe https://web.archive.org/web/20040209210833/ und http://www.saic.com:80/news/2003/oct/09.html (aufgerufen am 2.11.2017)

53 James Bamford, *The Shadow Factory: The NSA from 9/11 to the Eavesdropping on America* (Anchor 2009); p. 201.

54 Siehe Leuren Moret, »Nuclear Weapons Stealth Takeover«, *Global Research*

vom 9. September 2004; https://www.globalresearch.ca/articles/MOR409A.html (aufgerufen am 2. 11. 2017)

55 *The Antarctic Sun*, Kristan Hutchinson, »Antarctica: Almost Out of this World«; https://antarcticsun.usap.gov/pastIssues/2002-2003/2002_12_29.pdf (aufgerufen am 11.11.2017)

56 Die Meteoritenstudie von SAIC erfolgte offiziell im Auftrag der Forschungsstellen des NASA Johnson Space Centers. Siehe *The Antarctic Sun*, Kristan Hutchinson, »Antarctica: Almost Out of this World«; https://antarcticsun.usap.gov/pastIssues/2002-2003/2002_12_29.pdf (aufgerufen am 11.11.2017)

57 Ein Ausschnitt des Vortrags wurde auf YouTube veröffentlicht: »Joe McMoneagle – Remote viewing of Mars (2004)«; https://youtu.be/HlLq7KDU2HY (aufgerufen am 7.11.2017)

58 Federation of Atomic Scientists, »STAR GATE [Controlled Remote Viewing]«; https://fas.org/irp/program/collect/stargate.htm (aufgerufen am 13.11.2017)

59 Holmes Skip Atwater, »Mars«; http://www.skipatwater.com/training.html#mars (aufgerufen am 12.11.2017)

60 Siehe Dr. Richard Wiseman und Dr. Julie Milton, »Experiment One of the SAIC Remote Viewing Program: A critical re-evaluation«; http://www.richardwiseman.com/resources/SAICcrit.pdf (aufgerufen am 12.11.2017)

61 Privates Skype-Gespräch mit Corey Goode am 31. Juli 2017.

62 Ebd.

63 Michael E. Salla and Corey Goode, »Illegal Military Research and Development in Antarctica«; http://exopolitics.org/illegal-military-research-and-development-in-antarctica/

64 Privates Skype-Gespräch mit Corey Goode am 31. Juli 2017.

65 Im Oktober 2011 wurde das Rüstungsgeschäft der ITT ausgegliedert und als börsennotiertes Unternehmen Exelis weitergeführt. 2015 wurde Exelis von der Harris Corporation für 4,75 Milliarden Dollar gekauft.

66 Privates Interview mit William Tompkins am 17. April 2017.

67 Ebd.

68 Robin K Burrows, »A Contractor's Guide to the Freedom of Information Act«; https://watttieder.com/resources/articles/a-contractor%27s-guide-to-the-freedom-of-information-act (aufgerufen am 5.11.2017)

69 Siehe Joel D. Hesch, »Whistleblower Protection and Rewards for Defense Contractors & Subcontractors«; http://www.howtoreportfraud.com/blog/whistleblower-protection-and-rewards-for-defense-contractors-subcontractors/ (aufgerufen am 5.11.2017)

70 Ein Interview mit dem Abgeordneten Sherwood Boehlert, dem Leiter der Kongressdelegation, wurde in *The Antarctic Sun* veröffentlicht: »Congressional delegation visits, praises program«; https://antarcticsun.usap.gov/pastIssues/2002-2003/2003_01_26.pdf (aufgerufen am 7.11.2017)

71 Dem Kongressabgeordneten Nicholas Lehman und Dr. Rita Colwell, damals Chefin der National Science Foundation, wurde eine Reihe von Fragen gestellt, die ich vorbereitet hatte. Kathryn Leishman interviewte sie in meinem Namen im September 2017.

72 Der Leidos-Jahresbericht 2016 kann auf der Website heruntergeladen werden unter http://investors.leidos.com/phoenix.zhtml?c=193857&p=irol-sec (aufgerufen am 2.11.2017)

73 »Harris: 2017 Annual Report«; https://www.harris.com/sites/default/files/2017-harris-annual-report.pdf (aufgerufen am 5.11.2017)

74 Eine Analyse des schwarzen Etats findet sich in: Michael E. Salla, »The Black Budget Report: An Investigation into the CIA's ›Black Budget‹ and the Second Manhattan Project«; http://exopolitics.org/Report-Black-Budget.htm (aufgerufen am 5.11.2017)

75 Ebd.

76 Siehe NASA, »Antarctic Meteorites«; https://curator.jsc.nasa.gov/antmet/index.cfm (aufgerufen am 6.11.2017)

16 Die geheime Geschichte der Antarktis & ihre vollständige Offenlegung

Das historische Material, das in diesem Buch untersucht wurde, zeigt, dass unmittelbar nach dem Ende des Ersten Weltkrieges eine mächtige deutsche Geheimgesellschaft (die Thule-Gesellschaft) von Angehörigen des deutschen Marinegeheimdienstes verdeckt unterstützt wurde, die eine Reihe von nationalistischen Projekten fördern wollten. Diese Projekte sollten Deutschlands Einheit bewahren und trotz der Beschränkungen des Versailler Vertrages so schnell wie möglich seinen Platz unter den führenden Nationen der Welt wiederherstellen. Zu diesen nationalistischen Projekten der frühen 1920er Jahre gehörte die Unterstützung durch eine Mystikerin, Maria Oršić, die, wie prominente Mitglieder der Thule-Gesellschaft glaubten, medial mit Wesen vom Aldebaran und/oder der Inneren Erde kommunizierte. Oršićs mediale Informationen scheinen echt gewesen zu sein, zumal sie die Geheimnisse fortgeschrittener Technologien anbot, die Weltraumreisen ermöglichten, und auch ihre Hilfe dabei in Aussicht stellte, die deutsche Gesellschaft zu verändern, indem sie den Bürgern ein unmittelbares Wissen um die rätselhafte universale Kraft Vril vermittelt.

Die Zusammenarbeit zwischen Oršić und der Thule-Gesellschaft führte in den folgenden Jahrzehnten zur Gründung von zwei verschiedenen Weltraumprogrammen. Eines wurde von Oršić an geheimen Stützpunkten in der Antarktis und in Südamerika geleitet und lehrte eine kosmische Philosophie von Frieden und Zusammenarbeit, aus der in den 1950er Jahren das Phänomen der »Space Brothers« entstand. Das andere deutsche Weltraumprogramm hatte eine viel dunklere

Vision und gründete auf uneingeschränkter Waffenentwicklung, der Ausbeutung von Menschen durch Sklavenarbeit und imperialen Eroberungen – eine Politik, die von einem anderen Thule-Günstling ausdrücklich befürwortet wurde: von Adolf Hitler.

Historische Berichte zeigen deutlich, dass die Thule-Gesellschaft, deutsche Industrielle und Funktionäre der Marine Hitlers Aufstieg zur Macht aufgrund seiner unverhüllten nationalistischen Leidenschaft sowie seinem Wunsch, Deutschlands militärische Stärke wiederherzustellen, unterstützten. Diese Berichte belegen unzweifelhaft, dass ein wesentlicher Teil der Gelder und Ressourcen, die zum Wiederaufbau Deutschlands und seiner Streitkräfte nötig waren, von US-Unternehmen stammte. Prominente Führungsfiguren aus der amerikanischen Wirtschaft und Politik wie Henry Ford, John Foster und Allen Dulles, John D. Rockefeller, Prescott Bush und viele andere unterstützten und begünstigten Hitlers Aufstieg zur Macht und die anschließende Wiederbewaffnung Deutschlands durch internationale Bankgeschäfte und Investments, die nach NS-Deutschland flossen.

Dies setzte sich bis in den Zweiten Weltkrieg fort, als Präsident Roosevelt großen US-Unternehmen Ausnahmen gewährte, die es ihnen ermöglichten, trotz der »Verordnung über Handel mit dem Feind«, des *Trading with the Enemy Act*, mit Nazi-Deutschland weiter Handel treiben zu dürfen. In diesem Zuge stellte man sich blind gegenüber der offensichtlichen Tatsache, dass NS-Deutschland systematisch Zwangsarbeit in seinen Industrieanlagen einsetzte, von denen einige mit finanzieller Unterstützung der USA errichtet worden waren. Als das Ende des Krieges näher rückte, wurden geheime Abkommen geschlossen, die es den Nazis erlaubten, bedeutende finanzielle Mittel aus dem Land zu transferieren, um sie später für einen geheimen Plan zu nutzen, der von Martin Bormann entwickelt worden war, um den Aufstieg des Vierten Reiches zu finanzieren. Der gewissenlose Vorgang versprach noch einmal bedeutende Profite für kooperierende US-Unternehmen.

Nach dem Krieg leiteten viele derselben amerikanischen Unternehmer und Politiker die geheimen Verhandlungen, die die Reste der am weitesten entwickelten Rüstungsprojekte NS-Deutschlands als *Opera-*

Evolution der Geheimen

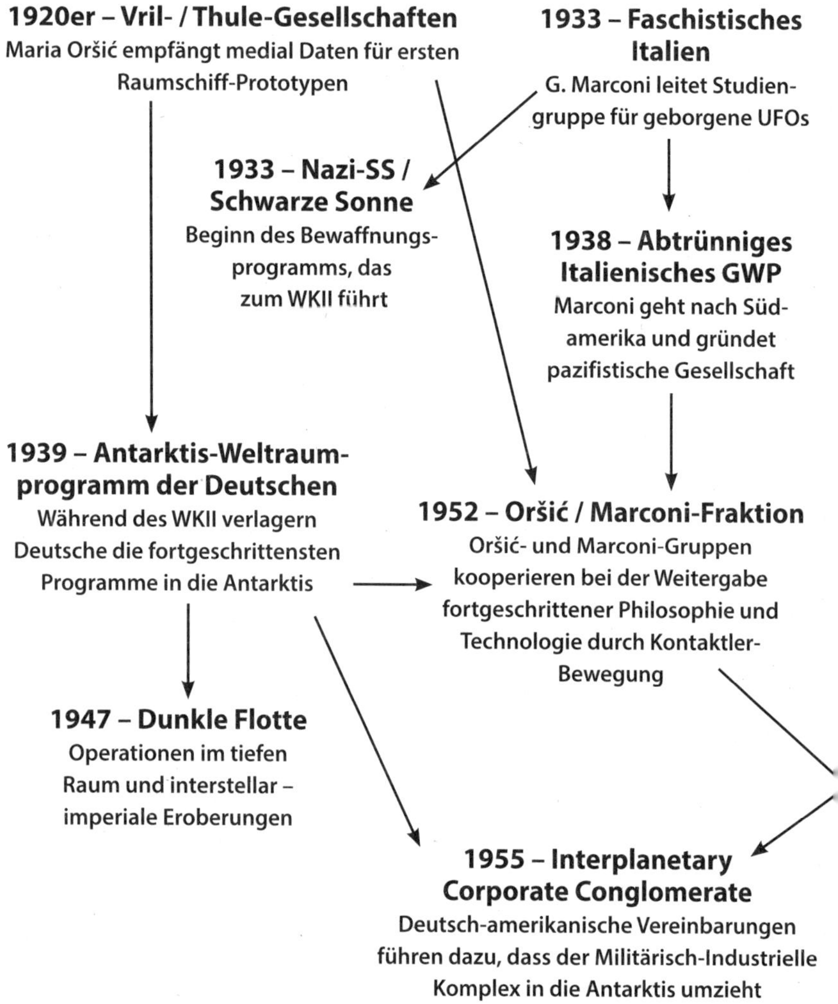

Abb. 68: Diagramm zur Entwicklun

Weltraumprogramme

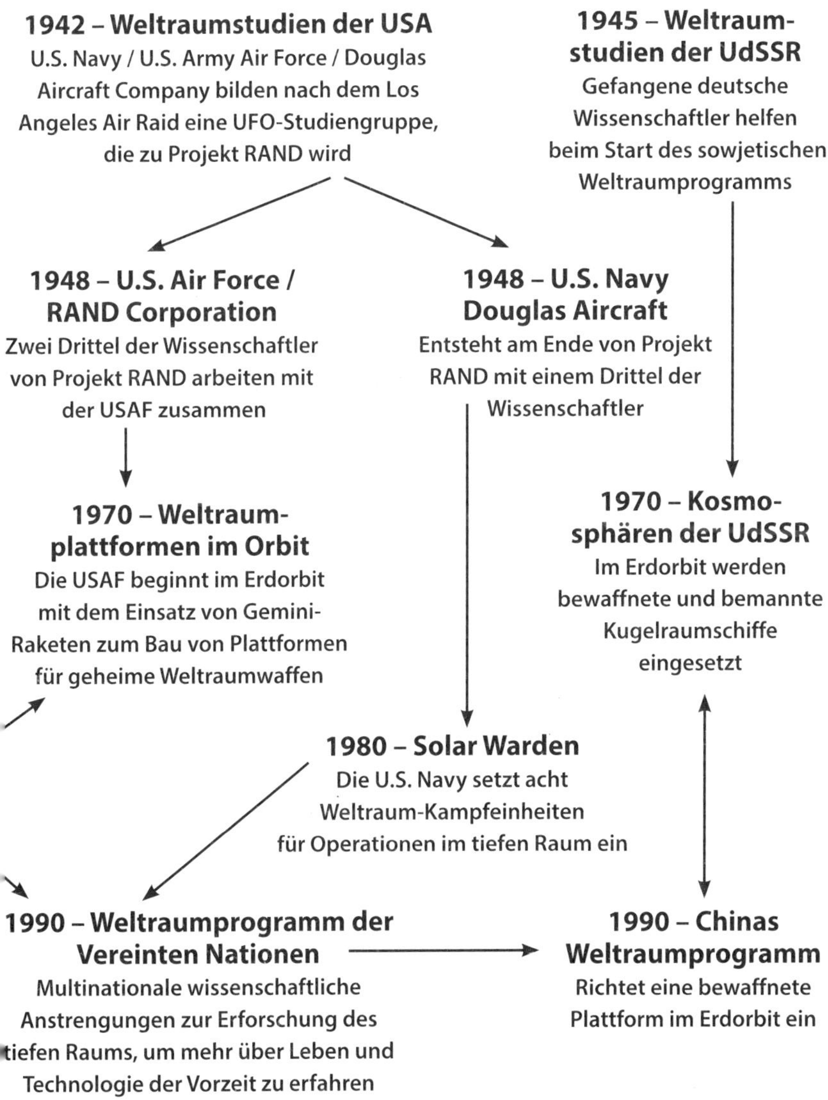

tion Paperclip in die USA importierten. All das ist wohlbekannt und eine feststehende historische Tatsache. Nicht so bekannt ist jedoch das Ausmaß, in dem das Vierte Reich den Militärisch-Industriellen Komplex der USA infiltrierte und gefährdete. Dazu kam es, weil viele amerikanische und deutsche Industrielle einer weltweiten Bruderschaft von gesellschaftlichen Eliten angehören, deren Loyalität untereinander nationale Zugehörigkeiten übersteigt. Dies ermöglichte die Gründung verschiedener Geheimer Weltraumprogramme in den abgeschiedenen Regionen von Südamerika und der Antarktis.

Den Anfang machte ein von Maria Oršić geleitetes Programm der Vril-Gesellschaft, das an einer positiven spirituellen Vision und entsprechenden Aktivitäten festhielt, wie das Space-Brothers-Phänomen der 1950er und 1960er Jahre belegt. Oršić und andere deutsche Astronauten gaben vor, Außerirdische zu sein, wenn sie in den USA und weiteren Ländern auf normale Zivilisten trafen. Oršićs Vril-Weltraumprogramm hoffte, Ideen von kosmischer Einheit und einem höheren Bewusstsein zu säen, um eine globale Revolution auszulösen. Unterstützung bekamen sie von humanoiden »nordischen« Außerirdischen und Wesen aus dem Inneren der Erde, die diese wohlmeinenden Ziele des »Dienst-am-Anderen« teilten.

Zur selben Zeit kooperierten andere Mitglieder deutscher Geheimgesellschaften mit reptiloiden Außerirdischen, um ein aggressives imperialistisches Weltraumprogramm aufzubauen. Das anfängliche Ziel war die Welteroberung, wobei die industriellen Ressourcen der Erde auch zum Aufbau einer Söldnerarmada im Weltraum eingesetzt wurden, die Seite an Seite mit den Flotten der Reptiloiden im tiefen Raum ihre Kämpfe austragen sollte. Nach dem Scheitern von Hitlers Feldzügen wurde schließlich ein heimlicher Plan umgesetzt, der die fortgeschrittene Technologie der Fliegenden Untertassen nutzte, die vom Vierten Reich in der Antarktis entwickelt worden war, und nach der Niederlage von Admiral Byrds militärischer Expedition *Operation Highjump* im Jahr 1947 überflogen die Raumschiffe des Vierten Reiches kühn und regelmäßig das US-Territorium, was in dem hochdramatischen Überflug von Washington 1952 gipfelte. Dieses kritische Ereignis zwang die Truman- und später auch die Eisenhower-Regierung, zu geheimen Friedensverhandlungen Zuflucht zu nehmen, die 1955 de facto mit einer ausgehandelten Kapitulation endeten. Die geheimen Abkommen mit dem Vierten Reich wurden zum Wohle der »nationalen Sicherheit« als Geheimnis streng gehütet und vor der amerikanischen und Weltöffentlichkeit verborgen, während das US-Militär verzweifelt versuchte, die technologische Lücke zu schließen.

Der folgende Strom amerikanischer industrieller Ressourcen in die Antarktis führte zu einer bedeutenden Erweiterung des Weltraumprogramms des Vierten Reiches. Er ermöglichte auch den Aufbau eines neuen Weltraumprogramms, das in einer Partnerschaft zwischen dem Vierten Reich und dem Militärisch-Industriellen Komplex der USA gründete. Dies führte letztlich zur Schaffung eines transnationalen Weltraumprogramms, genannt Interplanetary Corporate Conglomerate (ICC). Laut Corey Goode nahm dieses Weltraumprogramm der Konzerne in den späten 1980er Jahren seine Tätigkeit auf, nach dem Start von »Solar Warden«, einem Weltraumprogramm der U.S. Navy.[1] Diese transnationale Zusammenarbeit führte dazu, dass mehrere amerikanische Unternehmen Projekte betrieben, die Sklavenarbeit einschlossen und Menschen für groß angelegte industrielle Operationen tief unter den antarktischen Eisfeldern missbrauchten.

Die Gründung eines parallelen deutschen Weltraumprogramms in der Antarktis während der 1940er und 1950er Jahre durch Geheimgesellschaften und führende Industrielle, bestehend aus einer hochspirituellen ethischen Gemeinschaft (Oršićs Programm der »Space Brothers«) und einer aggressiven imperialistischen Gruppierung (Viertes Reich), die letztlich eine Partnerschaft mit dem Militärisch-Industriellen Komplex der USA einging, ist ein relativ neues Kapitel in der unterdrückten Geschichte der Antarktis. Die Existenz einer uralten marsianischen Kolonie, die seit der Großen Flut vollständig unter dem antarktischen Eis erhalten ist, sowie ihre geheime Ausgrabung seit 2002 repräsentieren darüber hinaus noch ein weitaus älteres Kapitel der geheimen Geschichte der Antarktis, das durch eine Initiative »vollständiger Offenlegung« aufgedeckt werden muss.

Von größter Bedeutung ist auch die hohe Wahrscheinlichkeit dafür, dass die Menschheit schließlich von der Existenz der »Prä-Adamiten« oder »Alten Marsianer« erfährt, die an Bord eines oder mehrerer der außerirdischen Mutterschiffe noch immer am Leben sein dürften – im Tiefschlaf in sogenannten Stasiskammern. Die Möglichkeit, dass es sich bei diesen Wesen um die eingekerkerten »Gefallenen Engel« handelt, die im *Buch Henoch* beschrieben werden, wird für Religionsgelehrte und die Menschheit im Allgemeinen enorme Auswirkungen haben. Zweifellos wird es zu heftigen Debatten kommen, ob es klug ist, diese Wesen zu wecken und in Zukunft mit ihnen zusammenzuarbeiten oder besser nicht.

Als Erstes stellt sich jetzt natürlich die Frage, ob die allgemeine Öffentlichkeit irgendwie über das außerirdische Element bei den antarktischen Ausgrabungen informiert werden wird. Corey Goode beschreibt einen Plan der »Begrenzten Offenlegung«, der vorsieht, die archäologischen Fundstätten der Antarktis von allen Resten zu säubern, die mit außerirdischem Leben zu tun haben.

> »Noch eine andere interessante Anmerkung: Da gibt es die Archäologen und Mitarbeiter verschiedener Universitäten, die dort unten alles ausgraben und dokumentieren, aber was sie getan haben … Du würdest wohl sagen, sie gehören ja auch zur Kabale … Sie haben diese riesigen elektromagnetischen U-Boote benutzt, von denen ich vorhin gesprochen habe, um jede Menge archäologische Fundstücke von anderen Grabungen an sich zu nehmen, die sie der Menschheit vorenthielten und bisher in großen Lagerhäusern aufbewahrten.[2]
>
> Sie brachten einige dieser Artefakte in die Antarktis und haben sie dort verteilt. Und diese eine große Grabung wollen die Archäologen öffentlich machen. Sie beseitigen auch jeden Körper, der nicht menschlich aussieht.«[3]

Der nächste Schritt in diesem Plan der »Begrenzten Offenlegung« sieht laut Goode die allmähliche Bekanntgabe der Existenz Geheimer Weltraumprogramme in einem jahrzehntelangen Prozess vor:

»Sie planen also, uns eine gesäuberte Enthüllung zu geben und dann werden sie mit der Zeit das Geheime Weltraumprogramm des Militärisch-Industriellen Komplexes bekannt machen.

Und wenn sie das getan haben, werden sie sagen: ›Ach ja und außerdem haben wir noch dieses schöne, weit entwickelte Geheime Weltraumprogramm und als wir draußen auf anderen Planeten waren, da haben wir ganz ähnliche Ruinen gefunden wie in der Antarktis.‹

So werden sie versuchen, die Informationen über Jahrzehnte einsickern zu lassen und uns nicht unmittelbar von den Schiffen erzählen, die sie gefunden haben, oder von der Hochtechnologie und den nichtmenschlichen Wesen.«[4]

Sicherlich ist eine solche »begrenzte Offenlegung« inakzeptabel für alle, die mit der wahren Geschichte der Antarktis vertraut sind, wie sie in diesem Buch dargestellt wird. Was sich bei der vollständigen Offenlegung jedoch als kritisch erweisen könnte, ist die Aufdeckung des genauen Verwandtschaftsverhältnisses zwischen den riesigen Prä-Adamiten und den herrschenden Eliten der Welt. Sind letztere die direkten Nachkommen der alten hybriden prä-adamitischen Regenten, die in der sumerischen Königsliste und in Manethos Fragment der ägyptischen Geschichte als »Halbgötter« beschrieben werden? Und worin besteht ihre Verwandtschaft mit den langlebigen vorsintflutlichen Patriarchen aus dem Alten Testament? Die politischen Folgen wären enorm, wenn sich herausstellen würde, dass viele mächtige Geheimgesellschaften, die schon lange für die heimlichen Herrscher des Planeten gehalten werden, womöglich insgeheim Verehrer der »Gefallenen Engel« sind, die in der eisigen Tiefe des antarktischen Kontinents wiedererwachen sollen.

Es ist kein Zufall, dass die Thule-Gesellschaft, die verborgene Kraft hinter dem Aufstieg von Hitlers Drittem Reich, die Auffassung vertrat, Arier seien die Nachkommen einer vorsintflutlichen hyperboreischen Superrasse, die einst die nördliche Hemisphäre beherrscht hat. Ähnliche Überzeugungen werden von Geheimgesellschaften in den USA, Großbritannien und anderen Nationen geteilt. Ihr gemeinsamer Glaube führte zu einer engen Zusammenarbeit zwischen Geheimgesellschaften und industriellen Eliten vor dem Zweiten Weltkrieg, währenddessen und danach. Diese Verbindung ist besonders bedeutsam, wenn man die Entwicklung des Geheimen Weltraumprogramms des Interplanetary Corporate Conglomerate betrachtet, das von transnationalen Unternehmen und den ehemaligen antarktischen Stützpunkten der Deutschen aus geleitet wird.

Bedenken wir auch die politischen Auswirkungen der Abkommen, die deutsche Geheimgesellschaften mit den in der Antarktis lebenden reptiloiden Außerirdischen eingingen und die zu einem Weltraumprogramm führten, das Goode als »Dunkle Flotte« bezeichnet. Diese deutsch-reptiloide Zusammenarbeit ist darauf angelegt, interstellare Eroberung und galaktischen Sklavenhandel zu organisieren, der, da sind wir uns mit William Tompkins und Goode einig, unbedingt beendet werden muss. Kurz vor seinem verdächtig unvorhersehbaren Tod am 21. August 2017, der ihn trotz seines hohen Alters bei bester Gesundheit ereilte, fasste Tompkins noch einen Teil der Herausforderung treffend zusammen, die uns bevorsteht, wenn die Wahrheit über die wahren Ereignisse in der Antarktis bekannt wird:

> »Deutschland hatte im Zweiten Weltkrieg gewaltige unterirdische Fabriken mit Arbeitern, die alle Sklaven waren und vor Kriegsende trafen die Deutschen die Entscheidung, dass sie ihre Produktionsstätten in die Antarktis verlegen würden, um ihre Arbeit dort in einem unfassbaren Ausmaß fortzusetzen, mit sämtlichen außerirdischen Entwicklungen an UFOs und sämtlichen Waffensystemen, die sie gerade bauten, zusammen mit ihren kriegsbedingten Zwangsarbeitern.
>
> Deshalb gibt es dort jetzt Sklaven, die in den Höhlen arbeiten, und sie sind heute noch in der Antarktis unterirdisch tätig. Und das Sklavengeschäft da draußen in der Milchstraße ist ein Riesengeschäft – und es geschieht ebenfalls heute. Es ist nicht etwas, das sich vor hundert Jahren abgespielt hat. Diese Sklaverei findet schon seit langer Zeit statt und **muss gestoppt werden**.«[5]

Goode hat festgestellt, dass die Dunkle Flotte und das Interplanetary Corporate Conglomerate enge Verbündete geworden sind und von der

Antarktis aus beim galaktischen Sklavenhandel zusammenarbeiten. Große deutsche Unternehmen wie Siemens sind direkt am Bau von Schlüsselkomponenten für das antarktische Geheime Weltraumprogramm beteiligt und auch in dieses Problem des Menschenhandels verwickelt. Nicht nur werden Menschen mit Gewalt zur Sklavenarbeit in illegalen Forschungs- und Entwicklungsprogrammen der Antarktis gezwungen, sie werden auch von unserem Planeten in den Sklavenhandel entführt. So ist die Antarktis ein wichtiger Raumhafen für den Sklavenhandel in der Galaxis geworden.

Natürlich ist dies kein Zufall. Albert Speer gab zu, dass im Dritten Reich eine globale Sklavenwirtschaft für den »Frieden« geplant war.[6] Das Beweismaterial, das in diesem Buch präsentiert wird, umreißt den Weg, wie das Vierte Reich verdeckt seinen ungeheuerlichen Plan fortsetzte, nicht nur auf diesem Planeten, sondern ebenso bei seinen Operationen im tiefen Raum. Das Ausmaß, in dem amerikanische Rüstungsunternehmen, zusätzlich zum Einsatz von Sklavenarbeit bei offiziell geleugneten Projekten unter speziellem Zugriff, am galaktischen Sklavenhandel teilnehmen, ist noch nicht ganz klar. Wahrscheinlich ist er aber beträchtlich.

Selbst wenn das Szenario des Einsatzes von Zwangsarbeit und einem galaktischen Sklavenhandel, das Tompkins und Goode beschreiben, nur teilweise stimmt, geben sie eine Antwort auf die Frage, was mit Millionen von Menschen passiert ist – die Mehrzahl von ihnen Kinder –, die jedes Jahr weltweit auf rätselhafte Weise verschwinden.[7] Die Antarktis wird zur Zeit für eine Anzahl streng geheimer Projekte genutzt, betrieben von transnationalen Unternehmen, die sich nicht nur der Zwangsarbeit bedienen, sondern auch Experimente an Menschen durchführen und einen Weltraumhafen für den galaktischen Sklavenhandel errichten – diese Aussichten sind extrem beunruhigend.

Solche Missbrauchspraktiken zu entlarven, mitsamt den Unternehmen und Regierungsstellen, die darin verwickelt sind, ist ein wichtiger erster Schritt auf dem Weg, ein großes historisches Unrecht öffentlich zu machen. Das vorliegende Buch benennt eine Anzahl deutscher und amerikanischer Firmen, die in unterschiedlichem Maße mit den Geheimen Weltraumprogrammen der Antarktis zu tun haben. Jede dieser Firmen verdient eine ernsthafte Überprüfung durch Aktionäre, die Öffentlichkeit und entsprechende Ermittlungsbehörden, um das volle Ausmaß ihrer Beteiligung an den Missbräuchen festzustellen.

Der nächste logische Schritt besteht darin, die Opfer solcher illegalen Praktiken zu befreien und eine Form von Wiedergutmachung einzusetzen, durch die sie, ihre Familien oder Gemeinschaften für das, was die Opfer über lange Zeit hinweg erlitten haben, Unterstützung und Entschädigung erfahren. Wiedergutmachung ist ein erheblich älteres Konzept von Gerechtigkeit, das sich der Schäden, die den Opfern der Verbrechen zugefügt worden sind, durch direkte Verhandlungen des Täters mit den Opfern, ihren Familien oder ihrer Gemeinschaft annimmt, um sich gemeinsam auf ein Ergebnis zu einigen. Wiedergutmachung unterscheidet sich von der häufiger vorkommenden »Ausgleichenden Gerechtigkeit«, die das Verbrechen eher als Verletzung staatlicher Gesetze betrachtet und daher die Bestrafung von Verbrechen fordert und nicht die Bedürfnisse der Opfer, ihrer Familien und Gemeinschaften in den Mittelpunkt stellt. Der Unterschied zwischen diesen beiden Konzepten von Gerechtigkeit wird auf Wikipedia folgendermaßen treffend zusammengefasst:

> »Wiedergutmachung ist ein Ansatz der Justiz, der Verbrechen personalisiert, indem Opfer und Täter eine Vereinbarung zum Schadenersatz aushandeln, zur Zufriedenheit beider wie auch der Gemeinschaft. Dies steht im Gegensatz zu eher bestrafenden Ansätzen, bei denen das Hauptziel vergeltende Justiz ist oder abstrakten gesetzlichen Prinzipien Genüge tun soll.«[8]

Der letzte Schritt bei der Benennung eines derart großen historischen Unrechts, das durch Sklavenarbeit und die Etablierung eines außerirdischen Sklavenhandels von der Antarktis aus verursacht wurde, besteht darin, weltweit umfassende Reformen durchzuführen, die es transnationalen Unternehmen unmöglich machen, jemals wieder unter dem Deckmantel von Handelsgeheimnissen und nationaler Sicherheit solche Praktiken zu pflegen. In den USA machen es die Sicherheitsbestimmungen für offiziell geleugnete Projekte unter speziellem Zugriff unabhängigen Beobachtern äußerst schwer, wenn nicht gar unmöglich, herauszufinden, was in solchen Projekten geschieht, besonders, wenn sie im Auftrag transnationaler Unternehmen durchgeführt werden. Notwendig ist daher eine globale Behörde mit den Ressourcen und Mitteln, zu untersuchen, was in den Labors der Unternehmen vor sich geht. So wie es eine internationale Regulierungsstelle zur Ermittlung gegen Staaten gibt, die verdächtigt werden, mit illegalen Atomwaffen oder biologischen Substanzen zu handeln, muss eine ähnliche globale Behörde geschaffen werden, um transnationale Konzerne auf jede Art von illegaler Forschung und Entwicklung hin zu überprüfen.

Diese einleitenden Schritte werden sehr dabei helfen, Freiheit und persönliche Unantastbarkeit auf jeder Ebene der menschlichen Gesellschaft voranzubringen, insbesondere, wenn unsere Welt durch unglaubliche technologische Fortschritte verändert und unsere unterdrückte Geschichte als Wahrheit über die Antarktis enthüllt wird. Diese Schritte werden wesentlich dazu beitragen, Ehrlichkeit ins globale Sicherheitssystem zurückzubringen, das schon viel zu lange aus dem Gleichgewicht geraten ist. Die Notwendigkeit, so zu handeln, ist nicht nur moralisch begründet, sondern auch eine wichtige Forderung der nationalen Sicherheit.

Eine Lektion, die die Geschichte klar lehrt, lautet, dass ein politisches System oder eine Zivilisation zerfällt – gleichgültig wie mächtig sie zu sein scheint –, sobald die Unversehrtheit ihrer Bürger verloren geht. Macht, die ohne eine dauerhafte Anwendung der Grundprinzipien von Wahrheit und Gerechtigkeit ausgeübt wird, nimmt der Bürger stets als eine Form der Tyrannei wahr, was das politische System von innen heraus zunehmend schwächt. Die Geschichte ist voll von gescheiterten Zivilisationen und Königreichen, die zugrunde gingen, als die politische Elite nicht mehr an den Geboten von Wahrheit und Gerechtigkeit festhielt. Meistens geschah dies durch die Einwirkung äußerer Mächte, etwa indem Eroberungen stattfanden und unter einer neuen Flagge oder Ideologie, die von einem bedeutenden Teil der einheimischen Bevölkerung willkommen geheißen wurde, sich ein neues politisches System etablierte. Seltener erfolgt der Wandel durch eine Revolution, bei der die herrschende Elite durch die Absicht politischer Dissidenten überwältigt wird, neue Ideen zu fördern, die auf Wahrheit und Gerechtigkeit beruhen.

In unserer modernen Zeit sehen wir das langsame Entstehen eines globalen politischen Systems, das von den großen Nationen der Welt beherrscht wird, die alle ständige Mitglieder des UN-Sicherheitsrates sind: von den USA, Russland, China, Großbritannien und Frankreich. Diese fünf Länder sind, gemeinsam mit anderen Raumfahrtnationen, Komplizen in einem globalen Geheimhaltungssystem, in dem sie zusammen mit großen Unternehmen die Wahrheit über die Vorgeschichte der Antarktis verbergen, die Wahrheit über Weltraumprogramme, die ursprünglich von Nazi-Deutschland aufgebaut wurden, und die Wahrheit über das unfassbare Unrecht, das dort derzeit in streng geheimen Projekten geschieht.

In den frühen 1990er Jahren sagte Alex Collier, dass er von Außerirdischen aus dem Sternbild Andromeda kontaktiert wurde, die ihm erklärten, sie seien gekommen, um einer galaktischen Gewaltherrschaft zuvorzukommen, die in 350 Jahren in unserer Zukunft entstehen werde. Die Andromedaner verfolgten angeblich die Quelle dieser zukünftigen galaktischen Diktatur bis zur Erde unserer Gegenwart zurück. Collier begann sofort, die Einmischung von draconischen reptiloiden Außerirdischen in menschliche Angelegenheiten öffentlich zu diskutieren, das Unrecht anzusprechen, das an der menschlichen Bevölkerung begangen wird, und die geheimen Abkommen der nationalen Eliten zu benennen, die all dies ermöglichen:

> »Nun, in unserer Galaxis finden viele Versammlungen von Räten statt. Ich weiß nicht alles über solche Versammlungen, aber ich weiß etwas über den Rat von Andromeda, eine Gruppe von Wesen aus 139 verschiedenen Sternensystemen, die zusammenkommen und diskutieren, was in der Galaxis geschieht. Es ist keine politische Versammlung. Kürzlich haben sie die Tyrannei in unserer Zukunft diskutiert, in 357 Jahren, weil diese jeden betrifft. Offenbar war es ihnen durch Zeitreisen möglich gewesen zu berechnen, wo die bedeutende Energieverschiebung stattfindet, die

> in 357 Jahren zu dieser Tyrannei führen wird. Sie haben sie bis zu unserem Sonnensystem zurückverfolgt und es gelang ihnen sogar, sie noch weiter zurückzuverfolgen, nämlich bis zur Erde, zum Mond der Erde und zum Mars. Bis zu diesen drei Orten.«[9]

Wenn Colliers Informationen zutreffen, ist es von größter Bedeutung, dass Erde, Mond und Mars als Ursprünge der zukünftigen galaktischen Tyrannei identifiziert werden. Der Mars und besonders der irdische Mond sind Orte, wo das Geheime Weltraumprogramm des Vierten Reiches zusammen mit dem transnationalen interplanetarischen Konzernprogramm seine Macht errichtet hat. Besonders die industriellen Fertigungsstätten auf dem Mars produzieren angeblich fortschrittliche Technologien für bis zu neunhundert verschiedene außerirdische Zivilisationen.[10] Die versteckten Weltraumhäfen der Antarktis sind die vorrangige Verbindung der Erde, des Mondes und des Mars zu Geheimen Weltraumprogrammen, die in Zukunft eine globale/galaktische Bedrohung darstellen könnten.

Auf der Grundlage der Informationen, die ich in den vorhergehenden Kapiteln vorgelegt habe, glaube ich fest daran, dass die Ereignisse in der Antarktis eine Art wachsendes Krebsgeschwür darstellen, das sich schnell zu einer globalen Tyrannei entwickeln kann, die möglicherweise weiter zu der galaktischen Zwangsherrschaft ausartet, vor der Collier warnte. Versteckte Stützpunkte in der Antarktis, die sich der Sklavenarbeit bedienen, können sich, wenn sie unbemerkt bleiben, leicht in ein weltweites Phänomen verwandeln. Eine solche Tyrannei würde schließlich die Integrität der politischen Systeme unseres Planeten schwächen und so entweder zu einer Invasion Außerirdischer, die als globale Befreier auftreten, führen oder zu einer Revolution der Völker, bei der »Vollständige Offenlegung« die Parole für ein neues Weltsystem sein wird, das auf größerer Wahrheit und Gerechtigkeit für alle beruht. Daher ist es für die nationale und globale Sicherheit über alle Maßen wichtig, dass die Wahrheit über die Antarktis enthüllt wird, um dort das Anwachsen von ungerechten Praktiken zu verhindern, die sich möglicherweise in ein Krebsgeschwür verwandeln, das die ganze globale Politik zugrunde richtet.

Außerdem könnte es sein, dass die Wahrheit über die Antarktis als ein unvermeidliches Nebenprodukt der natürlichen geologischen Prozesse enthüllt wird. Wie in Kapitel 12 beschrieben, heizen die unterirdischen und verschütteten Vulkane der Antarktis die Westantarktis immer mehr auf, was zum raschen Abschmelzen der Eisfelder führt. Diese Erwärmung wird nicht nur zur Aufdeckung der geheimen Geschichte der Antarktis führen, so dass die konzerngeführten Weltraumprogramme schließlich vor den Augen der ganzen Welt enthüllt werden, es kann dadurch auch, was zunächst beunruhigender ist, zu einem Polsprung kommen.

Aber es wäre wahrlich eine Ironie des Schicksals, wenn die Freilegung dieser lange verborgenen Geheimnisse genau die Information wäre, die von der Menschheit gebraucht wird, um den kataklysmischen Effekten eines Polsprungs zu entgehen.

Die Antarktis ist ein Gebiet von enormer Größe, voller Rätsel und Herausforderungen. Wenn die Wahrheit über das, was dort in ferner Vergangenheit und auch neuerdings geschah, erst einmal öffentlich bekannt ist, wird sie das Potenzial haben, die Menschheit aus einem sehr tiefen Schlaf zu wecken, der durch die vorsätzliche Unterdrückung unserer wahren Geschichte entstand. Die vollständige Kenntnis der wahren Geschichte der Antarktis sowie der Ereignisse, die sich gegenwärtig dort abspielen und an denen mehrere Weltraumprogramme und transnationale Konzerne beteiligt sind, wird unseren Planeten gewaltig verwandeln – auf eine Art und Weise, die unsere Vorstellungskraft zutiefst erschüttern wird und gleichzeitig der Menschheit das Tor dazu öffnet, ein vollkommen befreites Mitglied unserer größeren galaktischen Gemeinschaft zu werden.

Anmerkungen

1 Zur weiteren Darstellung des Interplanetary Corporation Conglomerate und von Solar Warden siehe Michael E. Salla, *Insiders Reveal Secret Space Programs and Extraterrestrial Alliances* (Exopolitics Institute, 2015). – Dt. Ausgabe: *Geheime Weltraumprogramme & Allianzen mit Außerirdischen*, Amra Verlag, Hanau 2018.

2 *Cosmic Disclosure*, »Antarctica: The Process for Disclosure«, Season 7, Episode 8; https://spherebeingalliance.com/blog/transcript-cosmic-disclosure-antarctica-the-process-for-disclosure.html (aufgerufen am 22.10.2017)

3 Ebd.

4 Ebd.

5 William Tompkins, *Selected by Extraterrestrials* Vol. 2 (2018).

6 Siehe Albert Speer, *Infiltration*; p. 301f. – Liegt unter dem Titel *Der Sklavenstaat: Meine Auseinandersetzung mit der SS* in verschiedenen Ausgaben auf Deutsch vor.

7 Statistiken über vermisste Menschen aus verschiedenen Ländern finden sich unter »Missing People Worldwide«; http://www.mcatracing.co.uk/missing-people-worldwide.htm (aufgerufen am 7.11.2017)

8 »Restorative Justice«, Wikipedia; https://en.wikipedia.org/wiki/Restorative_justice (aufgerufen am 7.11.2017)

9 Alex Collier, »The Rest of the Galactic Hierarchy … and the Rest of the Story«; https://www.bibliotecapleyades.net/sumer_anunnaki/reptiles/reptiles33.htm (aufgerufen am 17.12.2017)

10 Siehe Michael E. Salla, »Secret Mars Colonies Trade with up to 900 Extraterrestrial Civilizations«; http://exopolitics.org/secret-mars-colonies-trade-with-up-to-900-extraterrestrial-civilizations/

Nachwort
zur deutschen Ausgabe

Seit Erscheinen der amerikanischen Originalausgabe des vorliegenden Buchs im März 2018 gab es hinsichtlich der Antarktis drei wichtige Entwicklungen. Sie liefern neue ergänzende Daten zu den Schlüsselthemen des raschen Abschmelzens der westantarktischen Eisdecke, der Offenlegung des Geheimen Weltraumprogramms, das von den verborgenen Antarktis-Stützpunkten aus operiert, und der Entdeckung einer blitzgefrorenen Zivilisation unter der Eisdecke.

Die erste Entwicklung betrifft ein Team von Wissenschaftlern der Universitäten Rhode Island und East Anglia, deren gemeinsame Bemühungen zu einem Artikel führten, der am 22. Juni 2018 in der unabhängigen Fachzeitschrift *Nature Communications* veröffentlicht wurde. Er trägt den Titel »Evidence of an Active Volcanic Heat Source Beneath the Pine Island Glacier« (Nachweis einer aktiven vulkanischen Wärmequelle unter dem Pine-Island-Gletscher). Das Team gibt darin bekannt, dass es einen neuen Faktor für das schnelle Abschmelzen des Pine-Island-Gletschers in der Antarktis entdeckt hat – einen bislang unbekannten aktiven Vulkan, der tief unter dem Eis begraben liegt. Die in diesem Artikel gezogenen Schlussfolgerungen liefern zusammen mit anderen wissenschaftlichen Studien, die im vorliegenden Buch *Antarktis – die verbotene Wahrheit* zitiert werden, eine schlüssige Erklärung dafür, was das Abschmelzen der westantarktischen Eisschilde wirklich antreibt. Die 138 bekannten Vulkane, von denen der Großteil unter den Eisschilden liegt, sind weitaus aktiver, als die Wissenschaftler bisher angenommen hatten, und schmelzen den Eismantel mit einer unerwarteten Geschwindigkeit.

Eine zweite wichtige Entwicklung ist das öffentliche Auftauchen von zwei weiteren Whistleblowern, die sich erst kürzlich gemeldet haben, um die Existenz eines großen Geheimen Weltraumprogramms zu bestätigen, das von der Antarktis aus operiert. Anfang 2019 veröffentlichte die mit einem Emmy Award für ihre TV-Produktionen ausgezeichnete investigative Journalistin Linda Moulton Howe das atemberaubende Video-Zeugnis zweier anonymer Insider der U.S. Navy über eine multinationale Koalition, die ein Geheimes Weltraumprogramm mit Stützpunkten in der Antarktis unterhält. Howe konnte durch offizielle Unterlagen belegen, dass »Spartan 1« von 1984 bis 2004 als U.S. Navy Seal diente, bevor er als Commander in den Ruhestand trat. »Spartan 2« diente im U.S. Marine Corps (das ebenfalls der Navy untersteht) und war dort von 1992 bis 2016 als Geheimdienstspezialist tätig.

Spartan 1 hat ein wichtiges Zeugnis über die Existenz einer Koalition großer Nationen abgegeben, die alle den Antarktisvertrag unterzeichnet haben und von der Antarktis aus ein Geheimes Weltraumprogramm betreiben. Er sagt: »Die Koalition, über die ich hier spreche, wird gebildet von Großbritannien, den USA, Frankreich, Deutschland, Kanada und Russland. Es gibt seit fünfundzwanzig Jahren eine Weltraumflotte.« Der Ursprung der Koalition geht auf das Jahr 1994 zurück, nur drei Jahre nach der offiziellen Auflösung des Warschauer Pakts und der Sowjetunion.

Der zweite Whistleblower, Spartan 2, kontaktierte Howe zum ersten Mal am 22. März 2017 per eMail und schrieb: »Die Antarktis birgt Wunder, die die meisten nicht nachvollziehen können. Es ist unfassbar eng mit dem Weltraum und der Technologie verbunden.« Spartan 2 legte offen, dass er in den letzten zehn Jahren beim U.S. Cyber Command gearbeitet habe, dessen Büro im achten Stock des Hauptsitzes der National Security Agency (NSA) in Fort Meade, Maryland, für die internationale Allianz der Weltraumprogramme aus der Antarktis und für den interstellaren Handel verantwortlich ist. Diese beiden Whistleblower bestätigen die Aussagen und Beweise im vorliegenden Buch über unterirdische Stützpunkten in der Antarktis, die für ein Geheimes Weltraumprogramm eingesetzt werden.

Zu einer dritten Entwicklung kam es Anfang 2019, als ein freigegebenes CIA-Dokument namens *The Adam and Eve Story* aufgrund der darin enthaltenen Prognose eines bevorstehenden Polsprungs (alias Polverschiebung) sowie katastrophaler Ereignisse, die den Planeten in nicht allzu ferner Zukunft in Mitleidenschaft ziehen könnten, beträchtliche öffentliche Diskussionen und Kontroversen auslöste. Der Autor des Dokuments, Chan Thomas, entwickelte sogar ein Polsprung-Szenario, das bedeutend größer ist als das, was Charles Hapgood in seinem wegweisenden Buch *Earth's Shifting Crust* (»Die sich verschiebende Erdkruste«, nicht auf Deutsch erschienen), bereits 1958 vorgestellt hatte.

Nach Hapgoods Theorie bewegen sich die geophysikalischen Pole durch Erdkrustenbewegungen periodisch um bis zu vierzig Grad. In *The Adam and Eve Story* behauptet Thomas, dass die Polverschiebung erheblich größer gewesen sei und bis zu neunzig Grad betrage, wobei die Pole im Äquatorialbereich nicht einmal einen Tag benötigten, um sich zu verschieben. Thomas behauptete, die Pole würden auf diese Weise hin und her kippen, bis die Antarktis schließlich wieder zum Südpol und die Arktis auf die gleiche Weise zum Nordpol zurückgekehrt wäre.

Eiskernproben aus der Antarktis stützen jedoch eindeutig Hapgoods Theorie und nicht die von Thomas. Resultate von Eiskernbohrstellen zeigen nämlich, dass die Ostantarktis seit mindestens 1,5 Millionen Jahren mit Eis bedeckt ist. Im Gegensatz dazu sind die Eiskernproben in der Westantarktis nur wenige tausend Jahre alt. Die Eiskernaufzeichnungen belegen somit schlüssig, dass größere Bereiche des antarktischen Kontinents schon seit mindestens 1,5 Millionen Jahren in der Polarzone liegen (Breitengrad größer als 66) und nicht, wie von Thomas vorgeschlagen, im Bereich des Äquators (Breitengrade 0 bis 23). Hapgoods Theorie bietet folglich eine bessere Erklärung dafür, warum nur ein Teil der Antarktis für beträchtliche Zeiträume in der jüngsten Geschichte eisfrei war.

Die Untersuchung von Eiskernproben aus verschiedenen Teilen der Antarktis stützt also Hapgoods Theorie, dass Erdkrustenverschiebungen periodisch auftreten und dabei Polverschiebungen von bis zu vierzig Grad auftreten. Ein von Rand und Rose Flem-Ath verfasstes Buch, *Atlantis, der versunkene Kontinent unter dem ewigen Eis*, gibt uns überdies die Möglichkeit, die wichtigsten Polverschiebungen in den letzten 100.000 Jahren nachzuvollziehen, und veranschaulicht, wie diese Verschiebungen auf eine Weise stattgefunden haben, die mit dem, was uns die Eiskerne erzählen, im Einklang steht. Die wichtigste Erkenntnis aus ihrem Buch ist, dass die Westantarktis zwischen 91.600 und 9.600 v. Chr. eisfrei war und sich in einer gemäßigten Klimazone befand, in der eine Zivilisation gedeihen konnte. Während es beruhigend ist zu erfahren, dass die von Thomas vorhergesagte katastrophale 90-Grad-Polverschiebung der Erde doch recht unwahrscheinlich ist, wirkt es gleichzeitig ernüchternd, dass den Flem-Aths zufolge schon eine 20-Grad-Polverschiebung vor 11.600 Jahren die weltweite atlantische Zivilisation verwüstet hat.

Atlantis, der versunkene Kontinent unter dem ewigen Eis (1996), das 2012 als *Atlantis Beneath the Ice* in den USA eine erweiterte Neuausgabe erfuhr, stützt überzeugend die Entdeckung einer blitzgefrorenen vorgeschichtlichen Zivilisation unter dem Eismantel der Westantarktis, bei der es sich vermutlich um Überreste von Atlantis handelt. Es belegt auch unmittelbar, was zwei Insider im vorliegenden Buch, Corey Goode und Pete Peterson, auf ihren verdeckten Missionen in dieser Polarregion gesehen haben. Ferner erhöhen die Forschungen von Flem-Ath die Wahrscheinlichkeit dafür, dass aufgrund erhöhter vulkanischer Aktivität die Eisschilde schnell abschmelzen, wodurch die blitzgefrorene Zivilisation unter der Westantarktis in Kürze freigelegt wird.

Die schmelzenden Eisschilde in der Westantarktis werden die verborgene und verbotene Wahrheit hinter der blitzgefrorenen Zivilisation aus dem Jahr 9.600 v. Chr. offenlegen. Und sie werden den Polsprung aufdecken, der für das katastrophale Ende der weltweiten atlantischen Zivilisation verantwortlich ist. Darüber hinaus wird das schmelzende Eis mehr als ein Geheimes Weltraumprogramm zu Tage treten lassen, das von verborgenen Stützpunkten aus betrieben wird, die sich jetzt noch tief unter dem antarktischen Eis befinden.

Vor uns liegen aufregende Zeiten, in denen die Geheimnisse der Antarktis durch einen geologischen Prozess gelüftet werden, der nicht gestoppt werden kann – auch nicht von denjenigen, die es seit langem gewohnt sind, die Menschheit über ihre wahre Geschichte und die bemerkenswerten wissenschaftlichen Fortschritte, die in Geheimen Weltraumprogrammen erzielt wurden, in Unwissenheit zu lassen.

Michael E. Salla, M.A., Ph.D.

Hawaii, den 10. Dezember 2019

Danksagung

Dieses Buch ist das Ergebnis historischer Forschungen in Verbindung mit der Analyse von Aussagen verschiedener staatlicher/militärischer »Whistleblower«, denen Wissen aus erster Hand über die Ereignisse in der Antarktis von vergangenen Epochen bis in die moderne Zeit zugänglich war. Die Aussagen dieser Insider enthielten das entscheidende Element, das notwendig war, um den Sinn von andernfalls dunklen Ereignissen und Dokumenten zu erschließen, die nur in ihrer Gesamtheit ein Licht auf das werfen, was heute tatsächlich in der Antarktis geschieht, und verdeutlichen, warum es so wichtig ist, dies zu verstehen.

Ich bin dem kürzlich verstorbenen William Tompkins (1923-2017) über alle Maßen dankbar, dass er mir in unseren privaten Gesprächen so viele Informationen über die Antarktis mitgeteilt hat, die zeigten, wie wichtig dieser Kontinent für die historische Entwicklung der Geheimen Weltraumprogramme ist. Tompkins Teilnahme an einem Spionageprogramm der U.S. Navy, das wertvolle Aufklärung über die Ereignisse in der Antarktis während des Zweiten Weltkriegs und über die darauffolgenden Aktivitäten der Navy dort lieferte, waren besonders hilfreich, um die Geschichte dieses Kontinents zu verstehen.

Meine tiefe Anerkennung gilt auch einem weiteren Insider, Corey Goode, für die privaten Briefings, die er mir gab und die mein Verständnis der jüngsten Entwicklungen in der Antarktis erweiterten. Seine persönlichen Erfahrungen enthielten Berichte aus erster Hand über das, was tief begraben unter den Eisfeldern liegt, und sind von unschätzbarem Wert. Bills und Coreys jeweilige Aussagen öffneten mir die Augen für die Bedeutung der Antarktis und die Wichtigkeit des Verständnisses der historischen Entwicklung von Geheimen Weltraumprogrammen und der deutsch-amerikanischen wirtschaftlichen Zusammenarbeit, die diese Entwicklungen ermöglichte.

Ich schulde auch David Wilcock Dank für seine Interviews mit Corey und Bill in *Cosmic Disclosure*, die unschätzbare Details über die Ereignisse in der Antarktis enthielten. Darüber hinaus waren Davids Gespräche mit Dr. Pete Peterson über dessen persönliche Erfahrungen in der Antarktis als weitere Bestätigung der Behauptungen Coreys und Bills durch einen Augenzeugen sehr hilfreich.

Mein Dank geht außerdem an die verdiente UFO-Forscherin Linda Moulton Howe für ihre Interviews mit »Brian«, dem ehemaligen Flugingenieur der U.S. Navy, der siebzehn Jahre lang in der Antarktis arbeitete und weitere wertvolle Informationen über die Ereignisse dort beitrug. Ich bin auch Kathryn »Katie« Leishman, einer altgedienten investigativen Journalistin, sehr dankbar für ihre Hilfe dabei, eine Anzahl von Personen ausfindig zu machen und für dieses Buch zu befragen, die früher in der Antarktis gearbeitet hatten, sowie die Mitglieder einer Kongressdelegation, die 2002 dorthin reiste. Außerdem fand sie einen ehemaligen Kollegen von »Brian«, der bestätigte, dass dieser Whistleblower tatsächlich in der Antarktis gearbeitet hat und ein sehr glaubwürdiger Zeuge ist.

Mein herzlicher Dank geht auch an Rene McCann für ihr großzügiges Geschenk, das Buchcover zu gestalten, das sehr schön die geheimen Vereinbarungen illustriert und die Ereignisse in der Antarktis unterstreicht. Weiterhin danke ich Gaia TV (www.Gaia.com) für die Erlaubnis, Grafiken zu verwenden, die ursprünglich in *Cosmic Disclosure* erschienen sind. Meine Anerkennung geht an Thomas Keller für die Erlaubnis, seine exzellente Übersichtsgrafik zu verwenden, die Corey Goodes Behauptung vielfältiger Geheimer Weltraumprogramme zeigt.

Ich bin auch Rene Erik Olsen für die Erlaubnis dankbar, mehrere Vergrößerungen von Fotos George Adamskis aus seiner berühmten Desert-Center-Begegnung von 1952 mit einem Erkundungsschiff und dessen Piloten Orthon zu verwenden. Mein Dank geht überdies an Michel Zirger, dessen Untersuchung des Falles Adamski mich überhaupt erst mit Olsens Vergrößerungen bekannt machte.

Große Anerkennung schulde ich A. Hughes für das Lektorat des endgültigen amerikanischen Manuskripts, das hier als Vorlage diente, und für seine neuerliche Hilfe bei der Arbeit an dieser Buchreihe über Geheime Weltraumprogramme.

Schließlich bin ich meiner wunderbaren Frau und Seelenverwandten Angelika Whitecliff zutiefst dankbar, die auch diesmal wieder begeistert die unentbehrliche Rolle der Lektorin für dieses Buch übernahm. Ich bin wirklich gesegnet, eine Lebenspartnerin gefunden zu haben, die meine schriftstellerische Bemühung des Aufdeckens der Wahrheit auf jede erdenkliche Weise unterstützt und ihre eigenen globalen Transformationsprojekte in mein Leben einbringt.

Abbildungen & Tafeln

Michael E. Salla

ist ein international anerkannter Experte für Weltpolitik, Konfliktlösung und amerikanische Außenpolitik. Er unterrichtete an Universitäten in den USA und Australien, darunter der angesehenen American University in Washington, und hat einen Doktorgrad von der University of Queensland und einen Magister von der University of Melbourne inne. Heute ist er weltweit bekannt als Pionier der Exopolitik, dem Studium der Hauptakteure, Institutionen und politischen Prozesse im Zusammenhang mit Außerirdischen.

Dr. Salla schrieb das erste Buch überhaupt, das über dieses Thema veröffentlicht wurde, *Exopolitics: Political Implications of Extraterrestrial*

Presence. Kurz vor der Veröffentlichung 2004 nahm die *Washington Post* mit ihm Kontakt auf, damit er ihnen ein Interview über Präsident Eisenhowers angebliches Treffen mit Außerirdischen gibt. Als Verwaltungsbeamte der American University davon erfuhren, ermahnten sie ihn, dies zu unterlassen, weil es seine Karriere gefährden könnte. Er beschloss, das Interview trotzdem zu geben, um die Öffentlichkeit über die Ergebnisse seiner Recherchen zu informieren. Daraufhin wurde er seines Postens enthoben. In dem Bemühen, weitere außergewöhnliche und weithin unbekannte Fakten, auf die er bei seinen Recherchen stieß, allgemein zugänglich zu machen, veröffentlichte er 2009 ein zweites Buch über Exopolitik und die amerikanische Außenpolitik: *Exposing U.S. Government Policies on Extraterrestrial Life.*

Im Jahre 2013 erschien *Galactic Diplomacy*, das eine angemessene Verhaltens- und Vorgehensweise beim Umgang mit außerirdischen Zivilisationen vorschlägt, noch im selben Jahr gefolgt von *Kennedy's Last Stand*, in dem erstmals die Zusammenhänge zwischen streng geheimen UFO-Akten und der Ermordung von John F. Kennedy offengelegt wurden. Anschließend begann er mit einer Buchreihe über Geheime Weltraumprogramme, die auf Deutsch im AMRA Verlag erscheint. Auf *Geheime Weltraumprogramme & Allianzen mit Außerirdischen* (2018), das ihm höchsten Respekt für die Aufdeckung verborgener globaler Intrigen einbrachte und zu einem weltweiten Bestseller wurde, folgte *Das Geheime Weltraumprogramm der U.S. Navy & Die Allianz mit den Nordischen* (2019). Das vorliegende Buch setzt diese Reihe mit unfassbaren Enthüllungen über die Weltraumintrigen transnationaler Konzerne fort.

Dass Exopolitik inzwischen auch von der Öffentlichkeit wahrgenommen wird und als ernsthaftes Forschungsgebiet gilt, verdankt sich größtenteils Dr. Sallas Büchern sowie seinen Hunderten von Radio- und Fernsehsendungen, seinen Vorträgen und seiner Website, die täglich von mehr als fünftausend Menschen besucht wird.

---

www.exopolitics.org

Register

S

WILLIAM MILLS TOMPKINS
Auserwählt von Außerirdischen
Mein Leben in der streng geheimen Welt von UFOs, Think Tanks und Nordischen Sekretärinnen
AMRA

MICHAEL E. SALLA
GEHEIME WELTRAUMPROGRAMME & ALLIANZEN MIT AUSSERIRDISCHEN
Whistleblower berichten, was auf der Welt wirklich vor sich geht!
AMRA

LEN KASTEN
DIE GEHEIME WELTHERRSCHAFT DER REPTILOIDEN
Ihr Ursprung, ihr Sternenreich und ihr Wirken auf unserer Erde
AMRA